KB140391

위기의 대통령

Presidential Crisis in Korea

위기의 대통령

Presidential Crisis in Korea

2024년 2월 28일 초판 인쇄
2024년 3월 1일 초판 발행
2024년 3월 14일 2쇄 발행
2024년 3월 25일 3쇄 발행
2024년 4월 10일 4쇄 발행

저　자 : 함성득
펴낸이 : 신동설
펴낸곳 : 도서출판 청미디어

신고번호 : 제2020-000017호
신고연월일 : 2001년 8월 1일
주소 : 경기 하남시 조정대로 150, 508호 (덕풍동, 아이테코)
전화 : (031)792-6404, 6605
팩스 : (031)790-0775
E-mail : sds1557@hanmail.net

편　집 : 신재은
디자인 : 정인숙
표　지 : 여혜영
교　정 : 계영애
지　원 : 박흥배
마케팅 : 박경인

정가 : 20,000원
ISBN : 979-11-87861-68-3

위기의 대통령
Presidential Crisis in Korea

함 성 득 지음

정신이 살아있는 출판

청미디어
CHEONG MEDIA

머리말

용기와 신념으로 밝히는 사실

나는 '대통령학'을 연구하면서 김대중 대통령의 소개로 노무현 대통령을 알게 되었고 그 인연으로 문재인 대통령도 알게 되었다.[1] 문재인 대통령을 가끔 만나면서 자연스럽게 애정을 느꼈고 그의 정치적 역정 과정에서 눈에 띄지는 않았지만 도움도 줬다. 나는 윤석열 대통령과는 같은 아파트 주민이기도 했다. 우연하게도 윤석열 대통령과 맺은 인연이 계속 이어져 요리하기와 산책을 좋아하는 그를 다른 사람 못지않게 잘 알게 되었다.[2]

2019년 나라를 완전히 뒤흔든 조국 사태는 사실 찻잔의 미풍으로 끝날 수도 있었다. 조국이 민정수석으로 공직을 끝내고, 법무부 장관으로 임명되지 않았으면 문재인 대통령의 운명은 바뀌었을 것이다. 문재인 대통령이 정치적으로 실패한 출발점은 조국의 법무부 장관 임명이다. 정치인 윤석열이 잉태된 출발점도 조국의 법무부 장관 임명이다. 조국을 장관에 임명하지 않았으면 문재인 대통령은 나름 견고한 지지율을 기초로 집권 후반부를 제대로 마무리하고 정권을 재창출 할 기회를 얻었을 것이다. 문재인 대통령과 정권에 대해 애정이 있고 도리를 생각해 온 윤석열의 검찰과 대치하는 일도 없었을 것이다. 이런 가정과 정반대로 흘러간 현실의 이면에는 감춰진 사실이 있다. 그 사실을 이제는 용기 있게 세상에 내놓는다.

이 책을 세상에 내놓기로 결심하게 된 가장 큰 이유는 조국 사태 당시 문재인 대통령과 윤석열 검찰총장이 단독으로 만난 사실을 알게 됐기 때문이다. 조국 사태가 걷잡을 수 없이 확산되면서 2019년 9월 6일 윤석열 검찰총장은 문재인 대통령을 단독으로 만났다. 나는 이 사실을 서재에 묻어두는 것은 학인의 도리가 아니라고 생각했다. 지난 몇 년간 끊임없이 많은 사람을 인터뷰하면서 두 사람의 만남을 전후해 벌어진 일의 본말을 자세히 알게 되었다. 문재인 대통령과 당시 집권 세력의 실체도 더욱 분명하게 파악했다. 검찰총장 사퇴 후 대화를 통해 윤석열이 어떤 사람인지도 더 잘 알게 되었다. 학인(學人)의 용기와 신념으로 이 과정을 밝힌다.

사실 이 책은 2022년 하반기 쯤에 초고가 완성되었다. 당시 윤석열은 검찰총장직을 사퇴하고 대선에 출마하여 국민의힘 대통령 후보가 되었고 제20대 대통령에 당선되었다. 이러한 과정에서 책 내용의 사실과 관계없이 정치적 편파성의 소용돌이에 휘말릴 것 같아서 출판을 미루었다. 현재는 윤석열 대통령이 지난 2022년 5월에 취임하여 국정을 수행하고 있고 문재인 대통령은 퇴임하여 평범한 시민의 한 사람이 되었다. 더욱이 조국 사태의 중심인물이었던 조국 전 법무부 장관이 2023년 2월 자녀 입시비리와 감찰무마 등의 혐의로 1심과 2심에서 유죄를 선고받았다. 이제는 책이 밝히는 사실을 우리 모두 객관적으로 받아들일 때가 되었다.

감사한 마음으로

문재인 대통령 실패의 5각형을 비롯해 이 책의 많은 언명들은 언론에 보도된 사실과 주장 그리고 범용성이 높은 SNS에서 주장된 사실에 기초하고 있다. 아울러 문재인 대통령의 주요 국정 어젠다였던 적폐 청산과 검찰 개혁의 좌절 그리고 인사 실패, 특히 2019년 조국 사태와 당시 검찰총장이었던 윤석열과 정치적 갈등에 대한 부분은 많은 관계자의 인터뷰에 기초하고 있다.

책을 쓰면서 인터뷰에 응해주신 분들의 이름을 밝혀야 할지 말아야 할지를 정말 많이 고심했다. 고민 끝에 역사 현장에서 경험한 사실들을 생생하게 전달하고자 가능한 한 실명을 사용했다. 그 이유는 인터뷰에 응하신 분들이 대부분 '공인'이기 때문에 공동체에 대한 공인의 책무를 함께 짊어지고 싶었기 때문이다. 다만 인터뷰 장소와 날짜 그리고 시간 등은 개인적 사정을 고려하여 밝히지 않았다. 지면으로나마 인터뷰를 허락해주신 많은 분들께 감사드리며 깊은 이해와 용서가 있기를 거듭 바란다.

대통령 연구 과정에서 역대 대통령과 맺은 인연은 내게 영광의 순간을 안겨주었지만 성숙하지 못했던 행동거지 때문에 오해를 키우기도 했고 개인적으로 감당하기 힘든 아픔도 주었다. 2012년 박근혜 대통령 당선 직후 일개 평범한 교수가 알선수재라는 죄명으로 특수부 검찰의 수사를 받았다. 이후 구속영장 청구와 기각, 불구속 기소, 제1심 무죄, 제2심 법정구속 이후 10개월의 수감 생활 등의 과정에서 모든 것을 잃고 이후 8년간 참담한 고통의 시간을 겪었다.

그런 인고의 시간을 거치면서 평생 화두인 '대통령학'을 끊임없이 사색하고 직접 체득한 결과물이 바로 이 책이다. 그럼에도 특별한 몇 분들 덕분에 이 책은 세상에 나오게 되었다. 조국의 법무부 장관 사퇴 후 2019년 10월경 친구인 당시 한국교통대학교 임동욱 교수(현재는 차의과학대학교 부총장)와 대화하면서 책을 쓰는 계기가 마련되었다. 이후 이 책의 전체 내용을 꼼꼼하게 읽으며 함께 대화하고 때로는 고쳐준 차의과학대학교 임동욱 부총장의 진한 우정에 진심으로 감사를 표한다. 또한 이 책에서 다루고 있는 사건 및 특정 개인과 관련된 법적 문제에 대해 검토해주신 법무법인 강남의 김상봉 대표 변호사의 돌봄에 감사를 드린다. 어려운 출판 환경에서 원고가 세상과 호흡하도록 도와주신 도서 출판 청미디어 신동설 사장님께도 감사를 드린다. 마지막으로 이 과정에서 모든 것을 참아주었던 아내 오정미의 이해와 격려에 감사를 표한다.

함 성 득

contents

"낡은 세상을 바꾸려는 개혁 작업은 어떤 사회에서라도 등장하게 마련이다. 역사의 발전을 위해 진보는 사회에 기여하는 것이 분명 있다. 누가 그 명분에 반대할 것인가? 문제는 부작용이다. 그게 자칫 광신으로 흐르고 사회적 분노를 자극하는 방향으로 흘러갈 때는 또 다른 균형이 필요하다. 그것의 가치는 상대주의나 회의주의, 혹은 관용의 가치로 요약된다."[3]

"표창장 위조하고, 부동산 투기하고, 나랏돈 삥땅하고, 위안부 할머니 등치고, 사기꾼에게 돈 받고, 댓글 조작하고, 선거 개입하고, 감찰 무마하고, 음해 공작하고, 블랙리스트 만들고, 택시기사 폭행하고, 여직원 성추행하고, 돈은 어디서 났는지 제 자식 미제의 심장부로 유학 보내는 잡것들"[4]

"우리나라는 문재인 보유국이라기보다 몰염치와 비겁자 보유국이라고 불러야 할 판입니다. 설마 검찰총장이 대통령에게 보고도 하지 않고 법무부 장관 후보자 수사에 나섰을까요? 문 대통령은 뒷짐을 진 채 먼 산을 보는 중입니다. 코로나 백신 구입 문제에서도 책임지지 않는 리더십 때문에 혼란이 빚어지지 않았습니까?"[5]

대통령직(職) 수행은 실패의 역사

대통령직 수행은 신기하고 흥미로우며 안타깝다. 문재인 대통령 (2017-2022)은 노무현 대통령을 가장 가까운 거리에서 보좌하면서 그의 비극을 목격했고, 야당 대표로서 박근혜 대통령의 몰락도 경험했다. 윤석열 대통령도(2022-현재) 검사로서 노무현 대통령, 이명박 대통령, 그리고 박근혜 대통령의 검찰 수사에 직접 참여했고, 서울지검장과 검찰총장을 역임하면서 그들의 추락과 실패를 직접 경험했다. 이렇게 전임 대통령들의 비극과 몰락 그리고 실패 때문에 (혹은 덕분에) 대통령에 당선된 문재인 대통령이 똑같은 이유로 실패했다. 윤석열 대통령 역시 똑같은 이유로 정치적 어려움에 봉착해 있다.[6] 대통령직을 둘러싼 세상은 너무나도 신기하고 흥미로우며 안타깝지 않은가?

미국 소설가 마크 트웨인은 '과거는 그대로 반복되지는 않을지라도 그 운율은 반복된다.'고 말했다. 문재인 대통령의 정치적 실패 과정은 민주화 이후 역대 대통령의 실패와 본질이 같고 운율은 반복되고 있다. 그러면서 우리 '대통령의 위기(presidential crisis)' 또는 '통치의 위기 (governing crisis)'는 심화되고 있다. 불행하게도 윤석열 대통령 역시 이러한 대통령의 위기에서 자유롭지 않았고 오히려 더욱 심화되고 있다.

2017년 출간한 〈제왕적 대통령의 종언〉[7]은 민주화 이후 역대 대통령이 실패한 다섯 가지 이유를 제시하고 설명했다. 역대 대통령의 실패 역사에 기초하여 대통령의 성공을 위한 다섯 가지 처방책도 제시했다. 이책 역시 문재인 대통령의 실패를 다섯 가지 이유로 정리하고 있다. 민주화 이후 역대 대통령은 실패의 역사를 반복하고 있다. 이런 안타까운 일은 지금도 진행 중이다. 이제는 성공은 몰라도 적어도 실패하지 않는 대통령을 보고 싶다. 이 책의 행간에는 그런 바람을 담고 있다.

역대 대통령 실패의 계기

미국 대통령학 학자 도리스 굿윈은 1964년 민권법(Civil Rights Act of 1964)을 통과시키며 위대한 정치적 성공을 이룩했던 린든 존슨 미국 대통령이 어떻게 참혹한 정치적 추락과 실패를 맞이했나를 분석했다. 그녀는 "(대통령의 성공과 실패 그리고) 민주 정부의 수준은 리더가 국민과 공유하는 의문, 즉 중요한 결정이 국민에게 어떻게 설명되고 규정되는지에 의해 측정된다."고 주장했다.[8] 역대 우리 대통령의 정치적 실패 또는 몰락의 시작에도 대통령과 국민과의 신뢰 관계가 무너지는 그 중요한 사건이나 계기가 있었다.

예컨대 김영삼 대통령 실패의 시작은 1994년 말에 추진한 세계화라는 국정 과제 때문이었다. 자신도 진정 무엇을 의미하는지 잘 모르고 구체적인 프로그램도 준비되지 않았던 세계화의 무모한 추진은 대통령에 대한 국민의 신뢰가 무너지는 계기가 되었다. 1996년 말 노동법 파동과 함께 그에 따른 1997년 IMF 외환위기는 신뢰의 위기를 가속화시켰다. 박근혜 대통령의 몰락은 2014년 4월 '세월호 참사'로 시작되었고 2016년 10월 최순실 게이트로 국민과 대통령의 신뢰 관계는 완벽하게 끝났다.

문재인 대통령의 정치적 실패는 검찰 개혁의 완성을 위한 2019년 9월의 조국의 법무부 장관 임명에서 시작됐다. 문재인 대통령의 무리한 조국 지키기는 '조국 사태'를 불러왔고 그가 정치적으로 실패한 가장 큰 계기가 됐다. 이와 관련, 2022년 대선 후 〈한겨레〉는 "더불어민주당은 어디서부터 길을 잃었나… 지난 4~8일 정치·사회학자와 평론가, 시민사회와 법조계 인사 20명에게 민주당의 최대 패착을 물은 결과, 절반이 넘는 12명이 조국 사태를 중요 분기점으로 꼽았다. 조국 전 법무부 장관 일가 입시 비리·사모 펀드 의혹에 대한 민주당의 대응이 '자신의 범죄·비리는 문제가 아니라는 운동권 아저씨'라는 위선적 기득권 이미지를 고착화시켰다."[9]라고 주장했다.

노무현 정부에서 홍보수석을 지낸 정치학자 조기숙은 "문재인 대통령이 대선 패배에 직접적 책임은 없지만, 세 가지 정무적 결정이 민주당을 무너뜨리는 데 기여함으로써 간접 책임이 있다. 그 중 가장 중요한 정무적 결정은 조국 임명이다."라고 설명했다.[10] 정치학자 김영수는 "87년 체제의 프레임은 '민주 대 반민주'였다. 하지만 이번 (2022년) 대선은 '진실 대 탈 진실'의 싸움이었다. 문(재인) 전 대통령과 민주당은 탈 진실의 정치 공간을 선점하고 한국 정치를 지배했으나, 사실에 기초한 검찰의 법치주의에 막히고, 국민의 선택에 꺾였다. 그게 조국 사태의 원인이고, 대선에 진 이유"[11]라고 강조했다.

이 책은 조국 사태라는 일련의 정치 행위에 개입된 어둡고 부정적인 요소들을 포함해 권력과 권력 의지가 본질인 한국 정치의 실체 자체를 가감 없이 사실대로 보고자 했다. 정치학자 박상훈은 "현실주의가 약한 것은 한국 정치(연구)의 가장 중요한 특징…이러한 환경에서 우리 모두는 겉으로 좋은 것만 말하고 속으로는 거짓말하는 '숨은 마키아벨리'일지 모른다."[12]라고 주장했다. 바로 이런 우리 정치에서 숨은 마키아벨리를 찾아내는 여정에서 이 책은 탄생됐다. 구체적으로 이 책은 2019년 8월 조국 사태를 기점으로 시작된 문재인 대통령의 정치적 실패의 과정을 체계적으로 설명함으로써 권력 운용의 민낯을 그대로 보여주고 있다. 문재인 대통령 역시 역대 대통령의 추락과 본질이 같은 정치적 실패의 계기가 있었고, 이것을 제대로 관리하지 못하면서 실패하는 대통령의 길을 걷게 됐다는 사실 역시 다시 확인하고 있다.

또한 이 책은 당시 문재인 정부의 검찰 개혁과 관련하여 윤석열 검찰총장을 둘러싸고 전개된 짧은 기간이었지만 권력 최상부의 치열했던 정치적 투쟁 상황을 자세히 설명하고 있다. 아울러 문재인 대통령의 정치적 리더십의 특성을 분석하였다. 왜냐하면 당시 조국 장관의 임명과 관련된 정치적 갈등은 그러한 상황을 방치했던 문재인 대통령의 리더십에 기인했기 때문이다. 이를 통해 소란스럽고 갈등적이지만 역동적인 한국 정치의 본질에 관심을 둔 독자들과 이를 연구하는 학자들에게 권력과 리더십 운용에 대한 현실적 이해와 균형 감각을 높이고자 한다.

질문의 시작

2019년 조국 사태 이후 2020년 8월 더불어민주당 이원욱 의원은 당시 윤석열 검찰총장을 겨냥해 "임명받은 권력이 선출 권력을 이기려고 하는데, 이는 개가 주인을 무는 꼴이라며 권력을 탐하는 윤석열을 끌어내리고 검찰 개혁을 완수해야 한다."고 말했다.[13] 또한 2020년 11월 〈한겨레〉 성한용은 "윤석열 검찰총장은 조국 법무부 장관 후보자의 인사청문회를 앞두고 전격적으로 압수수색을 했습니다. 대통령과 국회의 장관 인사 절차에 대한 도전입니다."[14]라고 규정했다.

나아가 2021년 12월 추미애는 "검찰 개혁을 안 하니 정치 검찰이 21세기에 왕을 꿈꾸게 됐다. 언론 개혁을 안 하니 언론은 조국(전 법무부 장관)을 불공정의 대명사로 프레임을 씌우고 세세한 정보가 부족한 대중은 그렇게 믿게 됐다. (이재명) 대통령 후보도 여론을 좇아 조국에 대해 사과를 반복했다. 대통령 후보의 사과를 이용해 다시 조국은 불공정하다로 한 번 더 낙인찍게 된 것…조국 사태는 검찰의 난이었고, 정치 검찰 윤석열의 난이었다. 언론과 야당이 조국 사태라 부풀리고 과장했지만 오히려 기소권 남용인 것이다."[15]라고 주장했다. 반면 윤석열은 "(2021년 12월 이재명 더불어민주당 대선 후보가 조국 사태에 대해 사과한 것을 두고)조국 사태가 어디 혼자 사과한다고 될 일인가. 문재인 대통령을 포함한 현 집권 세력 모두가 국민 앞에 사죄해야 할 일"[16]이라고 주장했다.

한편 2021년 1월 대한변호사협회 회장 이찬희는 "조(국) 전 장관은 오로지 자신만이 검찰 개혁을 수행할 수 있다는 생각에 무리하게 장관에 취임했고 이 과정에서 국민을 두 동강을 냈다. 그렇지만 본인과 그 가족의 먼지까지 탈탈 터는 특수부식 수사 방식이 문제다. 검찰 특수부의 잘못된 수사 관행이 수사하면 최소한 구속 기소는 해야 성과를 거뒀다고 생각하는 거다. 이는 오히려 검찰 개혁이 절실하다는 국민의 인식을 강화하게 했다.[17]"라고 주장했다. 2021년 11월 〈한겨레〉 백기철은 "조국·윤석열 사태 와중에 두 사람은 누구도 옳지 않았다. 586세대 도덕적 해이의 단면을 보였다는 점에서 조 전 장관에게 책임이 분명 있다. 윤 전 총장 역시 적폐 검찰의 민낯을 드러냈다는 점에서 그에 못지않다."[18]고 주장했다.

이와 관련하여 스스로 정말 많은 의문점들이 생겨났다. 심지어 조국의 〈조국의 시간〉[19]과 〈뉴스타파〉 한상진·조성식·심인보·최윤원의 〈윤석열과 검찰 개혁〉[20]을 반복해서 읽어봐도 의문점은 풀리지 않았다. 조국 사태와 관련 당시 집권 세력 관계자들과 검찰총장직을 사퇴했던 윤석열에게까지 궁금한 사항들을 직접 질문했다. 그러면서 그간의 사정을 파악했고 내 질문에 대한 해답을 찾아냈다. 문재인 대통령과 윤석열 전 검찰총장, 문재인 대통령의 친문 실세들, 그리고 조국과의 관계 등도 추론하게 되었다. 이 책은 바로 조국 사태와 관련해 모든 사람이 궁금해할 의문을 풀어주고 있다.

정치학자 김영수는 "한국 정치의 시대적 어젠다가 탈 진실의 문제로 변했다. 오웰은 빅 브라더를 우려했다. '전체주의 지배가 노리는 가장 이상적인 대상은 확신에 찬 나치주의자도 공산주의자도 아니다. 사실과 허구 혹은 참과 거짓을 더 이상 분간하지 못하는 일반 사람들이다'(H. Arendt). 이제 진실을 말하는 것이 곧 혁명이다."라고 말했다.[21] 영국 작가 조지 오웰이 말했고 김영수가 인용한 것처럼 거짓이 판치는 시대에서는 진실을 말하는 것이 혁명이다. 탈 진실의 끝판왕처럼 보이곤 하는 한국 정치 현실에서 이 책은 조국의 법무부 장관 임명 전후의 모든 과정에 대해 살펴보고 있다. 이 책은 언론에 보도된 자료와 관계자들에 대한 심층 인터뷰에 기초한 사실들을 추적 조사한 것이다. 이는 정치평론가 박성민이 "적폐 청산의 한 배를 탔던 문재인·조국·윤석열이 무슨 일로 갈라섰는지는 알 수 없지만 조국 법무부 장관 지명 이후 청와대·민주당·법무부가 보인 총공세는 사실상 윤석열 죽이기다. 갈라선 이유는 모르겠지만."[22]이라는 질문에 대한 답이기도 하다.

1
학인(學人)의 참여 관찰

"박근혜 정권이 도덕성은 물론 실력도 밑바닥인 낡은 우파의 실체를 드러냈다면 문재인 정권 들어서는 실력은 물론 도덕성도 밑바닥인 강남 좌파의 실체가 드러났다."[23]

"당당하고 떳떳한 도덕성이 우리 운동세력이 갖고 있는 최대의 무기이자 장점인데 지금 그런 것이 보이지 않기 때문에 그런 혹평과 비난, 조롱을 받고 있는 게 아닌가 싶어요. 무능하면 겸손이라도 해야 하는데 지금 정권을 잡은 사람들이나 과거 운동을 했던 사람들이 그렇지 않고 오히려 뻔뻔하고 위선적인 데가 있잖아요."[24]

"대통령은 마음의 빚을 진 부하에 빠져 대통령다움을 잃었다. 숱한 반대를 무릅쓰고 장관 임명을 강행함으로써 국민에 진 빚은 생각하지도 못했다. 대통령은 또 관운(?)이 없었던 옛 친구에 빠져 대통령다움을 다시 잃었다. 그 친구의 시장 당선이 소원이라고 공공연히 외쳤다. 그러자 그의 비서들도 상관에 빠져 부하다움을 잃었다. 선거 공작에 대한 검찰 수사가 옥죄어오자 대통령은 검찰을 무력화하려는 의도가 분명한 인사로 또다시 대통령다움을 잃었다. 신임 법무장관 역시 임명권자를 실망시키지 않으며 장관다움을 잃었다. 이런 조직이, 이런 행정부가, 이런 정권이 오래갈 수 없다. 오래 가서도 안 된다. 나라꼴이 뭐가 되겠나. 끝이 보인다."[25]

"분수와 능력에 맞지 않는 자리를 꿈꾸는 정치인들의 욕심 앞에 국민의 삶은 제물로 바쳐졌다. 권력은 그들의 전리품이 되었다."[26]

"(문재인 대통령과 집권세력) 입으로는 민주주의를 말하면서 행동은 과거 권위주의 정권 뺨칠 수준인데 죄책감도 없고 부끄러움도 모른다."[27]

"문재인 정부의 최대 실책은 국민의힘을 다시 살려내고 윤석열을 제1야당 후보로 만든 것이다."[28]

"문재인 대통령은 혼밥에, 불통이라는 정치인으로는 약점적 요인에도 불구하고 이미지 메이킹에 능한 참모진의 엄호 속에 열혈 팬 층을 두껍게 관리해 비체계적 위험을 낮췄고 지지율 방어에 성공했다. 그럼에도 정권 재창출에 실패한 건 온갖 정책 폭주로 그 진영 전체가 우리 사회의 체계적 위험을 높여 놨기 때문이다."[29]

"문재인 정권은 실패했고, 진보는 몰락했다."[30]

　대통령의 업적 평가는 늘 어렵다. 당시의 정치, 경제, 사회적 상황에 대한 이해 없이 특정 대통령의 업적을 평가하는 것은 위험하다.[31] 이와 관련 노태우 대통령의 비서실장이었던 정해창은 "각 대통령을 오늘의 기준이 아닌, 재직 당시의 시대적 상황이나 정치적 환경에 맞춰 평가할 수 있도록 기준을 설정해야 한다."라고 주장했다.[32] 특정 대통령과 그의 참모들은 모두 직면했던 현실의 문제에 도전했다. 그들은 성공을 꿈꾸면서 해결책을 구상했고 노력했다. 특정 대통령 자신과 그의 참모들 및 지지자들은 그들의 대통령과 정부가 성공한 대통령과 정부이었거나 최소한 실패는 하지 않은 대통령과 정부라고 주장한다.[33]

　대통령의 업적 평가와 관련해 불변의 사실이 하나 있다. 대통령의 성공은 그가 얼마나 노력했느냐가 아니라 그가 이룩한 성과에 달려 있다는 사실이다. 성공하지 못한 대통령 또는 실패한 대통령은 법경제학자 고(故) 박세일이 주장하듯이 취임 당시 대통령의 국민에 대한 약속과 그에 대한 국민적 기대와 희망을 제대로 이행하지 못하여 퇴임할 때 박수보다는 비판과 비난을 더 거세게 받는 경우를 의미[34]한다. 결과론이지만 실패한 대통령은 정권 재창출에 실패하게 된다.

이와 관련 정치학자들 허석재·송선미는 지난 2022년 3월 치러진 제20대 대통령 선거 결과를 분석하고 "문재인 대통령의 임기 말 국정 운영에 대한 평가가 전임자들과 비교했을 때 양호함에도 긍정평가자들이 정권 유지로 결집하는 것보다 부정 평가자들이 정권 교체로 결집하는 추세가 강했고, 과거 대선에 비해 현(문재인) 정부에 대한 평가가 투표 선택에 영향을 미치는 '회고적 투표' 행태가 뚜렷했고, 정권 재창출에 실패했다."[35]라고 주장했다.[36] 허석재·송선미의 관점에 따르면 문재인 대통령의 실패가 정권을 재창출하지 못한 가장 큰 이유이다. 이와 관련 송영길 전 더불어민주당 대표는 "…정권을 창출하지 못하면 실패한 정권이 되는 것이다."라고 주장했다.[37]

문재인 대통령을 2003년 처음 만난 순간부터 나는 대부분의 정치인에게서는 느끼기 힘든 순수, 정직, 성실, 진지, 강직, 경청, 겸손 등의 긍정적인 단어들이 생각났다. 이러한 그에 대한 인상을 대통령 당선 직후 〈월간조선〉에 "문 대통령을 처음 만났을 때 안경 너머로 보이는 그의 선함과 약간의 슬픔을 함께 간직한 사슴 같은 선한 눈망울이 나에게는 퍽이나 인상적이었다. 눈이 매우 작은 나는 그의 눈망울이 무척이나 부러웠다. 이후 그는 나에게 맑은 눈망울의 사나이였다. 노무현 대통령 집권 초기 당시 문재인 민정수석의 최측근 중 한 사람이 '다음 대통령으로 문재인 어때요?'라고 묻기에 나는 '말이 돼? 저렇게 곧고, 착하고, 재미없고, 카리스마도 없고, 그리고 정치를 생리적으로 싫어하는 사람이 무슨 대통령을 해!'라고 답했다. 이 사람은 과거 노무현 의원의 수행 비서였고 과거에도 아무도 생각하지 않았던 노무현 의원의 대통령 당선을 내게 예측했다. 사실 나는 '대통령학'을 전공하는 사람인데도 과거 노무현 대통령을 자주 사적으로 가까이 대하면서도 그가 대통령이 될지를 몰랐다. 아마도 내가 눈이 작아서 가까이 있는 미래의 대통령들을 전혀 알지 못했던 것 같다."[38]라고 적었다.

2012년 대선과 2017년 대선 과정에서 문재인 대통령과 종종 대화를 나눌 시간이 있었다. 2017년 5월 9일 대선에서 당선이 확정됐을 때 당시 자유한국당 이현재 정책위원회 의장(현재 하남시 시장, 노무현 정부에서 중소기업청장 역임)과 함께 있었다. 문재인 대통령으로부터 감사 전화를 받고 그에게 "국민을 통합하여 꼭 성공하는 대통령이 되기를 바란다."고 말한 기억이 있다.[39] 그날 대통령 당선인에 이어 김정숙 여사와도 통화를 했고 영부인의 활동에 대한 의견도 나누었다.

문재인 대통령은 박근혜 대통령 탄핵 때문에 당선됐다. 전임 대통령의 실패를 직접 목격했다. 정책에 중점을 두면서 대선을 제대로 준비했다. 노무현 정부의 민정수석, 시민사회수석, 비서실장을 거쳐 야당의 당 대표를 역임한 후 대통령에 당선된 경험은 대통령직 수행의 큰 자산이라고 기대했다. 당선 후 정말로 성공하기를 기원했고 성공할 수 있다고 믿었다. 그러나 이런 바람은 안타깝게도 무너졌다.

1.1. 문재인 정부의 초라한 성적

2022년 5월 문재인 대통령의 마지막 국정 수행 지지도는 45%였다.[40] 이는 역대 직선제 대통령 중 같은 기간 최고치였다. 또한 2021년 10월 〈갤럽〉의 문재인 대통령의 집권 5년 차 2분기 국정 수행 평균 지지도는 39%였다. 이 또한 역대 직선제 대통령 중 같은 기간 최고치였다.[41] 참고로 민주화 이후 역대 대통령의 집권 5년 차 지지도를 살펴보면 노태우 대통령은 12%, 김영삼 대통령은 7%, 김대중 대통령은 26%, 노무현 대통령은 24%, 이명박 대통령은 25%였다. 박근혜 대통령은 5년 차 2분기 임기를 채우기 전에 탄핵되었다. 이렇게 퇴임 시점 지지율이 45%를 웃돌자 문재인 대통령과 지지층은 국민이 성공한 정권으로 인정해준 것이라고 주장했다.

반면 〈동아일보〉 이기홍은 "한국갤럽 조사에서 문(재인) 전 대통령의 직무 수행 지지도는 임기 5년차 1분기 35%, 2분기 39%, 3분기 37%, 4분기 42%를 기록했다. 부정평가는 56%→53%→56%→51%였다. 문 전 대통령에 대해서는 단순히 '실망스럽다' 수준이 아니라 증오, 역대 최악 등 강도 높게 부정적 평가를 하는 이들의 비율이 상대적으로 매우 높다. 반면 김대중, 노무현 전 대통령의 경우 퇴임 시점 지지율이 각각 24%, 27%에 불과했지만 부정적 평가라고 해도 '실망스럽다' '성과가 나쁘다' 정도의 수준이 많았을 것이다. 문 전 대통령의 상대적으로 높은 지지율은 강도 높은 혐오도와 동전의 양면이다. 철저한 진영 정치, 편 가르기 통치는 그에 상응해 증오도를 상승시켰고, 그 증오는 50% 후반대의 압도적 정권 교체 여론이 확고하게 유지된 핵심 에너지가 됐다."[42]라고 주장했다.

실제로 〈갤럽〉 조사에서도 문재인 대통령에 대한 부정적 의견은 54%가 넘었고 문재인 정부의 경제 정책과 공직자 인선의 긍정적 평가는 각각 21%, 15%, 그리고 부동산 정책에 대한 긍정적 평가는 6%에 불과했다.[43] 또한 〈쿠키뉴스〉 조사에서 임기 말 문재인 정부가 가장 잘한 일이 무엇이라 생각하느냐는 질문에 '없다'(37.4%)라는 답변이 1위를 기록했다. 가장 '못한 일'로는 부동산 문제(49.0%)가 꼽혔다.

구체적으로 문재인 정부가 가장 잘한 것에 대해 질문한 결과, '없다'

는 37.4%로 1위, 코로나 대응이 22.5%로 2위, 한반도 평화와 국제관계 18.3%, 소득 격차와 사회적 양극화 해소 및 복지 4.2%, 적폐 청산 3.9%, 사회 통합과 안정 1.2% 순으로 나타났다. 문재인 정부가 가장 잘못한 것은 무엇이냐는 질문에는 '부동산 정책'이 49%로 1위를 차지했고 사회 분열과 불안이 11.2%, 서민 및 민생 문제 해결 부족 8.1%, 사회 양극화 심화 8.0%, 남북 관계 및 외교 문제 5.2% 순으로 나타났다.[44] 정책 각론에 들어가면 문재인 대통령의 지지율은 30%를 넘는 분야가 거의 없었다. 총론은 성공했지만 각론에서 실패한 지지율이었다. 실제로 2023년 12월 〈한국갤럽〉의 '역대 대통령 개별 평가'에서 문재인 대통령의 재임 중 '잘한 일이 많다'는 38%, '잘못한 일이 많다'는 46%였다.

문재인 대통령의 재임 중 지지율은 소위 '문파' 또는 '문빠'로 지칭되는 문재인 대통령의 절대적 지지층과 전대미문의 코로나 팬데믹 위기 아래서 지도자에 대한 강한 정치적 지지 경향, 소위 '국가적 위기 아래서 현직에 대한 국민의 강한 지지 경향'(the rally 'round the flag' effect)[45]을 고려할 때 결코 높은 지지율이 아니었다.[46] 실제로 〈매일경제〉 김세형은 "문(재인) 대통령의 경우 K방역 허수를 걷어내면 20%대로 본다."[47]라고 주장했다. 심지어 〈동아일보〉 박제균은 "(문재인 대통령의) 40%를 넘나드는 국정 지지도는 (문재인) 대통령이 국정을 잘해서? 그게 아니라는 건 다 안다. 문 대통령처럼 임기가 끝나는 이 시점에 국정의 단 한 분야라도 잘한 걸 찾기 어려운 대통령이 있었을까. 아니, 문 대통령처럼 임기 내내 국정의 각 분야를 돌아가면서 망가뜨린 분은 없었다고 해야 하나?"[48]라고까지 평가했다.

그럼에도 문재인 대통령의 지지율이 임기 말까지 떨어지지 않았던 비결은 네 가지로 요약할 수 있다고 〈동아일보〉 박제균은 주장했다.[49] 첫째, 지지층이 싫어할 일은 안 한다. 둘째, 책임은 신하에게 미루고, 공은 자신에게 돌린다. 셋째, 잘못해도 사과 안 하고, 사과해도 남 얘기하듯 한다. 넷째, 누가 뭐래도 줄기차게 국정 성과를 주장한다. 결국 지지자들에겐 잘못한 것 하나 없는 대통령이지만, 본질을 들여다보면 '유체이탈 국정'이라는 것이다. 또한 〈중앙일보〉 김정하는 "역설적으로 문(재인) 대통령은 직선제 개헌 도입 이후 집권 5년 만에 정권을 야당에 내준 첫 사례다. 역대 최고의 지지율을 자랑하지만 어이없게도 대선에서 패배한 것은 무엇 때문인가? 지지율이 높은 문 대통령은 왜 실패한 건가. 가장 근본적인 이유는 전례 없는 극단적인 통치 방식 때문이라고 생각한다. 아무리 중요해도 지지층이 싫어하는 정책은 절대 하지 않는다는 것이다."[50]라고 주장했다.

아울러 정치평론가 박성민은 "문재인 대통령의 지지율이 떨어지지 않은 것은 극단적 진영 싸움 때문이다. 아무리 금지된 반칙을 해도 우리 편이면 '어쩔'로 버틴다. 문재인 대통령 지지율 45%는 국민을 분열시킨 부끄러운 결과다."[51]라고 주장했다. 나아가 〈동아일보〉 박제균은 "문재인 5년은 우리 대통령사(史)에서 책임윤리를 저버린 국정이 먹힌 나쁜 사례로 기록될 것이다."[52]라고 주장했다. 또한 〈동아일보〉 박제균은 "그(문재인 대통령)는 집권자가 돼서도 대놓고 우리 편만 든 사상 첫 대통령이다. 우리 편을 열광케 한 대통령은 비교적 높은 지지율로 물러날지 몰라도, 그 자신은 반쪽만의 대통령인 반(半)통령'으로 역사에 남게 됐다."[53]라고 주장했다.

심지어 〈한겨레〉 신승근은 "문재인 정부의 지난 5년은 아쉽고, 안타깝다. 문재인과 더불어민주당 정부에서 불평등과 불공정 해소를 기대했다. 하지만 성적표는 초라하다. 투기세력에 패배하지 않겠다고 호기롭게 외쳤지만, 부동산 정책은 문재인 정부 최대의 망작이 됐다. 정치 개혁도 내세울 게 없다. 선거제도 개혁은 배신의 상징이 됐다. 청와대는 문(재인) 대통령 지지율이 역대 어떤 대통령보다 높다는 것을 자랑으로 여긴다. 그러나 '문재인 대통령은 레임덕이 없는 대통령이라는 허울 좋은 미망에 사로잡혀 있기보다는 절망한 내일 없는 젊은 세대들에게 사과해야 한다.'는 원로시민모임의 지적을 깊이 새겨야 한다."[54]라고 비판했다.

실제로 일반 국민의 삶은 문재인 정부에서 더욱 어려워졌다. 문재인 대통령은 집권 내내 국민 통합과 경제 살리기 대신 정치 보복 경향이 강한 적폐 청산으로 진보와 보수 간의 끊임없는 갈등을 초래하면서 국민 분열을 낳았다. 또한 소득 주도 성장 정책을 밀어붙이며 일자리를 없애고 빈부 격차를 확대시켰다. 비현실적인 주 52시간제로 자영업을 포함한 중소기업 그리고 연구소마저 불 꺼지게 하는 등 경제 죽이기를 초래했다. 아울러 탈 원전으로 원전 산업을 궤멸시켰고 지방대가 남아도는데 1조여 원을 들여 한전공대 설립 등에 세금을 뿌렸다. 결과적으로 문재인 정부 출범 직전 104조 7,865억 원이던 한전 부채는 2020년 132조 4,753억 원으로 27조원 넘게 증가했다.[55]

더욱이 문재인 대통령의 소득 주도 성장 정책이 초래한 경제 실정을 코로나 팬데믹 위기가 덮어 버렸다. 2020년 상반기 코로나 위기를 이유로 60조원에 달하는 추가경정예산을 여러 번에 걸쳐 실행했지만 그중 전 국민 대상 긴급재난지원금에 사용된 것은 14조 3,000억 원뿐이었다.[56] 나머지는 그동안 소득 주도 성장 정책 때문에 펑크 난 곳곳에 코로나 피해 극복이란 명목으로 모래톱 위에 물 붓듯 썼다. 소득 주도 성장 정책의 심각한 실패를 코로나 분식(粉飾)으로 땜질했다. 이렇게 확장 재정을 표방한 문재인 정부 아래서 2017년 660조원 수준이었던 국가 채무가 5년 만에 400조 원가량 불어났다. 이는 역대 정부 중 가장 빠른 속도로서 이미 2022년 국가 채무는 1,068조 3,000억 원으로 사상 처음으로 1,000조원을 넘어섰다.[57] 국내총생산(GDP) 대비 국가 채무비율은 50.2%로 처음으로 50%를 돌파했다.

이뿐이 아니다. 명확한 비핵화에 대한 약속도 없이 김정은에 대한 막연하고 낙관적인 믿음 때문에 더욱 증강된 북한의 핵 위협으로 안보 상황은 더욱 위험해졌다. 그럼에도 문재인 대통령은 남북 관계의 돌파구 마련과 이를 통한 지난 2020년 4월 총선 승리를 위해 시진핑 주석의 방한에 집착하여 중국에 대한 저자세 외교를 일관되게 유지했다. 실례로 문재인 대통령은 2017년 12월 베이징 대학 연설에서 "중국은 높은 산봉우리, 한국은 작은 나라"라고 하면서 "한국은 작은 나라지만 대국(大國) 중국의 중국몽(中國夢)에 함께하겠다."라고 말했다.

심지어 2020년 9월 우리 공무원이 북한군에 의해 총격으로 살해되고 시신이 소각된 상황에서 거행된 국군의 날 기념사에서조차 문재인 대통령은 북한의 눈치를 봤다. 북한의 만행에 대해서는 한마디 언급도 하지 않은 채 평화만 강조했다. 역설적으로 문재인 대통령은 지난 2017년 12월 서해상 영흥도 인근 낚싯배 전복 사고가 나자 "이유 여하를 막론하고 이 같은 사고를 막지 못한 것과 또 구조하지 못한 것은 결국은 국가의 책임이다. 국민의 생명과 안전에 관한 국가의 책임은 무한 책임이다."라고 말했다.

문재인 대통령은 이미 언론의 검증 과정을 통해 위선 진보의 대표 사례로 논란이 되고 있던 조국을 2019년 9월 법무부 장관에 임명했고 이후 무리한 조국 지키기에 따른 조국 사태를 맞았다. 또한 전문성이 전혀 없는 운동권 출신 정치인들을 내각의 장관들로 임명했다. 이러한 일련의 과정을 언론인 이대근은 "(문재인 대통령은) 다수 시민의 공적 이익을 위해 써야 할 권력 자원을 대통령 측근 그리고 대통령과 사적 인연이 있는 특정인을 위해 소진했다. 무리한 조국 지키기는 문재인 정부의 잠재적 지지층을 조국 지지와 반대로 분열시켰고, 지식인 사이에 탈 문재인 정부 행렬을 촉진했다. 문재인 정부 지지와 비판 이유를 가치, 이념, 노선, 정책도 아니고, 시민의 삶과도 아무런 인연이 없는 조국 문제로 좁힘으로써 시민을 너무나 초라하게 만들었다."[58]라고 주장했다.

아울러 1987년 민주화 이후 어렵게 이룩하고 있는 삼권 분립 정신을 훼손하면서 2019년 12월 국회의장을 지낸 정세균을 국무총리로 지명했고 2020년 1월 임명했다. 정세균은 국무총리로서 자신의 목표가 국민 통합과 경제 살리기라고 말했다. 이 말은 되짚어보면 정세균도 문재인 정부의 실패가 국민 분열과 경제 죽이기라는 사실을 인정한 것이었다.

2019년 중반부터는 유재수 감찰 중단 의혹 사건이 제기되었다. 또한 문재인 대통령 자신은 친구인 송철호의 2018년 울산시장 선거에 당내 경선부터 개입하여 친구인 송철호를 민주당 후보로 옹립하고 청와대 하명 수사를 통해 그를 시장에 당선시켰다는 의혹을 받았다. 아울러 2020년 10월부터는 옵티머스와 라임 펀드 사기 사건에 청와대가 연루되었다는 의혹이 제기되었다. 실제로 옵티머스 펀드 사기 혐의로 기소된 회사 이사의 아내인 이○○ 변호사가 옵티머스 회사 지분을 보유한 사실을 숨기고 청와대 민정비서관실 행정관으로 근무했고 금감원 출신 청와대 행정관이 라임 뇌물을 받은 혐의로 구속됐다.[59]

이후 추미애와 박범계 법무부 장관을 통해 윤석열 검찰총장의 인사권을 제한하면서 친문 집권 세력이 장악한 검찰은 이렇게 제기된 사건들에 대해 제대로 수사를 진행하지도 않았다. 심지어 2021년 7월 지난 대선 전후 드루킹 일당과 함께 문재인 대통령에게 유리하도록 인터넷 댓글 여론을 조작한 혐의 등으로 기소된 김경수 전 경남지사의 실형이 확정되어 문재인 대통령에 대한 정치적 정통성에 대해서도 의문이 생겨났다. 언론인 이대근은 "검찰 개혁은 권력이 된 검찰을 분권화하기 위한 것이지만, 문(재인) 대통령의 검찰 개혁은 대통령 권력 보호를 위한 것으로 변질됐다. 결국, 검찰 개혁은 기득권 검찰 권력과 정치권력 간 권력 대 권력의 충돌로 끝났다. 대통령 권력 사용의 정당성도 검찰 개혁의 정당성도 모두 훼손되었다."[60]라고 주장했다.

문재인 대통령은 대통령이라는 자신에게 맞지 않는 너무 큰 옷을 입었고 그 결과로 문재인 정부는 2020년 4월 총선의 압도적인 승리에도 불구하고 우리 역사상 가장 업적이 빈약한 진보정권이라고 불려졌다. 사실 2020년 4월 총선에서 여당의 압도적 승리는 유례없는 코로나 팬데믹 위기 아래서 문재인 정부의 실정이 국민들에게 잠시 감추어졌기 때문이었다. 황교안으로 대표되었던 당시 야당의 약한 정치적 리더십도 여당 대승이 중요한 원인이었다. 총선 승리 이후에도 문재인 대통령과 여당인 더불어민주당은 변화하지 않았고 오만함은 더욱 심해졌다. 윤석열 검찰총장 몰아내기, 제21대 국회 상반기 중 여당의 국회 상임위 독식, 누구도 책임지지 않는 부동산 대책 남발, 성 추문으로 자살한 박원순 서울시장 보호하기 등 민심과 동떨어지고 편법과 불법을 제도화하는 국정 운영이 계속됐다.

2020년 8월 코로나 바이러스가 수도권을 중심으로 맹렬히 재확산되자 문재인 대통령과 여권은 그 원인을 특정 교회 탓으로 돌리며 맹렬히 공격했다. 물론 그 교회가 가장 큰 원인 제공을 한 것은 맞다. 그러나 근본 원인은 그 어떤 요인보다 당시에 교회 등의 소모임 금지를 해제하고 외식·공연·여행 쿠폰을 약속했으며 임시공휴일까지 지정해 연휴를 만든 문재인 정부의 방역 정책 실패였다. 문재인 대통령은 국가적 위기를 자신의 정치적 위기 탈출 기회로만 이용하는 태도를 취했다. 일방적인 국정 독주와 부동산 대책 실패 때문에 성난 민심의 화살을 코로나 팬데믹 사태로 돌려보겠다는 의도였다.[61]

2020년 12월 10일 문재인 대통령은 "(코로나 팬데믹 관련) K-방역이 세계의 표준이 됐다."고 자랑했다.[62] 그러나 당시는 코로나 신규 확진자 수가 하루 1,000명 선을 오르내리면서 대량 검사·역학조사·격리치료 중심의 K-방역이 한계를 드러내고 있었다. K-방역을 자랑할 시간에 코로나 백신 확보에 더 노력을 기울였어야 했다. 2020년 겨울 우리는 백신 없이 겨울 코로나 팬데믹 위기를 견뎌내야 하는 황당한 현실에 직면하기도 했다.[63] 2020년 12월 15일 한명숙 전 국무총리는 "문재인 대통령이 생명을 가장 가운데 두고 생명을 살려야 한다는 원칙, (생명을 살리는 데 있어) 정치적 야심을 섞지 않는 우직함과 진심, 이런 것으로 문재인식 해결을 이끌었기에 코로나 상황에서 대한민국에서 사는 것이 좋다."라고 말했다.[64] 그날 코로나 팬데믹 관련 확진자는 880명이 늘었고, 사망자는 총 13명이었다. 국내 첫 코로나 확진자 발생 이후 가장 많은 사망자가 나온 날에 이런 발언을 한 것이었다.

문재인 대통령과 집권 세력은 오만에 가까운 국정 행보로 그의 실패를 치유 불가능하게 만들었다. 실제로 2021년 4월 〈동아일보〉 조사에서 문재인 정부의 부동산(20.8), 일자리 창출(34.3), 국민 통합(36.2), 경제 성장(38.7), 남북 관계(42.9) 등 5개 국정 운영 분야에 대한 국민들의 평가가 100점 만점에 평균 34.6점에 불과한 것으로 나타났다.[65]

2021년 7월 참여연대는 문재인 정부의 국정 과제 중 권력기관의 정치적 중립과 민주적 통제 강화, 서민 주거 안정과 자산 양극화 개선, 취약 노동자 권리 보장과 안전한 일터 만들기, 사회보장 강화와 불평등 해소, 재벌 대기업 지배구조 개선과 경제력 집중 완화, 한반도 평화 실현 등과 관련 있는 세부 과제 42개를 선정해 이행 여부를 확인한 결과 30개는 미흡했고 5개는 현재까지 이행되지 않아 사실상 폐기된 상태라고 평가했다.[66] 이러한 문재인 대통령의 실패를 보면서 진보 논객 진중권은 "(문재인 정권은) 촛불 덕에 거저 집권하고 야당 덕에 거저 통치하고 있지만, 이미 실패한 정권"이라고 말했다.[67]

문재인 대통령의 임기 말 높은 국정 수행 평균 지지도는 '국민의 대통령'이기보다는 '문빠 진영의 대통령'이 되고자 했던 노력의 결과였다. 그러나 2021년 4월 서울 및 부산시장 보궐 선거에서 여당인 더불어민주당이 참패했고 또한 2022년 3월 대선에서 정권 재창출에 실패했다. 이는 문재인 정부의 국정 운영을 국민이 냉정하게 심판한 것이었다. 결국 문재인 대통령은 민주화 이후 우리 역대 대통령 중 가장 업적이 초라하고 국민을 가장 분열시킨 대통령이었다.

문재인 대통령의 실패의 원인과 관련하여 사회평론가 김도훈은 "보통 사람들은 문 정부가 이념에 경도되어 시장원리를 이해하지 못했다고 평하지만, (실은) 문(재인) 정부에서 핵심적으로 활동한 사람들의 상당수는 재야나 시민단체, 학계 출신들이었다. 이들의 활동은 기존 정부에서 추진해온 정책들에 대한 반대에 머무는 경우가 많았다. 지향하는 메타가치인 민주주의, 시민 참여, 친환경, 평등, 양극화 해소 등을 실현하기 위해 무엇에 반대해야 하는지는 알았지만, 권력과 자원을 가졌을 때 어떻게 복잡다단한 이해관계와 사회 메커니즘을 조율하면서 목적을 달성해야 하는지에 대해서는 무지했거나 본원적으로 관심이 없었다. 오랜 기간 '안티테제'가 본인들의 정체성이 되었을 뿐만 아니라, 이를 통해 상징적, 경제적 이득을 얻는 데 익숙해 있기 때문이다."[68]라고 주장했다.

국민은 문재인 대통령을 대한민국이라는 회사를 5년 동안 이끌 CEO로 선출했다. 그럼에도 문재인 대통령은 때로는 선친을 모시고 회사를 창업한 충신들을 적으로 돌리면서 그들의 조언을 무시하고, 아무것도 모르면서 전문성이 부족한 채 자신의 친구들 말만 믿고 과신하는 독선적 재벌 2세처럼 행동했다는 비판을 받았다. 소득 주도 성장론에 기초한 사회경제정책과 탈 원전 정책 추진 등에서 보인 문 대통령의 행태가 그러했다.

조국 사태 등에서는 경험이 부족하여 아무것도 몰라서 선친의 가신들 말만 따르는 예의 바른 재벌 그룹 2세처럼 결정하기도 했다. 울산시장 선거를 둘러싼 청와대 개입 의혹 사건과 드루킹 일당과 함께 인터넷 댓글 여론을 조작한 혐의 등으로 기소된 김경수 전 경남지사의 실형 확정에서는 또 다른 변신을 보였다. 이런 경우에는 위험을 회피하려고 자신 안위만 신경 쓰면서 눈치는 빠른 봉급쟁이 사장처럼 처신했다고 비판받았다. 이런 대통령에 대한 국민의 실망은 커졌다.

1.2. 사실이라면 민주주의의 최대 위기

문재인 대통령의 정치적 실패가 불러온 무서운 결과가 있다. 1987년 이후 힘들게 축적한 나라 민주주의 근본 틀이 무너지고 퇴행하고 있다. 이와 관련 정치학자 양승태는 "문재인 정권은 쇠망한 조선조 통치체제의 정신적 퇴물인 위정척사 이념의 교조적인 도덕주의와 편협한 민족주의에 사로잡힌 역사의식이 진보라는 이름으로 끊임없이 수구적인 정책들을 양산하고, 불필요한 대내외적 마찰과 혼란을 초래하여 국가 이익을 저해하며, 그나마 확보한 국가의 국제적 및 경제적 위상을 추락시키려 하고, 국가 정체성의 위기를 조장하며, 급기야는 민주주의마저 퇴행시키려 하고 있다. 민주화 시대라는 현재 대중영합주의를 넘어 대중독재를 부추기는 양상까지 나타나고 있다."라고 지적했다.[69]

이의 대표적인 사례는 청와대 울산시장 선거 개입 의혹 사건과 유재수 감찰 중단 의혹 사건 등이다. 당시 문재인 대통령의 집권 세력과 집권 여당인 더불어민주당은 검찰의 수사를 막기 위한 온갖 방해 행위를 자행하면서 1987년 민주화 이후 대한민국을 가장 심각한 민주주의의 위기 즉, '민주주의의 후퇴'(Democracy in Retreat)[70]로 몰아넣었다. 실제로 〈조선일보〉는 "청와대 민정·정무수석실 등 비서실의 일곱 조직이 2018년 6월 울산시장 선거에서 송철호 민주당 후보를 당선시키기 위해 상대 후보의 첩보 수집 및 하달, 선거 공약 마련, 정적(政敵) 제거 등에 전방위적으로 나섰던 것으로 나타났다."[71]라고 검찰 조사 결과를 보도했다.

〈중앙일보〉 고대훈 역시 "문(재인) 대통령이 마음의 빚을 진 조국 전 법무장관 등 청와대의 운동권 세력(의) 이중 잣대의 뻔뻔한 위선, 자신만 옳다는 독선과 오만, 홀로 민주화를 쟁취했다는 자기도취와 특권의

식은 그들의 고유 브랜드가 됐다. 대통령의 30년 절친을 당선시키겠다며 VIP 숙원사업에 물불 안 가리고 뛰어들고(울산시장 선거 개입), 부정부패는 끼리끼리 봐주고(유재수 감찰 중단), 조국을 사이비 교주처럼 맹목적으로 감싸는(조국 사태) 행태에는 그런 비뚤어진 인식이 깔려 있다. 범죄 혐의가 들통이 나자 진실과 반성 따위는 없고 핏대를 내고 궤변의 거품을 물며 선악의 구도로 뒤틀었다. 법원과 검찰이 사유화되고, 삼권분립과 법치주의가 무너져도 죄다 벙어리다. 그런 길들이기를 검찰 개혁, 사법 개혁이라는 고상한 이름으로 분칠한다."[72]라고 주장했다.

청와대의 울산시장 선거 개입 의혹 사건은 2023년 11월 1심 재판에서 송철호 전 울산시장, 황운하 전 울산경찰청장, 송병기 전 울산부시장, 백원우 전 청와대 민정비서관 등 주요 핵심 인물들이 유죄 판결을 받았다. 이 의혹이 사실이라면 이는 2016년 최순실 국정 농단에 의한 박근혜 대통령의 탄핵보다도 대한민국의 발전에 훨씬 더 심각한 문제이다. 왜냐하면 민주주의를 후퇴시킨 주동 세력이 과거 민주주의 파괴의 주역이었던 총칼을 든 군부가 아니라 1987년 민주화의 주역이었고 합법적으로 선출된 문재인 대통령과 친문 핵심 실세들을 포함한 진보 세력이기 때문이다.

이에 대해 새누리당 전 대표 김무성은 "(문재인 대통령이) 반독재 투쟁을 했다는 사람이 지금은 국민을 속이는 독재를 하고 있다."라고 비판했다.[73] 더 나아가 〈동아일보〉 박제균은 "문(재인) 정권이 뒤집은 우리의 과거 현재 미래가, 5년 가까이 이룩한 좌파 생계공동체의 운명이, 심지어 문 대통령의 퇴임 후 안위(安危)가 3·9 대선 결과에 달려 있기 때문… 선거관리 부처인 법무·행정안전부 장관에다 중앙선거관리위원 8명 중

7명을 친여 일색으로 해놓고도 못 미더워 무리수를 두다 벌어진 중앙선관위 파동을 보라. 임기 말에 이렇게 노골적으로 대선에 개입한 대통령은 없었다."[74]라면서 청와대의 2022년 대선 개입까지 주장했다. 또한 민변 출신 변호사 권경애는 "지금의 정권은 노무현 트라우마를 원료 삼아 독일 나치당이 보인 파시즘의 특성을 보이고 있다."[75]라고 말했다.

심지어 〈나는 파리의 택시운전사〉의 저자로 유명한 홍세화 노동당 고문은 "(집권) 민주당에는 민주주의자가 없다."[76]라고 일갈했다. 〈동아일보〉 이기홍 역시 "문재인 정권을 평가한다면 1987년 민주화 이래 민주주의로부터 가장 멀어졌다는 게 주관적 결론이다. 내 편 심기를 통한 사법부 장악, 인사권을 이용한 감사원·검찰·선관위 장악 시도가 5공 이래 가장 노골적이었으며, 입법 폭주도 지난 35년간 목도하지 못한 수준으로 치달았다. 숙의민주주의와 소수 의견 및 국회 전통 존중이라는 불문율이 이처럼 실종된 시절은 없었다."[77]라고 주장했다.

청와대 울산시장 선거 개입 의혹 사건의 1심 재판 유죄 판결문과 검찰 공소장에 적시된 범죄행위가 사실이라면 문재인 대통령과 친문 실세들, 그리고 더불어민주당 지도부를 포함한 진보 세력의 위선적이고 불법적 행위들은 대한민국의 '성숙으로 가는 민주화 여정'을 끝장낼 수도 있기 때문에 반드시 단죄해야 한다.

1.3. 제도와 사람: 사람이 더 문제

문재인 대통령의 정치적 실패 과정과 원인을 분석해 보면 문재인 대통령 또한 '혹시나 했는데 역시나'로 끝났다. 민주화 이후 연속하여 실패가 반복되는 대통령 역사를 보면서 '대통령의 실패가 제도의 문제인가 사람의 문제인가'라는 주제가 자연스럽게 떠오른다. 민주화 이후 역대 대통령의 실패가 5년 단임제라는 제도가 지닌 문제점 때문인지 아니면 실패한 대통령들 자신 때문인지를 다시 헤아려 본다. 이와 관련 〈제왕적 대통령의 종언〉[78]에서는 우리 대통령의 실패가 대통령제 자체의 제도적인 문제에서 기인한 면도 있지만 '제왕적(帝王的) 대통령'으로 행동하며 각자가 가졌던 문제점에 기인한 바가 더 크다고 설명했다.

실제로 새누리당 전 대표 김무성은 "지난 대통령 선거(2017년) 직전 문재인 대표(문재인 대통령)를 만나 이렇게 말했다. '이대로 가면 당신이 대통령에 당선될 것 같은데, 대통령이 되면 주도해서 제왕적 권력 구조를 바꿔 달라. 권력 분산을 위해 개헌해야 한다. 박(근혜) 대통령은 절대 부정할 사람 아니다. 그런데도 최순실 같은 일이 터지지 않느냐. 당신이 대통령 돼도 그런 일이 생긴다.' 문(재인) 대표가 '(김)선배님(경남중 1년 선배), 저는 그렇게 생각 안 합니다. 시스템이 문제가 아니라 사람이 문제입니다. 제가 대통령 되면 그렇게 안 합니다.'라고 말했다."[79]

이와 관련 〈중앙일보〉는 "우리 헌정사엔 국민들로부터 박수를 받으며 퇴장한 대통령이 없다. 대통령이 임기 초에 독주하다 임기 말엔 예외 없이 나락으로 떨어지는 패턴이 반복되는 건 우리 정치 시스템에 결정적 하자가 있다는 걸 보여주는 증거다. 이제 헌법 개정으로 국가 운영 시스템을 바꿔야 한다는 건 더 이상 미룰 수 없는 과제임이 분명해졌다."라고 주장했다.[80] 또한 정치학자 강원택은 "문재인 대통령이 취임했을 때 그의 사람 좋아 보이는 인상이 마음을 편안하게 했다. 그러나 문재인 정부 20개월을 보내면서 한국 대통령제의 문제는 인물이 아니라 제도와 구조의 문제라는 사실을 새삼 깨닫게 되었다. 누가 대통령이 되더라도 제도를 고치지 않는 한 제왕적 대통령이라는 문제는 해결될 수 없는 것이다.”라고 주장했다.[81] 제도를 고쳐야 한다는 주장들이 나름의 설득력과 논리를 지니고 있는 것은 사실이다.

반대의 주장도 적지 않다. 대표적으로 노태우 대통령의 비서실장이었던 정해창은 “나는 현행 헌법이 진선진미하다고는 생각하지 않는다. 아니, 완벽한 제도란 있을 수 없지 않은가. 물론 의견이 합치되면 개헌을 할 수도 있다. 그러나 그렇게되기까지는 현행 헌법을 잘 운영함으로써 제도의 문제점을 보완하는 것이 우리들의 책무라 생각한다.”라고 주장했다.[82]

또한 정치행정학자 고세훈은 “한국이 유신과 전두환 체제에서 경험했던 대통령 간선제는 모두 개인의 권력욕이 빚은 것이었고, 짧은 의원내각제 실험은 변변한 교훈을 얻기도 전에 쿠데타로 막을 내렸다. 그리하여 우리는 6월 항쟁이 안겨준 대통령 직선제만으로도 민주주의를 다 이룬 듯 흥분했다. 그런데 언제부턴가 정치권 안팎에선 제왕적 대통령을 탓하며 다시 정부 형태를 문제 삼는다. 오히려 한국처럼 권위주의 적폐에 맞서야 하는 사실상 민주주의 이행기에 있는 나라의 경우는 새 제도들이 도입되고 정착되기까지 개혁의 동력은 어차피 개인 특히 대통령에서 올 수밖에 없다. 구조가 부실하면 강력한 개혁 의지를 지닌 권력자의 역할이 부각되는 것이 당연한 일이다.”라고 주장했다.[83]

〈세계일보〉 황정미 역시 “헌정사에 실패한 대통령이 되풀이되는 것은 제왕적 대통령제도 때문이라는 목소리가 많지만, 결국 사람의 문제다. 대통령제를 대표하는 미국에서 도널드 트럼프 전 대통령은 제도보다 개인의 품성이 대통령직은 물론 세계 제1국가의 위상을 어떻게 바꿔놓는지 극적으로 보여줬다. 대선 구도가 수십 번 요동칠 것이다. 그런 흐름을 쫓느니 대한민국 5년을 책임지겠다는 이들의 성품을 꼼꼼히 따져보는 게 낫다. 유명한 대선 구호 '바보야, 문제는 경제야'가 아니라 '바보야, 문제는 사람이야'다."[84]라고 주장했다.

'제도의 문제냐, 아니면 사람의 문제냐'라는 논쟁은 '닭이 먼저냐, 달걀이 먼저냐' 논쟁처럼 사람에 따라 인식과 처방이 다르다. 서로 순환하는 원인과 단서를 분류하는 일이 말처럼 쉬운 일은 아니다. 이 책은 지금의 대통령 제도도 문제지만 사람이 더 문제라는 입장을 견지하면서 문재인 대통령의 실패를 분석하고 있다. 지금까지 우리는 제대로 된 대통령을 만나지 못했다. 적어도 한번은 자리에 어울리는 제대로 된 대통령을 경험한 이후에 제도 개선을 논의해도 늦지 않다.

많은 정치인과 학자는 제왕적 대통령제의 폐해와 현행 5년 단임 대통령제의 문제점을 지적하고 있다. 그럼에도 적지 않은 국민이 1987년 민주화의 산물인 현행 대통령제의 기본적 틀을 여전히 적극 지지하고 있다. 실제로 2020년 4월 〈동아일보〉 창간 100주년 국민 의식 여론조사에서 우리 국민의 39.1%는 가장 바람직한 권력 구조로 대통령 중임제를 꼽았고, 대통령 5년 단임제를 유지하자는 응답자는 25.7%, 의원내각제는 18.4%, 대통령제와 내각제가 절충된 이원집정부제는 7.5%가 바람직한 체제로 꼽았다.[85] 〈동아일보〉의 2021년 조사에서는 우리 국민의 28.8%가 대통령 중임제, 23.8%가 현 제도인 대통령 단임제를, 15.8%가 분권형 대통령제, 13.6%가 의원내각제를 택했다.[86]

제도가 아무리 좋아도 사람이 나쁘면 좋은 제도는 그 빛을 잃어버린다. 반대로 사람이 좋으면 나쁜 제도의 단점을 극복하고 이겨낼 수 있다. 결국은 사람이 문제이다. 많은 사람이 시스템과 제도를 강조한다.

대부분의 경우 이는 그냥 대안이다. 시스템과 제도를 움직이는 것 역시 사람이다. 사람이 중요하다.

1.4. 책의 구성

이 책은 조국 사태를 기점으로 위선 프레임에 갇혀버린 문재인 대통령의 정치적 실패를 검찰 개혁의 좌절과 인사 실패라는 관점에서 생생하게 살펴보고 있다. 책의 생명은 내가 직접 관찰하고 경험한 사실에 있다. 이 생명에 원기를 북돋아 주기 위해 여러 자료와 인터뷰 등을 참조하고 끊임없이 사색했다.

첫째, 제2장은 〈제왕적 대통령의 종언〉에서 정리한 다섯 가지 대통령의 실패 요인을 기초로 문재인 정부의 실패 원인을 자세하게 설명하였다. 서로 다른 시대를 사는 두 사람의 운명이 같은 패턴으로 전개될 수 있다는 평행이론이 민주화 이후 대통령 역사에 그대로 적용될 수 있다. 문재인 대통령 역시 예외가 아니다. 여기서는 이를 구체적으로 밝히고 있다.

둘째, 문재인 대통령의 정치적 추락과 실패는 검찰 개혁의 완성을 위한 2019년 9월 조국의 법무부 장관 임명에서 시작됐다. 조국 사태에 직면하면서 문재인이 대통령으로서 가지고 있던 모든 문제점들이 '위선'으로 집약되어 버렸다.[87] 이 책은 언론에 보도된 사실들은 물론이고 조국 사태 후 관계자들 인터뷰로 알게 된 알려지지 않은 사실에 기초하여 제3장에서 그 과정을 객관적이고 입체적으로 살펴보았다.

셋째, 이 책은 문재인 대통령이 조국을 법무부 장관으로 임명하는 순간부터 대한민국의 정치는 청와대와 여당인 더불어민주당을 비롯한 국회가 아니라 윤석열 전 검찰총장을 중심으로 움직여졌음에 주목하였다. 제4장에서는 그 사실을 구체적으로 밝히고 있다. 조국 사태 이후 국민의 대다수는 문재인 대통령과 집권 여당에 맞서 법질서와 원칙을 지킬 것을 강조하는 윤석열을 지지하기 시작했다. 위선으로 가득한 여당과 희망이 없는 야당이 초래한 정치적 혼란을 극복하려는 국민의 염원이 원칙을 강조하는 검찰의 윤석열을 중심으로 움직이기 시작했다. 또한 여야 정쟁으로 무너진 법치주의가 역설적으로 한동안 윤석열로 대표되는 검찰에 의해 정립되고 민주주의의 기초를 지켜내는 반작용도 시작됐다. 여기서는 당시 문재인 정부의 검찰 개혁과 관련하여 윤석열을 둘러싸고 전개된 짧은 기간이었지만 권력 최상부의 치열했던 정치적 투쟁 상황 역시 자세히 설명하고 있다.

제3장과 제4장은 같은 사건을 놓고 조국과 윤석열을 중심으로 각각 분석하고 있다. 그러다 보니 각 장 간에 중첩되는 부분이 많이 생겼다. 이를 최소화하기 위해 노력했지만 글의 전개상 불가피한 경우가 생겼다. 또한 조국과 윤석열을 둘러싼 특정 사건에 대한 객관성을 담보하기 위해 당시 언론에 보도된 사실과 주장들을 인용한 경우가 많다. 글의 가독성을 높이기 위해 노력했지만 객관성 때문에 어쩔 수 없는 경우가 많다.

넷째, 역대 대통령의 정치적 추락 및 실패의 근본 원인은 결국 대통령 개인에게 있었다. 그것을 우리는 대통령의 성격 또는 리더십이라고 말한다. 2019년 9월 조국 사태와 그 후 검찰 개혁과 관련하여 윤석열을 둘러싼 권력 상층부에서 정치적 투쟁이 초래되었다. 이러한 정치적 갈등의 근본적 원인은 권력 투쟁을 방치했던 문재인 대통령의 리더십이었다.

제5장에서는 문재인 대통령의 리더십을 성격심리학의 실증적인 분

석 틀인 '중요한 5특성 판별법'(Big Five Trait Taxonomy, BFTT)을 적용하여 '냉정함과 이기심, 오만과 위선 그리고 이중성'이라는 특성에서 살펴보았다. 문재인 대통령은 자신의 역량으로 대통령에 당선되지 못하였고 노무현 대통령의 비극적 죽음과 박근혜 대통령의 탄핵 등 여러 상황적 요인들의 도움을 받아 당선되었다. 이와 관련 문재인 대통령은 자신이 촛불혁명의 승계자라며 이를 강조하는 과정에서 정치적 '오만'(hubris)에 사로잡혔다. 더욱이 오만에 기인하여 아군과 적군을 구별하려는 역설적 우월의식에 빠져버렸는데 이를 체계적으로 설명하였다.

다섯째, 제6장에서는 우리가 어떻게 하면 무능한 대통령의 출현을 피할 수 있는지 살피고, 앞으로의 대통령 선거에서 유능한 대통령을 맞게 될 수 있는 몇 가지 처방책을 구체적으로 제시하고 있다. 박근혜 대통령과 문재인 대통령의 정치적 추락과 실패, 그리고 윤석열 대통령의 정치적 어려움을 목격하면서 우리 대통령 역사가 평행이론이 적용되지 않는 영역이기를 바란다. 무능한 대통령의 최대 피해자는 우리 국민이다. 유능한 대통령이 중요하다. 물론 이 책이 강조하는 유능함이란 명문 학벌과 화려한 경력이 아니다. 현실의 문제점을 해결할 수 있는 비전 제시 능력과 이를 실행할 수 있는 정치적 역량이 유능과 무능을 가리는 척도가 되어야 한다. 유능한 대통령을 만나면 국운이 다시 더욱 융성해질 것이다.

마지막으로 에필로그에서는 앞으로 정치력이 높아 유능하고 성공할 수 있는 대통령의 창출을 위해 '조정자'(broker)로서 대통령의 역할과 그에 따른 '입법 리더십'(legislative leadership)의 중요성을 주장하고 있다. 이를 위해 만남과 공감을 중시하는 보다 외향적이고 개방적 성격을 가진 '열린 대통령' 출현을 강조하고 있다.

2
문재인 대통령 실패의 오각형

"대통령으로 성공하는 길은 다양하다. 그러나 실패하는 길은 비슷하다. 대통령이 되려 하는 정치인들도 다 안다. 그런데도 대통령만 되면 같은 길을 간다."[88]

"(문재인) 정부가 어떻게 해서 탄생한 정권입니까. 분노한 국민들이 높이 들었던 촛불의 힘으로 새로운 정부가 들어섰다는 것은 모두가 다 알고 있는 사실입니다. 이런 정권이 성공하지 않고는 우리의 미래는 제대로 전개될 희망이 없습니다. 온갖 정성과 지혜를 모두 짜내서 반드시 성공한 정권이 되도록 해야 합니다."[89]

"문재인 정부는 한 번도 경험해보지 못한 나라를 만들겠다고 선언한 대로 한 번도 경험해본 적이 없는 미증유의 나라꼴을 만들어가고 있습니다. 이게 나라?는 촛불의 질문과 저항 덕에 정권을 잡았는데, 이건 나라?는 거센 힐문을 받고 있는 중입니다."[90]

"문재인 대통령님. 어떻게 주변 관리를 이렇게 하였습니까. 정권 초기 모든 곳에서 완벽했던 정부가 조국 이후로 어떻게 이렇게 망가집니까. 내 편 챙기다가 정권 다 말아먹고, 내 편 아니면 다 적폐로 돌리고, 국민들 갈라 치고, 추미애 같은 사람 내세워서 뭘 어쩌겠다고 기용해서 이 사달을 만듭니까. 내년 7월이면 나갈 총장 그렇게 몰아붙여야 했습니까? 자기 정치하는 추미애에게 속도 조절을 요구하거나 말 안 들으면 경고하셨어야죠, 이 중요한 시기에 법무부 장관이 모든 이슈 독점하게 놔두고 그나마 정권 운영 동력이었던 방역도 구멍 나고, 부동산 말아먹고, 외교도 특별한 성과가 없고, 정치는 실종되고. 이게 뭡니까, 대체."[91]

2.1. 실패의 다섯 가지 원인

〈제왕적 대통령의 종언〉은 민주화 이후 역대 대통령을 직접 만나고 관찰하면서 발견해낸 경험칙을 제시하고 있다. 그 결과 역대 대통령 모두가 성공하지 못한 대통령 또는 실패한 대통령이 된 다섯 가지 주요 원인으로 정리된다.[92] 이는 구체적으로 무리하게 성공하려는 야망, 박정희 대통령의 정치적 그늘, 전직 대통령에 대한 정치적 차별화, 인사 실패, 약한 입법 리더십 등이다(〈그림 1〉참조).

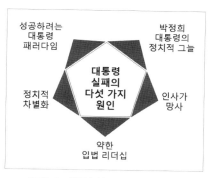

〈그림 1〉 대통령 실패의 다섯 가지 원인

문재인 대통령은 사법고시 합격 후 부산에서 변호사로서 활동하다가 노무현 대통령에게 발탁되어 민정수석, 시민사회수석, 비서실장을 역임하고 국회에서 기획재정위원회에서 활동했고 야당 대표 등을 지냈다. 그러나 직접 대화해보면 경험을 축적하는 능력이 조금은 부족하다는 생각이 든다. 경험이 경험으로 단순하게 끝나버린 것이다. 경험이 몸에 쌓이면서 축적된 경험과 교훈이 지혜와 통찰로 승화되지 못한 것이다.

당연히 정치의 다양성과 심오함, 현실 경제의 복잡한 메커니즘, 그리고 남북 관계를 포함해 외교정책의 미묘함에 대해서는 잘 모른다. 그는 양심 있는 변호사로서 그의 직업을 성실하게 수행하면서 살아왔을 뿐이다. 평범한 변호사로 살면서 재벌 중심으로 성장한 우리 경제의 생태계와 작동 원리, 남북으로 국토가 분단되어 있고 미국·중국·일본·러시아 등 4강 대국으로 둘러싸여 있는 복잡한 외교 관계에 대해서 대통령 비서실장이 되기 전까지는 깊게 생각해 본 적이 없다. 실제로 그를 가까이에서 접했던 전 국회의원 김관영(현 전라북도 지사)은 "(문 대통령은) 마음은 착한 분인데, 나라의 미래 비전에 대해 자기 생각이 없는 것 같았다."[93]라고 말했다.

대통령이 됐다고 그전에 삶을 대해 왔던 기본자세가 변하기는 쉽지 않다. 문재인 대통령은 현장에서 사람들을 직접 만나서 자신의 참여 관찰을 기초로 국정을 운영하고 문제를 해결하려 하지 않았다. '우리의 문제는 현장에 답이 있다(우문현답)'는 인식이 문재인 대통령에게는 없었다. 변호사 시절처럼 참모들이 관찰하고 해결책을 제시한 보고서를 혼자서 열심히 읽어서 문제를 이해하고 해결하려는 성향이 강했다. 당연히 국정 의제에 대한 실용적인 해결 능력이 매우 낮았다. 그의 참모들이 넓은 현장 경험과 높은 전문성을 기초로 문제를 충분히 이해하고 마련한 정책을 제시하면 그의 실수가 적어진다. 대통령의 정책 관련 리더십이 지닌 한계도 극복할 수 있다. 그러나 문재인 정부에선 아군과 적군을 나누는 이념적 지향성이 높고 개인적 친밀성을 지나치게 강조하여 전문성이 높지 않은 참모들이 많이 충원되었다. 참모들이 제시한 해결책은 낮은 수준이었고 이를 보고서로 접하고 채택한 대통령은 실패를 초래했다.

2017년 〈제왕적 대통령의 종언〉이 출간된 후 대선 전 책을 문재인 후보에게 보냈고 일독을 권하기도 했다. 당시 바람은 "문재인 후보 당신은 당신의 능력의 한계를 잘 파악하고 성공하려고 하는 패러다임, 즉 성공 야망에서 벗어나서 5년이라는 임기아래서 성실하게 실패하지 않은 대통령이 되려고 노력하는 것이 성공의 길"이라는 사실을 알려주고 싶었다.

이와 관련 문재인 대통령의 2021년 신년 기자회견 후 정치학자 박원호는 "그 (문재인) 대통령의 말 중에서 가장 눈에 띄는 장면들은 스스로의 한계를 인정한 순간들이었다. 부동산 가격을 잡는 일은 지난해에 급격하게 늘어난 세대 수로 인해 역부족이었고, 재난 지원은 정부 재정의 역할만으로는 역부족이며, 대북 정책은 결국 바이든 신정부의 정책적 우선순위가 무엇인지에 따라 그 성패가 결정될 수밖에 없다는 현실에 대한 인식이다. 요컨대 어제의 (신년)기자회견은 대통령이 할 수 있는 일의 한계에 대한 토로이기도 했다."[94]라고 주장했다. 불행하게도 문재인 대통령은 대통령으로서 자신의 정치적 한계를 임기 말에 와서야 느끼기 시작했다. 문재인 대통령에게는 〈그림 1〉의 대통령 실패의 다섯 가지 요인이 어떻게 적용되었는가를 보다 자세히 살펴보자.

2.2. 성공 야망

"(코로나 팬데믹 확산 때문에) 대한민국 전체가 불안에 떨고 있다. 대한의사협회가 여섯 차례나 중국 발 입국자를 막으라고 권고했지만 머지않아 종식된다며 코로나 19 감염 경로를 활짝 열어두면서다. 압권은 충남 아산 반찬가게 상인의 신세 한탄이다. 그는 문 대통령이 경기를 묻자 거지같다고 했다가 문 대통령의 극렬 지지자 집단으로부터 '감히 우리 이니에게 불경스럽게.'라며 파상 공격을 받았다. 이 광란을 보면서 -문 대통령은 줄곧 평등·공정·정의를 말했다- 반찬가게 상인의 외마디 외

침은 더 생생해진다. 거지같다고 한 것은 암울한 현실 앞에 드러난 절망감이란 것을 말이다."[95]

"탄핵된 대통령이 감옥에서 풀려나지도 않았는데 지금 광화문에선 현직 대통령을 탄핵해 감옥에 보내라고 다시 아우성이다. 탄핵 덕택으로 권력을 잡은 정권이므로 자신들이 탄핵받을 일은 하지 않을 것으로 믿었으나 내로남불식의 적폐 청산으로 스스로 청산돼야 할 적폐를 쌓아가고 있기 때문일 것이다."[96]

"문재인 정부의 기능 부전은 내치에서도 확인된다. 소득 주도 성장의 참담한 실패, 급격한 최저임금 인상, 주52시간제의 무리한 도입, 규제 개혁 실패로 경제의 성장 엔진은 꺼져가고 있다. 대통령은 '부동산 시장이 안정되고 있다.'고 했지만 거꾸로 폭등하고 있다. 이대로 가면 가장 무능한 정권으로 기록될 수도 있다. 정권의 실정은 국민의 고통으로 이어진다."[97]

다섯 요인 중 역대 대통령 실패의 가장 큰 원인은 최고의 큰 성공을 바라는 야심 내지 꿈이다. 이것이 바로 대통령의 '성공하려는 패러다임'이다. 성공하려는 패러다임은 (1) 큰 승리 추구, (2) 명품 국정 과제 선정 (3) 공허한 비전 제시 등으로 구체화 된다.

첫째, 큰 승리 추구는 대통령이 매우 큰 국정 과제 또는 큰 계획(big plan)을 설정한다. 이를 5년 임기 내 빠르게 집행하여 빨리 큰 승리(big win)를 거두어 성공한 대통령이 되고 싶어 한다. 일반적으로 큰 국정 과제의 성공은 많은 정치적 및 물적 자원을 필요로 한다. 그러나 그 결실을 일반 국민들이 체감하기에는 5년은 너무나 짧은 시간이다. 자원과 시간의 한계 때문에 대통령의 좌절과 실패의 가능성은 높아질 수밖에 없다. 큰 국정 목표를 설정한 후 시간이 흐르면 집권 초에 발표한 국정 목표들이 현실적으로 달성하기 어렵다는 사실을 인식하게 된다. 자연스럽게 시간에 쫓기고 초조해지면서 새로운 국정 목표를 갑자기 만들게 된다.

둘째, 역대 대통령은 자신감이 넘치고 5년 임기 중 큰 프로젝트를 펼쳐서 역사에 크게 남고 싶은 열망이 높았다. 국정 목표가 듣고 보니 좋아서 그것을 실행하면 역사에 잘 남을 것 같아서 그 국정 목표를 택했다. 성공한 대통령이 되고자 좋아 보이는 국정 과제는 빨리 선점하겠다는 욕심이 앞서서 지금까지 살아 온 자신의 삶과는 전혀 관계없는 것이라도 택한 것이다. 그 결과 그들이 설정한 국정 과제가 자신의 삶과는 관련성이 적고 잘 맞지 않거나 어울리지 않는 경우가 많았다. 국민 누구도 그가 발표한 국정 과제에 진정성을 느끼지 못하고 공감을 못하게 되었다.

셋째, 역대 대통령은 성공한 대통령이 되고자 열심히 노력하는 과정에서 되도록이면 크고 많은 국정 비전 또는 국정 목표들을 설정했다. 그 과정에서 결과적으로 국정 목표와 정책의 추상성이 더욱 높아졌다. 추상성이 높으면 국민은 다 자기 입장에서 그 국정 목표를 해석하게 된다. 종내는 국정 목표와 정책의 실체가 진정 무엇을 의미하는지 잘 모르게 되어 공허한 이야기 또는 말의 잔치로 끝나게 된다. 공허한 비전 제시의 비극이다.

더욱 불행한 것은 그들의 집권 초기 추진한 국정 과제의 결과가 부정적일 때는 이를 극복하기 위해서, 결과가 긍정적일 때는 그 효과를 더욱 강화시키기 위해서, 그리고 설상가상으로 집권 후기 시간적 촉박성에 직면한 상황에서라도 좋아 보이는 국정 과제가 있으면 구체적 프로그램이 준비되지 않아도 쉽게 택하는 경향이 높았다. 이것이 실패의 가능성을 더욱 높였다. 이러한 현상은 마치 자기에게 맞지 않는 옷도 명품이면 멋있어질 것이라는 착각과 비슷하다. 명품을 입는다고 해서 결코 멋있어지는 것은 아닌데 말이다.

대통령이 책 한 권을 읽어서 또는 한 사람의 의견을 듣고 나서, 아니면 한 번의 여행을 통해 치밀한 준비 없이 즉흥적으로 명품 국정 과제를 설정하고 추진하는 것은 매우 위험한 일이다. 대통령들이 설정한 각자가 살아온 삶과 전혀 다른 국정 과제들, 즉 명품 국정 과제의 예는 하나 둘이 아니다. 우선 박정희 대통령의 유신, 전두환 대통령의 정의사회의 구현, 노태우 대통령의 보통사람의 시대 등이 있다. 민주화 이후 김영삼 대통령의 세계화, 김대중 대통령의 제2건국, 이명박 대통령의 공정사회, 박근혜 대통령의 창조경제를 통한 국민행복 등도 자신들이 살아오고 경험한 삶의 궤적과는 동떨어진 명품 국정 과제에 속한다.

아울러 역대 대통령은 강한 자신감과 성공에 대한 커다란 열망 때문에 한두 권의 책에 제시된 전문가의 뛰어난 지식이나 홍보 기술만 있으면 국가 경영에 성공할 수 있다는 생각에 쉽게 사로잡힌다. 이러한 사고 방식은 '지식에 의한 국가 경영'을 추구하는 성공하려는 대통령 패러다임의 하나이다(〈그림 2〉참조).

〈그림 2〉 성공하려는 대통령 패러다임

대통령은 매우 복잡해진 우리의 정치·사회 환경을 고려해야 한다. 사회·제도적 기관들의 정치적 자율성이 매우 높아진 상황도 숙지해야 한다. 단순히 전문가의 지식 또는 조언에 의존한 국가 경영은 곤란하다. 지도자의 오랜 인생 경험과 그 과정에서 축적된 전문지식이 함께 어우러져 빚어내는 지혜에 따라 나라가 움직여져야 한다. 대통령의 국정 비전이나 목표 그리고 주요 정책은 자신의 삶의 궤적에서 빚어진 지혜의 결정체로 표출되어야만 성공할 수 있다. 내가 만났던 대통령들과 대통령을 꿈꾸는 모든 분들에게 대통령의 국가 경영은 '과학(science)이 아닌 예술(art)'이라고 지속적으로 강조하는 이유도 여기에 있다.

문재인 대통령은 국정 과제 설정에서 자신이 잘 알지 못하는 분야에서 단순히 책 한두 권을 탐독하여 읽고 단순히 좋아 보여서 아니면 친한 사람의 의견을 듣고서 그것들을 선택한 것이 많았다. 더욱이 문재인 대통령은 자신이 정독을 한 책의 저자들을 잘 알지도 못하면서 정부의 주요 요직에 기용하여 적지 않은 시행착오와 실패를 이야기하곤 했다. 문재인 대통령은 단순하게 책 한두 권을 읽어서 복잡한 현실의 세계를 이해하려고 했고 그 문제점들도 해결하려고 했다. 국가 운영이라는 현실은 그가 생각하는 것보다 훨씬 복잡하고 미묘하여 문제들을 이해하고 풀기도 어렵다.

문재인 대통령은 아마도 자신의 책인 〈문재인의 운명〉(2011년)이 상업적으로도 정치적으로도 성공을 거두어서 그러한 생각을 하게 되었던 것 같기도 하다. 사실은 이렇다. 〈문재인의 운명〉은 노무현 대통령을 그리워하는 사람들이 권유해서 시작한 책이었다. 문재인 대통령이 직접 저술한 책이 아니었다. 그는 단순히 구술하고 참모들이 잘 편집하여 성공을 거두었던 책이었다. 무엇보다 〈문재인의 운명〉이 성공한 가장 큰 이유는 노무현 대통령의 비극적 죽음에 대한 모두의 안타까움과 그의 진정성 있는 삶의 궤적에 대한 국민의 그리움 때문이었다. 〈문재인의 운명〉의 성공은 노무현 대통령에 대한 국민의 그리움이 문재인 대통령에 투영되었던 것이었다. 책의 성공이 문재인 대통령에게 자신이 정치적으로 큰 업적으로 이룩했다는 착각을 불러일으켰다.

이와 관련 문재인 대통령은 노무현 대통령이 이룩하지 못했던 정치적 꿈과 임무를 꼭 이룩하고 완수해야겠다는 집념이 매우 강했다. 이것이 그의 또 다른 성공하려는 패러다임, 즉 '성공 야망'이 되었다. 이러한 성공 야망 아래서 적폐 청산, 검찰 개혁, 한반도 운전자론, 소득 주도 성장론 중심의 'J노믹스,' 탈 원전 등 명품 국정 과제들이 설정되었다. 이러한 과제들은 문재인 대통령이 책 한 권을 읽어서 또는 한 편의 영화를 보고 나서, 그리고 한두 사람의 의견을 듣고 나서 치밀한 준비 없이 설정·추진되었다. 주목할 만한 사례들을 구체적으로 살펴보면 다음과 같다.

2.2.1. 적폐 청산·검찰 개혁·한반도 운전자론

민주화 이후 역대 대통령은 나이, 이념 등은 달라도 대통령에 대한 꿈, 야망, 역사 인식 등 공통의 심리 상태를 지니고 있다. 이것이 성공하려는 패러다임이다. 역대 대통령은 대통령의 자리에 오르기까지 자신만이 터득한 각자의 성공의 열쇠 또는 성공의 길을 갖고 있다. 자신만이 터득한 성공의 길로 대통령 당선이라는 최정상에 선 후에는 성공의 길을 여간해서는 포기하지 않는다.

모든 대통령은 자신만이 터득한 성공의 열쇠 및 길에 기초한 그의 자신감이 어느 누구보다도 강하다. 불행하게도 대통령 당선까지 이루게 한 성공의 열쇠와 길이 대통령의 성공적인 국정 운영을 위한 길에는 잘 적용되지 않는다. 오히려 대통령 당선이라는 엄청난 성공은 자만 또는 오만으로 이어지며 종종 가장 큰 실패를 초래한다. 불행과 슬픔의 시작이다.

적폐 청산

2017년 5월 대선에서 문재인 대통령은 5명의 유력 후보가 완주한 가운데 41.1%를 득표하고 2위인 홍준표 후보와 557만 표 차이로 압도적인 승리를 거두었다. 홍준표 후보는 24.0%, 안철수 후보는 21.4%, 유승민 후보는 6.8%, 심상정 후보는 6.2%를 득표했다. 그의 대선 승리의 가장 큰 원인은 최순실의 국정 농단에 의해 초래된 박근혜의 정치적 몰락과 자살한 노무현 대통령에 대한 안타까움과 그리움 때문이었다.

이와 관련 나는 문재인 대통령의 취임을 축하하면서 "문재인 대통령은 약 7개월 앞당겨 치러진 조기 대선에서 역대 최다 표차인 557만 표라는 압도적인 차이로 당선되었다. 우선 큰 승리를 축하한다. 그러나 대통령은 자신의 국정 비전을 제대로 평가받았다기보다는 최순실 국정 농단에 따른 반사이익과 노무현 전 대통령에 대한 그리움 때문에 당선되었다는 사실을 인정해야 한다. 대통령이 이 사실을 겸허하게 인정해야 얽히고설킨 국정의 해법을 찾아낼 수 있다. 다수의 국민은 최순실의 국정 농단에 대해 철저한 수사를 원했다. 또한 잘못이 있는 재벌·정치인·검찰·관료 등에 대한 적폐 청산을 바랐다. 보수 세력과 기득권은 안보와 경제 위기를 핑계 삼아 지지를 호소했다. 그러나 문재인 대통령의 적폐 청산 프레임 앞에 경제와 안보는 큰 힘을 발휘하지 못했다. 국민은 적폐 청산을 확실하게 할 수 있는 정권 교체를 원했다. 결국 문재인 대세론의 뿌리는 이러한 국민의 열망이었다. 국민이 최순실 국정 농단의 철저한 청산만을 요구한 것은 아니다. 경제 불황에 따른 양극화, 청년 실업, 북한의 핵과 미사일 위협, 사드 배치 관련 대미·대중관계 등 산적한 국내외적 어려움을 슬기롭게 극복해 줄 것도 기대했다. 따라서 대통령은 단호한 적폐 청산과 산적한 국정 현안의 해결을 기대하는 국민의 두 마음을 헤아려야 성공할 수 있다. 앞으로 대통령의 행보가 어려운 이유가 여기에 있다. 대통령의 국정 운영에서 가장 우려되는 점이기도 하다."[98]라고 말했다.

더 나아가 문재인 대통령의 성공 야망이 걱정되어서 나는 "최순실 국정 농단에 의한 박근혜 전 대통령의 정치적 추락아래서 한국 정치는 정치적 진공 상태, 정치적 아노미 상황에 빠져들고 있다. 이제는 권위주의적 정부 운영 방식과 권력의 사인화에 따른 부정부패 등이 마감되어야 한다. 이러한 상황아래서 문재인 대통령 앞에는 위기와 기회가 함께 있다. 현재의 정치적 아노미 현상을 극복하고 새로운 정치질서를 만들어내는 주역이 될 것인가, 아니면 정치적 혼돈을 수습하지 못하고 그 소용돌이에 빠려들어 과도기적 대통령에 그치고 말 것인가? 이러한 상황에서 내가 목격한 문재인 대통령의 눈 질끈 감고 봐주는 인간관계가 아니라, 시스템으로 정치를 이끌어 가려고 하는 차가움(많은 사람들은 이를 문 대통령의 포용력 부족으로 간주하기도 한다)은 아마도 엄청난 강점으로 작용할 수도 있다. 이를 기초로 먼저 문 대통령은 먼저 선거공약 중 실천 가능한 공약을 선택하고 이것이 그의 국정 비전에 철저히 반영되도록 노력해야 한다. 대선과정에서 발표한 선거공약은 그가 국민과 맺은 약속이다. 다만 대선과정에서 단순히 선거용으로 제시했던 실천 가능하지 않은 공약일 경우 문 대통령은 자신의 인기가 높은 취임 100일 동안에 이를 국민에게 설명하고 과감하게 버려야 한다. 또한 문 대통령은 5년 임기의 대통령직이 여러 국정 목표들을 달성하기에는 무척 짧은 기간이라는 사실을 인식하여야 한다. 따라서 문 대통령은 과욕을 버리고 선택과 집중의 관점에서 시대와 국민이 요구하는 과제를 정확히 파악하여 임기 내에 일관되게 챙겨 달성할 수 있는 소수의 국정 목표를 설정하여야 한다."[99]라고 강조했다.

문재인 대통령은 2017년 5월 10일 취임사에서 "기회는 평등할 것입니다. 과정은 공정할 것입니다. 결과는 정의로울 것입니다."라고 말하며 적폐 청산을 국정의 최우선 과제로 앞세우고 검찰을 앞세워 이를 속도감 있게 추진했다. 문재인 대통령은 국민을 통합하기보다는 먼저 촛불혁명을 통해 박근혜 대통령을 탄핵시키고 자신을 당선시켜 준 전교조, 민주노총, 진보 시민단체 등 여러 지지 세력들의 요구를 들어주면서 그들로부터 자신에 대한 지지를 확고히 하고자 했다. 이를 위해 자신을 지지하지 않은 보수층을 적폐 세력으로 규정하고 이들을 척결하려는 과업을 적폐 청산이라고 명명하며 국정의 최우선 과제로 삼았다.

자신의 역량이 아니라 이들 진보세력의 도움으로 당선됐기에 리더십과 비전이 상대적으로 부족한 대통령에게 적폐 청산은 한계이자 위기였다. 박근혜 대통령의 탄핵이 법적 절차에 따라 평화적으로 가능했던 것은 당파를 떠나 대한민국의 헌법 질서를 중요시했던 60여 명의 새누리당 당시 여당 의원들과 조선·중앙·동아일보 등 보수 일간지들과 TV조선·JTBC 등 보수 종편 방송 등의 협력이 있었기 때문이었다. 실제로 언론학자 강준만은 "인간이 아무리 망각의 동물이라지만 이렇게까지 배은망덕하게 굴어도 되는 건가? 박근혜 탄핵이 어떻게 해서 가능했던지 잊었는가? 당시 60여 명의 여당 의원과 보수 언론의 협력 없이 그게 가능했다고 생각하는가? 그들은 일부 보수 세력에서 배신자로 낙인찍히는 등 온갖 수모를 당하면서까지 사실상 문재인 정권 탄생에 큰 기여를 했다. 그러나 문재인 정권 사람들은 그건 까맣게 잊고 모든 게 다 자기들 잘나서 정권을 잡은 것처럼 싸가지 없는 진보의 길로만 나아가고 있다."[100]라고 말했다.

〈한겨레〉의 이춘재도 "문(재인) 정권은 진보와 중도는 물론 보수까지 대거 참여한 박근혜 탄핵 촛불집회 성공으로 집권했다. 그럼에도 야당을 '국정운영의 동반자'가 아니라 '제거해야 할 정적'으로 간주했다"라고 주장했다.[101] 정치학자 최장집 역시 "취임사라든지에서 천명된 정부 운영의 방향은 분명히 타협적이었는데 그것이 오래 지속되지 않았고 곧 적폐 청산으로 180도 전환됐다. 집권의 중심을 이루는 세력들이 이른바 386 운동권 출신의 정치 엘리트인데 이들의 힘이 작용한 결과가 아닐까 한다. 이 사람들의 행위, 발언(은) 완전히 선과 악을 구분하는 정치, 보수 진영 세력을 궤멸시키겠다고 하는 의지 같은 게 느껴져서다."라고 주장했다.[102]

이와 관련 나는 문재인 대통령 취임 직후 이미 이 상황을 "(문재인 대통령의) 국정 운영과 관련해 몇 가지 불안감을 보여주고 있다. 첫째, 최순실 국정 농단이 초래한 적폐 청산을 전면에 내세우다가 나라의 근간까지 흔들어 버릴까 봐 불안하다. 특히, 박근혜 전 대통령에 대한 사법 처리 및 사면을 둘러싸고 이념·지역·연령별로 국론이 분열되면 국민 통합은 요원해진다. 이를 해결하지 못하면 반쪽 내지 그들만의 대통령으로 전락한다."[103]라고 강조했다.

적폐 청산은 노무현 대통령과 문재인 대통령의 핵심 지지 세력들, 소위 '노빠'와 '문빠'를 만족시키기 위해 단행한 이명박 대통령에 대한 사법 처리가 방점을 찍었다. 실제로 〈뉴스타파〉 한상진·조성식·심인보·최윤원은 "(적폐 청산의)정점은 이명박 전 대통령 구속이었다. 진보 진영 사람들에게 이 전 대통령은 노무현 전 대통령을 죽음으로 내몬 장본인이다. 논쟁적인 수사 끝에 검찰이 그를 구속하자 노무현/문재인 정부 지지자들은 환호하고, 반대쪽은 정치 검찰이라고 맹비난했다."[104]라고 지적했다.

이명박 대통령에 대한 검찰의 집요한 수사는 많은 국민들이 적폐 청산을 정치 보복으로 인식하게 하는 과정의 시작이었다. 즉 적폐 청산을 빙자해서 보복 정치를 하고 있다고 생각하기 시작했다. 이와 관련 전 국회의장 김형오는 "적폐 청산이 필요하죠. 정권이 바뀌고, 탄핵이라는 큰 파도를 뛰어넘었으니까. 그런데 제도 개혁이 아닌 인적 청산에만 치중하다 보니 정치 보복으로 흘러버린 거야. 중장기 정책이 5년마다 단절되고, 비전을 잃어버린 나라가 됐어요."라고 주장했다.[105]

적폐 청산의 의도만이 문제가 아니었다. 더 큰 문제는 적폐 청산의 주체였다. 불법을 자행한 신(新) 적폐 세력이 구(舊) 적폐 세력을 청산한 것은 더 큰 문제였다. 신 적폐 세력이 주도했던 두 사건은 김경수 전 경남지사의 댓글 조작 사건과 김은경 전 환경부 장관 및 신미숙 전 청와대 균형인사비서관의 환경부 블랙리스트 사건이었다. 우선 2021년 7월 지난 대선 과정에서 드루킹 일당과 함께 문재인 대통령에게 유리하도록 인터넷 댓글 여론을 조작한 혐의 등으로 기소된 문재인 대통령의 최측근인 김경수 전 경남지사는 실형이 확정됐다. 이 사건은 김경수와 드루킹 일당의 댓글 공작을 통한 선거 여론 조작의 수혜자가 문재인 대통령이라는 의미를 갖고 있었다.[106]

김은경 전 환경부 장관은 이전 정권에서 임명됐던 환경부 산하 공공기관 임원들에게 사표를 받아냈고, 이 자리에 청와대 추천 인사가 임명되도록 채용에 개입한 혐의로 기소되었다.[107] 김은경 전 환경부 장관에 대해서는 1심에서 징역 2년 6개월의 실형이 선고되었다. 함께 재판에 넘겨진 신미숙 전 청와대 균형인사비서관은 징역 1년 6개월에 집행유예 3년을 선고받았다. 2021년 9월 항소심과 2022년 1월 대법원에서도 김은경 전 장관은 징역 2년, 신미숙 전 비서관은 징역 1년에 집행유예 3년을 선고받았다.

인터넷 댓글 조작 사건과 환경부 블랙리스트 사건은 신 적폐 세력의 불법을 사법부에서 단죄한 것이었다. 이 두 사건은 문재인 대통령의 당선과 문재인 정부의 절차적 정통성에 큰 흠집을 냈다. 신 적폐 세력의 적폐 세력 처단 논란은 지금까지도 문제가 되고 있다. 이에 대해 〈중앙일보〉 최상연은 "적폐를 청산하겠다면 전 정권, 전전 정권이 아니라 적폐 자체와 싸워야 한다. 남을 단죄할 땐 도덕주의 칼을 내밀고 자신은 도덕을 초월하는 건 그냥 적폐 따라 하기다."라고 주장했다.[108]

문재인 대통령은 김영삼 대통령과 노무현 대통령의 적폐 청산 과정을 면밀히 검토해야 했다. 김영삼 대통령은 1993년 취임 초기 공직자윤리법 개정을 통한 실질적 공직자 재산등록, 하나회 숙청, 1980년 5·18 광주항쟁을 광주민주화운동으로 승화, 금융실명제 실시 등 일련의 제도적 및 법적 장치에 기초한 적폐 청산을 단행했다. 시대에 맞는 적폐 청산 과제의 발굴과 논리 확립, 그리고 이를 뒷받침하는 법과 제도를 만들어 냈기에 집권 초기 김영삼 정부의 적폐 청산은 성공했다. 국론 분열보다는 국민 통합을 이룩한 김영삼 대통령의 집권 초기 대국민적 인기는 41.4%에서 94%까지 치솟기도 했다.[109] 노무현 대통령도 2005년 '진실·화해를위한과거사정리기본법'을 제정하고 '진실·화해를위한과거사정리위원회'를 설치하여 큰 정치적 혼란 없이 청산 작업을 진행했다. 문재인 정부의 적폐 청산에 대해서는 박정희 대통령의 정치적 그늘과 정치적 차별화에서 더욱 구체적으로 살펴보고 있다.

검찰 개혁

문재인 대통령은 적폐 청산을 추진하면서 동시에 검찰에 대한 민주적 통제를 목표로 한 검찰 개혁에도 매진했다. 이를 위한 (1) 고위공직자범죄수사처(공수처) 설치, (2) 검·경 수사권 조정, (3) 수사권·기소권 분리 등을 강력하게 추진하기 위해 2017년 5월 조국 교수를 민정수석에 임명했다. 검찰 개혁을 완성하기 위해 2019년 9월에는 조국 민정수석을 법무부 장관으로 임명했는데 이는 조국 사태를 불러왔다. 조국의 법무부 장관 사퇴 후 추미애 전 더불어민주당 대표를 법무부 장관에 임명하였으나 이는 추미애 파문이라는 또 다른 전선만 만들어냈다.

검찰 개혁은 정권 핵심부와 집권 세력의 부정부패에 대해서는 관대하고 집권 세력의 반대파에게는 인권을 무시하고 무리한 수사를 자행해 왔던 검찰의 잘못된 관행을 혁파하는 것이어야 한다. 진정한 검찰 개혁은 권력자에 대한 수사가 수사 지휘라는 이름 아래 윗선의 지시로 중단되는 것을 막아야 한다. 문재인 정부는 이 원칙에 충실하지 못했다.

윤석열의 검찰은 정권 핵심부와 친문 집권 세력의 불법과 부정에 대한 수사를 시작했다. 문재인 대통령과 친문 실세들, 조국 그리고 추미애 등은 각각 그들 자신 또는 가족의 불법적 또는 위법적 행위에 대한 비판과 책임에서 벗어나고 자신들의 정치적 이익을 위해 검찰 개혁을 이용했다. 또한 그들은 그러한 검찰 수사를 막거나 방해하려고 공수처 설치, 검·경 수사권 조정, 수사권·기소권 분리 등을 강조했다. 이와 관련 〈한겨레〉의 이춘재는 "문재인 정권의 검찰개혁은 실패했다. 문 정권이 검경 수사권 조정, 고위공직자범죄수사처 출범 등 과거 정권에서 해내지 못한 제도적 개혁을 어느 정도 이뤄낸 것은 사실이다. 하지만 내용적으로는 완전히 실패했다."라고 주장했다.[110]

윤석열 검찰의 집권 세력에 대한 수사를 막으면서 검찰은 더욱 정치화됐다. 검찰 개혁은 집권 권력자의 불법과 비리를 옹호하면서 원래의 목표를 상실하고 실패했다. 이러면서 문재인 대통령은 정치적으로 추락했고 위기에 빠졌다. 문재인 대통령이 정치적으로 추락하기 시작한 조국 사태는 제3장과 제4장에서 자세히 설명하고 있다.

한반도 운전자론

대북·안보 분야에서 문재인 대통령의 성공 야망은 '한반도 운전자론'으로 구체화되었다. 취임하자마자 문재인 대통령은 김대중 대통령의 햇볕 정책과 노무현 대통령의 평화와 번영 정책을 계승하면서 보다 능동적이고 적극적으로 대북 관계 개선을 추구했다. 그는 남북 관계에서 큰 성공을 거두어서 성공한 대통령이 되고자 했고 남북 관계 개선에 맹목적으로 올인했다. 대북 정책의 목표는 크게 세 가지였다. 이는 구체적으로 북핵 문제 해결과 항구적 평화의 정착, 지속가능한 남북 관계로 발전, 신경제공동체를 한반도에 구현하는 것이었다.

이러한 목표를 달성하기 위해 2017년 북한이 6차 핵실험과 ICBM 발사를 진행했음에도 불구하고 문재인 대통령은 남북 관계 개선에 노력했다. 2018년 평창동계올림픽을 기점으로 북한의 참가가 결정되고 제3차 남북정상회담이 진행되며 한반도에 평화 분위기가 급속하게 조성되었다. 2018년 6월에는 미국의 트럼프 대통령과 북한의 김정은 위원장이 싱가포르에서 제1차 북미정상회담을 하면서 문재인 대통령의 한반도 운전자론이 주목을 받았다. 이 과정에서 2018년 9월 평양을 방문한 문재인 대통령은 자신을 '남쪽 대통령'으로 격하시키기도 했다.

한편 문재인 정부는 2018년 9·19선언의 가장 중요한 성과를 '남북군사합의'를 꼽았다. 당시 문재인 정부는 군사 합의가 우리 덕적도와 북한 초도를 잇는 구역에서 해상 기동훈련, 사격 훈련 등이 중지되는 서해 완충 수역을 설정했는데 길이가 남북 각각 40km, 총 80km라고 발표했다. 실제는 수역 길이는 남측 85km, 북측 50km의 총 135km로, 우리 측이 35km나 더 양보했다. 최근에야 9·19 군사 합의 당시 북한이 서울을 포함한 수도권을 무방비 상태로 몰아넣으려고 얼마나 부당한 교류를 했었는지가 드러났다. 그 황당했던 서해완충수역도 당시 문재인 대통령의 방북 및 남북정상회담을 성사시키려고 졸속 합의한 것이었다.[111]

집권 초기 2년 동안 문재인 대통령과 김정은은 3번의 만남을 진행하면서 지도자들끼리는 잦은 왕래를 했다. 이러한 문재인 대통령의 한반도 운전자론을 진보 진영에서는 적극 지지했다. 전 대통령 교육문화수석 김정남은 "나는 문재인 대통령이 통제하기 어려운 북·미 두 지도자를 협상장으로 끌어내어 한반도의 운명과 세계 평화가 걸려 있는 21세기 최대의 판을 용케도 잘 만들어 나가고 있는 것엔 국민과 더불어 아낌없는 응원과 찬사를 보내고 싶다. 우리에게는 가슴 설레는 한판이요, 한 번도 가보지 않은 길을 가는 벅찬 발걸음이다. 문재인 대통령의 말대로 결과도 낙관하기 어렵고 과정도 조심스럽다. 남북정상회담과 이어서 열리는 북미정상회담은 회담 그 자체로 세계사적이다. 평창올림픽이라는 천시(天時)와 지리(地利)를 놓치지 않았고, 마침내 한반도의 완전한 비핵화와 항구적인 평화 구축, 남북이 지속가능한 발전과 번영의 길로 나아갈 수 있는 두 번 다시 오기 힘든 기회를 만들었다."라고 적극 지지했다.[112]

그러나 2019년 2월 베트남 하노이에서 진행되었던 제2차 북미정상회담은 합의 없이 종료됐다. 그 후 북한은 남한과 문재인 대통령에 대해 비판 수위를 높여갔고 남북 관계는 다시 냉각상태로 되돌아갔다. 2019년 7월부터 북한은 지속적으로 미사일로 도발했고, 미국의 강한 대북 제재 속에서 남북협력사업이 결정되다 보니 문재인 대통령이 할 수 있는 역할이 거의 없어졌다. 더욱이 북한은 표면적으로는 비핵화에는 동의하면서도 어떤 방법으로 비핵화를 구체적으로 진행할 것인지에 대해서는 구체적인 답변을 내놓은 적이 없었다.

나는 대북관계에 대해 걱정하면서 대통령 취임 직후 "문(재인) 대통령은 대선 과정에서 발간한 책에서 미국에 노(No)라고 하겠다고 말했다. 이와 관련 우리 국민 상당수는 왜 문 대통령은 중국이나 북한에는 노

(No)를 하지 않고 유독 미국에 대해서만 그러겠다는 것인가? 특히, 대선 과정에서 사드 배치와 관련 그의 입장을 전략적으로 모호하게 취했는데 이것이 대미 관계를 악화시켜 우리의 안보 상황을 더욱 악화시킬까 봐 걱정이다."[113]라 고 염려했다. 〈중앙일보〉 이철호 역시 "문재인 정권의 자주파는 두 가지의 근거 없는 믿음을 신앙처럼 받든다. 하나는 북한이 결국 핵과 미사일을 협상 카드로 쓸 것이란 확신이다. 이는 북한 핵 개발은 자위용이란 노무현 전 대통령의 시각과 맥이 닿아 있다. 또 하나는 주한 미군은 결코 철수하지 않으리란 믿음이다. 노 전 대통령의 '반미 좀 하면 어때?'와 같은 맥락이다."라고 지적했다.[114]

문재인 대통령의 한반도 운전자론은 북한의 비상시적인 도발, 남북 관계 사업 훼손, 우리 국민을 총살하고 시신을 불태운 만행 등으로 적실성과 실용성이 한계에 직면했다. 문재인 대통령은 집권 기간 내내 한반도 운전자론 강조하면서 대미관계만 악화시켰을 뿐이었다. 이에 대해 〈조선일보〉 최보식은 "(2019년 2월) 하노이 미·북 회담 결렬 뒤 더 심각해지는 한·미 동맹의 균열, 북한 미사일 발사 재개 움직임에 대해 어떻게 대처할지는 뒷전에 밀려났다. 여전히 김정은의 비핵화 약속을 믿고 있는 건지, 국제사회의 대북 제재에서 이탈하겠다는 건지, 우리 민족끼리 잘해보겠다는 건지, 김정은에게 무엇을 주고 달래겠다는 건지 아직 대통령의 답을 듣지 못했다."라고 지적했다.[115]

심지어 문재인 대통령은 꽉 막힌 북한과의 관계를 중국의 도움을 받아 풀어보고자 시진핑 중국 주석의 방한을 끈질기게 추구했다. 2020년 초 중국 우한에서 시작된 코로나 팬데믹 초기에 문재인 대통령은 중국과의 운명공동체를 강조하며 중국인들에 대한 입국 금지 조치를 취하지 않았다. 당시 우리나라의 코로나 바이러스 감염은 심각한 상황이었다. 반면 당시 대만은 중국 우한 주민의 대만 입국 금지를 시작으로 홍콩, 마카오를 포함한 중국 전역으로 금지 대상을 확대했다.

더욱이 중국 일부 도시는 한국인 입국자에 대해 강제 격리 조치를 취했고 우리 정부가 항의하자 중국은 단호하게 이것은 외교 문제가 아니라 그보다 더 중요한 방역 문제라고 말했다.[116] 문재인 대통령의 북한 관계 개선에 대한 집착은 중국에 대한 일방적인 굴종 외교를 초래했다. 한때는 우리와 중국을 '코로나 바이러스 운명공동체'로 전락시켰고 국민의 생명까지 위태롭게 만들었다. 이는 단적인 예에 불과하다. 집권 5년 동안 중국은 시진핑 방한이라는 정치적 카드를 가지고 애걸복걸하는 문재인 대통령을 농락했다.

북한은 대북 삐라 문제를 거론하면서 2020년 6월 16일 180억 원을 들여서 우리가 건설한 개성의 남북공동연락사무소를 폭파했다. 세 차례 남북정상회담의 상징이 무너지면서 남북 관계는 순식간에 얼어붙었다. 더 나아가 2020년 9월 북한은 우리 공무원을 사살하고 시신을 불태우는 만행을 저질렀다. 이런 상황에서도 문재인 대통령은 만행 발생 몇 시간 뒤의 유엔총회 연설에서 피력할 종전 선언 이벤트에 악영향을 주지 않아야 한다는 걱정부터 했다.[117] 당시 문재인 대통령에게는 〈동아일보〉 김순덕이 말한 것처럼 우리 국민의 생명과 안전보다 북한 김정은이 백배 천배 더 중했던 것이었다.[118] 이를 전 국회의원 유승민은 "비핵화는 실종된 지 오래고 우리 국민이 총살당하고 불태워져도 (문재인) 대통령의 머릿속에는 종전 선언과 가짜 평화밖에 없다."[119]고 비판했다.

심지어 북한은 2022년 1월에만 총 7차례 미사일을 발사해 긴장 수위를 높였다. 특히 화성-12형 중거리 탄도미사일 1발을 발사해 유엔 안보리 결의를 위반했다. 이는 북한이 2017년 11월 이후 4년여 만에 처음으로 발사한 중거리급 이상의 탄도미사일이었다. 이후 북한은 2022년 3월 역대 최장 사거리로 추정되는 대륙간탄도미사일(ICBM)을 발사했고, 2018년 약속한 '핵실험과 ICBM 발사 중단'도 파기했다. 이런 일련의 사태에도 문재인 대통령은 임기 말까지 종전 선언을 제안했다. 이에 대해 미국의 전 국가안보보좌관 맥매스터는 "북한을 협상에 참여시키기 위해 양보하고, 협상이 진행되면서 좌절감 또는 탈진에, 성공 가망이 없는데도 양보에 양보를 거듭한 끝에 매우 약한 합의에 도달한다. 북한은 큰 경제적 보상을 챙기자마자 합의를 위반하고, 다시 도발→양보→합의 위반 사이클을 시작한다. (그렇게)현상 유지(status quo) 고착이 뉴노멀이 된다. 미친 짓(insanity)"[120]이라고 비난했다.

2022년 9월에는 뒤늦게 놀라운 사실도 밝혀졌다. 2018년 9월 문재인 대통령은 김정은 위원장과 평양에서 손을 맞잡고 남과 북이 한반도의 완전한 비핵화를 추진하기 위해 긴밀히 협력해나가기로 한 '9·19 평양 공동선언'을 발표했다. 그러나 이틀 뒤 2018년 9월 21일 김정은 위원장은 "저는 향후 한국의 문재인 대통령이 아니라 각하(트럼프 대통령)와 직접 한반도 비핵화 문제를 논의하길 희망하며, 지금 문재인 대통령이 우리의 문제에 대해 표출하고 있는 과도한 관심은 불필요하다고 생각한다."[121]는 친서를 트럼프 대통령에게 보냈다.

남북 관계를 진척시키는 것은 희망적 사고나 선의만으로는 한계가 있다. 남북 관계는 아름다운 세상이 아니다. 문재인 정부의 네 차례 남북 정상 간의 만남에서 뇌리에 남아 있는 것은 이벤트밖에 없다. 북한이 결코 핵을 포기하지 않는다는 사실을 문재인 대통령은 순진해서 몰랐거나 아니면 믿으려 하지 않았다. 아니면 알면서도 자신을 지지하는 진보층의 요구에 노련하게 응답하면서 자신의 지지도를 유지하기 위해 북핵을 이용했을 수도 있다. 어느 것이 진실이든 문재인 대통령이 모든 것을 걸었던 한반도 운전자론은 완전히 실패했다.

실제로 2022년 9월 북한은 앞으로 비핵화를 위한 어떤 협상도 없다고 선언했다. 또한 '핵무력정책법'을 공개하면서 핵전(核戰)은 물론 비핵전(非核戰) 상황에서도 필요할 경우 언제든지 선제 핵 타격을 할 수 있다는 것을 법제화했다.[122] 이와 관련 〈조선일보〉 이용수는 "추석 연휴 첫날 공개된 북한 김정은의 최고인민회의 육성 시정연설(에서) 김정은은 '백 날, 천 날, 십 년, 백 년 제재를 가해 보라. 절대로 핵을 포기할 수 없다. 비핵화를 위한 그 어떤 협상도, 맞바꿀 흥정물도 없다.'고 했다. 가장 노골적인 '비핵화 불가' 선언이었다. 문재인 정부가 임기 내내 주장한 김정은의 '비핵화 의지'는 어디로 간 걸까. 문 정부엔 대통령 말고도 비서실장과 통일장관을 비롯해 북을 안다고 자부한 운동권 출신들이 수두룩했다. 이 헛똑똑이들이 '평화 쇼'에 골몰하는 사이 북은 핵을 완성하고 대남 핵 선제 타격 계획을 법제화했다. 일부러 그러진 않았겠지만 결과적으로 북이 마음 편히 핵을 개발하도록 도운 꼴이 됐다."[123]라고 주장했다.

정부의 외교가 북한의 인질이 되면서 비핵화가 실종된 것은 물론 한미 동맹은 신뢰의 정도가 매우 약해졌다. 중국과는 전략적인 협력─동반자 관계가 아니라 굴욕적이고 불평등인 관계로 전락했다. 이와 관련 전 대통령 외교안보수석 천영우는 "문재인 정부는 북한과의 대화와 협력을 외교·안보 정책의 최우선 과제로 삼아 남북 관계 발전에 심혈을 기울여 왔고 남북정상회담도 세 번이나 개최했다. 그런데도 문재인 정부의 대북 정책은 총체적 실패로 끝났다. 2022년 3월 북한의 연이은 신형 ICBM 시험 발사는 문(재인) 정부 대북 정책 실패의 결정판이다.[124]"라고 지적했다.

이렇게 지난 5년간 문재인 정부의 외교가 북한의 인질이 되면서 비핵화 목표는 실종되었고 한미 동맹은 그 신뢰의 정도가 매우 약해졌다. 중국과는 공식적으로 전략적 협력 동반자 관계는커녕, 굴욕적 불평등 관계로 전락했다. 한·일 관계는 과거사 문제에 대한 문재인 정부의 퇴행적인 태도 때문에 안보와 경제 협력의 기본 틀로 작동하는 역할 대신 적대관계로 변질되었다.[125] 외교·안보는 총체적 위기로 빠져들었다.

2.2.2. 명품 국정 과제와 공허한 비전: J노믹스

소득 주도 성장론과 최저임금의 급격한 인상

문재인 대통령은 사회경제 분야에서는 양극화를 해소한다면서 첫째, 'J노믹스'라는 거창한 이름 아래 '소득 주도 성장론'(소주성)을 발표했다. 그 구체적인 프로그램으로 먼저 최저임금의 급격한 인상을 시행했다. 실제로 최저임금은 2017년의 6,470원에서 2018년 7,530원, 2019년 8,350원, 2020년 8,590원, 2021년 8,720원, 2022년 9,160원으로 날로 악화되는 경제 상황과는 상관없이 인상됐다. 〈중앙일보〉 김동호는 "최저 임금도 폐해가 막대했다. 시급 1만원을 받아야 정당한 대가라면서 문재인 정부는 밀어붙였다. 자영업자들은 버티다 못해 알바 직원부터

잘랐고 그 자리엔 키오스크와 무인결제, 배달 로봇이 들어서고 있다." 라고 설명했다.[126]

최저임금제 인상 후 지난 2018년 4월 실업률은 문재인 대통령의 주장과는 정반대로 4.5%를 기록해 17년 만에 최고로 올랐다. 이러한 상황을 〈조선일보〉는 "1년 전(2017년) 대비 취업자 증가 수가 두 달 연속 10만 명대에 그쳤다. 30만 명 밑으로 떨어지면 고용 불안이라고 한다. 실업자는 125만 명으로 석 달째 100만 명을 웃돌았다. 특히 최저임금의 영향을 많이 받는 도소매·음식·숙박업 취업자가 4개월 연속 감소해 3월에도 11만여 명이 줄었다. 역시 최저임금 대상자가 많은 임시직과 일용직 취업자도 수만 명씩 줄었다."라고 비판했다.[127]

〈중앙일보〉 이상언 역시 "언론이 급격한 최저임금 인상이 일자리 감소의 부작용을 낳을 것이라고 걱정했다. 가격(임금)이 오르면 수요(일자리)가 준다는 기초적 경제 상식을 무시했다. (일자리 감소를) 건물주, 프랜차이즈 본사, 신용카드사로 화살을 돌린다. 임대료, 프랜차이즈 불공정 계약, 카드 수수료가 정말 문제라면 최저임금 인상 전에 손을 봤어야 했다. 최저임금 인상은 서민을 위한 정책이었다. 그 선한 동기가 착한 결과를 낳지 못했다. 안타깝다."라고 주장했다.[128] 그러나 문재인 대통령은 이러한 비판에 귀를 전혀 기울이지 않았다. "최저임금 인상의 긍정적인 효과가 90%라며, 최저임금 인상 때문에 분배가 오히려 악화되고 있다는 우려에도 저임금 근로자의 임금이 늘어난 데다 상용직도 많이 늘고 근로자 가구 소득도 많이 증가했다. (이것이) 소득 주도 성장, 최저임금 증가의 긍정적 성과[129]"라는 말은 대통령의 주장을 단적으로 대변한다.

한편 2023년 9월 감사원은 문재인 대통령의 이러한 주장이 통계청의 이른바 '마사지'한, 즉 통계상 취업자가 있는 가구 소득에 가중치를 기존과 다르게 적용하여 평균소득을 높인 자료에 기초하였다고 의혹을 제시했다.[130] 소득 주도 성장의 일환으로 최저임금을 급격히 인상했더니 최하위층 소득이 급감하고 소득 분배가 최악이 됐다. 소득 주도 성장 설계자라는 청와대 경제 수석은 엉터리 분석자료로 실패를 덜었다. 말 안 듣는 통계청장은 교체하고 악화된 지표는 산정방식을 바꿨다.[131]

코로나 팬데믹은 취업 상황을 더욱 악화시켰다. 2020년 4월 취업자 수는 2,656만 2,000명으로, 전년 동기 대비 47만 6,000명이 줄었다. 이는 외환위기 여파가 미쳤던 1999년 2월(−65만 8,000명) 이래 최대 감소폭이었다. 경제활동인구는 2,773만 4,000명으로, 2019년 동월 대비 55만 명 줄었다.[132] 2022년 8월 문재인 정부에서 대통령직속 소득 주도 성장(소주성) 특별위원회 위원을 맡았던 최병천은 "소주성을 '한국 진보의 집단 오류'이고, 소주성으로 인해 결과적으로 대규모 고용 충격이 발생했다. 최저임금 1만원 정책(의) 최대 장점은 1만원이란 직관적인 구호가 외우기 쉽다는 것"[133]이라고 실토했다.

전 더불어민주당 대표 이해찬도 "문(재인) 대통령이 임기 중 1만원까지 올린다고 목표를 세웠으면 무리 없이 성공했을 텐데, 결과적으로 집권 첫해부터 최저임금을 너무 많이 올린다는 저항에 부딪혔다. 학자 몇 사람 주장으로 정책을 짜면 안 된다."[134]고 비판했다. 송영길 전 더불어민주당 대표도 "소득 주도 성장에 대해 최저 임금 상승보다도 근로 장려세를 우선 추진할 것을 강조했다…조금의 경제 상식만 있었어도 정책의 허점을 알았을 것"이라고 비판했다.[135]

주 52시간제

소주성에 이어 J노믹스를 상징하는 정책은 '주 52시간제'였다. 주 52시간제는 저녁 있는 삶을 제공하겠다는 낭만적인 명분만 갖고 철저한 준비 없이 시행됐다. 주당 법정 근로 시간을 기존의 68시간에서 52시간으로 단축한 주 52시간제는 2018년 7월부터 300인 이상 사업장과 공공기관을 대상으로 시행되었다. 이는 강행 규정이기 때문에 노사가 합의해도 주 52시간을 초과할 수 없으며 이를 어길 시 사업주는 징역 2년 이하 또는 2,000만원 이하 벌금에 처해졌다.

주 52시간 근무제는 야근이나 휴일 근무가 줄어들어 근로자 삶의 질 향상에 도움을 주고 근로 시간 단축이 추가 인력에 대한 수요로 이어져 장기적인 관점에서 일자리 창출 효과를 기대할 수 있다. 그러나 근로자들 입장에서는 실질적인 임금 감소를 경험할 수 있고 기업 입장에서는 신규 채용에 대한 인건비 부담이 발생할 수 있다. 주 52시간 근무제는 임금체계, 업무형태, 기업문화 등 조직 전반에 영향을 미치기 때문에 변화에 따른 혼란이 해소되는 데 상당한 시간이 걸릴 수밖에 없다.

실제로 경제 상황이 악화되자 2019년 11월 문재인 정부는 2020년부터 주 52시간제 시행에 들어가는 50인 이상 300인 미만 중소기업의 법정 노동 시간 위반에 대한 처벌을 사실상 유예시켰다. 이와 관련 〈조선일보〉는 "주 52시간 근무제의 부정적 파급 효과를 막겠다고 세금 3조원으로 민간업체 임금을 대준다는 일까지 벌이고 있다. 작년 추경에서 11조원을 퍼부어 6만 7,000개 일자리를 만들었다고 했지만 그 절반이 60대 이상 임시직이었다. 올해 또 4조원 추경을 하겠다고 한다. 근본적으로 문제를 풀 생각을 않고 혈세를 낭비하고 있다."라고 주장했다.[136]

현실에서 이미 많은 대기업은 제조 현장에서 오래전부터 4조 3교대를 적용하고 있었다. 대기업의 생산직 근로자(블루칼라)에게는 52시간 근무제에 따른 문제점은 거의 발생하지 않는다. 그러나 우리나라는 중소기업이 기업 수의 88% 이상이고 고용의 80% 이상을 담당하고 있다. 주 52시간 근무제는 대기업에 적용한 지 2년이 지났으며 2021년부터는 50~300인 미만 2만 7,000여 중소기업에 적용되고 있다. 여기엔 두 가지 문제가 있다. 하나는 근로 시간이 줄어들면서 시급제 근로자 임금이 줄 수 있고, 다른 하나는 근무 시간을 고집하다가 납기 등 비상사태에 적응하지 못하는 것이다. 이를 해결하고자 탄력근로제를 검토하여 6개월로 늘렸지만 구조적인 문제를 해결하지는 못했다.

이와 관련 〈중앙일보〉 김동호는 "52시간제는 근로자의 88%가 속한 중소기업의 목을 조르고 있다. 사람을 더 고용하면 된다고? 그럴 여력이 없으니 중소기업이다. 중소기업은 일감이 있다가도 없고 계절도 탄다. 급여는 대기업의 50%에 그친다. 결국 일감이 들어왔을 때 근로자들이 연장·야간 근무해야 수당이 늘어난다. 하지만 저녁이 있는 삶을 즐기라면서 문재인 정부는 주 52시간제를 강행했다. 그 결과 중소기업은 일손 부족에 허덕이고, 일부 근로자는 소득 보충을 위해 저녁엔 대리운전, 아침엔 배달 알바에 나선다."라고 비판했다.[137]

이런 문제에 대해 문재인 정부에서 국민경제자문회의 부의장을 역임했던 김광두는 "문(재인) 정부는 약자 보호와 양극화 완화를 정책의 큰 기조로 삼고 있지만 성과 면에서는 성공적이지 못했다. 일자리의 질은 나빠졌으며 소득 계층 간 양극화는 오히려 심화됐다. 최저임금 인상과 노동시간 단축 등으로 기업의 경쟁력이 약화돼 장기적으로 지속하기 어렵게 되어 젊은 층의 삶의 질은 더 나빠질 가능성이 크다."[138]라고 주장했다.

공기업 정규직화

J노믹스를 상징하는 또 하나의 정책은 '공기업의 모든 비정규직의 정규직화'였다. 2017년 5월 12일 문재인 대통령은 취임 첫 외부 행사로 인천공항공사를 방문해 임기 중에 비정규직 문제를 반드시 해결하겠다고 약속했다. 이를 위해 선제적으로 '공공부문 비정규직 제로 시대'를 열겠다고 약속했다.[139] 이 약속을 대통령은 정부의 구체적인 세부 정책과 재원이 전혀 마련되지 않은 상태에서 표를 의식하는 후보자처럼 말했다. 이것은 실현될 수 없는 허망한 약속이었다.

대통령의 인천공항공사 방문 3년 후에는 어처구니없는 사건도 벌어졌다. 대통령 방문을 기점으로 정규직 전환을 앞둔 인천국제공항공사 보안 검색 요원들의 희비는 엇갈렸다. 즉, 대통령 방문일(2017년 5월 12일)을 기준으로 이전 인천국제공항 입사자들은 적격심사 등을 거쳐 인천국제공항에 정규직으로 직접 고용되는 절차를 밟게 되었다. 반면 이후 입사자들은 다른 일반 지원자들과 함께 공개경쟁 채용 과정을 치러야 했다.

취업 준비생들은 2017년 공공기관 정규직 행정직 채용 기준으로 평균 128.8 대 1의 경쟁률을 뚫어내야 한다. 이런 현실에서 비정규직으로 들어가 공개 선발 과정 없이 인기 공기업의 정규직이 되는 것을 누가 수긍할 수 있을까? 더욱이 비정규직 입사일이 2017년 5월 12일 문재인 대통령의 인천공항공사 방문일 전후냐에 따라 정규직 전환 방식을 달리하는 사실은 정말 납득하기 어려웠다.[140] 이에 대해 국회의원 조은희는 "청년들은 공정한 기회와 투명한 경쟁을 요구한다. 비정규직을 정규직화하는 것도 좋지만, 좋은 직장 가려고 열심히 시험을 준비한 취준생, 최저 시급 받으며 열심히 일한 비정규직 청년에게서 기회를 빼앗은 비정규직의 일괄 정규직화에 분노한다. 대통령이 다녀간 곳에서 마치 시범 사업처럼 진행된 인천국제공항 정규직 전환 사태가 바로 그것이다. 우리 청년들은 아프다."[141]라고 비판했다.

문재인 대통령의 목표는 비정규직 일자리를 정규직 일자리로 전환하는 것이었다. 그러나 실제로 추진된 정책은 기존의 비정규직 근로자를 정규직 근로자로 전환하는 방향이었다. 사회 경험이 부족한 문재인 대통령은 이 차이를 이해하지 못했다. 대통령이 추구한 정책은 밖에서 정규직 취업을 꿈꾸며 기다리던 청년 취업 준비생들에게는 공정한 기회를 박탈하는 것이었다. 이와 관련해 노동경제학자들인 유경준·이상엽·이종훈·이철수는 "비정규직 일자리를 정규직 일자리로 전환하는 것이 목표라면 먼저 해당 비정규직이 담당했던 직무를 정규직 담당 직무로 전환하고, 그 직무에서 일할 사람을 공평한 기회를 부여하는 절차를 통해 뽑아야 하는 것이다. 그래야 기회가 평등하게 주어지고 공정한 노동이 실현되는 것이다. 반면에 해당 직무에서 일하던 기존 비정규직 근로자를 정규직 근로자로 전환하게 되면, 기회가 평등하게 주어지는 것이 아니다."라고[142] 주장했다. 참으로 한심하고도 무능한 행정부이고 답답한 대통령이었다.

문재인 대통령이 소득 주도 성장론이라는 좌파 실험 이론을 시행하면서 최저임금 대폭 인상, 근로 시간 단축, 공공부문에서 비(非)정규직의 강제 정규직화 등을 밀어붙인 결과 우리 사회에 쌓인 기회의 불공정은 더욱 심화되었다. 과정의 공정 역시 악화되어 버렸다. 구체적으로 2021년 8월 기준 비정규직 근로자는 문재인 정부 출범 전인 2016년 8월(648만 명)보다 159만 명 늘어났고 2020년(742만 6,000명)보다도 64만 명 증가해 전체 임금 근로자 2,099만 2,000명 중 806만 6,000명이 비정규직이다. 이들의 비율은 2020년 36.3%에서 38.4%로 높아졌다.[143] 이는 역대 정부 중 최고 증가치였다. 이와 같은 비정규직 증가 규모는 박근혜 정부 때의 53만 명에 비하면 두 배가 넘는 수치이고, 이명박 정부 5년 동안 22만 2,000명 증가한 것과 비교해도 6배나 많았다.

2021년 8월 기준 비정규직 근로자가 처음으로 800만 명을 넘어섰다. 반면 안정적인 일자리로 불리는 정규직 수는 1,292만 7,000명으로 집계되어 2020년보다 9만 3,000명(0.7%) 줄었다. 정규직 수는 3년 연속 감소했다. 정규직과 비정규직의 임금 격차는 157만원으로 역대 최대로 벌어졌다.[144] 코로나 사태로 인한 경기 침체와 일자리 감소가 영향을 미쳤지만, 공공기관 비정규직 제로를 국정 목표로 추진한 문재인 정부의 노동 정책이 실패했음을 통계는 단적으로 보여주었다.

문재인 정부가 공공부문 비정규직의 정규직화를 추진했음에도 비정규직이 이처럼 폭증한 것은 민간부문에서 정규직화 정책이 제대로 작동되지 않았기 때문이었다. 비정규직이 급증한 것은 소득 주도 성장을 한다며 최저임금을 급격하게 올려 정규직 일자리가 줄어들었기 때문이었다. 아울러 민간기업의 활력마저 떨어뜨리는 규제 일변도의 정책이 남발되며 제조업에서는 실직 사태가 이어졌다. 이 자리를 비정규직으로 메우는 현상도 발생했다.[145]

반면 문재인 정부에서 전체 행정부 공무원 수는 계속 증가되어(2020년 6월 기준 109만 7,747명) 박근혜 정부(2017년 5월 9일 기준 100만 6,145명) 보다 9만 1,602명 증가했다. 문재인 정부의 재임 기간을 연 단위로 환산해 계산하면 이는 매년 평균 2만 9,150명이 늘어난 셈이다. 이는 이명박(연평균 2,027명) 정부의 14배, 박근혜(9,498명) 정부의 3배, 공무원 수를 크게 늘린 노무현(1만 4,235명) 정부의 두 배를 웃도는 수치였다.[146]

탈(脫) 원전

문재인 대통령은 2011년 후쿠시마 원전 사고를 목격하고 또한 재난 영화인 '판도라'를 보고 감동을 받았다. 그는 원자력 발전에 대한 충분한 이해도 없이 급진적인 '탈(脫) 원전 정책'을 추구했다. 그는 원자력 발전이 국민 안전을 위협하는 것으로 간주하며 탈 원전을 주장했다. 2017년 대선 과정에서 문재인 대통령은 '원자력 제로'를 목표로, 신규 원전 건설 계획 백지화, 노후 원전 수명 연장 중단, 월성 1호기 폐쇄, 신고리 원자력발전소 5, 6호기 공사 중단 등을 주장했다. 또한 원전 비중을 2030년까지 30%에서 18%로 낮추고, LNG는 20%에서 37%, 신재생 에너지는 5%에서 20%로 높이겠다고 발표했다. 집권 이후에는 신고리 5, 6호기의 공사를 3개월간 일시 중단하고, 시민 배심원단들로 구성된 공론화위원회가 공사의 중단과 재개 여부를 결정하도록 했다.

이 과정에서 1,000억 원의 손실이 발생하고 한국수력원자력(한수원) 노조 등 원자력 업계의 반발이 일어나는 등의 논란이 일어났다. 실례로 서울대학교 공과대학 11개 학과가 모두 모여 '탈 원전 추진, 과학기술계의 의견을 경청하라'라는 입장서를 내면서 문재인 정부의 독단적인 정책 결정 과정을 비판했다. 심지어 노무현 정부에서 청와대 비서실장과 부총리를 지낸 김우식 전 부총리 겸 과학기술부 장관과 김대중 정부의 최장수 장관이었던 김명자 전 환경부 장관(한국과학기술단체총연합회장) 등 과학기술계 원로 13명은 문재인 대통령에게 탈 원전 에너지 정책을 전면 철회하라고 촉구했다. 그들은 "탈 원전 중심의 에너지 전환 정책 추진으로 원자력 산업 생태계 붕괴와 수출 경쟁력의 쇠퇴 등 부작용이 나타나고 있어 심히 우려된다. 원자력 산업의 핵심인 고급 인력들이 지속적으로 경쟁국으로 유출되는 등 우수한 인재의 이탈 현상이 계속되고 있다. 신재생에너지 확대가 바람직하나 현실적인 대안인 원전을 적극적으로 활용해야 한다. 또한 원전 해외 수출을 조기에 실현할 수 있도록 국가 전략을 세워줄 것을 요구하며 미국과 유럽에서 안정성을 인증받은 차세대 원전 모델 APR-1400을 계속 수출하기 위해 현재 보류 중인 신한울 3·4호기 건설을 재개하라."[147]라고까지 건의했다.

탈 원전 문제는 근본적으로 우리의 산업 경쟁력과 직결된다. 우리 제조업 분야의 경쟁력은 상대적으로 '저렴한 산업용 전기 가격'에 기초하고 있다. 문재인 정부에서 탈 원전 정책은 지속되었고 산업용 전기 가격은 급격하게 인상됐다. 그만큼 우리의 산업 경쟁력은 약화될 수밖에 없었다. 우리 제조업 분야의 국제 경쟁력을 유지하기 위해서는 산업용 전기 가격의 안정화가 필수적이다. 문재인 대통령은 이러한 산업 생태계의 연관 관계 자체를 이해하지 못했다. 이와 관련해 〈조선일보〉는 "한국전력이 올해(2022년) 4월 이후 전기 요금을 10.6% 올리기로 하면서 앞날은 더 캄캄하다. 두 자릿수 인상은 1981년 이후 40여 년 만이다. 원전 축소, 재생에너지·LNG(액화천연가스) 이용 확대는 발전 비용 증가로 이어졌다. 그런데도 문재인 정부는 지난 5년 내내 전기 요금을 억눌러 왔다. 최근 1년 사이 예상치 못한 국제 유가 등 연료비 폭등이 겹치면서 한전이 수조원 적자를 보자 뒤늦게 요금 인상에 나선 것이다."[148]라고 비판했다.

문재인 대통령이 미래의 국가 발전에 악영향을 끼친 것이 하나 둘이 아니지만 가장 최악이 탈 원전 정책이다. 이와 관련 한국형 원전 개발 책임자 이병령 박사는 "문 대통령이 탈 원전을 선언했을 때 정확한 정보가 들어가면 돌아설 줄 알았다. 여전히 이러는 것은 국정 철학이 아니라 똥고집처럼 보인다."라고 비판했다.[149] 나도 문재인 대통령의 참모들에게 탈 원전 정책이 지닌 문제점을 직간접적으로 여러 번 전달했다.

실제로 나는 송영길 의원(전 더불어민주당 대표)과 탈 원전에 대해 많은 논의를 했고, 그는 용감하게(?) 청와대 참모들과 상의한 후 2019년 1월 탈 원전에 대해서 '탈 원전 속도조절론'으로 이의를 제기한 적도 있다.[150] 그는 "원전 문제는 탈 원전이라는 개념보다는 핵융합발전으로 진화 발전해가야 한다. 태양 에너지를 재현하는 것이다. 이미 존재하는 원자력발전소 위험 관리와 핵폐기물 처리를 위해서도 원자력 연구 인력과 기술의 생태계를 유지하고 발전시켜야 한다. 급격한 탈 원전 정책으로 대부분의 원자력 연구 인력 생태계가 무너지는 것은 기존 원자력 발전소의 유지와 관리를 위해서도 대단히 위험한 현상이라 하지 않을 수 없다. 무엇보다도 온실가스의 대폭적 감소를 위해서도 일정 기간 원자력에너지를 병행 사용하는 에너지믹스 정책이 꼭 필요하다."[151]고 주장했다. 문제를 제기한 송영길은 문재인 대통령으로부터 정치적으로 조금 더 멀어졌을 뿐 하나도 달라지지 않았다.

또한 나는 당시 더불어민주당의 정책위원회 의장이었던 조정식 의원에게도 탈 원전의 문제점을 지적했다. 문재인 대통령이 참석한 기업인들과의 정책 간담회에서 어느 기업인이 탈 원전 문제를 제기하자 문재인 대통령이 약 20분 동안 핏대를 세우면서까지 탈 원전의 당위성을 설파했고, 그것을 목격한 조정식은 탈 원전 정책에 대한 건의를 결국 포기했다. 전문성이 부족한 문재인 대통령의 탈 원전에 대한 확고한 신념을 아는 청와대와 여당의 참모들은 문제점들을 알면서도 겁이 나서 입을 닫아 버렸다. 이것이 대통령 문재인의 성격적 결함이었고 대통령 실패의 원인이었다.

나아가 문재인 대통령은 2021년 10월 기후 복합위기의 생존전략으로 탄소중립(넷 제로)을 강조하며 탄소중립위원회가 작성한 2050년 탄소중립 시나리오와 2030년 국가 온실가스감축목표(NDC) 40%(2018년 대비)를 확정했다. 물론 기후 위기는 생존적 위협이고 강력히 대응해야 한다. 그러나 우리의 경우 제조업 비중이 GDP 대비 26%로 높고, 철강·석유화학이 산업 부문 온실가스 배출량의 76%를 차지하고 있다. 특히, 에너지 전환 경로에서 선진국과 비교하여 기술 경쟁력을 갖춘 탈탄소인 원자력을 제외함으로써 탄소중립의 실현 가능성 논란을 빚었다.[152] 이에 대해 〈동아일보〉 이진영은 "문(재인) 대통령의 탄소중립 계획은 만용이다. 정부가 감당할 수 있다고 제시한 최대치(32%)보다도 목표가 높다. 2030년이면 9년밖에 안 남았는데 동원한다는 기술은 전문가들도 50년이 걸릴지, 100년이 걸릴지 모르겠다고 한다."라고 비판했다.[153] 우리의 경우 아직 탄소중립의 핵심 분야인 수소 환원 제철 기술, 탄소 포집·활용·저장 기술 등은 아직 미성숙 상태이다. 따라서 문재인 대통령의 탄소중립이라는 원대한 꿈을 실현하기 위해서라도 탈 원전은 잘못된 것이었다.

한편 2020년 10월 20일, 감사원은 탈 원전 정책의 상징이었던 '월성 원자력발전소 1호기 조기 폐쇄 결정의 타당성 점검' 감사보고서에서 조기 폐쇄 결정의 핵심 근거는 조작됐지만 폐쇄 결정이 타당한지를 판단하는 데는 한계가 있다고 발표했다. 이는 사실 음주 측정 조작을 밝혀내고도 운전면허 박탈이 부당한지에 대해서는 여러 사정을 감안해서 덮은 것과 같은 셈이었다. 그러나 감사원은 문재인 대통령이 비서관에게 "월성 1호기 영구 가동 중단은 언제 결정할 계획이냐?"는 취지로 물은 것이 백운규 당시 산업통상자원부 장관을 움직였음을 적시함으로써 향후 문재인 대통령에게도 책임을 물을 수 있게끔 분명히 기록해 두었다.[154] 실제로 당시 주호영 국민의힘 원내대표는 "(이와 관련) 문재인 대통령은 역사적인 책임, 퇴임 이후에라도 법적인 책임이 있다면 피해갈 수 없을 것"[155]이라고 주장했다.

감사원은 수사 참고 자료에 2018년 월성 원전 1호기 조기 폐쇄 과정에 깊숙이 개입한 5명 안팎의 산업통상자원부(산업부), 한수원 관계자 등의 이름을 적어 검찰에 송부했다. 구체적으로 "문재인 대통령이 2018년 4월 청와대 보좌관에게 월성 1호기 가동 중단 계획을 물은 뒤, 청와대와 산업부, 한수원 관계자들이 신속하고 일사불란하게 이를 실행하려 했다고 볼 수 있는 내부 문건, 관계자 진술 등이 소상하게 적혀 있다."[156]고 했다.

2020년 10월 22일 윤석열의 검찰은 이러한 감사원의 자료를 기초로 수사를 시작했다. 당시 이낙연 더불어민주당 대표를 비롯한 여권과 추미애 및 박범계 법무부 장관의 검찰 수사에 대한 정치적 저항은 격렬했다. 검찰의 월성 원전 1호기 경제성 조작 수사 과정에서 산업통상자원부가 2018년 4·27 남북정상회담 직후 북한에 원전을 지어주는 방안을 검토한 문건이 다수 확인되었다. 문건을 자세히 살펴보면 정부가 대북 원전 건설과 각종 전력 사업, 과거 KEDO(한반도에너지개발기구) 모델까지 구체적이고 광범위하게 검토했던 것으로 보였다.[157] 이에 근거해 문재인 정부가 국내적으로는 탈 원전이라는 이름으로 원전 중단을 시도하면서 북한에는 원전을 건설하려 했다는 의혹도 제기되었다.

2021년 여름 폭염으로 전력 공급이 부족해질 위기에 처했다. 당시 문재인 정부는 하는 수 없이 하자 정비에 들어가 있던 신월성 1호기, 신고리 4호기, 월성 3호기 등 원전을 순차적으로 전력 생산에 투입하기로 결정했다.[158] 이런 일은 문재인 정부가 경제성 조작으로 폐로시킨 월성 1호기, 원자력안전위원회가 1,000만년에 한 번 확률인 항공기 충돌에 대한 대비책까지 내놓으라면서 승인을 지연시켜 온 신한울 1호기가 원래 계획대로 가동되었다면 벌어지지 않았을 것이다.[159] 박근혜 정부 때의 전력 수급 계획에 따라 신한울 2호기와 신고리 5호기가 가동에 들어갔다면 전력 공급 위기는 걱정할 필요조차 없었을 것이다. 이러한 상황 아래서 〈조선일보〉는 "정부가 작성한 2050 탄소 중립안은 심지어 태양광·풍력을 50배로 늘려 현재 4% 남짓한 발전 비율을 60% 이상으로 늘리겠다고 하고 있다. 한마디로 공상이고 망상이다."[160]라고 주장했다.

2022년 1월 한수원은 문재인 정부 초기에 단행되었던 '고리 원전 1호기 영구 정지'와 관련해 당시 문재인 대통령의 탈 원전 발언을 정면으로 반박하는 입장을 발표했다. 한수원은 문재인 대통령이 탈 원전 정책 추진의 근거로 활용한 일본 후쿠시마 원전 사고 사례와 관련, 국내 원전은 설계 측면에서 과학적으로 안전하며 40여 년간 값싸고 안정적인 전력 공급원 역할을 해왔다고 강조했다.[161] 문재인 대통령도 2022년 2월 25일 "향후 60년 동안은 원전을 주력 기저 전원(電源·Power Supply)으로 충분히 활용해야 한다. (건설이 지연되고 있는 신한울 1·2호기와 신고리 5·6호기에 대해서도) 가능한 한 빠른 시간 내에 단계적 정상 가동을 할 수 있도록 점검해 달라."고 주문했다. 임기 내내 탈 원전 정책을 추진했던 문재인 대통령조차 임기 말, 대통령 선거 직전에는 정책 전환에 나섰다.[162]

문재인 정부 탈원전 정책의 부정적 결과는 나라 산업 생태계를 유린했고 국가의 산업 경쟁력을 저하시켰으며 돌이킬 수 없는 재앙으로 다가올 것이다. 실제로 〈조선일보〉는 "탈원전 폐해가 지난 정부 임기에서 끝나지 않고, 앞으로도 상당 기간 현재 진행형으로 이어진다는 점이다. 당장 국내 대표 공기업인 한국전력과 가스공사의 천문학적 적자로 인한 부실로 가시화한 수십조 원의 탈원전 청구서는 전기·가스 고지서에 요금 폭탄이 되어 국민 부담을 키우고 있다… 탈원전 정책은 지난해 5월 윤석열 정부 출범과 함께 폐기됐지만, 탈원전의 폐해는 지난 정부 5년에 그치는 것이 아니었다."라고 주장했다.[163] 심지어 문재인 정부는 탈 원전을 경제성을 조작해서 강행했다.[164] 빨리 정상으로 되돌려야 한다.

한국판 뉴딜

문재인 대통령은 2020년 코로나 팬데믹 상황에서 3년간 31조 원을 투입하는 그린, 디지털, 휴먼 중심의 '한국판 뉴딜'을 시작했다. 이 정책은 경제 위기 극복을 위해 미국 프랭클린 루즈벨트 대통령의 뉴딜 정책을 흉내 낸 것이었다. 한국판 뉴딜은 또 다른 나눠주기 정책이었다. 디지털, 그린, 휴먼 뉴딜이라는 그럴듯한 이름은 붙었지만 이미 기존에 반영돼 추진해오던 정책들이 대부분이었다. 총 13조 4,000억 원을 투입해 33만 개의 일자리를 만들겠다는 디지털 뉴딜만 보더라도 5G 국가망 확산이 주축인데 이는 이미 국가 주력 사업으로 추진해오던 것이었다. 농어촌 초고속 인터넷망 설치, 초중고교 구형 노트북 20만 대 교체 사업들도 한국판 뉴딜이란 용어가 나오기 전부터 추진돼 오던 사업들이었다.

그린 뉴딜도 공공시설 에너지 효율 개선, 국립학교 태양광 설치, 노후 경유차의 친환경차 전환 등 새로운 것이 없었다.[165] 심지어 탈 원전을 고집하면서 두산중공업을 풍력 회사로 만드는 그린 뉴딜은 국가 산업 경쟁력에 전혀 도움이 안 되었다.[166] 실제로 2022년 9월 국무조정실이 지난 5년간 약 12조원이 투입된 태양광 등 '전력산업기반기금사업'과 관련해 전국 226개 지방자치단체 중 12곳(2조 1,000억원)을 표본조사한 결과 2,267건의 불법 집행으로 2,616억 원이 잘못 사용됐다고 밝혔다. 이와 관련 〈중앙일보〉는 "정작 신재생에너지가 전체 발전량에서 차지하는 비중은 미미하다. 2016년 4.8% 대비 2021년 7.5%로 2.7% 증가에 그쳤다. 국내 일자리를 늘리고 신산업을 창출한 것도 아니었다. 중국 업체들의 저가 공세에 국내에선 사실상 한화가 마지막 패널 사업자로 남았다."[167]라고 주장했다.

한국판 뉴딜은 국가 경제의 경쟁력을 올릴 체질 개선과 지속적인 일자리 창출을 위한 미래 구상이 부족했다. 이에 대해 시대전환의 조정훈은 "한국판 뉴딜의 일자리 창출 방안과 관련, 정부가 2년 동안 만들겠다고 하는 일자리에 들어간 예산이 (일자리당) 5천 500만원이고 1년으로 나누면 2천만원 조금 넘는 돈, 우리 청년들은 이런 것을 쓰레기 일자리라고 한다."[168]라고 비판했다. 실제로 조정훈이 주장하는 것처럼 문재인 정부가 구상한 일자리는 제3세계 국가들이 하는 공공 일자리 프로그램이었다. 이런 일자리는 최저임금만 지급해서, 통계에는 잡히나 예산을 다 쓰면 사라져버리는 신기루 같은 일자리였다.

경제 위기를 극복하려면 나눠주기보다는 차갑게 식어가는 성장 동력을 살려내는 구체적인 실천전략을 찾아냈어야 했다. 구체적으로 기업을 옥죄는 규제를 완화하고 노동시장의 유연성을 높여야 했다. 최저임금을 인하하고 주 52시간 근무제의 탄력성 확대 등 노동 개혁도 추진해야 했다. 그러지 않고서는 한국형 뉴딜과 국내로의 기업 유턴은 공허할 뿐이었다. 나눠주기를 위해 세수 부족을 메운다면서 증세론이 꿈틀대고 규제가 여전해서는 LG전자의 구미 TV 공장처럼 집토끼마저 해외로 뛰쳐나가는 사태를 막을 수 없었다.

부동산 정책의 실패

문재인 정부는 임대차 3법 등 24번에 걸친 오작동 부동산 대책을 남발해 집값 폭등을 초래했고, 서민층의 심리적 박탈감은 깊어졌다. 반시장적인 고강도 부동산 규제 정책을 여당 단독으로 처리하여 실시했으나 집값 폭등과 전세 대란만 초래해 서민층을 사지로 몰아넣었다. 이와 관련 〈중앙일보〉 김동호는 "문재인 정부가 밀어붙인 전세3법 역시 국민을 고통의 늪에 빠뜨렸다. 세금 폭탄으로 집값이 폭등하자 서민은 빌라로 밀려났다. 이틈에 전세를 수백 채씩 사들였던 빌라왕들이 등장할 수 있었고, 후에 고금리 충격으로 집값이 폭락하자 깡통전세가 속출했

다."라고 설명했다.[169]

이렇게 어려운 상황을 타개하고자 2020년 7월 문재인 대통령은 느닷없이 행정수도 이전을 추진했다. 국가 균형 발전의 완성을 명분으로 청와대, 국회, 정부 기관을 세종시로 이전하고 약 120개의 공공기관 이전을 추진한다고 발표하여 정국을 혼란으로 몰아넣었다.[170] 이는 부동산 정책의 총체적 실패를 모면하기 위한 위기 국면 전환 카드에 불과했다. 여기에는 2022년 대선에서 충청권 지역 민심을 얻을 수 있다는 계산도 작용했다.

문재인 대통령의 행정수도 이전 카드는 얄팍한 정략적 제안이었다. 2004년 노무현 대통령 당시 행정수도 이전은 헌법재판소에서 위헌 판결을 받았다. 그럼에도 나는 세종시로의 행정수도 이전은 국가의 균형 발전이라는 관점에서 여야가 보다 체계적이고 대승적 차원에서 추진해야 한다고 생각했다.[171] 나아가 2021년 3월 문재인 정부는 폭등하는 집값을 단기간에 해결하려고 광명·시흥 신도시 개발도 발표했다. 이 과정에서 드러난 한국토지주택공사(LH) 직원들의 신도시에 대한 토지 투기 사태는 문재인 정부의 도덕성을 침몰시켰다.

퇴임을 앞둔 2022년 4월 문재인 대통령은 "부동산 가격의 상승은 전 세계적 현상…비슷한 수준의 나라 중 우리나라의 부동산 가격 상승 폭이 가장 작은 편에 속한다."[172]고 강조했다. 자신의 임기 중 초래되었던 급격한 부동산 가격의 상승을 '다주택자와 투기꾼들의 문제'로만 몰아갔던 정책적 과오에 대한 반성도 없었다. 과거 자신이 부동산 문제 해결을 직접 약속했었다는 사실조차 잊었다. 실제로 문재인 대통령은 2019년 국민과의 대화에서 "부동산 문제는 우리 정부가 자신 있다. 전국적으로 부동산 가격이 안정화하고 있다."[173]고 말했었다. 2023년 9월 감사원은 당시 21 대 국회총선을 앞두고 부정적 여론을 우려한 집권 더불어민주당의 반대에 문재인 정부가 주택 통계 사전 보고 및 조작 범위를 '서울 매매→수도권(서울·인천·경기) 매매'로 확대했다고 의혹을 제기했다. 즉 '통계 마사지'로 집값을 눌렀다는 것이다.[174] 실제로 집값 통계는 5년간 94차례 조작됐다고 한다.[175] 이와 관련 문재인 대통령은 2020년 8월 청와대 수석·보좌관 회의에서 "부동산 종합대책의 효과가 서서히 나타나고 있다."[176]라고도 말했었다.

한편 문재인 정부 부동산 정책의 설계자였던 김수현 전 대통령비서실 정책실장은 "문재인 정부는 집값을 잡지 못했다."고 정책 실패를 인정하면서 대출 규제를 더 빠르게, 더 강하게 하지 못한 점을 실패 요인으로 꼽았다. 아울러 3기 신도시나 도시 공급 확대 등을 더 일찍, 더 과감하게 추진했더라면 하는 아쉬움이 크다며 공급 대책이 뒤늦었다고 인정했다.[177] 그러나 문재인 대통령은 그의 정부에서 집값 폭등의 주요 원인은 공급 부족, 세금 문제가 아닌 유동성 과잉 탓이라고 주장했다. 정책 탓에 집값이 올라갔다기보다 집값 상승기에 정부가 집권한 것이라는 주장이다.[178]

K-방역의 실상

문재인 대통령은 2020년 내내 코로나 팬데믹 관련 K-방역이 세계의 표준이 됐다고 자랑했다. 또한 문재인 대통령은 2021년 11월 '국민과의 대화'에서도 집권한 4년 6개월의 최대 성과로 K-방역을 꼽았다. 사실 우리나라가 코로나와 초기 싸움에서 그나마 성공했던 건 문재인 대통령의 리더십 때문이 아니었다. 2015년 메르스 방역 실패에 기인한 준비된 방역시스템, 세계 최고 수준의 의료보험과 정보통신망, 헌신적인 의료진, 성숙한 우리 시민의식 등 다양한 요인들의 복합적 결과였을 뿐이다. 언론인 김종혁은 "(초기 코로나 방역 성공은) 문재인 정부가 잘해서 국민들이 코로나19 위기를 극복하고 있는 게 아니라 그 반대다. 국민들 덕분에 코로나19 위기가 극복되고 있고, 문재인 정부의 무능과 정책 실패가 그 와중에 묻혀가고 있는 것이다."[179]라고 주장했다.

실제로 2020년 12월에는 코로나 신규 확진자 수가 하루 1,000명 선을 오르내리면서 대량 검사·역학조사·격리 치료 중심의 K-방역은 한계를 드러냈다. 문재인 대통령이 K-방역을 자랑하면서 코로나 백신 확보는 등한시하여 2020년 겨울 우리는 백신 없이 겨울 코로나 팬데믹을 견뎌야 했다. 이에 대해 〈중앙일보〉는 "청와대 관계자는 백신 확보에 사실상 실패하면서 지난 1년간 쌓아 올린 K방역의 성과는 이미 물거품이 된 상태라며 현 상황을 타개하려면 대통령이 직접 나서서 보다 솔직하게 현실을 인정하고, 사과할 건 사과할 필요가 있다는 요구도 적지 않다."[180]라고 말했다.

2021년 1월 신년사에서 문재인 대통령은 '드디어 어두운 터널의 끝이 보인다.'면서 전 국민 코로나 백신 무료 접종을 약속했다.[181] 선진국들은 화이자, 모더나 백신을 속속 확보하는데 한국은 백신이 언제 수입될지조차 몰라 원성이 커지자 우선 (나중에) '물 백신'으로 불린 아스트라제네카와 얀센 백신으로 선심부터 쓴 것이었다. 이에 대해 2022년 9월 〈동아일보〉 박중현은 "코로나 발생 후 2년 반 동안 백신 접종, 검사, 치료에 들어간 비용은 총 7조 6,000억 원으로 이 중 75%를 건강보험공단이 부담한 것으로 최근 집계됐다. 비용의 4분의 3이 근로자, 기업이 낸 건강보험료에서 나간 것이다. 나머지 4분의 1도 세금이어서 '무료'란 말은 애당초 어불성설이었다."[182]라고 비판했다.

2021년 봄 우리의 코로나 백신 접종 속도가 한때는 세계 111위였다.[183] 당시 백신 접종이 빠르게 진행되고 있는 나라는 미국(30%)뿐만 아니라 소득 수준이 우리와 비슷하거나 낮은 나라들의 접종률도 우리(2%)보다 높았다.[184] 2021년 8월 한국이 경제협력개발기구(OECD) 38개 회원국 가운데 코로나19 백신 접종 완료율이 가장 낮다는 집계 결과가 발표되었다.[185] 심지어 한국이 세계 평균 접종 완료율(15.3%)에 못 미치는 유일한 OECD 국가이기도 했다. 이처럼 한국이 접종 완료율 최하위를 기록한 건 백신 부족이 근본 원인이었다.

문재인 정부는 2021년 6월 백신 접종률이 올라가자 코로나 방역에 과도한 자신감을 보였다. 특히 당시 정부에 대한 인기 제고와 여당의 대통령 후보 당내 경선의 흥행 등을 위해 사적 모임 인원을 늘리고 다중이용시설 영업을 풀어주는 등 방역 조치 완화책을 다양하게 발표했다. 당시 코로나 변이 바이러스의 위험을 제대로 인식하지 못한 문재인 정부의 상황 오판은 코로나 방역 시스템을 완전히 망가뜨렸다. 2021년 7월 국내 신종 코로나 확진자가 연일 1,000명대 이상을 기록하는 등 제4차 대유행이 시작되었다. 당시에 방역 상황은 매우 심각해져 백신은 물론 진단검사 키트도 부족해서 백신 예약 등 코로나 대응 시스템 자체가 작동하지 않게 되었다.

이와 관련 〈조선일보〉는 "(문재인)정부가 상황 오판으로 코로나 방역을 망가뜨린 것은 이번만이 아니다. 지난해 12월엔 문 대통령이 정부 방역 역량을 믿어달라며 긴 터널의 끝이 보인다는 취지로 얘기한 직후 확

진자 수는 600명대에서 1,000명대로 늘었다. 3차 대유행의 시작이었
다. 결국은 백신 접종만이 대책이다."[186]라고 주장했다. 〈조선일보〉김
창균은 "문(재인) 정권에 코로나는 종합선물세트다. 세계가 부러워하는
K방역이라는 정권 홍보도 대통령이 애호하는 품목이다. 작년 말엔 대
통령의 전화 한 통화로 모더나 백신 공급 물량이 2,000만명분(4,000만
회)으로 두 배 늘고, 도입 시기는 3분기에서 2분기로 앞당겼다고 발표했
다. 약속했던 2분기가 훌쩍 지나갔는데 현재까지 도입된 모더나 백신은
86만회(약속 물량의 2%)이고, 8월 초까지 예상 물량을 합해도 185만회
(5%) 정도다. 청와대는 대통령 전화 한 통화의 기적이 부도난 사태에 대
해 아무 설명이 없다."[187]라고 비판했다.

2021년 8월 11일 코로나 일일 확진자 수가 2,000명을 넘어선 것과 관
련해서도 문재인 대통령은 "최근의 확진자수 증가는 델타 변이 확산에
따른 전세계적인 현상…우리나라는 여전히 다른 국가들보다는 상대적
으로 나은 상황을 유지하고 있다."[188]고 자평했다. 양치기 대통령과 양
치기 정부라고 비판해도 할 말이 없게 됐다. 〈한겨레〉조차도 "문재인
대통령까지 나서서 8~9월 접종에 차질 없는 백신 도입을 약속했는데도
모더나 백신이 또다시 공급 차질을 빚으면서 정부의 백신 수급 계획 전
반의 불안정성이 또다시 노출됐다. 하루라도 빨리 접종률을 끌어올려야
방역에 숨통을 틔울 여지가 생기는데 2차 접종 간격이 3~4주에서 6주
로 늘어나는 등 그 발걸음이 계속 늦춰지고 있다."[189]라고 비판했다. 나
아가 〈조선일보〉강천석은 "선진국 한국 국민의 코로나 백신 접종 완료
비율은 세계 104위다. 정부의 태만으로 백신을 확보하지 못했기 때문이
다. 이 마당에 대통령은 '백신이 부족한 나라에 백신 공급을 획기적으로

늘리는 데 한국이 앞장서겠다.'고 한다."[190]라고 일갈했다.

　다행히 2021년 8월 말 이후 백신 수급이 비교적 수월하게 이뤄지면서 접종 완료율은 빠르게 올랐고 10월 말에는 집단면역의 첫 관문인 70%를 통과하며 세계 10위권 안으로 진입했다.[191] 주로 아스트라제네카 백신에 기초한 접종률을 믿고 정부는 2021년 11월부터 단계적 일상 회복(위드 코로나) 1단계를 시작했다. 그러나 코로나 관련 주요 지표에 곧장 빨간불이 켜졌다. 하루 신규 확진자 수가 4,000명을 넘어섰고 11월 28일 하루 사망자(56명)와 위중증 환자(647명)는 역대 최대치였다. 수도권 중증 환자 전담 병상 가동률이 85%를 넘으면서 사흘째 1,000명 이상의 환자가 병상 배정을 애타게 기다렸다.[192] 당시 우리와 백신 접종률이 비슷한 일본은 하루 확진자가 3만 명에서 100명 전후로 급감했다. 물 백신으로 불린 아스트라제네카와 얀센 백신을 초기에 대거 접종한 한국과 달리 항체 역가가 높은 화이자와 모더나 백신만 접종한 일본의 백신 전략이 더 옳았다는 평가가 나왔다.[193]

　11월 말부터는 델타 변이 바이러스보다 전염력이 최소 2배 이상 높다는 오미크론 변이 바이러스가 전파되면서 코로나 확진자, 중환자, 사망자가 동시에 증가해 의료 대응 여력이 한계에 이르렀다. 이러한 코로나 위기에서 문재인 정부의 방역 정책은 다시 우왕좌왕했다. 문재인 정부는 모든 코로나 신규 확진자는 재택 치료 원칙, 부스터 샷 대상 확대, 접종 간격 1개월 단축 등의 대책을 발표했다.[194] 그러나 12월 초부터 델타와 오미크론 등 코로나 변이 감염자가 동시에 터지면서 하루 확진자가 연일 5,000명 넘게 쏟아졌고, 중증 환자도 역대 최고치인 733명까지 나오자 의료 현장에서는 비명이 높아졌다.[195]

2021년 12월 말에는 하루 확진자가 8,000명, 위중증 환자가 1,000명에 달하는 비상 상황에서 문재인 정부는 방역 조치를 다시 강화했다.[196] 단계적 일상 회복은 위중증 환자가 폭증하고 의료 체계가 마비되면서 결국 44일 만에 멈춰 섰다. 거리 두기가 재개됐지만 확진자는 좀처럼 줄지 않고 사실상 의료 체계가 마비되면서 코로나 환자가 병상을 배정받지 못하고 임신부가 구급차에서 출산하는 일까지 벌어졌다. 심지어 2022년 1월 대통령의 중동 3개국 순방을 따라갔던 수행원들이 코로나에 걸렸다. 청와대는 순방팀 감염 사실을 먼저 밝히지도 않았다.[197] 이는 대통령이 3일간 자가 격리를 하고 출근한 배경을 언론이 취재하는 과정에서 확인됐다. 대통령은 코로나 관련 사실을 숨김없이 국민에게 밝히라고 여러 차례 지시해 왔다. 그러나 정작 대통령 자신은 이를 지키지 않았다.

2022년 초에는 오미크론 변이 유행으로 코로나 확진자가 폭증하자 문재인 정부는 60세 이상, 50대 기저질환자 등 고위험군에 치료 역량을 집중하는 체계로 전환하겠다고 발표했다. 당시 60세 미만 등 재택 치료자는 관리 의료기관의 정기적인 모니터링도 없고, 해열제·산소포화도 측정기 등이 든 재택 치료 키트도 받지 못했다. 사실상 각자도생(알아서 나으라)하라는 뜻이었다.[198] 2022년 2월 24일 하루 국내 확진자 수 17만 1,452명은 독일 22만 1,478명 다음으로 전 세계에서 둘째로 많았다. 100만 명 당 확진자 수로 따지면 3,342명으로 인구가 상대적으로 적은 덴마크·싱가포르 정도를 제외하면 세계 1위였다.[199] 결국 '거리두기-자영업자 피해-긴급재난지원'이라는 문재인 정부 코로나 방역의 악순환 사슬은 소용이 없게 되었다.

2022년 3월 22일 국내 코로나 누적 확진자가 1,000만 명을 넘어섰다. 2020년 1월 20일 국내에서 첫 코로나 확진자가 나온 지 792일 만의 일로, 국민 5명 중 1명이 코로나에 감염됐다.[200] 우리는 문재인 정부가 그렇게 자랑했던 K-방역의 참혹한 민낯을 보게 되었다. 코로나 팬데믹 대응과 관련해서도 우리는 대통령이 말한 '한 번도 경험하지 못한 나라'를 경험했다.

명품 국정 과제의 참담한 결말

성공 야망을 위한 명품 국정 과제들, 즉 적폐 청산, 검찰 개혁, 한반도 운전자론, 소득 주도 성장, 최저임금제, 주 52시간제, 공기업에서 모든 비정규직의 정규직화, 탈 원전, 한국판 뉴딜, 세종시로의 수도 이전 등 문재인 정부의 핵심 국정 과제들은 사실상 과제의 나열로 끝나 버렸다. 모양새만 좋아 보이는 명품 국정 과제들은 구체적인 프로그램이 취약했다. 임기 내 큰 승리를 쟁취하기 위해 맹목적이고 급진적으로 추진되다 보니 정책이 실패만 하지 않아도 감지덕지할 지경이었다.

명품 국정 과제의 설정과 추진 과정은 허술했고 결말 역시 참담했다. 적폐 청산은 정치적 의도를 의심받으면서 정책의 탄력성과 순응을 잃어버려, 국민을 통합하기보다는 진보와 보수 간 끊임없는 갈등 관계만 초래했다. 검찰에 대한 민주적 통제를 목표로 한 검찰 개혁은 조국 사태에 직면하면서 실패했다. 한반도 운전자론은 비핵화와 관련 북한으로부터 얻은 것은 없고 도리어 북한의 핵 능력만 더욱 증강시켰다. 탈 원전은 한전의 엄청난 적자와 해외 원전 수출 좌초, 관련 산업의 붕괴 등으로 나타났다. 우리 경제는 성장 동력을 잃었고 불황의 늪에 빠져들었다.

꺼진 성장의 불빛을 다시 밝혀 우리 경제가 회생할 수 있을지 걱정이다.

소득 주도 성장 역시 참혹하게 실패했다. 급격한 최저임금 인상, 주 52시간제의 무리한 도입 등으로 경제의 성장 엔진은 꺼져버렸다. 이와 관련 〈중앙일보〉 이철호는 'J노믹스의 후유증'이라고 말하며 "최저임금 인상, 비정규직 정규직화 등 소득 주도 성장은 양날의 칼이다. 대기업들은 제품 가격 인상, 협력업체 쥐어짜기, 공장 해외 이전 등으로 인건비 부담을 분산시킬 수 있다. 문제는 자영업과 영세 중소기업들이다. 내년에 15조원의 인건비 추가 부담을 감당할 여력이 없자 대부분 신규채용을 중단할 움직임이다. 이는 자영업자의 영세화를 더욱 심화시켰다. 약자를 위한 정책이 또 다른 약자를 약탈하는 부메랑이 된 것이다."라고 주장했다.[201]

나아가 전 국민의힘 대표 김종인은 "소득 주도 성장은 경제학에는 없다. 소득이 있어야 소득 주도를 하지, 좌파 경제학에서도 지속적인 투자가 이뤄지지 않으면 소득이 발생하지 않는 것이다. 자유로운 기업의 활동을 보장하고 정부는 그렇게 할 수 있도록 제도와 여건을 조성을 해주면 된다."라고 주장했다.[202] 나아가 김종인은 "사회과학을 실험하다 오류가 발생하면 국민이 죽는다. 그러고도 책임지는 사람 하나 없고 양심의 가책조차 느끼지 않는다."[203]라고도 말했다.

문재인 정부는 우리의 건강한 중산층을 붕괴시켰다. 이러한 현실에서도 문재인 대통령은 "5년을 보면 고용은 크게 늘었고, 우리 경제는 훨씬 성장했다."[204]라고 주장했다. 또한 자신의 업적 중 "소득 주도 성장, 최저임금 인상, 노동시간 단축 이런 부분들이 경제적으로 나쁜 영향을 미쳤고, 일자리도 줄였고, 이런 식의 평가가 잘못됐다는 것(이라며). 온당한 평가를 받아야 한다는 주장을 하고 싶다."[205]고 말했다. 많은 이들이 성공 야망의 참담한 실패를 지적했어도 대통령은 결과의 해석조차 전혀 다르게 했다.

문재인 대통령은 박근혜 대통령의 잘못이 명확히 밝혀지긴 전인 2016년 11월 촛불혁명 당시 더불어민주당의 대선 예비주자로서 "국가 권력을 사익 추구의 수단으로 삼아온, 경제를 망치고 안보를 망쳐온 가짜 보수 정치세력을 거대한 횃불로 모두 불태워 버리자."[206]라고 주장했다. 불행하게도 역대 대통령의 실패와 본질이 같고 운율은 반복되고 있다. 그러면서 우리 대통령의 위기는 더욱 심화되고 있다.

2.3. 박정희 대통령의 정치적 그늘

"저(노무현 대통령) 역시 박(정희)대통령에 대해서는 공과 과를 따로 평가해야 한다고 하다가도, 판단 이전에 증오감 같은 것이 있어서 박정희 대통령에 대해서는 아무리 생각해도 좋은 평가를 할 수 없습니다."[207]

"문재인 정부를 경험하면서 이 사람들에게 부족한 게 무언가 궁금해 하다가 그들에게는 공개념이 없다는 걸 알게 됐습니다. 한마디로, 공무를 담임할 자격이나 소양이 없는 사람들이 정권을 잡고 앉아 이익집단처럼 끼리끼리 도와주고 나눠 먹는 정치를 해 온 것입니다. 경제·산업 정책의 오류와 실패보다 더 심각한 게 자신들의 잘못과 부끄러움을 모르는 무지와 부정직이라고 생각합니다. 그러니 적폐를 청산한다면서 새로운 폐단을 쌓아가고 있는 거지요. 구악을 청산한다며 신악을 양산했던 5·16 쿠데타 세력의 전철을 밟고 있습니다."[208]

민주화 이후 역대 대통령에게 가장 커다란 영향을 미친 대통령은 박정희 대통령이다. 박정희 대통령은 임기(1961−1979)가 군정을 포함하여 약 20년으로 가장 길었다. 임기 동안 경제개발 5개년 계획을 기초로 산업화의 기틀도 이룩했다. 모든 대통령은 대통령이 되는 순간부터 자신이 어떻게 역사에 자리매김 할까를 깊이 생각하는데, 그 비교 잣대가 박정희 대통령이다. 박정희 대통령 이후 역대 대통령은 박정희 대통령에 대한 심리적 압박감과 경쟁의식이 매우 높았다.

변호사 안동일은 "박정희 시대의 18년(1961~1979)은 그 후 전두환·노태우 시대의 14년(1979~1993)을 더하여 군사정권 32년의 통치가 이 땅을 경작하게 만들었다. 그 영향이 얼마나 크면 3공은 물론 5공, 6공의 부라퀴[209]들이 이 나라 보수 세력이 주류를 형성하여 지금도 여전히 그 위력을 발휘하고 있겠는가. 그 대표적인 예가 김영삼 정부를 탄생시킨 3당 합당이었고, 김대중 정권의 김종필, 박태준 국무총리를 가능케 한 DJP 연합이 아니었던가? 일컬어 문민정부, 국민의 정부라고 말하지만 과거 군사정권 세력의 협력 없이 어떻게 그들의 집권이 가능했단 말인가. 노무현의 참여정부도 이명박 정부도 여기에서 비켜날 수 없을 것이다. 파면당한 박근혜 전 대통령의 정부는 더 말해 무엇 하랴."라고 주장했다.[210] 노무현 정부 2기로 출범한 문재인 정부도 대통령의 딸인 박근혜 대통령의 탄핵 때문에 탄생됐으니 박정희 대통령의 정치적 영향력은 여전히 크다. 2020년 전·현직 대통령 호감도 조사에서도 박정희 대통령은 31%로 선두를 달렸고 문재인 대통령은 23%, 노무현 전 대통령 22%, 김대중 전 대통령 8%, 박근혜·이명박 전 대통령 각각 4%, 김영삼 전 대통령은 2% 순으로 나타났다.[211]

전두환 대통령과 노태우 대통령은 박정희 대통령을 하나의 훌륭한 역할 모델로 삼아 그를 본받으려고 했다. 민주화 이후 김영삼 대통령, 김대중 대통령, 노무현 대통령, 그리고 문재인 대통령은 박정희 대통령을 극복과 경쟁의 대상으로 삼았다. 한편 이명박 대통령과 박근혜 대통령은 박정희 대통령을 존경과 경쟁의 대상으로 삼았다. 그러면서 그들 모두는 자신과 박정희 대통령을 비교하여 그보다 나은 업적을 남기려고 하는 열망이 강했다.

박정희 대통령의 영향력에 대해 언론인 마이클 브린은 "한국에서 정치 리더십의 기준점은 박정희 전 대통령이다. 정치인과 국민 모두 박 전 대통령식 리더십에 대한 암묵적 기대감을 갖고 있다. 박 전 대통령의 방식은 비전과 연간 목표를 제시하고, 전문가들이 계획을 세우면, 공무원과 재벌이 실행에 옮기는 것이다. 그들이 실패하면 교체했다. 그 방법은 별로 나쁘지도 않고 현대에도 적용할 수 있을 것 같다. 하지만 그 시대엔 다른 점이 있었다. 박 전 대통령은 법을 맘대로 할 수 있었고, 자신의 통치에 대한 비판이나 도전을 고려할 필요가 없었다."[212]라고 주장했다.

박정희 대통령이 남긴 부정적인 정치적 유산은 유신독재(1972)에 의한 인권 유린과 정경 유착이다. 지금까지도 계속되는 또 다른 부정적 유산은 영·호남 간의 지역감정과 편견에 따른 몰표 경향이다. 진보의 문재인 대통령도 이러한 지역감정 적폐는 없애지 못하고 도리어 이러한 지역 중심의 패권정치에 편승하여 자신들의 권력을 더욱 공고히 했으며 2022년 대선에서도 이를 이용했다. 친문 집권 및 진보 세력은 정부 인사의 우대를 통해 호남과 영남의 정치적 결합을 꾀하면서 2022년의 정권 재창출을 꾀했으나 실패했다. 현재 보수 여당인 국민의힘도 아직까지 경북과 경남 북부 지역에 의존한 정치를 지속하고 있다.

문재인 대통령은 노무현 대통령처럼 독재에 항거한 정통 민주 세력이 대한민국의 새로운 역사를 이루어야 한다며 대한민국 역사를 새롭게 쓰기 위해 노력했다. 이승만 대통령과 박정희 대통령을 역사에서 지우기 위해 대한민국 역사의 새로운 시작을 '3·1운동'까지 거슬러 올라가려고 했다. 이러한 역사관에 따라 초등학교 6학년 역사 교과서는 '1948년 대한민국 수립'을 '1948년 대한민국 정부 수립'으로 바뀌었다. 이는 대한민국 건국이 1919년에 이루어졌고, 1948년에는 정식 정부가 생긴 것뿐이라는 문재인 정부의 역사관에 부합하는 것이다.[213]

　그의 관점에 따르면 1948년의 대한민국 수립은 김구 주석의 상해임시정부를 부정하는 것이고 일제의 식민 통치 체제를 합리화하는 논리이다. 그러나 문재인 대통령이 역사에서 지우려고 노력한 이승만 대통령은 상해임시정부의 초대 대통령이었다.[214] 이것이 1919년 건국을 대대적으로 기념하고 알리지 못하는 이유의 하나일 것이다.

　문재인 정부는 박정희 대통령의 역사를 편협하게 대했다. 이와 관련해 〈조선일보〉 최보식은 "2년 전 박정희 탄생 100주년을 맞았을 때 (문재인) 정부의 개입으로 기념우표 발행은 취소됐고 동상(銅像) 건립은 무산됐다. '박정희' 이름을 걸고는 기념 음악회 장소를 빌리기도 어려웠다. 현 정권에서 박정희 가치는 한낱 조롱거리로 여겼다."[215]라고 지적했다. 또한 〈조선일보〉 이동훈 역시 "국회사무처가 3억 5,000만원을 들여 LED 전광판을 설치해 (박정희 대통령의 의사당) 준공기를 덮어버릴 것이라고 한다. 출입구가 어두워서라지만 실제론 박정희 이름을 가리고 싶어서일 것이다. 민주당 출신 구미시장은 구미공단 50주년 기념식 홍보 영상에 박정희가 빠진 채 김대중·노무현·문재인 대통령만 넣었다."[216]라고 비판했다.

박정희 대통령이 시작한 새마을 운동은 문재인 정부 초기에는 적폐 취급을 받기도 했다. 문재인 정부 대통령직인수위원회 격인 국정기획자문위원회에서는 새마을이란 표현이 들어간 사업과 예산을 없애는 논의가 오가기도 했다.[217] 그나마 문재인 대통령이 2017년 해외 순방 중 아웅산 수치 미얀마 국가 고문 등이 개발도상국 새마을 운동 지원 사업에 대해 감사의 뜻을 전하자 이런 분위기는 반전됐다. 당시 문재인 대통령은 청와대 참모들에게 "새마을 운동을 비롯해 전(前) 정부 추진 내용이라도 성과가 있다면 지속적으로 추진하도록 여건을 조성해 달라."고 지시했다.[218]

문재인 대통령은 김용옥이 주장한 것처럼 박근혜 대통령을 박정희의 마지막 그림자로 간주했다.[219] 문재인 대통령은 2017년 4월 민주당 대통령 후보 수락 연설에서 박근혜 대통령 탄핵과 구속으로 귀결된 국정 농단 사건의 근본 원인인(박정희 대통령 시절부터 뿌리내린) 정경 유착 등의 적폐 청산을 통해 국민 통합을 이뤄내고 새로운 대한민국을 건설하겠다고 약속했다. 특히 문재인 대통령은 취임사에서 정경 유착, 불평등 등을 박정희 대통령 시절부터 뿌리내린 부정적 유산들, 즉 적폐로 규정하고 이에 대한 청산을 국정의 우선 과제로 앞세우는 국정 목표를 세웠다.

돌이켜 생각하면 우리 대통령의 역사는 박정희 대통령을 둘러싼 정(正)과 반(反)의 역사이다. 정은 박정희를 계승하고 추종하는 대통령으로 여기에는 전두환, 노태우, 이명박, 박근혜 대통령 등이 있다. 반은 박정희를 부정하면서 때로는 악이나 경쟁상대로 규정하는 대통령으로 김영삼, 김대중, 노무현, 문재인 대통령 등이 이에 속한다. 우리 대통령의 성공 열쇠의 하나는 바로 이 대통령 역사에서 찾아야 한다. 박정희를 단순히 추종하거나 아류로 기능하는 대통령은 실패했다. 반대로 박정희를 절대부정하거나 경쟁상대로 인식해 넘어서려는 욕심이 지배하면서, 자신의 지지 세력을 규합하는 대통령 역시 실패했다. 정답은 있다. 박정희 대통령의 비판적 계승 발전, 온고지신, 반면교사 등의 단어를 잘 성찰하면 성공의 길이 보인다. 그것을 해내는 대통령이 나와야 한다.

2.4. 정치적 차별화: 전직 대통령 죽이기

"이명박 정부가 들어서자 검찰은 노무현 수사로 충성심을 보였고, 전 정부 때 임명된 국세청장은 새 정권 입맛에 맞춰 세무조사의 칼을 휘둘렀다. 검찰, 국정원, 감사원, 국세청은 권력에 알아서 엎드리고 힘이 빠질 듯하면 달려드는 게 본성이다. 어느 정권이든 사정을 정적을 치는 것에 목표를 두면 그 칼날에 언젠가 자신도 베일 수 있다. 요즘 이(문재인) 정부의 적폐 청산에 노무현의 그림자가 자꾸 어른거리는 것은 그래서 개운치가 않다."[220]

"권력을 가진 측과 권력을 잃은 측 양쪽에 똑같이 적용되는 원칙이 있어야 한다. 승자와 패자에 대해 원칙이 다르게 적용된다면 그야말로 정치 보복이다. 죄를 지었으면 벌한다는 원칙을 똑같이 적용하면 된다."[221]

"과거에 빚지지 않은 현재는 없다. 세계가 칭송하는 방역 체계의 기초는 박정희 정권이 도입한 의료보험 제도다. 세계가 감탄하는 진단 키트 개발과 생산은 2015년 메르스 사태가 계기가 됐다. 과거의 승계보다는 청산에 집착하던 정권이 과거 유산의 덕을 보는 건 아이러니다."[222]

문재인 대통령이 박정희 대통령을 포함한 전직 대통령을 정치적으로 차별화한 논리는 적폐의 철저하고도 완전한 청산이었다. 문재인 정부의

100대 국정 과제 중 맨 위에 놓인 것도 적폐 청산이었다. 문재인 대통령이 박근혜 정부 때 많은 어려움을 겪은 윤석열을 취임초기 파격적으로 승진시켜서 서울중앙지검장으로 임명한 이유도 인적 청산을 중심으로 한 적폐 청산을 속도감 있게 추진하기 위해서였다.

윤석열은 서울중앙지검장에 취임한 후 국정원 댓글 사건 수사와 국정원 특수활동비 청와대 상납 사건이라는 전대미문의 국정원 관련 사건을 철저하게 조사했다. 그는 국정원 댓글 사건 수사 방해를 위해 국정원 파견 검사들이 가짜 서류나 집무실을 만드는 사기극을 펼치고 수사 대비 가이드라인을 만들었다는 국정원 댓글 수사 방해 의혹 증언이 나오자마자 전 부산지검장 장호중을 포함 전·현직 검사들에 대한 구속영장을 청구했다. 이와 관련 변창훈 검사가 영장실질심사 전에 투신자살한 사건이 터졌으나 계속 수사했다. 또한 윤석열은 세월호 유족 사찰 의혹 수사도 철저히 조사했다. 이 과정에서 이재수 전 국군기무사령관은 구속영장도 안 나왔는데 수갑 찬 모습이 언론에 노출된 직후에 극단적 선택을 했다.

윤석열은 이명박 전 대통령을 목표로 국정원 댓글, 군 사이버사령부 댓글, 문화·연예계 블랙리스트, 공영방송 장악 시도 의혹, 방산 비리 등에 대해 수사했고, 현대자동차 부품업체인 다스 문제를 중심으로 2018년 3월 이명박 대통령을 조사하여 구속시켰다. 이명박 전 대통령에게 적용된 혐의는 110억 원대 뇌물 수수, 350억 원대 ㈜다스 회사 자금 횡령 등 10가지가 넘었다. 검찰은 이명박 전 대통령이 자동차 부품회사 다스의 투자금 반환소송 비용 67억 원을 삼성에 대납시켰다고 했다.

이와 관련 〈조선일보〉 김창균은 "이명박 전 대통령에 대한 맞춤형 수사였다. 처음은 국정원 댓글 지시 혐의를 캐다 여의치 않자 국정원 특수활동비로 방향을 틀었고, 오래전 검찰·특검 수사까지 거쳤던 다스 실소유자 논란도 다시 털었다. 10년 전 대선 자금에 뇌물 혐의를 적용해 200장이 넘는 영장을 청구했다. 문재인 대통령이 MB를 향해 분노한다고 공개적으로 적개심을 드러내지 않았으면 이렇게까지 하지는 않았을 것이다."라고 주장했다.[223] 결과적으로 이명박 대통령은 전두환·노태우·박근혜 전 대통령에 이어 수감된 네 번째 대통령으로 기록됐다. 국민은 전직 대통령 두 사람이 포승에 묶여 법정에 출두하는 장면을 보면서 퇴임 대통령의 잔혹사를 다시 한 번 경험했다.

나아가 2018년 8월, 윤석열은 전대미문의 사법부가 범죄를 저지른 사법농단 수사도 시작했다. 이른바 사법행정권 남용 사건이라고 명명된 이 사건으로 먼저 2018년 11월 직권남용 혐의 등의 혐의로 임종헌 전 법원행정처 차장을 기소했다. 2019년 2월에는 양승태 전 대법원장과 고영한·박병대 전 법원행정처장이 기소됐다. 3월에는 이민걸 전 법원행정처 기획조정실장 등 전·현직 법관 10명이 줄줄이 재판에 넘겨졌다. 이들은 박근혜 정부 때 사법부를 이끌던 핵심 법관들이었다. 이들은 진보 성향 판사들의 블랙리스트를 만들어 관리했고, 일선 법원의 재판에 관여했다는 혐의를 받았다.

이러한 적폐 청산의 핵심은 노무현 대통령에게 정치적 압박을 가한 이명박 대통령의 사법 처리였고, 집권 초기여서 보수층은 숨을 죽이면서 이 과정을 지켜봤다. 하지만 이것은 보수층이 문재인 대통령의 적폐 청산을 정치 보복으로 인식하게 되는 과정의 시작이었다. 즉, 보수층은 문재인 대통령이 적폐 청산을 명분으로 보복 정치를 하고 있다고 생각하게 된 것이다.

나는 이미 문재인 대통령의 취임 직후 전직 대통령에 대한 정치적 차별화의 문제점을 "(문재인) 대통령의 일차적 사명은 최순실 국정 농단에 대한 엄정한 수사와 정경 유착 및 부정부패 등 적폐들을 말끔히 청소하는 것이다. 다만 (문재인) 대통령은 부정부패 청산과 정치 보복을 구별해야 한다. 많은 사람은 대통령의 정치 보복 금지 약속을 그다지 신뢰하지 않는다. 우리 정치사에서 이러한 약속이 지켜진 적은 없었다. 지금까지 박근혜 전 대통령을 날카롭게 비판해온 (문재인) 대통령의 이미지를 생각할 때는 더욱 믿음이 안 간다. 많은 국민은 최순실 국정 농단의 명확한 진상이 규명되기를 바란다. 그러나 대통령 자신의 정치적 이익을 위해 박근혜 정부를 정치적으로 차별화하는 것은 원하지 않는다. 대통령이 박근혜 정부에 대한 정치적 차별화를 시도하면 그의 정치적 포용성에 대한 부정적 이미지는 더욱 높아질 것이다. 국민 화합의 정치는 처음부터 실종될 것이다. 따라서 법과 질서를 내세워 부정부패를 청산하는 실무형 대통령이 되어야 한다. 나라의 원칙을 다시 세운다는 생각으로 실무적으로 접근하면서 희망을 주어야 한다."[224]라고 주장했다.

　이와 관련 〈조선일보〉는 "문재인 대통령은 지난 5월 취임식 때 이날은 진정한 국민 통합의 시작으로 역사에 기록될 것이라고 했다. 많은 국민이 혹시 하고 기대했다. 그 기대는 역시로 바뀌었다. 한반도 핵 위기가 일촉즉발인데 여당 사람들은 가진 힘의 9할을 전전 대통령에게 복수하는 데 쓰고 있는 것 같다. 양쪽 다 평정심을 찾기를 바랄 뿐이다."라고 주장했다.[225] 문재인 대통령은 이명박과 박근혜로 나아가 박정희 대통령으로 대표되는 보수 세력을 청산해야 할 적폐로 규정했다. 국민 전체의 대통령이 아니라 자신이 설정한 적폐는 배제한 진보 중심의 반쪽 대통령이 되고자 했다. 이를 정치학자 강원택은 "(적폐 청산은) 결국 제도와 관행을 고쳐 다시는 그러한 폐해가 발생하지 않도록 하는 것이 핵심인데, 하지만 최근 들어 적폐 청산이 과거 정권에 대한 압박이나 특정인을 혼내주려는 듯한 움직임으로 이어지고 있는 것은 유감스러운 일이다. 적폐 청산은 특정인, 특정 세력에 대한 응징이나 보복이 아니라 다시는 그런 폐해가 재발하지 않도록 하기 위한 제도의 개선을 이뤄내야 한다."라고 말했다.[226]

문재인 대통령은 보복 정치라는 비난을 피하면서 미래지향적인 적폐 청산을 실행할 수 있었음에도 이를 시도하지 못했다. 실제로 전 국회의장 문희상은 "적폐 청산은 1년 안에 끝냈어야 해. 100일의 마스터플랜을 갖고 1년 안에 끝내야지. 전광석화처럼. 그런 다음 개혁과 혁신으로 가야 하는데 적폐 청산에 몰두하나 보니 국민들이 보복이라 느끼고 지루함을 느낀 거야. 그러니까 국민적 지지를 잃는 거지."[227]라고 주장했다. 정치학자 박상훈 역시 "2003년 집권한 노무현 정부는 일제강점기와 6·25전쟁기, 그리고 권위주의 시기의 인권 유린과 폭력, 학살, 의문사를 조사할 수 있도록 일찍부터 입법 논의를 시작했다. 수많은 갈등과 조정을 거쳐 2005년 5월 극적인 합의로 진실·화해를위한과거사정리기본법이 국회를 통과했다. 여야 합의로 만든 법에 근거한 것이기에 소모적인 이념 갈등 또한 최소화할 수 있었다. 이제라도 이 기본법을 다시 보완해 과거사정리위원회 2기를 이어가야 할 것이고…민주주의는 법으로 통치하는 체제다."라고 지적했다.[228]

이와 관련해 〈동아일보〉 길진균은 "문재인 정부의 적폐 청산에서는 아직까지도 시스템 정비를 찾아보기 어렵다. 극단적으로 표현하면 과거

방식으로 인적 청산을 먼저 하고, 시스템은 나중에 봐서 바꾸겠다는 것 아닌가 하는 의심마저 든다. 시스템 정비 등 구체적인 개혁의 청사진이 동반되지 않은 인적 청산은 정치 보복이라는 오명을 피하기 어렵다."라고 지적했다.[229] 나아가 〈중앙일보〉 김진국은 "역대 정부가 역사를 바로 세웠다. 세우고, 또 세워도 이 역사란 놈이 자꾸 모로 누워버린다. 그렇지만 과거만 파먹고 있어도 되는지 걱정이다. 딱히 이념 문제만도 아니다. 5년마다 역사를 뒤집고, 부수고, 단절하는 일을 반복한다. 전직 대통령들은 모두 감옥에 있다. 정치세력이 직접 경쟁세력을 제거하려 들면 보복의 역사만 반복할 뿐이다."라고 비판했다.[230]

문재인 대통령이 통합의 정치를 하지 못한 가장 큰 이유는 그가 자신만의 비전과 리더십으로 대통령에 당선된 것이 아니기 때문이었다. 실제로 문재인 대통령은 민주노총, 전교조 등 진보 시민단체 등이 주도한 촛불혁명에 기반하여 당선되었다. 진보 세력이 요구한 것은 그들 존재의 안티테제인 박정희 대통령과 지역 정서에 기초한 정치체제 및 재벌 중심의 경제체제에 대한 철저한 보복과 처벌이었다. 문재인 대통령은 이런 요구를 이겨내지 못하고 이명박 정부와 박근혜 정부의 치부를 파헤치는 정치적 차별화를 권력기관인 검찰을 중심으로 시도했다.

문재인 대통령은 자신을 지지하지 않는 보수층을 적폐 세력으로 규정하고 이들을 척결하는 인적 청산 과업을 적폐 청산이라며 국정의 최우선 과제로 삼았다. 이는 자기 자신의 정치적 리더십이나 국정 비전에 힘입어 당선되지 못하고 남의 도움으로 당선된 문재인 대통령의 정치적 한계이고 위기였다. 이것이 그의 실패의 원인이었다.

2.5. 인사가 망사

"동양정치의 희망은 요순(堯舜)시대를 재현하는 데 있었습니다. 요순시대에는 인재 등용에 탁월했기 때문에 겉으로는 아무런 하는 일 없이(無爲而治) 보여도 그처럼 좋은 정치가 이룩되었음은 인재 등용에 온갖 정성을 바쳐 뛰어난 인재들을 발탁하여 적재적소에 배치하여 그들이 책임을 완수할 수 있었기 때문에 얻어진 결과라는 것입니다. 그렇습니다. 정치의 요체는 역시 인재 등용입니다."[231]

"이념이나 코드를 따지고 자기 진영 사람만 챙기는 인사는 붕당의 치우침이요, 출신 지역을 따지는 인사는 지역의 치우침을 벗어나지 못했으며, 기득권 세력이나 성별의 차이를 두는 인사는 신분의 치우침을 벗어나지 못한 인사입니다. 현 정부는 인사 정책에 대한 냉정한 성찰을 통해 치우치거나 사(私)가 낀 인사가 있었다면 하루빨리 바로잡아 만인이 공감하는 인재 등용이 되기를 기대해 봅니다."[232]

"박근혜 정부(는) 권력 서열 1위 최순실, 2위 정윤회, 3위가 대통령이라는 청와대 행정관의 폭로를 뭉개 환부를 키웠다. 청와대 권력 서열 1위는 문재인, 2위는 윤건영 국정기획상황실장, 3위는 김경수 경남지사라는 대선 댓글 조작 드루킹의 발언은 음미할수록 의미심장하다."[233]

"박근혜에겐 최순실이 한 명, 문재인에겐 최순실이 열 명"[234]

"(문재인 정부의) 인재 풀이랄 게 있나. 인사 주머니가 텅 비어 있다. 대통령이 되겠다는 사람은 한 번 정도 개각을 염두에 두고 분야별로 두 사람 정도는 유능한 인재들을 확보하고 있어야 하는데 전혀 그렇지 못한 것 같다."[235]

역대 우리 대통령이 실패한 가장 큰 원인은 '인사문제'이다. 대통령은 취임 전후 장·차관급 142명, 1급 공무원 208명을 포함하여 약 500명의 고위 공무원과 보좌관을 직접 임명해야 한다. 또한 대통령은 행정부 국가 공무원, 헌법기관 공무원, 국가 산하단체 공무원 등 총 2만 4,208명에 대한 임면권을 가진다. 민주화 이후 역대 대통령의 국정 운영과 관련해 전문가들은 인사 관리 능력을 가장 낮게 평가했다. 인사 관리의 문제점들로 늘 지적되는 것은 편파, 당파, 보은, 돌려막기, 회전문 인사 등이다.[236)]

이러한 문제점들의 가장 근본적인 이유는 첫째, 역대 대통령의 공·사 조직 간 차이점에 대한 이해 부족이다. 예컨대 민주화 투쟁에 정치적 일생을 바쳤던 김영삼 대통령과 김대중 대통령은 비밀스럽고 충성스러운 사적 조직에 의존하여 정치적으로 생존하였고 성공했다. 사적 조직은 공적 시스템 밖에서 대통령의 권력 운용에 개입한다. 김영삼 대통령과 김대중 대통령은 국정 운영에서 사적 조직을 중요시한 결과 각각 소통령 김현철과 실세 권노갑 또는 세 아들, 김홍일, 김홍업, 김홍걸 등의 문제가 생겼다. 김영삼, 김대중 대통령 이후의 대통령들도 국정 운영 과정에서 정부 내 직위에 관계없이 개인적인 친밀도 내지 정치적 관계를 오래 유지한 인물들을 중요시했다. 특히 정부 밖의 비선 실세는 권한만 행세하고 책임을 지지 않았다. 문제가 발생하면 그 책임은 공조직이 떠안았다.

이렇게 역대 대통령은 공과 사를 구별하지 못했다. 공식적 직위와 그에 따른 권한과 책임 부여의 중요성을 제대로 이해하지 못했다. 박근혜 대통령의 말벗이라는 비선 실세가 국정을 농단한 최순실 게이트는 인사 망사의 완결판이었다. 그러나 문재인 대통령의 친문 핵심 실세들의 인사 개입의 정도는 제3장과 제4장에서 살펴보는 조국 사태와 유재수 감찰 중단 의혹 사건 등에서 보듯이 그 범위와 정도가 최순실 게이트를 훨씬 능가했다.

둘째, 민주화 이후 역대 대통령은 인재 등용에서 충성심과 전문성의 조화를 이룩하지 못했다. 실제로 충성심보다는 전문성이 강조되는 직위에는 충성심이 높은 사람을, 전문성보다 충성심이 강조되는 자리에는 충성심과는 거리가 있는 관료 출신 인사를 등용하곤 했다. 적재적소에 인사를 배치하지 못했다. 역대 대통령에게는 학연과 지연, 그리고 이념 (특히 노무현 정부와 문재인 정부) 등의 고려가 인재 선별의 첫째 조건이었다. 인사의 공정성은 철저하게 부정되었다.

인사 실패와 관련 문재인 대통령도 예외가 아니었다. 어느 면에서는 역대 정부 중에서 가장 심각한 문제점을 보여주었다. 인사 실패의 단적인 상징은 2019년 9월 조국의 법무부 장관 임명으로 시작된 조국 사태였다. 검찰에 대해서 잘 모르는 조국을 검찰을 잘 모르기 때문에 얽매이는 것이 없다며 검찰 개혁을 위해 민정수석으로 임명한 것은 잘못의 시작이었다. 그를 그 자리에 2년 동안이나 둔 것은 더 큰 잘못이었다. 그를 법무부 장관에 임명한 것은 가장 큰 잘못이었다. 역사는 조국을 사사로운 정에 얽매여서 법무부 장관 자리에 임명한 것, 즉 '무리한 조국 지키기'를 문재인 대통령 정치적 추락의 시작으로 기억할 것이다. 제3장에서 이를 자세히 짚어보고 있다.

인사 실패 사례를 하나 더 들어보겠다. 문재인 정부 부동산 정책의 실패를 초래한 김현미 국토교통부 장관은 취임 초부터 부동산에 대한 전문성이 부족하다는 비판을 받았다. 김현미 장관은 정치외교학을 전공했고 국회의원으로서도 국토교통 분야에 대한 전문성이 높지 않았다. 김현미 장관은 문재인 대통령의 개인적 신임을 철저하게 믿고 막무가내 정책을 펼쳤다. 수요자가 살고 싶어 하는 곳에 주택공급을 늘려야 한다는 전문가의 상식적 조언을 귀담아듣지 않고 누더기 규제로 시장을 잡을 수 있다는 신념만으로 정책을 추진하다가 결국에는 부동산 정책의 대실패를 초래했다.[237] 사회평론가 김도훈은 "문재인 정부 실패의 상징이 된 부동산 정책은 여러 영역에서 벌어졌던 비슷한 실패의 메커니즘을 이해하는 창이 된다. 일단 비전문가가 행정 부처의 장이 되어 업무를 철저하게 이해하지 못했을 때 어떤 참사가 벌어질 수 있는지를 보여 줬다."[238]라고 주장했다. 문재인 대통령의 인사 실패는 소위 '캠코더'(문재인 대선 캠프·시민단체 활동 등 코드에 맞는 인사, 더불어민주당 출신 인사)가 초래한 대재앙이었다.

2.5.1. 이중 잣대

문재인 대통령은 2017년 11월 21일 홍종학 중소벤처기업부 장관을 임명하면서 정부 출범 195일 만에 그의 첫 내각을 완성했다.[239] 대통령은 보궐 대선으로 당선되어 인수위원회를 꾸리지 못한 채 당선인 신분을 거치지 않고 곧바로 대통령직에 취임했다. 불가피하게 조각이 늦어질 수밖에 없었던 측면을 고려하더라도 전혀 준비가 안 된 대통령의 최장기 지각 내각의 완성이었다.

문재인 대통령은 취임 당일인 2017년 5월 10일 이낙연 전남지사를 새 정부의 첫 총리 후보자로 지명했으나, 이 총리 후보자의 위장 전입과 아들의 병역 면제, 부인 그림 강매 의혹 등으로 총리 후보자의 임명동의안은 지명 21일 만인 5월 31일 자유한국당 의원들이 불참한 가운데 국회 본회의를 통과했다. 이후 18명의 장관 가운데 강경화 외교부 장관은 위장 전입 의혹과 자녀의 이중 국적 문제, 송영무 국방부 장관은 위장 전입과 음주운전 무마 의혹, 고액 자문료 수수 문제 등, 홍종학 중소벤처기업부 장관은 편법증여 등의 문제로 국회 인사청문 경과보고서 채택이 불발된 채 임명됐고, 안경환·조대엽·박성진 후보자는 지명 후 검증 과정에서 낙마했다.

이 과정에서 문재인 대통령은 현역 의원을 5명이나 발탁했고 여성 장관 30% 발탁의 공약은 실현되었다. 문재인 1기 내각은 청문회 과정에서 밝혀진 장관 후보자들의 각종 위반 사례 때문에 내로남불(내가 하면 로맨스, 남이 하면 불륜) 내각이었다. 문재인 대통령은 2017년 대선 과정에서 자신이 역대 정부 가운데서 가장 깐깐한 인사 검증을 했던 민정수석이었다면서, 5대 원칙, 즉 위장 전입, 논문 표절, 세금 탈루, 병역 면탈, 부동산 투기 등을 공직 배제의 기준으로 발표했다. 그러나 문재인 대통령은 인사청문회 대상 22명 중에서 15명(68.2%)이 5대 원칙 중 하나 이상을 위반했고, 특히 이낙연 총리, 김상조 공정거래위원장, 강경화 외교부 장관 등은 5대 원칙 중 4개를 위반했다. 공직 배제 5대 원칙을 몇 가지씩 위반한 인사들로 첫 내각을 꾸려 놓고 역대 가장 균형 인사·탕평 인사·통합 인사라고 우겨대니 내로남불 내각이라는 비판을 받게 되었다.

문재인 대통령은 장관 후보자들이 위장 전입, 다운계약서 등으로 줄줄이 낙마하자, 2017년 11월 7대 인사 원칙을 새로 발표했다. 음주운전과 성범죄는 포함시켰지만, 위장 전입은 2005년 7월 이후 부동산 투기나 자녀 학교 배정 관련으로 2건 이상일 때만 공직에서 배제키로 했다. 사실상 기준을 낮춘 것이다. 이 기준으로도 대법원장과 민주당이 지명하고 추천한 이은애와 김기영 헌법재판관은 문제가 됐다. 그랬는데도 문재인 대통령은 별 문제가 아니라며 임명을 강행했다. 이에 대해 〈조선일보〉원선우는 "최소한의 사과나 해명도 없었다. 7대 원칙이 사실상 유명무실해졌다는 지적이 나온다. 장관들의 낙마 사태가 이어지자 기준을 낮추거나 무시하는 방식으로 인사청문회를 사실상 무력화하고 있는 양상이다."[240]라고 비난했다.

한국행정연구원에 따르면 문재인 정부 들어 2018년 말까지 장관 후보자 35명 가운데 7명이 낙마했고 낙마율은 20% 이상이었다. 이명박 정부 8.85%, 박근혜 정부 9.18%에 비해 두 배 이상으로 높았다. 낙마 사유는 부동산 투기(37.2%)가 가장 많았다.[241] 이에 대해 〈중앙일보〉 유성운은 "문재인 정부에서 국회 인사청문회 경과보고서 채택 없이 임명된 고위공직자는 총 23명으로 이명박 정부의 17명, 박근혜 정부의 9명보다 많다. 하지만 문재인 대통령은 인사청문회 때 많이 시달린 분들이 오히려더 일을 잘한다는 전설 같은 이야기가 있다고 했다. 인사 검증을 제대로하는지도 의문이거니와 이렇게 임명할 거면 인사청문회는 뭣 하려 하느냐는 말이 나올 수밖에 없다."[242]라고 주장했다. 또한 전 국회의원 김관영(현 전라북도 지사)은 "현 정권에서는 솔직히 인사청문회를 왜 여는지 모르겠다. 청문회 따로 임명 따로가 당연한 것처럼 되고 있다. 마치 언론과야당은 짖어라. 우리는 가는 대로 간다는 식이다."라고 비판했다.[243]

2020년 4월 여당의 총선 압승 이후 문재인 대통령이 국회 인사청문회를 무시하는 경향은 더욱 높아졌다. 실제로 문재인 정부 출범 후 다뤄진 국회 인사청문요청안 중 인사청문 경과보고서(청문보고서) 미채택률이 40%에 이르렀다. 이는 직전 박근혜 정부의 청문보고서 미채택률(15.2%)보다 배 이상 높은 값이었다.[244] 구체적으로 2020년 12월 28일변창흠 국토교통부 장관 후보자는 야당의 동의 없이 임명하는 26번째 장관급 인사가 되었다. 2021년 1월 박범계 법무부 장관 후보자는 27번째, 2월 정의용 외교통상부 장관 후보자는 28번째, 2021년 2월 황희 문화체육부 장관 후보자는 29번째, 2021년 5월 임혜숙 과학기술정보통신부 장관 후보자는 30번째, 노형욱 국토교통부 장관 후보자는 야당의 동의 없이 임명되는 31번째 장관급 인사가 되었다.

이는 노무현 정부(3명), 박근혜 정부(10명)와 이명박 정부(17명)보다도 훨씬 더 많은 숫자였다.[245] 이와 관련 〈한겨레〉는 "야당 동의 없이 인사청문 경과보고서가 채택되는, 이른바 야당 패싱 장관이 문재인 정부 들어 29번째 나왔다. 여당이 다수 의석의 압도적인 힘으로 인사청문회의 검증 기능을 무력화시켰다는 지적이 나온다."[246]라고 주장했다. 〈중앙일보〉 최상연 역시 "물론 대통령 측근 위주의 코드 인사에서 완전히 자유로운 정권은 없었다. 그래도 검증에서 걸리면 대개는 물러섰다. 그런데 유독 이 정부에선 임명되는 장관마다 불법·탈법 시비가 끊이질 않는데도 습관적으로 모르쇠다. 야당이 반대하든 말든 임명 강행된 장관급 인사가 30명에 가깝다. 나라 주인은 국민이 아니라 정권이라고 생각하기 때문이다."[247]라고 비난했다.

문재인 대통령은 취임사에서 "오늘부터 나라를 나라답게 만드는 대통령이 되겠다. 전국적으로 고르게 인사를 등용하겠다. 능력과 적재적소를 인사의 대원칙으로 삼겠다. 저에 대한 지지 여부와 상관없이 유능한 인사를 삼고초려해서 일을 맡기겠다."고 말했다. 문재인 대통령은 5대 원칙 위반 사례가 계속 터졌음에도 불구하고 장관 후보자들의 임명을 감행하면서 국민 앞에 공식적으로 사과하거나 양해를 구하지도 않았다. 나중에 문재인 대통령은 서면 메시지를 통해 "이 기회에 인사 때마다 하게 되는 고민을 말씀드리고 싶다. 논란을 피하는 무난한 선택이 있을 것이다. 주로 해당 분야의 관료 출신 등을 임명하는 것. 한편으로 근본적인 개혁이 필요한 분야는 과감한 외부 발탁으로 충격을 주어야 한다는 욕심이 생긴다. 하지만 과감한 선택일수록 비판과 저항이 두렵다. 늘 고민이다."라며 전형적인 꼼수 유감을 발표했다.[248]

이런 대통령을 전 대통령 교육문화수석 김정남은 "(인사 문제는) 대통령의 진정성에 깊은 상처로 남게 될 것이다. 민주화 세력만은 그래도 부정부패에 쉽게 물들지 않을 줄 알았다. 그러나 뒤늦게 배운 도둑질에 밤새는 줄 모른다고, 민주화 세력도 너무 쉽게, 너무 빨리 부정부패라는 탁류에 빠져버린 것이 아닌가 싶다. 개혁을 말하고, 적폐 청산을 말하려거든 먼저 국민의 눈에 깨끗하고 반듯한 인사들로 채워진 도덕적인 정부로 비쳐야 한다. 그렇지 못할 때, 그 개혁과 적폐 청산은 사상누각으로 끝나거나 거짓과 위선에 지나지 않을 것이다."라고 강하게 비판했다.[249] 문재인 대통령의 내각 구성에 있어서 문제점은 위선적인 이중 잣대였다. 청와대는 자신들 편에만 유난히 관대한 검증 구조를 운영했다. 결국 문재인 정부의 1기 내각은 코드 인사 등 역대 대통령 인사 실패의 수정 증보판이었다.

2.5.2. 낙하산 인사

이러한 인사 참사를 빚은 문재인 대통령의 위선적인 이중 잣대는 장관을 포함한 내각 구성뿐만 아니라 공공기관 요직 등 다른 공직 임명에도 그대로 적용되었다. 문재인 정부는 박근혜 정부의 낙하산을 적폐 또는 끼리끼리라고 비난하면서 자신들의 낙하산은 국정 철학을 이해하는 전문가로 둔갑시켰다.

문재인 대통령은 정부나 공공기관 요직에 전직 여당 국회의원을 연이어 낙하산으로 내려 보냈다. 과거 정부에서도 이런 일이 있기는 했지만 문재인 정부는 그 정도가 더욱 심해졌다. 지난 2016년 제20대 총선에서 배지를 달지 못했던 민주당 의원은 약 40명이었다. 그중 20명이 문재인 정부에서 자리를 얻었다. 낙선의원들은 청와대와 행정부 외에도 금융감독원, 국민연금공단, 건강보험공단, 철도공사, 전문건설공제조합, 중소기업진흥공단, 농어촌공사, 한국국제협력단 등의 기관장으로 임명되었다. 중국과 러시아 대사도 전직 의원이었고 마사회장은 17대, 도로공사 사장은 16~18대 의원 출신이었다.[250] 전직 의원이라고 기관장이나 정부 요직을 못 하라는 법은 없다. 그러나 그들은 최소한의 전문성도 갖추지 못했다. 낙하산 인사가 비전문가일 경우 경영이 비효율적일 가능성은 당연히 높다. 더욱 문제가 심각했던 것은 임명된 20명의 19대 의원 중에 4명이 1년도 안 돼서 2018년 6월의 지방선거 출마를 위해 자리를 떠났다.

2018년 4월 바른미래당 정책위원회는 각 상임위별 산하 공공기관의 기관장을 비롯한 상임·비상임 이사에 대한 전수조사를 실시해 '공공기관 친문 백서: 문재인 정부 낙하산·캠코더 인사 현황'을 발표했다. 발표에 따르면 문재인 정부 1년 4개월 동안 340개 알리오 공시를 통해 공공기관 338개 및 일부 주요 부설기관 포함 공공기관에서 1,651명의 임원이 임명됐다. 바른미래당은 임원 1,651명 중 365명이 이른바 캠코더 인사라고 주장했다. 365명 중 94명은 기관장으로 임명됐고 이는 문재인 정부 출범 이후 매일 1명씩 낙하산 인사가 임명된 셈이다. 이에 따르면 공공기관이 전직 국회의원의 재취업 창구로 전락해버렸다.

공공기관장으로 재취업에 성공한 전직 국회의원은 이미경(한국국제협력단), 오영식(한국철도공사), 이강래(한국도로공사), 김낙순(한국마사회), 최규성(한국농어촌공사), 김용익(국민건강보험공단), 김성주(국민연금공단), 지병문(한국사학진흥재단), 이상직(중소기업진흥공단) 등이었다. 전직 국회의원뿐만 아니라 20대 국회에서 낙선한 후보자는 한국주택금융공사의 이정환 사장, 도로교통공단 윤종기 이사장, 인천국제공항공사 김경욱 사장 등이 있었다. 또한 문재인 정부 공공기관 임원 인사는 공공기관의 발전을 위한 전문가보다는 더불어민주당의 지역 당직자 또는 시민단체 출신들이 대부분이었다.

사례를 몇 가지 들어보자. 대구에 본사를 두고 있는 신용보증기금에는 최상현 더불어민주당 대구시당 정책실장을 비상임이사로 임명했다. 부산에 본사를 두고 있는 한국주택금융공사의 경우 이정환 사장을 비롯해 상임감사에 이동윤, 비상임이사에 손봉상, 조민주 씨를 임명했고 이들 모두 더불어민주당 부산 선대위 출신이었다. 제주국제자유도시개발센터의 경우 비상임이사를 김남혁 제주도당 청년위원장, 문정석 제주도당 공천심사위원장이 맡았다. 이와 관련 바른미래당은 문재인 정부의 낙하산 인사가 박근혜 정부 때와 마찬가지로 능력과는 무관하게 정치권 인사들을 중요 기관의 기관장이나 임원으로 내세워 신(新) 적폐를 쌓고 있다고 비난했다.[251]

박근혜 정부가 1년 6개월 동안 205명의 친박 낙하산 인사를 단행할 때, 문재인 정부는 1년 4개월 동안 365명의 캠코더·낙하산 인사를 단행했다.[252] 이에 대해 〈조선일보〉는 "현 정권은 지난 정부 때 여당이 정권 창출에 기여하고 국정 철학을 공유하는 인사 임명은 낙하산이 아니라고 했을 때 이를 호되게 비난했다. 높은 지지율과 무능한 야당을 믿고 자기들 마음대로 나라 자리를 나눠 먹겠다는 것이 아니라면 이럴 수는 없다.”라고 강하게 비판했다.[253]

특히, 고도의 전문성과 윤리성, 책임성을 갖춘 인사가 이뤄져야 하는 금융공공기관의(산업은행·중소기업은행·신용보증기금·예금보험공사·한국자산관리공사) 경우 친정부·친여당 성향의 낙하산 인사가 63명에 이르렀다.[254] 실례로 2021년 7월 한국무역보험공사 감사에 정치권 출신인 이종석 전 대통령 비서실 경제수석비서관실 행정관을 임명했다.[255] 2021년 9월 한국판 뉴딜 펀드 사업을 총괄하는 한국성장금융의 투자운용본부장에 관련 경력 및 자격증이 없는 황현선 전 청와대 민정수석실 행정관을 선임했다.[256] 전문성 없는 친정권 인사를 금융권 요직에 앉히는 낙하산 인사는 문재인 대통령의 임기 말까지 계속되었다. 이에 대해 국민의힘 국회의원 강민국은 “문재인 정부는 출범 초기 부적격자의 낙하산·보은 인사는 없도록 하겠다는 공언을 허언으로 만들었다. 지난 5년 동안 대선 캠프 출신과 코드가 맞는 사람, 더불어민주당 인사뿐만 아니라 참여정부 시절 인사들까지 정부 기관에 골고루 내려주는 논공행상 잔치판을 벌였다.”고 비판했다.[257]

낙하산 인사의 또 다른 실례가 있다. 문재인 대통령은 검찰 개혁을 위해 법무부의 탈(脫) 검찰화를 강조하며 법무부의 고위직을 민주사회를 위한 변호사 모임(민변) 출신들로 채웠다. 실제로 법무실장, 인권국장, 출입국외국인정책본부장, 법제처장, 법무부 검찰신설위원회 등을 민변 출신으로 임명했다. 이러한 상황을 야당 국회의원 이은재는 “문재인 정부의 권력 양대산맥이 참여연대와 민변이고, 참여연대는 정부 요직을, 민변은 법조계를 장악해가고 있다. 국민이 우려하는 건 굳이 거기서만 발탁해서 써야 할 이유가 뭐가 있나. 정치 세력화돼 사법 권력을 장악하는 또 다른 적폐로 이어지는 것 아니냐는 걱정이다."라고 지적했다.[258]

전 국회의원 김관영(현 전라북도 지사) 또한 "대통령 취임식 날 나를 지지했는지 여부와 관계없이 적재적소에 인재를 찾아서 삼고초려를 해서라도 쓰겠다는 연설을 똑똑히 들었다. 하지만 지금까지 지지하지 않은 인물 중 장관을 뽑은 적 있나? 삼고초려를 해 데려온 사람이 있나? 모두 선거 캠프와 관계됐거나 대통령이 전화할지 모른다고 기다리고 있는 사람 중에서 골랐다. 청와대에서는 대통령 철학을 같이 공유하는 사람이라는 식으로 인사 배경 설명을 하지만, 우리 현실에서 어떤 정책이 집행되려면 자기들 끼리로는 불가능하다. 반드시 이종(異種) 교배가 이뤄져야 한다."고 비판했다.[259]

낙하산 인사 때문에 청와대 비서실은 운동권 선후배들의 집합체로 구성되었다. 권력기관은 물론 행정 각 부처, 사법부, 공공기관도 자기네들끼리 자리를 차지해 버렸다. 구체적으로 문재인 정부 출범 4년간 발탁된 장·차관과 청와대 비서관급 이상 고위 정무직 인사 401명 중 노무현 정부 청와대 참모를 지냈거나 문재인 대선 캠프 출신 및 시민단체 인사 등 '코드 인사'로 볼 수 있는 고위직이 157명(39.2%)인 것으로 나타났다.[260] 또한 고위직 인사 401명의 나이를 분석한 결과 1960년대 생이 289명(72%)으로 가장 많은 비중을 차지했고 1950년대 생 82명(20%), 1970년대 생 20명(5%)이 뒤를 이었다. 정부 고위직 가운데 전대협(전국대학생대표자협의회) 세대(1965~1972년생)는 153명(38.2%)으로 집계됐다.

특히 청와대 비서관급 이상을 지낸 고위직 168명 가운데 전대협 세대는 절반이 넘는(52.4%) 88명이었다.[261]

2.5.3. 무도한 청와대: 내각 패싱

박정희·전두환·노태우 정부 시절 200~300명대를 유지하던 청와대 비서진 인원은 김대중 정부 때 400명을 넘어섰고, 노무현 정부 후반기에는 531명을 돌파했다. 이것이 이명박 정부에서 456명으로 줄었고, 박근혜 정부 말기 청와대 정원은 465명이었다. 문재인 정부에서 청와대 인원은 다시 늘어났다. 2018년 7월 바른미래당 김동철 비상대책위원장은 "(2018년) 1월 기준 청와대 참모진 인원이 500명에 육박한다. 헌법상 기구인 총리·내각을 패싱(배제)하고 청와대 비서진으로 국정을 운영하겠다는 것인가? 자영업자, 소상공인이 몰락하는 이유가 청와대 담당 비서가 없어서인가. 그럴 거면 중소벤처기업부는 왜 만들었나. 현 청와대 정원은 비서실, 국가안보실 등을 합해 486명 정도로 노무현 정부 이후 가장 규모가 크다."고 비난했다.[262]

이와 관련해 전 국회의원 김관영(현 전라북도 지사)은 "(장관) 청문회 소란을 떨고 정부 부처 장관을 임명해본들 실제 모든 정책을 기획·지시·감독하는 쪽은 청와대다. 가령 경제 관련 정책을 보면 정책실장·경제수석·사회수석·일자리수석, 대통령 직속 일자리부위원장·소득 주도 성장 위원장 등 6명의 어른들이 각 부처에 대고 다른 얘기와 주문을 한다. 내 행정고시 동기들이 중앙부처 국장인데 청와대 때문에 일을 못하겠다고 말한다. 이게 현실이다."[263]라고 비판했다. 〈조선일보〉 역시 "인원도 인원이지만 청와대 권력의 비대화가 근본적 문제며, 청와대 비서실이 대통령 비서 업무를 넘어서 내각 위에 군림하는 현상이 현 정부에서도 이어지고 있다. 가령 외교·안보의 경우 청와대 국가안보실이, 경제에서는 정책실이 중요 현안을 틀어쥐고 담당 부처를 소외시키고 있다. 이미 관가에서는 정부 부처들은 식물이 돼서 청와대가 시키지 않는 일은 하지 않고 있다는 말이 나온 지 오래됐다."라고 지적했다.[264]

청와대 중심의 내각 패싱 현상에 대해 〈중앙일보〉 이훈범은 "소신 없이 코드만 좇거나 소신이 있어도 능력이 모자라는 인물이 총리, 장관이 되면 그는 피해볼 게 없다. 그저 국무회의 자리만 채우다가 팔자에 없던 벼슬을 족보에 올리는 가문의 영광을 누리면 그만이다. 그 피해는 고스란히 최종인사 책임자가 지는 것이다."라고 말했다.[265] 〈조선일보〉 최보식 역시 "청와대 안에서 비(非)운동권의 공무원들은 그림자처럼 존재하고 있다. 한 공무원 출신이 이번 안건에 대해서는 보수 성향 인사들의 의견도 들어보자고 제안했다가 찍혔던 일을 털어놓은 적 있다. 문 대통령이 최저임금 인상 등으로 죽을 지경이라고 서민들은 아우성을 치는데도 우리는 올바른 경제 정책 기조로 가고 있다고 당당하게 말하는 것도 운동권에 장악된 청와대 분위기 때문일 것이다. 이들은 청와대 바깥의 세상이 어떻게 돌아가는지, 현실은 이념과 어떻게 다르게 작동하는지에 상관하지 않는다."라고 비판했다.[266]

문재인 대통령의 청와대는 비슷한 이념 성향의 운동권 선후배들의 집합체가 되었고 이들 사이에서는 청와대 내 직급보다 운동권 시절의 위계를 더 따지게 되었다. 그러면서 직급 낮은 운동권 행정관이 공무원 비서관보다 영향력이 더 커졌다. 국가의 주요 정책 결정 과정에서 내각의 영향력은 거의 상실되었다. 그러면서 청와대는 무도함의 상징이 되어

버렸다. 이런 현상을 〈조선일보〉 강천석은 "문재인 대통령 비서실은 역대 정권 가운데 가장 사고를 많이 치는 비서실이다. 나라를 어지럽히는 각종 사건의 주범과 종범 혐의자들은 거의가 청와대 비서들이다. 울산시장 선거 개입 사건에는 비서실장·비서관·행정관이 모두 출연했다. 하수인 노릇은 경찰이 했다. 뇌물 받은 것이 확인됐는데도 출세 가도를 승승장구한 유재수 감찰 중단 사건에는 수석비서관·비서관과 대통령 실세측근 여럿이 나와 경연을 벌이고 있다. 조국 전 법무장관 집안 비리도 대부분 수석비서관 시절의 일이다."라고 강하게 비판했다.[267]

2.5.4. 독서를 통한 인재 등용

독서를 통한 인재 등용은 문재인 대통령의 인사 실패를 민낯으로 보여준다. 문재인 대통령은 책 한 권을 읽고 나면 현실을 다 이해했다고 생각했고, 문제점을 해결하기 위해 그 저자를 공직에 등용할 만큼 현실을 몰랐다. 대통령은 국정 운영을 책처럼 단순하고 쉽게 느끼는 현실 감각이 부족한 사람이었다. 문재인 대통령이 독서를 통해 인재를 기용한 실례를 살펴보겠다. 〈머니투데이〉는 "(문재인) 대통령의 경제과외교사로 활동하고 있는 김현철 경제보좌관도 2015년 내놓은 저서인 '어떻게 돌파할 것인가'를 인상 깊게 읽었었다고 한다. 문 대통령이 지난 10일 신년기자회견에서 '낙수효과는 끝났다. 혁신으로 기존 산업을 부흥시키고, 새로운 성장 동력이 될 신산업을 육성해야 한다.'고 한 대목에서 김 보좌관의 영향을 엿볼 수 있다."라며 문재인 대통령의 인사 스타일을 평가했다.[268]

〈조선일보〉는 "문재인 대통령이 최근 한국 산업의 위기를 진단한 책 〈축적의 길〉을 탐독하고 있는 것으로 알려졌다. 이를 알게 된 청와대 참모들도 이 책을 앞 다퉈 읽고 있다고 한다. 이 책은 한국 산업의 성장 엔진이 꺼졌다며 기업과 정부 모두 새로운 전략 없이는 더 이상의 성장은 어렵다고 경고했다. 문 대통령은 더불어민주당 대표 시절인 2015년 이 책의 전편 격인 〈축적의 시간〉도 정독했다고 한다. 저자인 이정동 서울대 공대 교수는 지난달 청와대 초청을 받아 한국 산업 구조의 문제점을 주제로 1시간 동안 비공개 강연도 했다."[269]고 썼다. 그 후 문재인 대통령은 경제과학특별보좌관에 이정동 교수를 위촉했다.

또한 문재인 대통령은 2018년 11월 권구훈 골드만삭스 아시아 담당 선임 이코노미스트를 대통령 직속 북방경제협력위원회 위원장으로 임명했다. 당시 청와대는 "권 위원장은 문 대통령이 직접 추천해 발탁했다. 대통령이 여름휴가 때 〈명견만리〉라는 책을 읽었는데 책 말고 TV에서도 직접 명견만리를 보시고 권 위원장의 강연에 감명을 받아 기억하고 있다가 인사수석실에 추천했고 검증을 거쳤다."고 말했다.[270] 그리고 문재인 대통령은 2019년 2월 여성가족부 차관에 김희경 문화체육관광부 차관보의 책, 〈이상한 정상 가족〉을 읽고 감명 받아서 그녀를 승진 임명했다. 이 책은 부모와 자녀로 이뤄진 핵가족을 이상적 가족의 형태로 간주하는 정상 가족 이데올로기로 아이들이 고통 받고 있다는 것에 방점을 둔 책이었다.[271]

아울러 문재인 대통령은 대선 후보 시절 당내 경선을 준비하며 김연철의 〈협상의 전략〉을 읽고 후에 그를 통일부 장관에 임명했다. 심지어 문재인 대통령의 장하성 전 대통령정책실장 발탁에도 〈한국 자본주의〉 등 그의 저서가 영향을 미쳤다.[272] 이러한 상황아래서 '문재인 정부에서 장·차관을 하려면 청와대에 책이라도 한 권 보내야 하는 것 아니냐.'는 말이 한동안 인구에 회자됐다.

문자 중독이라는 말을 들을 정도로 책과 보고서 읽기를 즐기는 문재인 대통령의 면모는 인재 등용에도 영향을 미친 것이었다. 문재인 대통령은 관저에 참모진들이 올린 보고서를 가지고 들어가 밤새 읽는 생활 패턴을 반복해 왔다. 꼼꼼한 문재인 대통령의 스타일 때문에 참모진은 보고서의 분량을 점점 늘려오기도 했다.[273] 독서를 통한 인재 등용의 문제점에 대해 〈중앙일보〉 이정재는 "문재인 대통령은 책을 구인의 수단으로 즐겨 쓰는 편인데, 결과는 신통치 않다. 여러 이유가 있겠지만, 생각과 현실이 다르다는 게 그중 하나일 것이다. 김대중 전 대통령의 표현을 빌리면 서생적 문제의식만 있지 상인의 현실 감각이 부족했기 때문이다. 대표적인 게 홍장표(전 청와대 경제수석)·장하성(전 청와대 정책실장)·김현철(전 청와대 경제보좌관) 등 소득 주도 성장 3인방이다. 대통령이 이들의 책이나 논문을 읽고 발탁했다는 설계자 홍장표, 옹호자 장하성, 전도사 김현철 모두 청와대를 떠났다. 3인방의 퇴출로 소득 주도 성장의 동력도 크게 떨어졌다."라고 주장했다.[274]

또한 〈중앙일보〉는 "권구훈 대통령 직속 북방경제협력위원회 위원장이 한 달 중 열흘이 채 안되게 위원회에 출근하고 있는 것으로 알려졌다. 현재 골드만삭스 전무직(아시아 담당 선임 이코노미스트)과 북방위원장직을 겸직하고 있는 권 위원장은 정부 인사 규정과 골드만삭스 사규 상 겸직이 가능하다는 판단에 따라 골드만삭스 전무직을 유지하고 있다. 비상근 위원장이라지만 한 달에 열흘도 출근하지 않아 북방위가 제대로 돌아가지 않고 있다며 위원장을 교체해야 한다는 목소리가 내

부에서 나오고 있는 것으로 안다."고 비판했다.[275]

　문재인 대통령의 독서를 통한 인재 등용은 현실 세계와 동떨어진 탁상행정으로 귀결되었다. 대표적인 실례가 2020년 3월 코로나 바이러스 사태 때 마스크 대란이었다. 당시 문재인 대통령은 뒤늦게 정부의 탁상행정에 답답함을 느껴 장관들을 질책하며 "(마스크 대란과 관련) 대단히 심각하다고 인식하라. 정부가 감수성 있게 느꼈는지 의심스럽다. 특별히 각 부처에 당부한다. 모든 부처 장관들이 책상이 아닌 현장에서 직접 방역과 민생 경제의 중심에 서 주시기 바란다."[276]고 지시했다.

　또한 문재인 정부가 건강보험료를 기준으로 소득 하위 70% 가구에 코로나 바이러스 사태 긴급재난지원금을 지급하기로 한 것과 관련해 국민의힘 안철수 의원은 "올(2020년) 초 상황 때문에 파산 일보 직전인데 재작년(2018년) 기준으로 지원금을 준다는 게 말이 되느냐. 이런 엉성한 대책이 나온 것은 청와대가 현장과 디테일을 모르기 때문. 탁상에서 결정하지 말고 현장과 전문가의 조언을 경청하길 바란다."[277]고 말했다. 전 국민의힘 대표 김종인 역시 "현실에서는 언제나 이론과 다른 일이 벌어지기 마련이다. 정치는 그것을 깨닫는 일이고, 그런 부작용을 최대한 줄이면서 유연하게 정책 목표를 달성해나가는 일이다. 하지만 책으로만 세상을 배운 사람들이 나라를 운영하면 이론과 다른 일들이 자꾸 벌어지게 되고 국민을 이론의 실험 대상으로 삼으려 한다."[278]라고 지적했다.

　분명한 것은 대통령이 책의 저자를 인간적으로 깊이 모른 채 그의 책을 읽고 등용하면 실패한 인사가 되기 쉽다는 사실이다. 저자의 전문성 정도는 알 수 있어도 조직의 리더로서 그의 성격이나 기질을 파악하는 데는 한계가 있을 수밖에 없기에 결국은 큰 실패에 직면할 수밖에 없다. 대통령이 직면한 현실의 문제는 문재인 대통령이 생각하는 것처럼 책한 권을 쓰고 읽으면서 해결할 수 있을 정도로 단순하지 않다.

이와 관련 첨언한다. 책은 인간 정신의 보고이다. 독서는 마음의 양식이다. 그러기에 책 읽기는 숭고하다. 그러나 대통령이 직면한 나라의 현실은 책이 대안이 될 수 없다. 독서로 지난한 현실을 타개할 수 없다. 책은 머리와 말을 단련시켜 준다. 일은 머리와 말로만 하는 것이 아니라 가슴과 발로도 열심히 해야 한다. 구국과 애국의 뛰는 가슴을 안고 현실에서 치열하게 부딪히고 헤쳐 나가야 일이 제대로 돌아간다. 고상한 책 읽기를 국정에 바로 접목하려는 낭만 리더십이 지닌 한계를 문재인 대통령은 그대로 보여주었다. 이것이 그의 정치적 추락과 실패를 재촉했다.

2.5.5. 비선 실세

노무현 대통령 집권 초기인 2003년 청와대에는 부산파를 대표하는 문재인은 민정수석으로, 비부산파를 대표하는 이광재는 국정상황실장으로 있었다. 이때 청와대 비서실장의 정치적 중요성은 크지 않았다. 왜냐하면 집권 초기 삼성경제연구소의 도움을 받아 국정 운영 설계를 담당했다고 알려진 이광재 등이 자신들의 영향력 보존을 위해 강한 비서실장을 선호하지 않았기 때문이었다. 당시 청와대는 문재인, 이호철로 이어지는 세력과 이광재(청와대 밖의 안희정과 함께)로 대표되는 두 실세 세력 사이에 견제와 균형이 어느 정도 이루어졌다.

집권 1년이 지나면서 상황은 바뀌었다. 2004년 2월 민정수석에서 물러난 3개월 후에 시민사회수석으로 되돌아왔고 그 후 대통령 비서실장

(2007.03-2008.02)으로 임명된 문재인은 권한과 책임을 함께 실질적으로 행사했다. 당시 문재인 비서실장은 노무현 대통령의 친구인 정상문 비서관과 함께 국정 운영을 이끌었다. 2004년 노무현 대통령의 형인 노건평의 인사 개입에 대한 의혹이 제기되었고 그는 사법 처리되었다. 당시 문재인 대통령은 민정수석, 시민사회수석, 비서실장을 역임하면서 이러한 상황을 직접 보고 경험했다. 문재인 비서실장은 비선 실세의 문제점을 누구보다도 잘 알고 있었다. 하지만 대통령이 된 이후 문재인은 비선 실세 관련 과거의 교훈과 경험을 완전히 잊어버렸거나 무시해버렸다.

문재인 정부에서 비선 실세의 문제는 집권 초반기에는 크게 드러나지 않았지만 사실은 매우 심각했다. 비선 실세의 모습이 드러난 대표적 사건은 2019년 유재수 전 부산시 경제부시장의 감찰 중단 사건이었다. 유재수는 2017년 금융위원회 금융정책국장 재직 시절 뇌물 수수 혐의로 청와대 특별감찰반의 감찰을 받았지만 감찰이 돌연 중단됐고, 유재수는 국회 수석전문위원을 거쳐 부산시 경제부시장으로 영전을 거듭했다. 뇌물 수수 사건 감찰 중단과 연이은 인사 영전의 배후가 밝혀지지는 않았다. 당시에는 매우 이상한 일이라는 뒷말만 정치권에서 파다했다.

이 사건과 관련해 조국 전 법무부 장관, 백원우 전 민정비서관, 천경득 청와대 행정관, 김경수 전 경남지사, 윤건영 전 청와대 국정기획상황실장 등이 조사를 받았다. 조사 결과 청와대의 감찰을 무마한 혐의로 재판에 넘겨진 사안에 대해 김경수 전 경남지사, 윤건영 전 청와대 국정기획상황실장, 천경득 청와대 총무인사팀 선임행정관 등이 '유재수는 참여정부 시절 우리와 함께 고생한 사람'이라며 구명 운동을 벌인 사실이 밝혀졌다. 이들은 모두 문재인 대통령과 가까운 사이로 친문 핵심 실세

들이었다.[279)]

이에 대해 〈세계일보〉는 "정치권 일부에서는 박근혜 정부 때와 달리 현 정부는 단일 개인보다는 실세 그룹이라는 말로 새로운 권력들을 이름하고 있다."고 보도했다.[280)] 또한 〈동아일보〉 정연욱은 "유재수 사건에서 친문 실세들의 이름이 많이 오르내리는 것은 심상치 않은 대목이다. 사건의 중심에 있는 유재수는 문재인 대통령을 재인이 형이라고 부를 정도로 각별한 사이다. 청와대 민정비서관을 지낸 백원우를 포함해 문 대통령의 복심으로 꼽히는 윤건영 국정기획상황실장, 김경수 경남도지사 등이 검찰 조사를 받았다. 세간에 잘 알려지지 않았던 천경득 행정관도 등장했다. 유재수가 연고도 없는 부산시 경제부시장에 발탁되는 과정에서 부산파 핵심인 이호철도 거론된다. 이들이 끈끈한 인간관계로 각종 인사 내용을 협의했다면 시스템 인사 원칙을 허문 국정 농단으로 번질 수도 있다."라고 경고했다.[281)]

친문 실세 그룹의 정점에는 부산의 이호철과 정재성 변호사,[282)] 양정철, 김경수 전 경남지사, 백원우, 윤건영 등이 있었다. 이호철은 자신이 부산시장으로 출마하려고도 했으나 당시 여론이 좋지 않았고 문재인 대통령의 반대에 부딪혀 꿈을 접고 오거돈을 지지했고 그를 부산시장에 당선시켰다. 그는 오거돈 시장 뒤에서 실질적인 영향력을 행사했다. 유재수를 부산으로 데리고 간 것도 이호철이었다.[283)]

양정철은 2017년 대선 과정에서 자신에게 쏠리는 언론의 부담을 피하고자 임종석을 문재인 후보자 비서실장으로 모셔(?) 왔지만, 그와의 인간적 관계는 깊지 않았다. 결과적으로 문재인 대통령 집권 초기 친문 핵심 실세들은 임종석 비서실장과 조금은 긴장 관계에 있었다. 양정철은 집권 초 문재인 정부에서 청와대 입성을 여러 번 시도했으나 당시 그에 대한 부정적 여론 때문에 실패했다. 이와 관련해 김정숙 여사의 고등학교 동기인 손혜원은 "(문재인) 대통령이 신뢰하는 사람에 양정철은 없다. 문재인 대통령은 2017년 5월 양정철과의 연을 끊었다. 그 뒤로 한 번도 그를 곁에 두겠다는 생각조차 하지 않은 걸로 안다. (대통령 취임 직전까지) 양정철은 총무비서관까지 기다렸지만 이름이 나오지 않으니까 마치 자신이 모든 자리를 고사하고 대통령 멀리 있는 것이 좋지 않을까 생 쇼를 했다."[284]라고 주장했다.

김경수는 노무현 대통령 당시 청와대에서 자신과 같이 행정관으로 근무하면서 알게 된 사람들을 문재인 정부의 고위직으로 발탁하는 데 영향력을 발휘했다. 실례로 김경수는 노무현 대통령 당시 청와대에서 같이 행정관으로 근무했던 성윤모와 문승욱을 산업부 장관에 그리고 권칠승과 황희 등을 중소벤처기업부 장관과 문화체육부 장관 등에 추천했다.[285] 김경수의 인사에 대한 영향력과 관련, 〈조선일보〉는 "대법원이 사법정책연구원 원장에 홍기태 법무법인 태평양 변호사를 임명했다고 밝히면서 법원 내에서 코드 인사 논란이 제기되고 있다. 홍 변호사는 진보 성향 판사들의 모임인 우리법연구회 출신으로 김경수 경남지사 2심 변호인이기도 하다. 김 지사 변호인단에는 지난해 1심 유죄 판결 이후 합류했다. 법원 안팎에선 이번 인사를 놓고 여러 우려가 나온다."[286]라고 주장했다.

이러한 상황에서 친문 실세들은 당시 조국 민정수석과 백원우 민정비서관, 그리고 윤건영을 통로로 인사에 적극 개입했다. 특히 친문 실세들은 자신들 그룹의 막내이자 문재인 대통령을 의원 시절에 보좌했던 윤건영을 국정기획상황실장에 앉히고 정무수석실의 치안비서관실을 직급을 낮추어 국정기획상황실로 갖고 오면서 전국 경찰을 통제하에 두었다. 이러한 과정을 거치면서 문재인 대통령의 의원 시절 보좌관이었던 윤건영(현재 더불어민주당 국회의원)은 친문 실세들의 요청에 부응하면서 남북 관계를 포함해 문재인 정부의 국정 운영 전반에 영향력을 미쳤다. 그리고 그는 박영선 중소벤처기업부 장관의 지역구를 쉽게(?) 물려받은 후[287] 2020년 4월 총선에서 국회의원으로 당선됐다.

이에 대해 진보 논객들 강양구·권경애·김경율·서민·진중권은 "(이들 친문 실세들은) 노무현 정부의 실정에 책임을 지고서 스스로 폐족이라고 낮췄던 이들이 별다른 자기반성 없이 노무현 대통령의 비극을 딛고서 부활했어요. 노무현 대통령은 실패한 정치인이었습니다. 그는 지지자에게 좋은 정치인이었고, 시민에게 멋진 정치인이었지만, 대한민국 사회 공동체 전체에게는 갚을 빚을 많이 남긴 채 저 세상으로 갔습니다. 노무현 대통령이 존재했으면 안희정, 이광재 그리고 지금 문재인 정부의 복심이라 말하는 양정철 등 노무현 정부를 망친 사람들이 발언권을 얻지 못했을 거예요."[288]라고 비판했다. 또한 진보 논객 진중권은 "(이들 친문 실세들은) 노무현이라는 상징 자본을 이용해 자기 기득권과 이권을 챙기게 된 것이죠. 친노 폐족이 친문으로 부활한 겁니다. 그리고 지금 한국 정치를 망치고 있고요."[289]라고 일갈했다.

2020년 4월 총선에서 더불어민주당의 우선협상 대상이었다가 버림받은 정치개혁연합 하승수 집행위원장은 양정철에 대해 "청산해야 할 적폐 중에 적폐. 이런 사람이 집권 여당의 실세 노릇을 하고 있으니 엉망인 것. 민주당 중진들조차 양정철씨 눈치를 본다."고[290] 비난했다. 친문 실세들은 문재인 대통령을 우회하거나 패싱하면서 자리를 놓고 서로 도움을 주고 도움을 받았던 '공범적 관계'를 형성하였다. 이러한 정치적 토양 아래 2019년 9월 조국 사태의 씨앗이 자라났다.

친문 실세들은 윤건영이 2020년 4월 총선에 출마하고자 국정기획상황실장을 사퇴하자 국정기획상황실의 기획 부문을 독립하고 국정상황실로 명칭을 변경한 후 문재인 캠프 광흥창 팀의 이진석 정책조정비서관을 그 자리에 앉혔다. 그는 1971년생으로 울산 학성고, 고려대 의대를 나와 서울대 의대에서 석·박사를 받았다. 서울대 의대 부교수를 지낸 후 청와대 사회정책비서관, 정책조정비서관을 역임했다.[291] 친문 실세들은 국정과 경찰에 대해서 아무것도 잘 모르는 의사 출신인 그를 '윤건영의 아바타'로서 국정상황실장에 앉혀놓고 자신들이 국정을 통제하려고 했다. 당시 노영민 청와대 비서실장은 이런 시도를 제어하지 못했고 문재인 대통령은 이것을 용인했다.

청와대 안팎에서 친문 실세들의 영향력은 막강했다. 그들 때문에 청와대의 국정 운영은 공적 업무를 벗어나 친문 실세들의 이권을 보호해주고 그들의 생존을 지켜주는 사적 업무에 치중하게 됐다.[292] 이진석은 이의 대표적인 사례다. 이진석은 2020년 2월 코로나바이러스 감염 사태와 관련 문재인 대통령에게 잘못된 정보를 입력했다는 의혹을 받으면서 구설수에도 올랐다.[293] 울산시장 관련 청와대의 하명 수사·선거 개입 의혹 사건 수사팀은 이진석 청와대 국정상황실장(당시 사회정책비서관)의 선거 개입 혐의가 인정된다는 취지의 수사보고서를 남겼다.[294]

이성윤 서울중앙지검장은 이런 내용을 인계받고도 기소 결정을 미루었지만 2021년 4월 이진석은 결국 기소되었다. 이에 대해 진보 논객 진중권은 "대통령 주변을 감시하는 것은 원래 청와대 민정수석실의 업무죠. 그런데 유감스럽게도 그 눈의 역할을 해야 할 민정수석실의 기능은 마비되어 있었죠. 친문 측근들이 청와대 안의 공적 감시기능을 망가뜨려 버린 거죠. 그리고는 물 만난 고기처럼 해 드신 겁니다. 국민이 대통령에게 공적으로 행사하라고 준 권력을 도용해 사익을 채운 것이죠. 하지만 친문 패거리 사이의 끈끈한 우정 덕에 그 짓을 한 이는 처벌은커녕 외려 영전했지요."[295]라며 신랄하게 비난했다.

2.6. 만남을 회피하는 리더십: 정치의 부족

"보수·진보의 진영싸움이 치열한 세상이다. 내가 상대를 통째로 부정하면 상대도 나를 통째로 부정하는 안타까운 싸움이 반복된다. 하지만 삶의 질이 높은 행복한 나라를 만드는 게 정치의 본질이라면 타협과 절충의 지점을 찾지 못할 이유는 없을 것이다."[296]

"정치는 그 궁극적인 종착역이 정책이기 때문이다. 수많은 정치행위자들이 때로는 협력하고 때로는 격렬하게 대립하는 것은 공공정책을 자신들에게 유리하게 이끌기 위한 노력의 일환인 것이다."[297]

민주화 이후 국회의 정치적 위상은 계속 높아졌음에도 역대 대통령은 국정 운영에서 국회의 중요성을 제대로 인식하지 못했다. 윤석열 대통령을 제외하고 정치 9단의 김영삼 대통령(9선)과 김대중 대통령(6선)은 물론이고 노무현 대통령(2선), 이명박 대통령(2선), 박근혜 대통령(5선), 문재인 대통령(1선)까지 민주화 이후 역대 대통령은 모두 국회의원 출신이었다. 그런데도 이들 모두는 국회를 경시하고 무시하는 태도를 유지했다. 이 또한 제왕적 대통령에게 고유한 특성이다.

국정 운영의 성공을 위해 대통령은 국회, 특히 야당과 협력적이고 원만한 관계를 구축해야 한다. 그렇지 못하면 대통령은 임기 내내 야당과 갈등하고 대립하며 시달려야 한다. 역대 대통령은 정치인, 특히 야당 의원들과의 만남을 회피하고 국회를 경시하면서 입법을 위한 정치가 부족하여 실패했다.[298] 역대 대통령처럼 문재인 대통령 역시 국회와 관련된 입법 리더십이 실종됐다.

입법 리더십의 출발은 만남이고 과정은 경청과 소통이다. 그 결과물이 바로 입법이다. 윤석열 대통령을 제외하고 민주화 이후 역대 대통령 모두는 국회의원 경험이 있었지만 입법 리더십이 취약해서 실패했다. 더구나 문재인 대통령은 2020년 4월 총선 후 헌법 개정 외에는 모든 것을 다 할 수 있는 천혜의 입법 환경을 지니고서도 입법 독재를 실천하는 '패왕적 대통령'이 되었다.

2.6.1. 만남의 회피

문재인 대통령을 직접 만나면서 관찰한 결과를 나는 "맑고 선한 눈망울을 가진 문재인 대통령은 기본적으로 점잖고 말수도 적으며 차분하고 내성적 성향이 강하다. 인간관계에서 폭을 넓히기보다는 기존의 아는 사람과의 깊이를 더하고자 한다. 그렇지만 그는 방어적이고 자기 속을 잘 드러내지 않으며 정치를 생리적으로 싫어하는 사람이다. 정치를 시작한 것 자체가 그의 말대로 노무현 대통령의 죽음이 만들어 낸 운명이다. 그는 겸손하고 침착하게 상대방의 말을 잘 들어준다. 다만 이미 자신의 생각이 정리된 사항이거나 자신이 발언한 부분에 대해서는 답답

할 정도로 융통성이 부족하다. 그와 대화를 나눈 사람들은 그가 너무나 진지하게 자신들의 주장을 경청해서 그에게 영향을 미쳤을 것이라고 생각하지만 시간이 지나 보면 영향력은 전혀 없었던 경우가 많다. 또한 그는 상대방과 자신의 의견이 달라도 상대방을 배려해서 직접적으로 자신의 의견을 표현하지 않은 경우가 많다. 비판자들은 이를 두고 그의 어법이 매우 애매모호하다고 한다. 또한 그가 착하고 선한 사람이지만 자신이 믿는 이념과 원칙에 너무 충실하여 정치적 포용력과 유연성이 매우 부족하다고 말한다. 그는 사람과의 만남에서 매우 수동적이지만 신중하다. 그는 절제력이 강해서 노여움도 기쁨도 강하게 표현하지 않는다. 그는 역대 대통령 중 가장 정서적으로 안정된 사람이다. 이러한 정서적 안정에는 늘 밝고 적극적인 김정숙 여사의 그에 대한 끊임없는 존경과 사랑도 큰 기여를 했을 것이다. 2012년 대선에서 아깝게 패배한 뒤에도 그는 큰 선거에서 아깝게 패배한 사람치고는 너무나 의연했다. 그는 저녁에 늦게 자고 아침에 늦게 일어나는 저녁형이었다. 2012년 대선에서 그는 아침에 일찍 일어나야 하는 선거운동을 매우 힘들어했다. 이후 정치를 운명으로 받아들이고 대선에서 승리해야겠다는 사명감 때문에 지금은 힘들지만 아침에 일찍 일어날 수 있는 아침형이 되었다. 그는 법조인 출신답게 부드럽게 업무를 처리하지만 원칙을 중시하며 공사 구분도 철저히 하려고 한다. 이러한 원칙 중시 때문에 종종 그는 냉정하거나 차갑게 보일 수도 있다. 비록 그가 이념적 동지애를 강조하지만 최대한 눈 질끈 감고 봐주는 인간관계가 아니라 시스템으로 정치를 이끌어 가려고 하는 그의 냉정함은 대통령으로서 강점이 있다. 다만 이 냉정함이 정치적 반대편을 끌어안을 수 있는 큰 정치라는 측면에서는 정치적 융통성

과 포용력의 부족으로 나타나고 있다."라고 표현했다.[299]

관련 사례를 하나 들어보자. 2016년 1월 당시 야당의 당 대표로서 정치적 위기를 맞았던 문재인 대통령은 더불어민주당 선거대책위원장으로 김종인을 영입했지만 김종인을 먼저 직접 접촉하지는 않았다. 대신 손혜원(나중에 더불어민주당 국회의원)이 고등학교 친구인 영부인 김정숙으로 하여금 김종인의 부인 김미경을 먼저 만나도록 주선했다.[300] 이후에 문재인 대통령은 김종인을 만났다. 이에 대해 전 국민의힘 대표 김종인은 문재인 대통령이 2016년 총선 전 집으로 세 번 찾아와 당을 맡아달라고 했다며, "문재인은 수줍은 사람이었다. 밤중에 연달아 세 번이나 찾아왔는데 혼자 오는 법이 없었다. 배석자가 주로 이야기하고 문재인은 거의 말을 하지 않다가 '도와주십시오.'라는 말만 거듭했다."[301]고 말했다. 나중에 김종인이 더불어민주당에 영입된 후 당내 문제를 풀기 위해 둘이 직접 만났을 때 김종인은 "대화를 풀어나가지 못하는 그에게 매우 답답함을 느꼈다."[302]라고도 말했다.

이런 문재인 대통령의 성정을 〈조선일보〉 황대진은 "청와대에 들어간 문희상 국회의장[303]이 문재인 대통령에게 물었다. '혼밥하시우?' 문 대통령은 '껄껄껄' 웃었다. 2018년 1년 치(대통령 일정)를 분석해 봤다.[304] 문재인 대통령은 보통 오전 9시 10분~15분 사이 임종석 비서실장 등으로부터 '일일현안보고'를 받으며 하루를 시작한다. 문 대통령은 평소 집무실이 있는 청와대 여민관에서 주로 점심을 하는 것으로 알려졌다. 보고서를 들고 관저로 돌아가 혼자 저녁을 드는 경우가 적지 않다고 들었다고 했다. 대통령에게 누구 좀 만나보시라고 권하면 만나면 (상황이) 달라지느냐는 물음이 되돌아온다는 것이다. 달라진다면 언제든 만나겠다는 뜻이라고 하지만, 사실은 만나야 뭔가가 달라진다. 대통령이 혼자 있는 시간은 자신의 신념을 강화하는 시간이다. 반면 다른 사람과 만나는 시간은 거래의 시간이다. 대통령은 이 나라 최고의 거래자여야 한다. 야당은 물론, 노조, 시민단체 등 수많은 이익집단과 줄다리기하며 나라를 운영한다. 문의장 말처럼 만남과 소통이 중요하다."[305)라고 표현했다.

〈조선일보〉 배성규는 "문재인 대통령(은) 일단 상대의 말을 조용히 듣는다. 하지만 비판엔 명확한 답을 하지 않고 비켜간다. 불리한 사안에는 아무 언급을 하지 않을 때가 많다. 북한 문제에선 미국의 반대에도 교류 협력 추진 의사를 수차례나 밝혔던 것과 대조적이다. 문 대통령이 잘못을 솔직하게 인정하는 경우는 드물다. 문 대통령은 지난 여야 대표 회동에서 코로나 방역 실패 지적과 사과 요구에 끝까지 아무 말도 하지 않았다. 대통령의 침묵은 곧 내가 틀리지 않는다는 항변이다. 문 대통령은 자기 생각과 확신이 강한 사람이다. 문 대통령은 취임 후 숱한 논란에도 대북 구애(求愛)와 반(反)시장적 소득 주도 성장을 거두지 않았다. 탈 원전 정책에서는 오기마저 느껴진다. 문 대통령은 주변과 대면(對面) 접촉이 적은 것으로 알려져 있다. 문 대통령을 따로 만났다는 여당 인사도 드물다. 문 대통령은 인터넷과 소셜미디어(SNS)에 대한 관심이 각별하다. 그곳은 친문(親文) 지지층, 이른바 문빠들의 활동 공간이다. 거기서 문 대통령은 절대적 존재다. '이니님(문 대통령의 애칭)'이 하는 일은 무조건 지지하고 떠받드는 팬덤(fandom)의 세상이다."[306)라고도 지적했다.

이런 지적과 비판에 대해 문재인 대통령은 2019년 5월 취임 2년 KBS 대담에서 "야당과 관계를 풀지 않고 국정을 끌고 가는 것 아닌가?"란 지적에 대해서 "동의할 수 없다. 돌이켜보자면 제가 2년 전 (2017년) 5월 10

일, 약식으로 취임식 하면서 취임식 이전에 야당 당사를 전부 방문했다. 이후에도 아마 역대 어느 대통령보다 자주 야당 대표들과 원내대표들을 만나왔다."라고 강변했다. 그러나 대통령이 주창했던 '여·야정 상설국정 협의체'는 파행되어 장기 휴업 중이었다. 문재인 대통령이 정치인으로서 그리고 대통령으로 갖고 있는 최대의 약점은 자기와 사상이 다르고 걸어온 삶의 길이 다른 사람에 대한 만남을 회피하고 어쩔 수 없이 만나더라도 모양새에 그치며 그들에 대한 포용성이 부족한 것이었다. 그의 문제는 만나고 싶은 사람만 만나고, 듣고 싶은 말만 듣는다는 것이었다.

문재인 대통령의 성정에 대해 대통령이 아꼈던 전 국회의원 김관영 (현 전라북도 지사)은 "문재인과 주위 그룹의 패권 정치를 보고 실망했다. 나는 일주일에 세 번씩 회의에 참석했지만 의사 결정을 하는 핵심 그룹에는 못 들어갔다. 이분은 조직과 관련된 자기 속내를 내게는 털어놓지 않았다."라고 말했다.[307] 또한 〈중앙일보〉 고정애는 "문 대통령은 정치를 멀리하듯, 안 하는 듯하며 정치를 했다. 지지자만 바라봤다. 이런 정치의 부재가 정치 과잉으로 이어지곤 했다. 추·윤 갈등이 그렇고, 백신 늑장 수급 논란이나 이명박·박근혜 전 대통령 사면 문제도 그렇다. 일련의 논란 속에서 문 대통령의 선택적 침묵이 확연했고, 그 본질은 선택적 책임이란 것도 확인됐다. 지지자만의 대통령에서 벗어나기 위해서라도 정치해야 한다. 대통령은 정치하는 자리다."[308]라고 지적했다.

문재인 대통령의 책무는 정치적 철학이 다르고 살아온 길이 다른 야당의 지도부와 위원들과 직접적인 만남과 진실한 소통을 통해 타협하고 협상해서 원만한 대여야 관계를 이룩하는 것이었다. 그것이 입법 리더십 구현의 첫 걸음이었다. 그럼에도 대통령은 이를 체질적으로 싫어했고 만나더라도 만남이라는 모양새에 치중하며 실질적인 노력을 기울이지 않았다. 결국 집권 기간 내 정치는 늘 여야 대립 상태였고 원만한 여야 관계에 기초한 입법 리더십은 초라해졌다.

2.6.2. 패왕(覇王)적 대통령: 입법 독재

역대 대통령은 '종종 국회가 가로막아서 정부의 핵심 정책이 표류하는 일이 반복되지 않느냐, (우리 국회가) 매일 앉아서 립서비스만 하고, 민생이 어렵다고 하면서 자기 할 일은 하지 않는다.'라며 국회를 직접적으로 비판해 왔다. 문재인 대통령도 "지금 국회는 막무가내로 싸우기만 하는 모습을 보이면서 국민 분열과 갈등을 증폭시키는 역기능만 하고 있다.[309] 국회의 존재 이유를 묻지 않을 수 없다. 부끄럽고, 볼썽사납다."[310]라고까지 말했다. 국회의원의 경험이 없는 정부의 관료들과 언론들이 이렇게 말하면 어느 정도 이해가 된다. 그러나 국회의원 출신의 대통령이 이렇게 말하면 대통령직 수행에 대한 기본 인식이 저급한 수준이라는 사실만 드러낼 뿐이다.

대통령이 국회의 중요성을 아는 것과 실제로 그렇게 행동하는 것은 매우 다르다. 아마도 그들은 대통령에 당선되었을 때 자신이 박정희 대통령처럼 명령자가 될 수 있었다고 착각했던 것 같다. 특히 노무현 대통령 이후 대통령은 명령자가 아니라 동등한 정치인 가운데 잠깐, 그것도 5년이라는 짧은 기간 동안 '조금 앞선 정치인'(first among equals)일 뿐이다. 역대 대통령은 그것을 이해하지 못했다. 그들은 여야 간의 대립과 갈등 관계 때문에 주요 정책의 입법화 과정에서 어려움을 겪으며 국정운영에서 성공하지 못했다.

대통령의 성공은 자신의 국정 목표들을 얼마나 많이 그리고 빠르게 입법화했느냐에 달려 있다. 물론 정책 집행도 중요하지만 박정희 대통령 등 제왕적 대통령 시절과 비교하여 제도화된 관료 체제에서 정책 집행의 중요성은 많이 낮아졌다. 국가 주요 정책은 국회에서 법률화만 되면 정부 관료 체제가 이를 효율적으로 집행한다. 대한민국의 시스템이 그 정도는 이제 따라준다. 그만큼 국정 운영에서 효율적인 정책 집행을 강조하는, 즉 대통령의 행정 리더십의 중요성은 많이 약화됐다. 행정 리더십이 약해진 만큼 정책의 입법화 능력의 중요성은 높아졌다.

　대통령의 입법화 능력은 타협과 협상에 기초하여 원만한 여야 관계를 형성해내는 대통령의 정치력을 의미한다. 나는 '김영삼 대통령이 당시 야당 대표인 김대중 대통령과 관계가 좋았다면, 김대중 대통령이 당시 야당 대표였던 이회창과 관계가 좋았다면, 노무현 대통령이 당시 야당 대표였던 박근혜 대통령과 관계가 좋았다면, 이명박 대통령이 당시 여당 내 실력자였던 박근혜 대통령과 관계가 좋았다면, 박근혜 대통령이 당시 야당 대표를 역임한 실력자 문재인과 관계가 좋았다면, 그리고 문재인 대통령이 야당의 황교안 대표, 김종인 대표, 그리고 이준석 대표와의 관계가 좋았다면, 그들은 정치적 어려움을 덜 겪으면서 국정 운영을 좀 더 성공적으로 이끌 수 있었을 텐데.'라는 안타까움을 늘 가지고 있다. 이런 생각을 〈한겨레〉 성한용도 "지금이 야당과 적극 대화에 나설 시기다. 가장 절박한 과제인 민생 경제에서 성과를 내려면 입법을 해야 한다. 입법권은 정치의 권한이다. 정치로 풀어야 한다. 국회의장이나 여당 대표의 역할은 제한적이다. 대통령제에서 가장 중요한 정치인은 역시 대통령이다."[311]라고 말하며 문재인 대통령의 적극적인 정치적 행보를 주장했다.

이와 관련해 2019년 10월 시정연설에서 문재인 대통령은 "저 자신부터, 다른 생각을 가진 분들의 의견을 경청하고 같은 생각을 가진 분들과 함께 스스로를 성찰하겠다."고 말했다.[312] 그러나 실제로 문재인 대통령은 자신의 정치에 대한 능동적이고 적극적인 역할은 도외시하고 "과거어느 정부보다 야당 대표들, 원내대표들을 자주 만났다고 생각한다. 정치라는 것이 참으로 어렵다는 것을 다시금 절감하고 있다. (나아가) 입법이 어려울 경우에 대비해 정부 자체 대책을 마련하라."고 말했다. 또한 그는 평소 야당에서 나오는 목소리 좀 많이 귀담아들어 달라는 이주영 국회부의장의 발언에 "워낙 전천후로 비난하셔서."라는 날이 뾰족이 선 농담으로 맞받아쳤다.[313]

문재인 대통령에게는 인사, 협치, 경제 등 얽히고설킨 국정의 어려움이 야당을 무시한 자신의 잘못이 아니라 야당의 발목잡기 때문이라는 저급한 인식이 깔려 있었다. 실제로 문재인 대통령은 "우리 정치가 보여주고 있는 모습이 너무 심하고, 또 국민이 볼 때 참으로 실망스럽다. 정치가 국민을 통합·단결시키는 구심 역할을 해야 하고, 그러려면 국회가 서로 다투면서도 대화·타협하는 정치의 모습을 보여줘야 한다."고 강조하며[314] 2019년 12월과 2020년 1월 사이 일방적인 여당 주도의 패스트트랙법안 통과 과정 등에서 보여준 이른바 정쟁 중심의 국회를 비판했다.

한편 문재인 대통령은 자신이 기피하고 타협과 협상을 기초로 설득해야 하는 국회를 뛰어넘어서 국민들에게 직접적으로 호소하여 정치적어려움을 돌파하고자 했다. 즉, 국민에게 직접적으로 호소(going public)하는 전략으로 대 홍보 기능을 강화했다.[315] 이러한 홍보 기능의 강조는 국민에 대한 문재인 대통령의 소통 이미지를 강조하는 것이었다. 이에 대해 〈조선일보〉 홍영림은 "흥행의 관점에서 볼 때 (홍보 기능 강조는) 아직은 성공적이다. (2017년) 6월 이후 한국갤럽이 28번 실시한 여론조사에서 문 대통령을 지지하는 이유로 '소통을 잘한다'가 23번이나 1위에 올랐다. 조사 때마다 '소통을 잘해서 지지한다'가 지지자의 15~20%였다. 반면 지지하는 이유로 경제정책과 일자리 창출은 각각 1~2%에 그쳤다. 대통령 지지율 고공 행진의 일등 공신이 소통 잘한다는 인상인 것이다. 그러나 아무리 정치가 쇼 비즈니스 성격이 강하다고 해도 이미지 홍보로만 쌓아올린 지지율은 모래성에 불과하다."[316]라고 비판했다.

〈중앙일보〉 이철호 역시 "서로 셀프 홍보를 하면서 가슴 뭉클하다며 자기들끼리 즐거워한다. 이미 친문 댓글도 양념 수준을 넘어섰다. 양념이 지나치면 음식 맛을 버리게 된다. 한 기생충 박사는 '문빠는 미쳤다. 치료가 필요하다.'고 했다가 줄기차게 얻어맞았다. 하지만 대선 때 요란했던 탕평·협치·소통은 증발되고 그 빈자리를 적폐·친문 댓글·셀프 홍보 같은 진영 논리가 차지했다."[317]라며 날카로운 지적을 했다. 〈동아일보〉 이기홍 또한 "문재인 정권은 지지층만 확실하게 결집시켜 놓으면 아무리 반대가 거세도 돌파할 수 있다는 자신감을 갖고 있는 것 같다. 아무리 실책을 거듭해도 40%가 훨씬 넘는 지지율이 나오는 것도 그 영향이 크다. 최고 권력자가 다수로 밀어붙이는 것을 자제하는 이유는 다수의 폭정(tyranny of the majority)이 민주주의의 근간을 파괴하기 때문이다."[318]라고 지적했다.

문재인 대통령은 2019년 12월부터 2020년 1월까지 연동형 비례대표제의 도입을 연결고리로 제1야당인 자유한국당을 철저히 배제한 채 나머지 야 4당과 협의하여 패스트트랙(신속처리안건) 법안들, 즉 연동형 비례대표제의 선거법, 고위공직자범죄수사처(공수처) 설립, 검경 수사권 조정 등을 강행 처리했다. 이것은 대의를 위해서는 절차나 과정의 하자는 불가피하다는 운동권적 사고방식에 기초한 국회 경시의 상징이었다. 2020년 심각한 코로나 팬데믹 때문에 문재인 정부의 실정이 감춰진 아래 4월 총선에서 여당인 더불어민주당은 당시 야당인 미래통합당을 정치적으로 무력화시킬 만큼 압도적으로 승리하여 문재인 대통령의 국회 경시의 인식은 더욱 강화되었다.

여당 압승에 대한 문재인 대통령의 첫 마디는 "국민을 믿고 담대하게 나아가겠다."였다. 총선의 지역구 선거에서 더불어민주당은 163석, 미래통합당은 그 84석을 얻었다. 그런데 전국 253개 지역구 총 득표율은 민주당이 49.9%, 통합당이 41.4%로 8.5%포인트 차이밖에 나지 않았다. 많은 경합지역에서 민주당 후보가 근소한 표 차로 승리해 이런 현상이 벌어진 것이었다. 비례정당 득표율에서도 범 진보 진영이 50% 남짓, 범 보수 진영이 40% 남짓으로 10%포인트 정도 차이었다. 이는 보수 정치세력은 궤멸됐어도 보수 표심이 궤멸된 건 아니라는 뜻이었다.[319] 이에 대해 전 국회의원 박지원은 "민주당이 절대적으로 과반수를 가졌다고 하면 (국정 운영에 있어서)야당과도 협치를 해야 한다."[320]라고 강조했다.

총선이 끝난 후 2020년 5월 28일 이루어진 여야 원내대표 회동에서 문재인 대통령은 여·야의 만남을 강조하는 여·야·정 회동의 정례화를 제안하기도 했다. 이런 제안을 했음에도 문재인 대통령과 여당은 막강한 여당의 의석수를 믿고 국회 관례에서 야당 몫이었던 법제사법위원회 위원장을 차지해 버렸다. 6월 15일 헌정사상 최초로 제1야당인 미래통합당이 불참한 가운데 더불어민주당은 상임위원장 일부 선출을 강행했고 21대 국회는 임기 초반부터 정국이 빠르게 얼어붙었다. 제1야당이 불참한 채 상임위원장이 선출된 것은 1967년 이후 처음이었다. 그러나 당시엔 야당이 아예 국회에 등록하지 않아 국회법상으론 교섭단체가 아니었기 때문에 지금과는 상황이 달랐다.[321]

이에 대해 야당의 주호영 원내대표는 2020년 5월 청와대 상춘재에서 열렸던 문재인 대통령과 여야 원내대표의 오찬 회동을 거론하며 "당시 대통령이 협치·상생을 하자고 했는데 지금 여러분(여당)이 민주화 운동 시대에 비판하는 그 시대에도 하지 않던 일을 하고 있는 것이다. 늦은 것 같지만 협치하고 합의해 가는 것이 대한민국을 위한 길"[322]이라고 주장했다. 나아가 주호영은 "(문 대통령을) 바른정당 원내대표 할 때에도 두 차례 만났다. 문 대통령은 예의 바르고, 선한 사람의 인상이지만, 협치와 소통 생각은 전혀 없다. 경청하는 모양새는 나지만, 전혀 받아들이지 않는다…[323] 문재인 대통령은 참 이상한 사람, 외계에서 온 사람 같다. 상생·협치 좋은 얘기는 본인이 다 하고 완전히 반대로 가고 있다. 악역은 민주당에 맡기기로 역할 분담한 거 같다."[324]라고 비난했다.

2020년 6월 29일 21대 국회 전반기 원 구성은 과반 원내 1당인 더불어민주당의 독점 체제로 마무리되었다. 과반 정당이 상임위원장직을 모두 차지한 것은 1985년 구성된 12대 국회 이후 35년 만이며, 1987년 민주화 이후 첫 사례였다. 21대 국회는 사실상의 단독 개원이라는 불명예를 안고 출발했다. 이에 대해 문재인 대통령은 "21대 국회의 임기가 시작된 후 벌써 한 달인데 자칫하면 아무것도 하지 못한 채 첫 임시국회의

회기가 이번 주(7월 4일)에 끝나게 된다. 3차 추경(추가경정예산안·35조 3,000억 원)을 간절히 기다리는 국민들과 기업들의 절실한 요구에 국회가 응답해줄 것을 다시 한 번 간곡히 당부 드린다."면서 사실상 여당의 상임위원회 싹쓸이를 묵인했다.[325]

문재인 대통령과 여당의 입법 독재 과정은 우리 모두가 지켜보았다. 〈한국일보〉는 이러한 과정을 "국회에선 쟁점 법안들이 여당 단독으로 줄줄이 처리됐다. 법안 심사 과정에서 야당은 철저히 배제됐다. 민주당은 국회 법제사법위와 운영위에서 임대차 3법 일부 법안과 공수처 후속 3법을 단독으로 통과시켰다. 기획재정위, 국토교통위, 행정안전위 등에서 부동산 법안 11개를 강행 처리했다. 청와대와 더불어민주당이 약속한 협치·포용·소통·정의·민주는 오간 데 없었다. 민주당이 오직 속도로 직진하는 동안, 대한민국 국회를 떠받쳐 온 견제와 균형은 증발했다. 대결과 적대의 정치를 청산하고 협치의 시대를 열겠다(7월 16일 국회 개원 연설)는 문재인 대통령의 약속도 허공으로 흩어졌다."[326]라고 비판했다.

여당의 입법 독재와 더불어 '코드 인사, 내 편 봐주기, 네 편 엄벌 판결'의 김명수 대법원장의 사법부를 사실상 정치적으로 장악한[327] 문재인 대통령은 제왕적 대통령이 아닌 '패왕적 대통령'이 되었다. 이런 현상을 정치학자 김영수는 "문(재인) 대통령은 제왕을 넘어 패왕적 대통령이다. 1987년 민주화 이후 한 진영이 국회와 사법부, 언론까지 이처럼 폭넓게 장악하기는 처음이다. 국민권익위의 독립성도 의심스럽고, 선관위와 인권위는 많이 취약해졌다. 시민단체까지 어용 선전 단체가 되었다. 감사원과 검찰은 안간힘을 다해 버티고 있다. 대깨문이란 묻지마 팬덤까지 몰고 다닌다. 가히 '이니 마음대로 해'공화국이다."[328]라고까지 비난했다.

야당과의 협치에 뿌리를 두어야 하는 대통령의 입법 리더십은 참담하게 실패했다. 패왕적 대통령과 초거대 여당의 정치적 결합은 국회 중심의 정치를 더욱 작게 만들면서 민주주의의 위기를 초래했다. 이에 대해 언론인 임종건은 "민주당의 지난 1년을 통해 국민들이 알게 된 것은, 권력이 쓸 줄도 모르는 세력에게 과도하게 집중되면 세상이 위험해진다는 것이었습니다. 그때 당 대표라는 사람은 보수를 궤멸시켜, 장기 집권을 하자고 했습니다. 거기에는 정치의 본령인 대화와 타협은 없고, 적대만 있을 뿐입니다."[329]라고 비판했다.

　2021년 4월 현실에 대한 국민의 심판은 준엄했다. 서울 및 부산시장 보궐 선거에서 야당인 국민의힘이 압승했다. 이후 문재인 대통령은 여당의 압도적 의석과는 관계없이 야당이 반대하는 국가의 주요 정책들을 강행하기가 매우 어려운 정치적 환경에 처했다. 여기에 끝나지 않았다. 일은 점점 커졌다. 최소한 10년은 지속할 것 같았던 진보의 정권 재창출 희망이 2022년 3월 대선에서 무너졌다. 대선만이 아니라 연이은 지방 선거에서도 국민은 문재인 정권을 가혹하게 심판했다. 시대와 맞지 않는 문재인 대통령 때문에 이런 일이 벌어진 것이다. 지난 5년을 되돌아보면서 밝히고 기억해야 할 역사의 순간이 있다. 이어지는 제3장과 제4장은 바로 그 순간에 대한 것이다.

3

무리한 조국 지키기: 조국 사태

"만약 조국 사태가 없었다면? 그랬다면 온 국민이 분노할 일은 없었겠지만 조국의 실체가 탄로 나지도 않았을 것이다. 반칙과 특권으로 가득 찬 그의 내로남불 위선이 드러나지 않았을 것이다. 지금쯤 그는 국회에 입성했거나 중책을 맡아 대권 가도를 질주하고 있었을 것이 틀림없다. 조국 대통령이 현실화된다면? 생각만 해도 대한민국엔 악몽이 아닐 수 없다."[330]

"(조국처럼) 솔직히 너희 중에서 위선 안 떨어본 놈 나와 봐. 세상에 한 줌의 위선 없이 깨끗한 놈 있어? 이게 (더불어)민주당의 철학이지 않냐?"[331]

"(조국은) 위선자다. 자기가 한 잘못이 잘못된 것이라고 생각하지 않는 사람이다. 기본적으로 못된 사람이다. 문(재인) 대통령도 나중에 청와대를 나와서 자기가 무엇을 잘못했는지, 어디서부터 꼬였는지 생각하는 기회가 있을 텐데, 조국 같은 사람을 쓴 것을 분명히 후회할 것이다."[332]

3.1. 조국 사태의 정치적 의미

조국의 법무부 장관 임명은 문재인 정부의 도덕성을 보여주는 리트머스 시험지였다. 문재인 대통령을 지지하지 않았던 사람보다 그의 지지자들이 오히려 조국 사태에 더 큰 충격을 받았다. 당시 부패한 기득권인 자유한국당(나중에 미래통합당 그리고 현재 국민의힘)보다는 그래도 더불어민주당이 낫겠지 하면서 여권에 표를 줬던 사람들 말이다. 조국 사태 이전까지 문재인 정부에 대한 비판은 정책에 집중되었다. 그러나 무리한 조국 지키기, 즉 조국 사태를 거치면서 대통령과 진보의 위선이 드러났고 문재인 정부의 도덕성은 무너지기 시작했다. 2019년 9월 조국 임명을 기점으로 문재인 정부의 정치적 추락은 시작되었다. 2020년 4월 총선에서 여당인 더불어민주당이 압도적으로 승리했지만 이 사실은 변하지 않았다.

더불어민주당의 이철희(후에 청와대 정무수석)는 "대통령제 하에서 여권의 가장 큰 전략 자산은 대통령이다. 대통령이 대중의 사랑을 놓쳐 버리는 순간 정국 운영이 어려워진다. 커먼 터치(common touch, 대중 감화력), 즉 서민들이 '대통령이 우리 편이구나'라고 느끼는 공감을 놓치면 안 된다. 문재인 대통령은 기본적으로 커먼 터치를 갖추고 있고 그게 가장 큰 장점이다."라고 주장했다.[333] 조국 사태 이후 문재인 대통령의 정치적 위선이 드러나면서 이 커먼 터치가 실종됐다. 이와 관련해 당시 여당 의원이었던 표창원은 "(조국 사태와 관련) 나는 박근혜 정부 당시 조그만 의혹이 있어도 강하게 이를 비판했기 때문에 비리 의혹을 받는 정부 인사를 옹호하는 상황이 힘들었다. 검찰이 조 전 장관을 압수수색할 때까지는 조국의 상징적 의미 때문에 공격한다고 생각했는데, 그 이후 밝혀진 것들을 보니 조 전 장관이 솔직히 말하지 않은 부분이 있다는 생각이 들었다. 어떤 상황에도 조 전 장관을 지지하고, 논리와 말빨로 지켜주는 도구가 된 느낌이 드니 내 역할은 여기까지란 생각이 들었다."[334]라고 말했다.

조국을 무리하게 지켜내려 한 문재인 대통령과 청와대에 대한 비판이 쏟아져 나왔다. 몇 개만 들어보자. 철학자 김기봉은 "조국 현상은 문재인 대통령의 독선과 아집이 적나라하게 드러나는 계기로 보인다."[335]라고 주장했다. 언론학자 강준만은 "그(문재인 대통령)는 약속을 지키지 않았다. (취임사에서) 분열과 갈등의 정치, 분열과 증오의 정치를 끝장내겠다고 했지만, 그는 오히려 정반대의 방향으로 나아갔다. 조국 사태가 대표적인 증거다. 여론의 뭇매를 견디지 못해 조국이 사퇴했지만, 문재인은 아무런 사과도 하지 않았으며 오히려 조국에 대한 애틋한 심정을 드러냄으로써 그는 최소한의 상도덕을 지키지 않은 것"[336]이라고 비판했다.

의사 출신 진보 논객 서민은 "(조국이) 법무부 장관 후보로 지명된 뒤 입시 비리와 사모 펀드, 웅동학원 관련 비리 등 온갖 의혹이 쏟아져 나왔건만, 그는 끝끝내 자신이 결백하다고 우겼다. 그 의혹들 대부분이 법정에서 사실로 밝혀진 후에도 그는 하루 십 수 개씩 올리는 소셜네트워크(SNS) 게시물을 통해 자신이 검찰 개혁을 하려다 핍박받은 희생자인 양 굴었고 자신이 억울하다는 징징거림으로 점철된 〈조국의 시간〉을 출간하기까지 했다."[337]라고 비난했다.

〈머니투데이〉 역시 "정권 초반, 문재인 정부는 소통과 공감에 강점을 보이며 지지율 고공행진을 달렸다. 인사 낙마나 평창 동계올림픽 아이스하키 남북단일팀 건처럼 국민 눈높이에 안 맞는 일이 발생하면 청와대가 낮은 자세를 취했다. 분기점은 조국 사태였다. 조국 전 법무부 장관을 둘러싼 사회적 갈등 구도에서 청와대는 청와대 밖의 논리를 안으로 가져와 이해하려는 모습을 버렸다. 청와대 안의 논리를 바깥세상에 적용하려는 모습이 강해졌다. 조국 사태 이후 공감보다 정치 논리가 앞서기 시작하며 정권의 포용력은 떨어지기 시작했다. 정권의 확장력이 현저하게 떨어진 것이다."[338]라고 강하게 비난했다. 김부겸(후에 국무총리)조차 "(문재인) 대통령이 임명한 법무장관과 대통령이 임명한 검찰총장이 서로 싸우고, 양쪽 지지자들이 길거리에서 고함을 치는 상황이 됐다. 결과적으로 정치의 실패, 우리 청년들이 갖게된 분노와 울분에 고개 숙여 사과드린다. 입이 열 개라도 할 말이 없다."라고 말했다.[339]

철학자 윤평중은 "진영 논리를 넘어 객관적으로 보면 조국 사태는 나라를 지탱하는 상식과 원칙을 파괴했다. 옳고 그름과 정의·불의를 나누는 기준을 무너트린 게 가장 치명적이다. 그 결과 한국 사회는 아노미(anomie·무규범 상태)의 무간지옥으로 추락하고 말았다.[340]"라고 지적했다. 〈조선일보〉 박정훈은 "조국 사태는 친문 좌파의 위선도 낱낱이 까발렸다. 서민 대중의 편임을 자처하던 좌파 지식인들이 조국 일가의 반칙과 불공정은 한사코 싸고돌았다. 다른 편 잘못엔 그토록 혹독하던 이들이 내 편 허물에 눈감는 걸 보고 사람들은 위선적 좌파의 정체를 목격하게 됐다. 조국 아니었으면 몰랐을 일이다. 진실을 깨닫게 해준 그에게 감사라도 해야 할 지경이다."[341]라고 비난했다.

정치학자 박명림은 "최순실 국정 농단보다는 조국 사태 전후의 가치 농단이 더 나쁘다고 봅니다. 능력의 문제를 넘어 정치적 가치와 윤리의 근본 토대를 묻는 우리 사회의 정당성의 위기이고, 이 체제의 통치 행위 자체를 묻는 것이기 때문입니다. 저는 이것은 문재인 정부나 386세대의 실수가 아니라고 생각합니다. 그들의 의도적인 독점·독임 요구의 산물인 것입니다."[342]라고까지 비판했다. 〈중앙일보〉 이훈범은 대통령의 법무부 장관 조국 고집을 '조국병'이라고 칭하며 조국이 이러한 몰염치 현상을 유발하는 바이러스의 슈퍼 전파자라고 주장했다.[343] 심지어 노무현 정부에서 홍보수석을 지낸 정치학자 조기숙 조차도 "조국이 자진 사퇴를 하지 않고 버팀으로써 멸문지화를 당한 것, 조 전 장관이 청문회에서 딸의 인턴증명서에 관련된 위증을 하는 걸 국민이 지켜봤는데 끝까지 임명을 감행한 것, 민주당 지도부가 서초동 집회의 조국 지킴이에 휘둘리며 그들과 선을 긋지 못한 것"이 민주당을 무너뜨리는 단초가 되었다고 주장했다.[344] 정말 많은 이들이 신랄하게 비판한 조국 사태의 주요 전개 과정을 날짜별로 정리해보았다.

2019년

- 8월 9일 : 문재인 대통령, 법무부 장관에 조국 전 민정수석 지명.
- 8월 14일 : 문 대통령, 조 후보자 인사청문요청안 국회에 제출. 배우자·자녀의 사모 펀드 74억 원 투자 약정 사실 공개.
- 8월 16일 : 조 후보자 가족을 둘러싼 위장 이혼, 부동산 위장 거래, 위장 전입 의혹과 웅동학원 위장 소송 의혹 제기.
- 8월 19일 : 조 후보자 딸, 부산대 의학전문대학원서 낙제하고도 6차례 장학금 수령했다는 의혹 제기.
- 8월 20일 : 조 후보자 딸, 고교 때 의학 논문 1저자로 등재되고 이를 대학 입시에 활용했다는 의혹 제기.
- 8월 23일 : 조 후보자, 사모 펀드 투자금·웅동학원 사회 환원 발표.
- 8월 27일 : 검찰, 서울중앙지검 특수부 투입해 본격 수사 착수. 서울대·부산대 등 30여 곳 압수수색.
- 9월 2일 : 조 후보자, 인사청문회 무산되자 국회서 기자간담회 개최.

- 9월 3일 : 검찰, 동양대, 서울대 의대 등 2차 압수수색.
- 9월 4일 : 조 후보자 딸이 받은 동양대 총장 표창장 위조 의혹 제기. 최성해 동양대 총장, 표창장 발급한 적 없다 언론 인터뷰.
- 9월 6일 : 지명 28일 만에 인사청문회 개최. 검찰, 조 후보자 부인 정경심 씨 동양대 표창장 위조 혐의 기소.
- 9월 9일 : 문 대통령, 조 후보자 법무부 장관 임명. 검찰, 사모 펀드 운용사 코링크프라이빗에쿼티(코링크PE) 이상훈 대표·웰스씨앤티 최모 대표 구속 영장 청구.
- 9월 10일 : 검찰, 조 장관 동생 전처·펀드 투자처 웰스씨앤티 최모 대표 자 택 등 3차 압수수색.
- 9월 11일 : 법원, 코링크PE 이상훈 대표·웰스씨앤티 최모 대표 구속영장 기각.
- 9월 14일 : 검찰 사모 펀드 의혹 조 장관 5촌 조카 조모 씨 귀국과 동시에 체포.
- 9월 16일 : 검찰, 조 장관 5촌 조카에 자본시장법상 부정거래·허위 공시와 특정경제범죄가중처벌법상 횡령·배임, 증거인멸교사 등 혐의로 구속영장 청구. 법원, 구속영장 발부. 검찰, 조 장관 딸 소환 조사.
- 9월 20일 : 검찰, 코링크PE 투자기업 익성·IFM 등 4차 압수수색.
- 9월 21일 : 검찰 허위 공사계약 의혹 웅동중학교 등 5차 압수수색.
- 9월 22일 : 검찰, 조 장관 딸 재소환.
- 9월 23일 : 검찰, 조 장관 방배동 자택, 아주대·충북대 법학전문대학원·연세 대 대학원·이화여대 입학처 등 조 장관 자녀 지원 대학 6차 압수수색.
- 9월 24일 : 검찰, 조 장관 아들 소환 조사.
- 9월 26일 : 검찰, 조 장관 동생·전 제수 소환 조사.
- 9월 30일 : 검찰, 웅동학원 채용 비리 브로커 조모 씨 구속영장 청구.

- 10월 1일 : 웅동학원 채용 비리 브로커 조모 씨 구속.
- 10월 3일 : 검찰, 조 장관 부인 정경심 씨 1차 소환 조사. 웅동학원 채용 비리 브로커 박모 씨 구속영장 청구. 조국 5촌 조카 주가 조작·횡령 혐의 구속 기소.
- 10월 4일 : 검찰, 조 장관 동생에 특정경제범죄가중처벌법상 배임과 배임수재, 증거인멸 교사 등 혐의로 구속영장 청구. 법원 웅동학원 채용 비리 브로커 박모 씨 구속영장 발부.
- 10월 5일 : 검찰, 정경심 씨 2차 소환 조사.
- 10월 8일 : 검찰, 정경심 씨 3차 소환 조사. 검찰, 조 장관 동생 구인영장 집행. 동생 구속 전 피의자 심문 포기.
- 10월 9일 : 법원, 조 장관 동생 구속영장 기각.
- 10월 12일 : 검찰, 정경심 씨 4차 소환 조사.
- 10월 14일 : 검찰, 정경심 씨 5차 소환 조사. 조 장관, 취임 35일 만에 사퇴.
- 10월 16일 : 검찰, 정경심 씨 6차 소환 조사.
- 10월 17일 : 검찰, 정경심 씨 7차 소환 조사.
- 10월 18일 : 정경심 씨 동양대 표창장 위조 혐의 첫 공판준비기일.
- 10월 21일 : 검찰, 정경심 씨에 대해 자본시장법상 허위신고·미공개정보 이용, 범죄수익은닉규제법 위반, 위계공무집행방해, 허위작성공문서행사, 증거위조교사 등 11개 혐의로 구속영장 청구.
- 10월 23일 : 법원, 정경심 씨 구속영장 발부. 서울구치소 수감.
- 10월 29일 : 검찰, 조 전 장관 동생 구속영장 재청구.
- 10월 30일 : 검찰, 유재수 전 부산시 경제부시장 감찰 중단 의혹 관련 대보건설 등 4개사 압수수색.
- 10월 31일 : 법원, 조 전 장관 동생 구속영장 발부. 서울동부구치소 수감.

- 11월 4일 : 검찰, 유재수 전 부시장 감찰 중단 의혹 관련 금융위 등 압수수색.
- 11월 5일 : 검찰, 조 전 장관 서울대 법학전문대학원 연구실 압수수색.
- 11월 11일 : 검찰, 정경심 씨에 자본시장법상 허위신고·미공개정보 이용, 금융실명법·범죄수익은닉규제법 위반 등 14개 혐의 적용해 추가 구속 기소.
- 11월 12일 : 검찰 사모 펀드 연루 의혹 상상인저축은행 압수수색.
- 11월 14일 : 검찰, 입시 비리·사모 펀드 의혹 관련 조 전 장관 소환 조사. 조 전 장관은 조사에서 진술거부권 행사.
- 11월 18일 : 검찰, 조 전 장관 동생 배임수재와 업무방해, 증거인멸 교사 등 혐의로 구속 기소.
- 11월 19일 : 검찰, 유재수 전 부시장 자택·사무실 등 압수수색
- 11월 21일 : 검찰, 입시 비리·사모 펀드 의혹 관련 조 전 장관 2차 소환 조사.
- 11월 25일 : 검찰, 유재수 전 부시장 뇌물 수수와 수뢰 후 부정처사 혐의 등으로 구속영장 청구
- 11월 27일 : 법원, 유재수 전 부시장 구속영장 발부.
- 12월 4일 : 검찰, 유재수 감찰무마 의혹 관련 청와대 대통령 비서실 압수수색.
- 12월 11일 : 검찰, 입시 비리·사모 펀드 의혹 관련 조 전 장관 3차 소환 조사.
- 12월 13일 : 검찰, 뇌물 수수 등 혐의로 유재수 전 부시장 구속 기소.
- 12월 16일 : 검찰, 유재수 감찰무마 의혹 관련 조 전 장관 1차 소환 조사.
- 12월 18일 : 검찰, 유재수 감찰무마 의혹 관련 조 전 장관 2차 소환 조사.
- 12월 23일 : 검찰, 조 전 장관 구속영장 청구.
- 12월 26일 : 법원, 조 전 장관 구속 전 피의자 심문.
- 12월 27일 : 법원, 조 전 장관 구속영장 기각.
- 12월 31일 : 검찰, 조 전 장관 입시 비리·사모 펀드 의혹 관련 불구속 기소.

2020년

- 1월 17일 : 조국 전 장관 유재수 감찰무마 의혹 관련 직권남용권리행사방해로 불구속 기소.
- 12월 23일 : 조국의 부인 정경심 동양대 교수 1심 법원에서 징역 4년.

2023년

- 2월 3일 : 조국 1심 법원에서 자녀입시비리와 감찰무마 등 혐의로 징역 2년.

문재인 대통령은 2019년 8월 9일 조국 민정수석을 법무부 장관에 지명했다. 이후 조국 관련 뉴스는 거대한 블랙홀이 되었다. 사람들은 법무부 장관 지명 후부터 10월 14일 조국 장관이 취임 35일 만에 사퇴할 때까지를 흔히 '조국 사태'로 부른다.[345] 조국 사태를 둘러싼 조국의 법무부 장관 지명, 임명, 사퇴, 그리고 사퇴 후의 모든 과정을 짚어보기 전에 가장 큰 의문점부터 언급한다.

조국은 언론의 검증 과정에서 많은 문제점이 드러났다. 이에 문재인 대통령은 동남아 순방을 끝내고 9월 6일 귀국하고 조국의 지명 철회를 결정했다. 하지만 상황은 완전히 바뀐다. 문재인 대통령은 9월 9일에 친문 실세 및 측근 참모들과 지지층의 의견을 따라 조국의 장관 임명을 강행했다. 조국을 법무부 장관으로 임명한 이후 문재인 대통령은 대한민국의 대통령이 아니라 검찰의 피의 공표 사실 등에 집착하면서 조국의 변호인처럼 행동했다.

불과 며칠 사이에 문재인 대통령의 결심이 바뀐 이유는 무엇일까? 조국을 법무부 장관으로 고집한 이유는 무엇일까? 문재인 대통령이 조국 수호의 첨병 역할을 하게 된 이유는 무엇일까? 꼬리에 꼬리를 물고 생기는 의문은 문재인 대통령이 조국에 집착한 이유로 귀착된다. 문재인 대통령이 조국에 집착한 이유는 크게 두 가지인 것 같다. 하나는 문재인 대통령의 과거 경험 때문일 것이다. 노무현 대통령은 국가의 이익을 위해 이라크 파병을 결정했고 한미 FTA를 체결했다. 이런 결정은 노무현 대통령의 지지층을 크게 실망시켰다. 문재인 대통령은 이를 직접 목격했다. 트라우마로 남아 있는 이 경험(핵심 지지층을 배신하면 몰락한다)이 그의 최종 결심에 그대로 작용했다. 여론에 밀리지 않으면서 지지층의 응집을 더 공고하게 하려는 시도가 조국 집착과 수호였던 것이다.

또 다른 이유도 생각할 수 있다. 문재인 대통령과 친문 실세들은 부산·경남 출신에서 대통령 후보가 나오기를 원했다. 지역 정서에 기반해야 2022년 대선에서 정권 재창출을 할 수 있다는 정치적 계산에 따라 조국 수호를 고집했을 것이다. 여기에는 김경수 전 경남지사가 사법부에서 유죄를 받는 경우를 대비하여 조국을 대선 후보로 성장시키려는 그들만의 야심도 저변에 깔려 있었다.

3.2. 조국 법무부 장관 지명·임명·사퇴

3.2.1. 민정수석 조국

결과론적 해석일 수 있지만 민정수석 조국은 법무부 장관이 되기를 강하게 원했다. 그 이유는 검찰 개혁의 완성을 위해서 혹은 자신의 정치적 야망 때문이었다. 어쩌면 두 가지를 동시에 추구했을 수도 있다. 어쨌든 법무부 장관을 향한 조국의 행보는 매우 치밀했다. 그는 자신의 야망과 미래를 위해 민정수석이 지닌 힘과 영향력을 최대한 활용하는 데 치밀했다. 그는 법무부 장관 인사청문회 과정에서 자신과 가족의 문제가 논란이 될 것이라는 점도 충분히 알고 있었다. 그랬기에 청문회 돌파를 위한 사전 준비 작업에 심혈을 기울였다. 민정수석과 법무부 장관을 지낸 후 잠시 되돌아가야 할 서울대 교수직 복귀에 따른 문제도 예상했고 정지 작업도 했다. 이와 관련된 몇 가지 근거를 살펴 보자.

조국은 2년 넘게 민정수석으로 재직했다. 짧지 않은 시간 동안 권력의 정점에서 그는 자신과 개인적으로 친밀한 최강욱을 2018년 9월 공직기강비서관으로 임명했다. 최강욱은 후에 조국 아들을 위해 인턴발급 증명서를 허위로 작성해주었다는 의혹으로 2020년 1월 기소되었다.[346] 2019년 8월에는 2017년부터 자신과 일을 해왔던 이광철을 선임행정관에서 민정비서관으로 승진시켰다. 자신의 수족으로 민정 팀을 완성한 조국은 정부 고위직 검증을 하면서 그의 영향력은 날이 갈수록 커졌다.

조국은 자신의 교수로서 지닌 문제점, 즉 석사 논문과 박사 논문의 표절 의혹, 서울대 교수 임용 시 논쟁, 정치적 위기 시 서울대 교수로의 복귀 등을 생각하면서 자신의 영향력을 이용했다. 서울대, 특히 서울대 법학전문대학원의 교수들을 공직에 많이 추천하였고 이들의 임명에 많은 도움을 주었다. 구체적으로 조국은 자신이 서울 법대 교수로 임용되는 과정에서 많은 도움을 받았던 안경환 교수를 법무부 장관으로 추천하여 지명을 받게 했다. 안경환의 자진 사퇴 이후 서울대 법학전문대학원의 박은정은 국민권익위원장, 박정훈은 경찰위원회 위원장, 한인섭은 한국형사정책연구원장(그의 부인 문경란은 스포츠혁신위원장) 등으로 임명됐다.[347]

조국은 교육공무원법 제44조에 따라 2017년 청와대 민정수석에 임명되면서 학교에 휴직계를 냈고, 2019년 8월 1일 서울대 법학전문대학원 교수로 복직했다.[348] 법무부 장관에 임명되면서 복직 한 달여 만인 9월 9일에 서울대학교에 휴직원을 낸 조국은 10월 14일 장관직 사퇴 직후에 다시 대학에 복직 신청을 냈다. 2019년 12월 31일 서울중앙지검은 뇌물 수수 및 공직자윤리법 위반 등 11개 혐의로 조국을 불구속 기소했다. 또한 2020년 1월 7일 서울동부지검도 유재수 전 부산시 경제부시장 감찰 중단 의혹 사건과 관련하여 직권남용권리행사방해 혐의를 적용해 조국을 불구속 기소했다.[349] 그럼에도 불구하고 서울대는 조국에 대한 직위해제 결정을 신속하게 내리지 않았다.

이러한 상황에서 서울대 교수협의회는 2020년 1월 21일 조국 교수 진상 규명 관련 의견서를 냈고 조국에 대한 징계위원회 절차 진행을 촉구했다. 또한 조국의 교수직 파면과 직위해제를 촉구해 온 서울대 재학생들은 2만 2,000여 명의 동의를 받은 서명 자료를 전달했다. 여론에 밀린 서울대는 2020년 1월 29일 조국의 법학전문대학원 교수 직위해제를 결정했다.[350]

최근 3년간 검찰에서 기소한 서울대 교수 중 3개월 내 징계 절차가 진행되지 않은 경우는 조국이 유일했다.[351] 2018년 이후 서울대가 검찰로부터 기소 처분을 통보받은 교수는 총 15명이었다. 조국을 제외한 14명의 교수 모두는 검찰의 기소 통보 이후 3개월 이내에 징계 절차가 진행됐다. 조국만 유일하게 2020년 1월 13일 검찰에서 기소 통보를 받은 이후 징계 절차가 진행되지 않았고 직위해제 된 2020년 1월 29일 이후에는 강의를 하지 않아도 월급을 받았다. 2022년 6월 교육부는 조국 전 법무부 장관과 이진석 전 청와대 국정상황실장의 학내 징계 의결을 유보했다는 이유로 오세정 서울대 총장에게 징계 처분을 내렸다.[352] 2023년 6월 서울대 교원징계위원회는 조국에 대한 파면을 의결했다. 조국이 2019년 12월 자녀 입시 비리 등 혐으로 기소된지 약 3년 6개월 만의 결정이었다.[353] 한편 서울대는 다른 교수들의 경우 평균 5개월 만에 징계한 것으로 나타났다. 즉, 조국 징계에 다른 교수보다 7배 많은 시간이 소요되었다.[354]

서울대 연구진실성위원회(연진위)는 2020년 7월 조국의 석·박사 논문 표절 의혹과 관련 타인의 문장을 마치 자신의 것처럼 사용한 행위에 해당한다면서도 '이런 위반 행위가 연구의 주요 결과와 공헌도에 영향을 미치는 정도가 근소하다는 결론을 내렸고 그에 대한 징계는 없다'는 이상한(?) 발표를 했다.[355] 이에 대해 〈동아일보〉 송평인은 "(서울대 연구진실성)위원회는 조 씨의 서울대 석사학위 논문은 127군데에서 인용 표시 없는 인용이 있었다고 밝혔으나 박사학위 논문은 몇 군데서 그런 인용이 있었는지 밝히지 않았다. 이것만으로도 건성으로 조사했음이 드러난다. 재심 청구가 들어갈 것으로 알려졌다. 서울대에 위원장을 바꿔 재심할 것을 권한다."[356]라고 주장했다.

곽상도 국민의 힘 의원 역시 조국의 논문 표절 여부에 대해 위반 정도를 경미하다고 판단한 서울대 연구진실성위원회(연진위)에 이의신청을 제기했다. 곽상도는 연진위 관련 교수들의 정치적 성향에 대해서도 문제를 제기했다. 구체적으로 곽상도는 조국의 박사 논문 표절 의혹이 제기된 2013년 당시 연진위원장 이준구 경제학과 교수는 4대강 정책감사 지시, 이것 하나만으로 문재인 대통령 잘 뽑았다는 생각이 든다는 발언을 하는 등 특정 정치 성향을 갖고 있다고 주장했다. 아울러 2020년 연진위원장인 박정훈 교수는 조국과 서울대 법대 동료 교수이면서 문재인 정부에서 경찰위원회 위원장을 맡고 있었고, 연진위 핵심위원인 윤의준 서울대 연구처장은 문재인 대통령의 공약인 한국전력 공과대학교의 초대 총장으로 영전했다는 비판도 했다.[357]

민정수석 조국은 문재인 대통령의 절대적 신임아래 인사관련 정보를 다루면서 자신의 영향력을 극대화했다. 이러면서 조국은 임종석 비서실장, 윤건영 국정상황실장, 청와대 뒤에 있는 양정철, 부산의 이호철과 정재성, 김경수 경상남도 지사, 이해찬 대표 등과 친밀성을 더욱 높일 수 있었고 인맥은 공고해졌다. 이에 대해 〈한국일보〉 이충재는 "(문재인 정부) 민정수석실의 주요 기능인 사정과 정보, 여론, 민심 관련 업무가 명확히 규정되지 않다 보니 언제든지 월권이 가능한 구조다. 대통령의 눈과 귀 역할 이전에 거대 부패 기관으로 변질될 소지를 안고 있다. 민정수석실의 권한은 아메바처럼 무한 증식하고 있다. 그 확대된 권력을 지금 청와대 내 실세들이 향유하고 있다는 것을 문 대통령은 모르는 듯하다."[358]라고 비판했다.

민정수석 조국은 윤석열 검찰총장의 선임과정에서도 자신과 친한 봉욱 대검차장을 밀면서 윤석열을 강력하게 반대했다. 이에 대해 〈주간조선〉은 "지난 총장 인사 내정 당시 민정수석이었던 조국 법무부 장관은 봉욱 대검 차장을 차기 총장으로 밀었다는 것이 청와대와 법조계 안팎의 정설이다. 당시 조 수석은 검경 수사권 조정, 공직자비리수사처 등 법무부가 맡아야 할 검찰 개혁 사안이 산적한 상황에서 검찰 내 대표적 기획통인 봉 전 차장이 차기 총장에 적합하다고 판단했던 것으로 알려졌다."[359]라고 주장했다.

사실은 이렇다. 조국과 윤석열과의 관계는 개인적으로 친밀하지는 않았지만 나쁘지도 않았다. 조국은 윤석열이 박근혜 정부에서 국정원 댓글 수사 사건으로 어려움을 겪을 때 SNS를 통해 윤석열을 적극 응원했다. 민정수석 당시에는 친문 실세들의 조언을 받아 2017년 윤석열의 서울중앙지검장 임명도 적극 도왔다. 그러면서 조국은 윤석열이 불법이나 위법에 타협할 수 있는 인물이 아니라는 것을 본능적으로 느꼈다. 윤석열을 직접 만나보니 피아에 관계없이 원칙에 충실한 별종 검사로서의 위험성도 깨달았다. 그 위험성이 조국에게는 엄청난 부담감으로 다가왔다. 자신 못지않게 문재인 대통령과 친문 실세의 신임을 얻고 있었던 윤석열에 대한 시기심과 질투심도 있었다. 조국은 윤석열의 검찰총장 지명을 막기 위해 민정수석으로서 윤석열과 그의 아내 및 장모를 포함한 인척을 검증했다. 그러나 〈뉴스타파〉 한상진·조성식·심인보·최윤원의 주장[360] 등과는 달리 검증 과정에서 심각한 문제점을 발견하지는 못했다.

조국은 그 동안 자신이 청와대에서 맺은 인맥을 동원해서 윤석열을 끝까지 반대했으나 2019년 6월 문재인 대통령은 윤석열을 검찰총장에 지명했고 7월 임명했다. 2022년 4월 문(재인) 대통령은 윤석열을 검찰총장에 발탁한 이유에 대해 "여러 반대를 무릅쓰고 제가 (강행)했다는 것은 잘못 알려진 사실…강골검사로서 신망이 높았고, 검찰 개혁에 반대하지 않아 조(국) 전 장관과 검찰 개혁에 있어 협력할 수 있을 것으로 생각했다."[361]고 당시 상황을 설명했다. 조국의 바람과는 달리 문재인 대통령은 조국과 윤석열 두 사람이 협력·상생하면 검찰 개혁을 완성할 수 있을 것으로 믿었던 것이다.

3.2.2. 2019년 7월 26일 검찰 인사

검찰총장에 취임한 윤석열은 검찰 조직을 조금 안정시킨 후에 검찰 인사를 단행할 생각이었다. 반면 법무부 장관에 지명될 조국은 민정수석에서 물러나기 전에 문재인 대통령의 뜻을 앞세우며 검사장급 인사를 추진하려고 했다. 조국이 검사장급 인사를 서두른 이유는 자신의 이익을 위해서였다. 그는 민정수석에서 물러나기 전에 검사장급 인사를 빠르게 추진해 놓으면 법무부 장관인 자신의 영향력이 더욱 커질 것이라는 계산도 작용했다. 당시에 윤석열은 이런 조국의 행동에 불만은 있었지만 대통령의 뜻이라는 명분 때문에 검사장급 인사 추진을 수용했고 조국의 의도대로 검사장급 인사가 단행되었다.

윤석열 검찰총장 취임 직후인 2019년 7월 26일 법무부는 검찰 간부 39명을 움직이는 대규모 인사를 했다. 이는 전임 문무일 총장 취임 직후인 2017년 7월 인사 때의 36명보다 규모가 컸다. 당시 검사장급 인사는 법무부 장관 지명이 확실시되던 조국이 주도권을 강하게 갖고 결정한 인사였다. 조국은 김오수 법무부 차관을 유임시키고 이성윤 검찰국장, 배성범 서울중앙지검장, 남부지검장 송삼현, 그리고 유재수 사건을 담당하고 있던 동부지검장에 그와 친한 조남관을 강력히 추천해 임명했다.

윤석열은 자신을 직접적으로 보좌하는 대검찰청 인사, 소위 윤석열 라인의 한동훈, 박찬호 등의 검사장 승진에만 영향력을 행사했고 나머지 대부분의 인사는 조국이 절대적으로 주도했다. 실제로 윤석열은 검찰 내 모두가 그 실력을 인정하던 이노공(전 법무부 차관)의 검사장 발탁도 박상기 장관이 부정적인 입장을 나타내자 포기했다.[362] 조국도 "윤석열 전 검찰총장이 총장 취임 후 서울중앙지검장에 한동훈을 임명해 달라고 요구했으나 (자신이) 단호히 거절했다."[363]라고 말했다. 2021년 12월 윤석열은 대선 후보로서 관훈클럽에서 "(당시) 검사장의 승진과 배치 부분과 관련해서 법무장관, 민정수석, 검찰총장 취임 예정자 셋이서 검사장급 인사를 했다. 승진 인사에 대해서는 제가 의견을 좀 냈고, 그 중 몇 사람은 의견이 반영돼 승진한 사람이 있지만 검사장의 배치는 80% 이상을 (조국 당시) 민정수석이 했다고 보시면 된다."[364]고 말했다.

이러한 과정에 대해 〈뉴스타파〉 한상진·조성식·심인보·최윤원[365] 등 많은 언론은 잘못된 사실에 기초해서 보도했다. 이들은 검사장 인사과정에서 윤석열이 당시 조국 민정수석과 박상기 법무부 장관을 밀어붙여 특수부 출신 중심으로, 소위 '윤석열 사단' 또는 '윤석열 총장 개인의 사조직'[366]을 만들었다고 비판했다. 이에 대해 윤석열은 "저는 일 잘하면 예뻐하고 어떤 사건 있을 때 발탁해서 쓰고 그런 거지 무슨 후배들을 사단이라고 해서 정기적으로 밥 먹고 이런 거 안 합니다. 2013년 대구고검으로 좌천돼 내려갔을 때도 특검 때 같이 일했던 친구들 중 따로 만나 밥 먹은 건 국정원 댓글 수사팀밖에 없어요. 그것도 딱 두 명. 댓글 수사 모임이 있고 제가 도와줘야 해서였지, 다른 검사들과 만난 적이 없어요. 저는 실력으로 프로가 되라고 하지 무슨 인적 네트워크로, 휴먼 릴레이션에 기대서 하는 거는 안 합니다."[367]라고 주장했다.

이러한 윤석열의 주장은 설득력이 있다. 특수부 출신만 중용했다는 윤석열 라인이라는 말은 친문 세력이 윤석열을 의도적으로 비판하기 위해 만들어 낸 일종의 허위 프레임이었다. 한동훈, 박찬호 등의 윤석열 라인도 박근혜 정부의 적폐 청산 수사를 주도한 문재인 정부 수립의 일급 공신들이었다. 당시 특수부 중용은 정치적 반대편에 대한 수사를 더욱 철저히 하기 위해서 조국과 친문 실세가 그들에게 힘을 준 것 뿐이었다.

이와 관련 〈한겨레〉의 이춘재는 "문(재인) 정권에 윤석열 검사는 좋은 칼이었다. 국정원 댓글 수사로 박근혜 정권에서 좌천된 윤석열은 박근혜·최순실 국정농단 사건 특검에서 수사팀장으로 화려하게 복귀했고, 이후 서울중앙지검장으로 파격 승진했다. 박근혜 구속 뒤에도 세월호 보고서 조작, 국가정보원 특수활동비 청와대 상납, 화이트리스트 사건 등 전 정권을 겨냥한 수사는 계속됐다. 서울중앙지검 검사 247명 가운데 35%인 87명이 적폐수사에 투입되는 등 정권과 검찰은 칼을 휘두르는데 여념 없었다. 검찰 요직은 특수부 검사로 채워졌고 문 정권은 검찰의 직접 수사 기능을 확대하여 지원했다"라고 주장했다.[368]

구체적으로 〈한겨레〉 이춘재는 "검찰개혁의 요체는 검찰의 힘을 빼는 것인데, 문 정권은 적폐수사에서 성과를 낸 '윤석열 검찰'의 힘을 키워줬고 그들이 자행한 피의 사실 공표, 무분별한 압수수색, 별건 수사, 표적 수사 등에 눈감았다. 2018년 2월 윤석열 휘하의 서울중앙지검은 기존 3차장에서 4차장으로 재편됐고, 27개 부서에서 30개로 늘어났다. 2019년 7월 윤석열은 검찰총장이 된 직후 직속 참모인 한동훈, 이원석, 조상준, 박찬호 등 측근들을 대검 간부(검사장급)로 승진시키고 대검 형사부장과 공안부장까지 특수부 출신들로 채웠다"라고 주장했다.[369]

3.2.3. 조국 법무부 장관 지명

법무부 장관이 되기 위해 조국이 기울인 노력은 치밀했고 집요했다. 먼저 조국은 자신의 민정수석 후임으로 유력시되던 신현수 전 국정원 기조실장을 철저하게 검증했다. 원칙주의자인 신현수의 과거 경력(가습기 살균제 사건 때 가해 회사를 대표한 변호사 경력)을 문제 삼았고, 김앤장과 친한 사람을 민정수석에 임명하는 게 문제가 될 수 있다는 이유로 이를 저지했다. 대신 친문 실세들의 의견에 따라 김조원[370]이 민정수석으로 임명되었다.

2019년 8월 9일 문재인 대통령은 조국을 법무부 장관에 지명했다. 이와 관련 전 더불어민주당 대표였던 송영길은 "어떤 정권이라도 민정수석을 바로 법무부 장관으로 임명하는 것도 옳지 않다. 더불어민주당이 야당이었으면 강력하게 항의하였을 것이다. 조국 교수를 장관 직에 앉힐 거였다면 애초에 민정수석을 시킬 것이 아니라 처음부터 장관으로 임명했어야 했다"라고 비판했다.[371]

조국은 심복인 이광철 민정비서관과 최강욱 공직기강비서관 등의 도움을 받아 법무부 장관 후보인 자신을 셀프 검증했다. 그 결과 청문회에서 큰 논란이 생길 수 있기에 다양하게 대안을 마련했다. 우선 법무부 장관 인사청문회를 쉽게 통과하기 위해 장관 지명을 여름휴가 기간인 8월 9일에 하였다. 자신 혼자 법무부 장관에 지명되면 인사청문회에서 야당의 주목표가 자신이 되기 때문에 과학기술정보통신부, 농림축산식품부, 여성가족부 등 8개의 장관급 직위의 교체도 함께 지명되도록 했다.

8월 14일부터 딸 입시 특혜, 사모 펀드 등 조국 가족에 대한 의혹이 언론에서 제기되기 시작했다. 이와 관련 〈중앙일보〉는 "2019년 대한민국을 뒤흔든 조국 사태는 곽상도 당시 자유한국당 의원실에 있던 이준우(현 국민의힘 황보승희 의원실 보좌관)의 '촉'에서 시작됐다. 당시 조국 전 법무장관 후보자의 인사청문회를 준비하던 이 보좌관은 조 전 장관의 딸 조민 씨가 부산대 의학전문대학원에서 유급된 전력이 있는데도 의전원에서 장학금을 여러 차례 받았다는 제보를 입수했다. 이 보좌관은 부산대에 자료를 요청해 조씨가 장학금을 받은 기록을 확인한 뒤 언론에 공개했고, 결국 이 문제는 언론들이 조 전 장관 검증에 뛰어드는 발화점이 됐다. 이 보좌관은 '우연히 장학금 관련 제보를 들었을 때만 해도 이게 어떤 파장을 불러올지 전혀 상상하지 못했다'고 말했다"라고 주장했다.[372]

조국의 장관 지명 후에 윤석열은 조국을 진심으로 도와주는 차원에서 자신이 생각하는 우수한 검사들을 법무부 장관 인사청문회 준비단에 추천했다. 조국은 이를 받아들이지 않았고 자기가 믿는 사람들만으로 청문회를 준비했다. 언론에서 조국과 가족에 대한 각종 의혹이 제기되자 윤석열도 언론 보도 내용을 검토했다. 내부 검토를 기초로 대검 참모들과 상의한 결과 언론이 제기한 내용들이 상당히 근거가 있기에 윤석열은 정말로 많은 고민을 했다.

당시 윤석열은 자신을 검찰총장에 임명한 대통령의 뜻을 헤아렸다. 그는 문재인 대통령과 가까운 한 사람에게 언론에서 제기한 내용이 근거가 있어 보이니 대통령의 국정 운영을 위해서는 조국에 대한 지명을 철회하거나 자진 사퇴가 좋을 것 같다는 의견을 피력했다. 그러나 이를 들은 사람은 이러한 사실을 문재인 대통령이 아니라 친문 실세들에게 알렸다. 윤석열은 고민 끝에 8월 27일 조국에 대한 수사를 시작했다.

이와 관련해 조국은 "(윤석열이 자신에 대한 강제수사가) 상관이 될 법무부 장관 후보자를 잘못 건드리고 대통령의 인사권을 침해했다는 비판을 받는 것을 피하려고, 나와 내 가족 전체에 대한 전방위적 저인망 수사로 나아갔다. 멸문지화의 문을 연 것이다. 내가 민정수석으로 추진했고 법무부 장관으로 추진할 검찰 개혁을 무산시키기 위함이었다. 이런 범죄인이 무슨 검찰 개혁이냐라는 메시지를 전파하고 싶었던 것이다."[373]라고 주장했다. 또한 친문 실세들과 〈뉴스타파〉 한상진·조성식·심인보·최윤원 등 진보 언론들은 2019년 8월 27일 검찰의 조국 법무부 장관 후보자에 대한 강제수사를 청와대는 물론 박상기 법무부 장관에게 알리지 않은 채 시작했다고 '윤석열 검찰의 정치행위' 또는 '검찰 정치 달성을 위해 대통령의 인사권에 대한 정면 도전'[374]이라는 주장도 펼쳤다.

　반면에 〈조선일보〉 선우정은 "조(國)씨는 검찰 수사로 조국 사태가 시작된 것처럼 서술했다. 자신의 고난이 검찰 개혁을 막으려는 검찰의 불순하고 치밀한 반란 때문이라고 말하고 싶은 것이다. 몇 년 지났으니 멋대로 떠들어도 된다고 생각하는 모양이다. 조국 사태는 대통령이 그를 법무부 장관으로 지명했을 때 언론이 시작했다. 언론이 사모 펀드 의혹을 제기했고 조씨 딸의 의학대학원 장학금 문제, 학술 논문 제1저자 등재 문제를 폭로했다. 이 기사로 공정 이슈가 분출했다. 검찰 압수수색은 지명 18일이 지난 후, 비판 여론이 폭발하던 시점에 이루어졌다."[375]라고 설명했다. 실제로 윤석열은 "조(國) 전 장관이 민정수석으로서 제가 중앙지검장으로 일하던 2년 동안 음으로 양으로 많은 지원을 해줬는데 무슨 원한이 있다고 제가 그렇게 하겠나. 여권 인사들은 내게 정치적 의도가 있던 것으로 만들고 싶어 하는 것이다. 그 자체가 말이 안 되는 것이고 그런 식의 선동이나 조작은 받아들일 수 없다."[376]고 강변했다.

　나아가 윤석열은 "2019년 8월 9일 조국 전 장관이 법무부 장관 지명받고 나는 8월 13~17일 휴가였다. 일주일 내내 조국 관련 의혹이 쏟아져 나왔다. 그 다음주 화요일(8월 20일)에 조 전 장관 딸의 논문 제1저자 의혹이 나와 다음날 퇴근 시간에 김유철 범죄정보기획관을 불러 조 전 장관에 대한 언론 보도를 유형별로 정리하고 근거가 있을 만한 것인지 보자고 했다. 다음날 아침 고발장이 들어왔고, 야당과 언론의 수사 압박도 거셌다. 목요일에 대검 간부회의에 중앙지검장과 3차장도 오라 해서 같이 회의했다. 일단 공개 정보로 확인할 수 있는 것들만 모아 압수수색 영장 청구 가능 여부만 보자고 했다. 나중에 자료가 유실됐다고 하면 봐주기 프레임에 걸려드니까 일단은 자료를 확보해놓고 기다려보자는 거였다."[377]라고 주장했다.

이에 대해 민변 출신 변호사 권경애는 "진보의 아이콘이자 적폐 청산의 기수였던 (조국)장관 후보자의 가족이 사모 펀드에 가입했고, 그 후보자 조카가 사모 펀드를 운용하고, 공공 와이파이나 이차전지 등 국책 사업에 투자를 하였다는 사실도 충격적이었는데, 게다가 주가 조작, 무자본 M&A, 횡령 등의 의혹이라니. 그전까지는 법무부 장관 후보자가 자본시장법, 금융실명법, 공직자윤리법 위반 의혹으로 온 나라를 발칵 뒤집어놓고…저도 윤 총장의 조국 임명 반대에는 이 정권에 대한 충정이 포함되어 있다고 봐요. 그런데 이 반대에 검찰 개혁에 대한 쿠데타라는 프레임이 씌워지면서 상황은 걷잡을 수 없는 방향으로 흘러갔죠."[378]라고 설명했다.

조국은 법무부 장관직을 치밀하게 준비했고 대안도 마련했다. 정치적 세력도 충분히 확보한 조국은 결국에는 자신이 장관이 될 것으로 생각했을 것이다. 원칙주의자 윤석열 검찰총장의 반대 역시 찻잔 속의 미풍으로 끝날 것이라는 기대도 있었을 것이다. 상명하복이 금과옥조인 검찰의 생리를 너무나 잘 아는 조국은 문재인 대통령만 변하지 않으면 윤석열이 결국은 임명권자의 뜻을 따를 수밖에 없을 것으로 판단하고 행동했다. 이러한 조국의 구상이 철저하게 무너지는 순간이 있었다. 우리는 이를 역사적 순간이라고 부른다. 그동안 드러나지 않았던 역사적 순간을 이제 밝힌다.

3.2.4. 대통령을 단독으로 만난 윤석열 검찰총장

조국 의혹에 대한 언론의 공세는 날이 갈수록 심각해졌다. 당시 윤석열의 충심에서 나오는 조국 관련 염려를 비공식적(?)으로 접한 문재인 대통령은 2019년 9월 6일 금요일 오후 태국·미얀마·라오스 3개국 순방을 마치고 청와대에서 윤석열과 단독으로 만나서 저녁을 같이했다. 문재인 대통령과 윤석열 간의 단독 만찬은 친문 핵심 실세들과 청와대 참모들이 반대했으나 문재인 대통령의 결단을 통해 이루어졌다.

이 자리에서 윤석열은 문재인 대통령에게 조국과 그의 가족이 안고 있는 문제점을 자세히 설명했다. 윤석열의 설명을 다 들은 대통령은 "그럼 조국 수석이 위선자입니까?"라고 물었고 윤석열은 "저의 상식으로는 조국이 잘 이해가 안 됩니다."라고 대답했다. 또한 윤석열은 문재인 대통령에게 "조국의 부인 정경심을 기소하겠다."고 보고했다. 문재인 대통령은 "꼭 그렇게 해야 하느냐?"고 물었고 윤석열은 "법리상 그렇게 해야 한다."고 대답했다. 이 대화가 품고 있는 의미를 제대로 알아야 한다. 대화의 행간을 제대로 읽으면 당시 법조인 출신 대통령의 의중이 보인다. 검찰총장은 조국을 이해하지 못하겠고 부인 정경심을 기소하겠다고 했다. 문재인 대통령은 조국에 대한 이해를 구하지 않았고 정경심에 대한 기소를 막지도 않았다. 문재인 대통령은 자신의 질문에 대한 윤석열의 대답을 묵시적으로 용인했다. 윤석열의 의사를 존중했고 사실상 승인한 것이다. 그날 문재인 대통령은 앞으로 조국 문제와 관련해서는 다른 사람을 거치지 말고 박형철 반부패비서관(검찰 출신)을 거쳐 바로 직접 보고하라고까지 말했다.

이와 관련해 2022년 4월 퇴임을 앞둔 문재인 대통령은 윤석열이 검찰총장 당시 조국을 수사한 것에 대해 "당시 (조국) 수사를 주도한 게 윤(석열) 당선인인데, 차기 대통령에 대해 제가 섣불리 (수사 이유를) 판단하기 어렵다. 수사의 시점이나 방식을 보면 공교로운 부분이 많다. 어떤 목적이나 의도가 포함됐다고 볼 수도 있다."[379]는 말도 했다. 단독 만남 때 주고 받은 말과 퇴임을 앞두고 한 문재인 대통령의 말이 다르다. 말을 그대로 해석하면 문재인 대통령의 이중성을 제대로 보여주는 것이고, 조금 더 생각해보면 당시 검찰총장과 법무부 장관 후보자 사이에서 문재인 대통령이 겪었을 고민도 짐작할 수 있다. 친문 세력의 그물에 갇혀 있는 문재인 대통령에게 단독 만남은 족쇄가 됐다. 그물과 족쇄, 그리고 성격의 이중성이 복합적으로 작용해 윤석열이 대권주자로 급부상하는 드라마에서 문재인 대통령은 이해하기 힘든 언행을 계속했다. 이 모든 것의 시작이 단독 만남이었다.

윤석열이 문재인 대통령을 단독으로 면담한 사실을 노영민 비서실장, 윤건영, 양정철을 비롯한 친문 핵심 실세들, 이해찬 당 대표, 조국 등은 알고 있었다. 다만 이 만남의 정치적 파장이 너무나 컸기에 알려지면 조국을 지키기는 데 많은 문제가 발생할 것이 뻔했다. 이를 두려워한 이해찬과 윤건영은 이 만남 자체를 여당 지도부는 물론이고 여당 의원들에게도 철저히 감췄다. 윤석열이 문재인 대통령을 단독으로 만난 사실을 알았더라면 김종민, 표창원, 박주민, 이철희 등 당시 여당 의원들이 그렇게 조국 옹호를 위해 난리를 쳤을까? 단독 만남이 알려졌으면 정국은 전혀 다르게 전개됐을 것이다. 이와 관련된 친문 논객 유시민의 행보를 되새겨보자. 조국 임명 후 유시민은 이 만남 자체를 모르면서 조국 수호를 강하게 주장했다. 친문 핵심 실세는 물론 조국조차도 유시민에게는 이 만남을 알려주지 않았다. 유시민은 아무것도 모르면서 조국 지키기를 위해 사용된 하나의 방송용 수단이었던 것이다.[380]

윤석열을 단독으로 만난 후 문재인 대통령은 긴급 참모 회의를 진행했다. 문재인 대통령은 청와대 참모들에게 조국 후보자 임명에 대한 찬반 토론을 제안했고, 윤건영과 노영민을 비롯하여 조국의 도움을 많이 받았던 참모들은 조국 임명을 적극적으로 개진했다.[381] 이와 관련 더불어민주당 국회의원 윤건영은 "그 당시 상황에서는 조 전 장관의 여러 의혹이 있었지만 법적인 판단은 나중 문제였다. 명확한 비리 혐의가 확인된 것은 없었다. 지금과는 상황이 다른 그 당시로 보면, 저는 당연히 (조국의 법무부 장관)임명을 해야 한다고 보는 것"이라고까지 말했다.[382] 당시 김조원 민정수석은 조국에게 제기된 의혹을 살펴보고 문재인 대통령에게 조국 사퇴를 건의했다. 회의가 끝난 후 문재인 대통령은 조국에게 자진 사퇴하라고 통보했다.

윤건영은 문재인 대통령의 조국 사퇴 통보를 친문 실세들과 이해찬에게 긴급 보고했다. 그는 대통령의 결심을 바꾸기 위해 문재인 대통령에게 조국 사퇴 위로를 명분으로 식사 자리를 건의했다. 이 자리에서 조국은 문재인 대통령에게 법무부 장관에 임명해주면 매진하여 빠른 시간에 검찰 개혁을 완성하고 사퇴하겠다고까지 간청했다. 이와 동시에 9월 8일 일요일에 윤건영은 친문 핵심 실세들에게도 조국 구명 관련 도움을 요청했다.

이와 관련 임종석 전 대통령비서실장은 "2019년 9월 7일…(문재인 대통령이) 조 장관 임명에 대한 의견을 물으셨고 저는 (철회하라는) 국민의 여론을 들어주셔야 한다고 말씀드렸어요. 이튿날 오후 3시에는 청와대로 부르셨어요…김경수 (경남)지사도 부르셨는데, 김 지사는 다른 일정 때문에 의견만 전달해 달라 했다…김 지사 의견과 제 의견이 일치했어요. 그런데 회의를 마친 후 윤건영 상황실장이 따라 나오면서… '오늘 점심을 이해찬 대표와 이인영 원내대표, 이낙연 총리와 하셨는데, 임명을 진행해 달라는 당의 요구가 너무 강하다. 대통령이 버티기 어려우실 것 같다'고 하는 거예요."라고 말했다.[383]

이에 대해 전 청와대 특별감찰 수사관이었던 김태우는 "윤건영(당시 대통령 국정기획상황실장, 현 더불어민주당 의원)의 검찰 진술에 따르면 (유재수 사건) 감찰 중단 당시 (대통령 측근들이) 조국에게 청탁했고, 조국은 청탁을 들어줘 감찰을 무마한 것…(그러면서 시일이 지난 뒤)…(조국)청문회 때 (문재인) 대통령이 계속 갈지 말지 결정하는 상황에서 '내가 대통령께 조국 임명해야 한다.'고 했고 (이를) 윤건영 본인 입으로 확인했다. 두 사람이 서로 도움을 주고받았음."이라고 주장했다.[384] 김태우의 발언은 조국이 민정수석 시절 자신의 출세를 위해 친문 실세의 청탁을 받았고, 자신의 법무부 장관 임명 과정에서는 그 덕을 봤다는 것이 핵심이었다. 또한 진중권은 "조국사태의 발단은 대통령 복심으로 통하는 윤건영…조국 임명 강행을 주장한 것도 윤건영이다…애초에

대통령으로 하여금 상황을 오판하게 만든 것이 상황실장 윤건영이었다"라고 주장했다.[385]

한편 친문 실세 한 사람은 청와대에서 문재인 대통령을 직접 만나서 조국 임명을 건의했다. 그는 자신이 윤석열을 개인적으로 잘 아니까 윤석열을 잘 설득해서 조국 문제를 부드럽게 잘 처리하겠다며 문재인 대통령에게 조국 임명을 호소했다. 여론 전문가로서 그는 조국을 장관으로 임명하면 진보 지지층의 지지는 더욱 확고해질 것이며 대통령의 국정 지지도는 더욱 올라갈 것이라는 말까지 덧붙였다. 이에 대해 진보 논객 진중권은 "문재인 정권은 양정철, 저 분이 망칠 것. 조국 사태도 이 분의 망상에서 출발했다고 본다."[386]라고 지적했다. 이렇게 친문 핵심 세력들의 전방위적 설득의 포로가 된 문재인 대통령은 조국 사퇴에서 임명으로 입장을 조금씩 바꾸어 나갔다.

이러한 과정을 알게 된 윤석열은 9월 8일 오후 김조원 민정수석에게 전화를 해서 "조국을 임명하면 저의 조국 수사 의견에 대한 불신임이니 저는 사임하겠다."라고 말했다. 이에 대해 윤건영과 비선 실세들은 검찰총장이 대통령의 인사권에 감히 정면으로 도전했다고 나중에 비난했다. 9월 8일 밤 이해찬 대표의 강경한 조국 임명 주장에 당정협의 모임은 조국 임명으로 결론을 냈다. 이를 보고 받은 문재인 대통령은 9월 9일 조국을 법무부 장관에 임명했다.

윤건영과 청와대의 조국 참모들인 이광철과 최강욱 등은 언론에 윤석열 총장이 사임 카드를 내밀면서 대통령의 인사권에 도전하여 대통령은 진노했고, 조국을 임명했다고 흘렸다. 최강욱은 국회의원이 된 이후인 2020년 11월 17일 이러한 사실을 왜곡하여 "조(국) 장관 임명 문제로 골

머리를 앓고 있을 당시, 월요일 발표를 앞둔 주말 윤석열이 김조원 청와대 민정수석에게 전화로 임명을 만류한 사실이 있다."[387]고 주장했다.

구체적으로 최강욱은 "당시 윤 총장이 김조원 민정수석에게 처음 전화를 했는데, 다짜고짜 '내가 이렇게까지 했는데 조국 장관을 낙마시키지 않고 계속 두느냐'고 따졌다는 거예요. 친분이나 교감이 전혀 없는 상태였는데. 그래서 김 수석이 '지금 무슨 이야기를 하는 거냐? 경거망동하지 마라'고 경고하자, 윤 총장이 '이런 식으로 하면 사표를 내겠다'고 해서 김 수석이 '대통령께 보고하겠다'고 하고, 통화 내용을 보고했습니다. 김 수석에게 전후 상황을 보고받은 문 대통령은 굳은 표정으로 딱 한마디 '그러면 (윤석열 총장의) 사표를 받으라'고 했다는 것이다. 그래서 청와대에서 윤총장에게 본인의 뜻대로 사표를 내라고 하자, 윤총장이 '순간적으로 격분해서 사표를 내겠다고 그런 거지, 진심으로 꼭 사직하겠다는 뜻은 아니었다'는 취지로 답했다. (이후) 숙고하던 문 대통령도 조국 장관 임명을 발표했다."[388] 라고 주장했다.

사실은 이렇다. 윤석열은 조국 임명을 반대했고 이런 자신의 생각을 대통령이 반대하지 않으니 수사를 계속한 것이었다. 9월 8일 오후 김조원 민정수석과 한 통화는 만약 조국을 임명하면 대통령의 생각이 바뀐 것이니 자신은 이를 불신임으로 받아들이고 사표를 내겠다는 의사를 표현한 것인데, 최강욱 등은 이를 대통령 인사권에 대한 도전이라고 교묘하게 말의 본질을 바꾼 것이다.

이후 9월 8일 밤 윤석열은 문재인 대통령과 단독 만남 과정에 도움을 주었던 분들의 설득과 검찰 수장으로서 조직에 대한 책임감 때문에 사표를 내지 않고 조국에 대한 수사를 더욱 철저히 하겠다는 결심을 김조원 민정수석에게 전했다. 이 사실을 전해들은 문재인 대통령은 조국에 대한 수사는 철저하게 하라고 했다. 윤석열은 문재인 정부의 검찰 개혁을 막으려는 생각이 전혀 없었다. 그는 임명권자의 뜻에 충실했고 검사로서 본연의 업무에 충실했을 뿐이었다. 이러한 사실을 충분히 잘 알고 있었던 문재인 대통령은 윤석열을 검찰총장의 최적임자로 생각했다

조국 임명 후 여당인 더불어민주당은 만일에 윤석열이 사표를 내는 경우를 대비하여 대책을 다양하게 논의했다. 이해찬은 대응책을 논의하기 위해 9월 9일 오후 윤석열의 사임을 전제로 한 여당 중진회의 소집까지 했었다. 이 과정을 조국, 이해찬, 노영민, 윤건영 등은 물론 친문 실세들은 다 알고 있었다. 그럼에도 정치적 이득을 얻거나 조국과 연관된 자신들의 정치적 약점을 감추기 위해 그들은 조국 지키기에 앞장섰고 검찰총장이 대통령을 단독으로 만난 사실이 알려지지 않도록 노력했다. 그들은 국가의 이익이나 문재인 대통령의 성공에는 관심이 없었다. 조국이 자신들의 청탁과 편의를 많이 봐주었으니 이번에는 어려움에 처한 조국을 자신들이 지켜주어야 한다는 조폭 또는 공범 논리에 빠져 버렸다.

이러한 사람들로 둘러싸인 문재인 대통령은 조국을 법무부 장관에 임명함으로써 정치적으로 추락하기 시작했다. 그 이유는 조국의 자녀 입시 비리 의혹은 국민 피부에 직접적으로 와 닿는 이슈여서 그 영향력이 대통령과 친문 세력이 상상하는 것보다 훨씬 컸기 때문이다. 당시 몇몇 대학에서 촛불시위가 일어날 정도로 공정성의 가치를 훼손시켰다는 여론이 강하게 일어났다. 공정성을 표방하는 문재인 정부에게 조국의 자녀 입시 비리 의혹은 자신들의 정치적 정통성과 도덕적 근간을 스스로 허물어버리는 문제였다. 조국에 얽매인 문재인 대통령은 진보의 위선이

라는 프레임에 갇힐 수밖에 없었다. 조국 법무부 장관과 윤석열 검찰총장이라는 쌍두마차는 현실에서는 공존·상생할 수 없었다. 쌍두마차는 대통령만의 낭만적 생각이었다. 쌍두마차가 충돌하면서 대통령의 정치적 추락이 시작됐다. 흔히 이를 정치적 운명이라고 한다.

3.2.5. 조국 장관 임명 후

법무부 장관에 취임한 조국은 검찰 개혁을 자신의 소명으로 내세웠다. 조국이 천명한 검찰 개혁은 자신과 가족에 대한 검찰 수사를 무력화시킬 명분에 불과했다. 한편 조국은 자신이 윤석열과 특별한 관계에 있다고 생각한 지인들로 하여금 윤석열에게 자신과 가족을 선처해달라는 부탁을 하기 시작했다.[389] 또 다른 한편으로 조국은 주변 지인들에게 장관인 자신의 인사권을 사용해서 윤석열의 자존심을 상하게 하여 결국에는 제압할 것이라고 말했다.

이런 조국의 언행과 동일선상에 있는 구체적 사례가 있었다. 2019년 10월 11일 〈한겨레〉는 '김학의 사건인 별장 성 접대에 윤석열 총장도 수차례 접대'라는 가짜뉴스를 만들어냈다. 가짜뉴스는 윤석열이 건설업자 윤중천으로부터 별장 접대를 받았다는 사실을 암시하는 기사를 특종으로 보도했다. 가짜뉴스의 근거는 2021년 '김학의 불법출국금지요청 의혹 사건'의 핵심인 이규원 검사가 2019년 검찰 과거사 진상조사단에서 허위로 작성한 윤석열 관련 면담보고서였다.[390][391]

윤석열은 별장 접대 의혹을 보도한 〈한겨레〉 기자를 고소했다. 이에 대해 2019년 10월 17일의 국회 법제사법위원회 국정감사에서 민주당 금태섭 의원과 대안신당 박지원 의원은 "사실이 아닌 것으로 이미 드러났으니 고소를 취하하라. 검찰총장이 고소·고발 주체가 되는 것은 옳지 못하다."고 지적했다. 이에 윤석열은 "나는 인터넷과 유튜브에서 어마무시한 공격을 받았지만 고소 한번 해본 적 없다. 해당 언론사가 같은 지면(1면)에 공식 사과한다면 고소를 재고해보겠다."라고 말했다.[392] 이후 〈한겨레〉는 1면에 "부정확한 보도를 사과드린다."며 장문의 사과문을 실었고, 윤석열은 고소를 취하했다.

조국의 법무부 장관 임명 후 국민 여론은 빠르게 악화되었다. 앞에서 언급한 친문 여론 전문가의 예측과는 정반대로 문재인 대통령에 대한 국정 지지도는 빠르게 하락하기 시작했다. 당황한 문재인 대통령은 청와대 참모들을 통해서 조국 사퇴를 모색하기 시작했다. 문재인 대통령은 2019년 9월 20일 UN 총회에 참석하면서 자신이 귀국하기 전에 조국의 사표를 받으라고 지시도 내렸다. 이해찬 대표와 친문 실세들은 '검찰은 검찰 개혁을 방해하기 위해 편파 수사를 하고 있다. 조국은 희생양이다. 인간적으로 불쌍하다. 진보 층의 지지 확보를 위해서는 조국이 절대적으로 필요하다.'면서 문재인 대통령의 지시에 조직적으로 저항했다.

이런 정치적 상황에서 좌파 진보 단체들은 광장으로 나갔다. 그들은 서초동에서 검찰 개혁을 명분으로 조국과 조국 일가를 지키는 촛불잔치를 시작했다. 이에 대해 정치평론가 박성민은 "(조국 수사와 관련) 권력 투쟁이 정치의 본질임을 20대에 간파한 (문재인 정부의 주축) 586은 권력은 싸워서 쟁취하는 것임을 본능적으로 알기 때문에 즉각 검찰 쿠데타, 윤석열의 난, 적폐 검찰로 규정하고 총동원령을 내렸다."[393]라고 주장했다. 당시 친문 정부 언론 매체 들은 좌파 진보 세력들의 촛불잔치에 동참해서 참석 인원을 조작하고 늘려서 조국 지키기에 나섰다. 이를 진보 논객 진중권은 "친문 패거리와 야합한 사이비 언론인들이…심지어 진보 언론을 자처하는 신문에서 그 패거리들과 발을 맞추어 손잡고 검찰총장을 음해하는 악의적인 허위기사를 내보내기도 했지요."[394]라고 비난했다.

2019년 10월 3일 광화문 광장에서 열렸던 보수단체들의 집회에 엄청난 인파가 몰려와서 조국 사퇴를 주장했다. 보수단체들의 집회는 조국지키기를 위한 시도를 무력화시켰다. 당시 여권은 태풍 예보 때문에 날씨가 나쁠 것으로 기대하여 10월 3일 보수단체들의 영향력을 과소평가했다. 그러나 집회에 참가한 엄청난 규모의 인원은 문재인 대통령과 청와대 참모들에게 커다란 충격과 놀라움을 안겨주었다. 민심을 확인하면서 회복하기 어려운 충격을 받은 문재인 대통령은 10월 14일, 조국을 사퇴시켰다. 조국은 장관 지명 66일, 취임 35일 만에 사임했다.

사퇴하는 조국을 문재인 대통령은 끝까지 배려했다. 대통령은 조국이원하는 대로 검찰 개혁안을 사임할 장관이 직접 발표하게 했다. 사임하는 날 법무부 감찰부장으로 우리법연구회 출신인 한동수를 임명하는 것도 용인해주었다. 심지어 조국은 10월 15일로 예정되었던 법무부에 대한 국회 국정감사까지 자신이 마치고 사임하겠다는 요청도 대통령에게했다. 대통령은 이 요청만은 받아들이지 않았다. 2019년 10월 18일 갤럽여론 조사에서 문재인 대통령의 인기는 취임 후 처음으로 40% 밑으로 떨어져 39%를 기록했다.

3.3. 조국 사퇴 후

조국 사퇴 후 여권 내에서는 문재인 대통령에게 직언할 수 있는 청와대 참모가 없다는 비판이 나왔다. 조국 낙마로 청와대 내부의 의사 결정 시스템에 문제가 있다는 것이 드러났지만 책임지는 사람은 없었다. 이에 대해 청와대 출신인 민주당 관계자는 "(조국과 관련 검찰과의) 상황이 이렇게까지 파국으로 치달은 것은 대통령한테 직언하는 참모가 없기 때문. 청와대 참모들이 선거 나갈 생각만 하고 눈치만 보니 답답한 상황"이라고 말했다.[395] 당시 여당 의원이었던 표창원 조차 "조국 사태 이후 민주당은 숙제를 미뤄왔다. 정면 돌파할 생각은 안 했던 것 같다. 당에서는 결과적으로 대승을 거뒀으니 뭐 하러 건드리나, 그냥 넘어가면 된다고 생각하는 것 같다. 하지만 나중에 1심 선고가 나오고, 판결문 등을 통해 의혹의 실체가 자세히 다뤄지면 미뤘던 숙제가 다시 닥칠 수도 있지 않을까."[396]라고 비판했다.

1987년 민주화 이전 정권의 정통성이 없던 군사정부는 자신들의 존립을 위협하지 않는 상황이면 민심에 대해 민감하게 움직였다. 정권의 정통성이 약하니 민심에 예민한 반응을 보인 것이다. 반면 민주화 이후 절차적 정통성을 획득했던 정부들, 특히 문재인 정부는 도덕적 우월성에 기초한 자신감 또는 교만에 기인해 종종 민심의 흐름을 무시했다. 이것 또한 우리 민주주의의 역설이다. 이에 대해 〈문화일보〉 이용식은 "5년 임기를 등산에 비유하면 문재인 대통령은 이제 정상에 도달했다. 곧 하산을 시작해야 한다. 국정 성과로 내세울 만한 것도 없다. 이런 시점에 조국 사태가 터졌다. 촛불혁명으로 정권을 장악한 지 2년 남짓 만에, 쫓겨났던 세력의 반격에 밀리고 말았다. 조국 사태는 박근혜 정권의 정윤회 문건 사건에 비견될 수 있다. 도처에 조국 시한폭탄이 널려 있는 셈이다. 안타깝게도 아직 문 대통령은 조국 사태가 울리는 위기 신호를 깨닫지도 못하는 것 같다."[397]라고 말했다.

2019년 10월 초만 하더라도 문재인 대통령은 서초동 검찰 개혁 집회와 광화문 조국 사퇴 집회를 두고 "국론 분열이 아니다."라고 말했다. 10월 14일이 되어서야 조국 사퇴 후 처음으로 "갈등을 야기해 송구스럽다. (조 장관에 의해) 검찰 개혁의 큰 발걸음을 뗐다. 검찰 개혁과 공정의 가치는 우리 정부의 가장 중요한 국정 목표이며 국정 과제이기도 합니다. 조국 장관의 뜨거운 의지와 이를 위해 온갖 어려움을 묵묵히 견디는 자세는 많은 국민들에게 다시 한 번 검찰 개혁의 절실함에 대한 공감을 불러일으켰고, 검찰 개혁의 큰 동력이 되었습니다. 결과적으로 국민들 사이에 많은 갈등을 야기한 점에 대해 매우 송구스럽게 생각합니다."[398]라고 말했다. 이것은 문재인 대통령 특유의 기회주의적인 발언이었다.

조국 사퇴에 대해 문재인 대통령은 국민에게 자신의 조국을 임명하면서 판단을 잘못했다고 진솔하게 사과했어야 했다. 사과한 후에는 이해찬 대표 및 이인영 원내대표 등 여당의 지도부에 대한 비판과 함께 노영민 비서실장과 윤건영 국정기획상황실장 등을 포함한 청와대 참모들에 대한 과감한 인적 쇄신을 단행했어야 했다. 그랬으면 문재인 대통령은 국론 분열의 원인이 아니라 국론 통합의 상징이 되었을 것이다. 친문이 쳐놓은 그물에서 벗어나지 못한 대통령의 한계였다. 조국 사태의 과정에서 여권 인사들은 문재인 대통령의 한계와 이해찬 대표의 영향력을 체험했고, 문재인 정부에 이해찬이 상왕으로 버티고 있다는 사실을 다시 한 번 실감했다.

더불어민주당 대표 이해찬은 조국 사태가 끝난 2020년 1월에도 "조국 전 법무부 장관에 대한 검찰의 장기 수사에 대해 지난해 8월부터 그렇게 요란을 떨었지만 지금 성과가 없다. 수사 자체가 잘못된 과잉 수사…(검찰 인사도) 윤석열 검찰총장이 들어온 뒤 윤 총장이 거의 했다. 조국 전 법무부 장관을 임명하지 못하게 대통령 인사권에 시비를 걸기 시작했고, 이제 저항하기 시작한 것"이라고 주장했다.[399] 이해찬은 당대표직을 마친 2020년 9월, 〈시사IN〉과의 인터뷰에서 '(조국의 법무부 장관) 지명 직전에 윤석열 검찰총장이 대통령 독대를 요청했다는 이야기가 파다했습니다.'라는 질문에 "사실입니다. 한 번도 아니고 두세 번을 요청했어요. 내가 다 얘기는 안 하지만, 있을 수 없는 사안입니다."[400]라고 말했다.

이해찬은 회고록에서도 "(조국 전 장관은) 물러날 때 물러나더라도 검찰 개혁을 위해서 할 수 있는 걸 하려고 했다. 수난을 겪으며 거의 석 달을 버텼다. 나와 의논하면서 출구전략을 만들었고, 결국 장관으로서 정비할 수 있는 건 다 하고 나왔다."[401]고 주장했다. 이해찬의 이런 발언들은 조국 사태에 대한 친문 세력의 인식과 전략을 극명하게 보여준다. 이와 관련 당시 민주당 최고의원이었던 김해영은 "(조국 사태 당시) 비공개 회의에서 (자신이 조국에 비해 비판적으로 말을 하자) 이해찬 대표가 '하지 마' '그만 해' 소리도 여러번 질렀죠…당이 이렇게 망가진 모든 책임이 이해찬 대표에게 있어요. 당시 철저한 진영논리로 움직였어요"라고 주장했다.[402]

이러한 인식과 전략 때문에 조국은 장관 사퇴 후에도 인사에 적극 영향력을 미쳤고, 후임 법무부 장관 추미애는 정치적 헛발질을 거듭했다.

3.3.1. 사퇴한 조국의 영향력
조국은 법무부 장관을 사퇴하면서 자신에 대한 검찰 수사를 막기 위하여 후임 법무부 장관 인사에 개입했다. 그는 자신에게 충성을 다한 김오수 법무부 차관을 윤건영, 노영민 비서실장과 함께 문재인 대통령에게 강력하게 추천했다. 그러나 문재인 대통령은 검찰 출신을 법무부 장관으로 임명하는 것을 받아들이지 않았다. 대신 문재인 대통령은 박형철 반부패비서관을 통해 윤석열에게 법무부 장관 후보를 물어보기도 했다. 이에 윤석열은 박범계 의원 등을 추천했다.

이러한 상황에서 이해찬과 양정철 등 친문 실세들은 윤석열을 제압하기 위해 법무부 장관으로 전해철 의원을 강력하게 추천했다. 전해철은 본인의 강한 의지[403]에도 불구하고 좌절되었다. 이후 이해찬은 윤석열 총장을 제압하기 위해 2018년 당 대표 선거에서 자신을 열심히 도와주었던 추미애 전 민주당 대표를 문재인 대통령에게 강력히 추천했다. 2020년 1월, 추미애 전 민주당 대표가 법무부 장관에 임명됐다.

조국 사퇴 후인 10월 16일 문재인 대통령은 조국이 사퇴하기 전 준비하고 발표했던 검찰 개혁안과 관련해 법무부 김오수 차관과 이성윤 검찰국장을 청와대로 불러서 면담했다. 면담에서 김오수 차관은 검찰 개혁안의 진행 상황과 향후 계획을 보고했고, 문재인 대통령은 "지금까지 대검이나 법무부의 감찰 기능이 실효성 있게 작동돼 왔던 것 같지 않다. 강력한 자기 정화 기능이 될 수 있도록 하는 방안을 마련해 직접 보고해 주면 좋겠다."고 말했다.[404]

아울러 문재인 대통령은 조국 사퇴 후에도 청와대의 참모진 개편 없이, 조국의 오른팔들인 민정수석실의 최강욱 공직기강비서관과 이광철 민정비서관을 유임시켰다. 조국은 이호철 등 부산 실세들을 동원해서 자신의 법무부 장관 임명에 조금은 부정적이었던 김조원 민정수석을 자신의 입장을 이해하도록 만들었다. 여담이지만 2020년 8월 강남 3구에 아파트 두 채를 보유하여 다주택 참모 논란의 중심에 있던 김조원은 청와대를 떠나는 마지막 순간에 문재인 대통령이 주재한 수석·보좌관 회의에 불참해서 대통령 참모로서는 부적절한 처신을 보여줬다.[405]

한편 제4장에서 자세히 살펴보듯이 윤석열의 검찰은 2019년 12월 초 청와대 울산시장 선거 개입 의혹 사건을 원칙대로 울산에서 서울로 옮겨오게 했다. 12월 4일에는 유재수 전 부산시 경제부시장 감찰 중단 의혹 사건과 관련해 청와대 압수수색도 단행했다. 이 사건에 대해 〈중앙일보〉 박재현은 "유재수 감찰 중단 사건에서 앞으로 남은 조사 대상은 조국+알파이다. 조 전 장관은 이미 수많은 곳에서 전화가 왔다며 외부 압력 또는 민원설을 퍼트려 검찰 수사가 그에게서 그치지는 않을 것으로 보인다. 부산과는 어떤 인연도 없는 유씨가 부산 부시장으로 간 것도 정치적 힘이 작용했을 것으로 보는 것이 보다 합리적이다."[406]라고 주장했다.

이와 관련해 청와대 민정비서관을 지낸 백원우를 포함해 문재인 대통령의 복심으로 꼽히는 윤건영 전 국정기획상황실장, 김경수 전 경남도지사 등이 검찰 조사를 받았다. 유재수가 연고도 없는 부산시 경제부시장에 발탁되는 과정에서 부산파 친문 핵심인 이호철도 거론되었다. 유재수 감찰 중단 사건을 통해 그동안 베일에 싸여 있던 친문 핵심 실세들이 어느 정도 드러났다.

조국은 자신과 친한 조남관이 서울동부지검장에 있어서 유재수 사건을 처음에는 크게 걱정하지 않았다.[407] 윤석열이 동부지검에 원칙대로 확실하게 수사할 것을 재촉하면서 조국은 위협을 느끼기 시작했다. 조국은 유재수 감찰 중단이 심각한 법적 문제가 될 수 있음을 이미 알고 있었다. 당시 조국은 박형철 반부패비서관에게 자신과 박형철 그리고 백원우가 함께 의논해 유재수에 대한 감찰 중단 결정을 내렸다는 말을 검찰 조사에서 해달라는 요청을 했으나 거절당했다.

친문 핵심 실세들도 이 문제의 심각성을 깨닫게 되었다. 이들은 먼저 동부지검 수사를 앞두고 흔들리고 있는 백원우를 안정시켰다. 구체적으로 부산의 이호철 등 친문 실세들은 윤석열과 가까운 전 국정원 기조실장 신현수(후에 청와대 민정수석) 등과 상의해서 백원우에게 변호사를 소개해주면서 진정시켰다. 이에 대해 백원우는 "청와대의 유재수 감찰 중단 사건에서 백 전 비서관뿐만 아니라 조국 전 법무장관도 당시 회의를 열어 결정했고 박(형철) 전 비서관도 반대하지 않았다."[408]라고 진술했다. 백원우는 박형철을 물고 들어가면 윤석열이 박형철과 쌓은 개인적 인연 때문에 난처해질 것이라고 생각했던 것이다.[409]

유재수 감찰 중단 의혹 사건을 계기로 친문 실세들은 조국이 주장한 것처럼 윤석열이 아군이 아니라 적군이 될 수도 있다는 윤석열의 위험성을 깨닫게 됐다. 이러한 윤석열의 위험성은 문재인 대통령에게도 전달되었다. 실례로 2019년 12월 8일 청와대에서 문재인 대통령이 직접 주재하는 청와대 반부패정책협의회가 열렸다. 당시 반부패정책협의회는 무엇보다 문재인 대통령과 윤석열의 공식적 만남이 예고돼 세간의 이목이 쏠렸다. 두 사람은 2019년 7월 25일 검찰총장 임명장 수여식 이후 처음으로 공식 석상에서 함께 자리했다. 이날 문재인 대통령은 검찰 개혁과 관련해 "이제부터의 과제는 윤석열 총장이 아닌 다른 어느 누가 검찰총장이 되더라도 흔들리지 않는 공정한 반부패 시스템을 만들어 정착시키는 것이라고 생각한다."고 말했다.

그런데 반부패정책협의회가 끝난 뒤 문재인 대통령은 김오수 법무부 차관과 이성윤 법무부 검찰국장을 따로 만나 검찰 개혁 관련 보고를 들었다. 이 보고에는 검찰총장의 중요 사건 수사 단계별 사전 보고와 검찰의 직접 수사부서 41곳을 축소하는 등의 내용이 담겨 있었다. 이러한 내용들은 조국 일가 관련 수사와 유재수 감찰 중단 의혹 사건 그리고 청와대 울산시장 선거 개입 의혹 등 청와대를 향한 검찰 수사를 방해할 목적이 있었던 것으로 전해졌다.[410] 실제로 검찰의 직접 수사부서 축소 대상엔 조국 일가의 수사를 담당한 특수부(현 반부패수사부) 외에도 대공 사건과 선거·노동 사건을 담당하는 공공수사부가 포함됐다.

3.3.2. 추미애 법무부 장관 임명

2020년 1월 2일 문재인 대통령은 추미애 전 민주당 대표를 법무부 장관에 임명했다. 나아가 2020년 1월 8일 검찰 개혁을 명분으로 검찰 고위 간부인 고검장 및 검사장 32명에 대한 승진 및 전보 인사를 단행했다. 당시 인사에 대해 검사의 임명과 보직은 법무부 장관이 검찰총장의 의견을 들어 대통령에게 제청하도록 규정하고 있는 검찰청법을 위반했다는 논란이 거셌다.

윤석열에게 인사 결과는 참혹했다. 윤석열을 보좌한 참모진들 대부분이 교체됐다. 구체적으로 조국의 가족 비리와 청와대 감찰 중단 의혹 수사를 지휘한 한동훈 대검 반부패강력부장은 부산고검 차장검사로, 청와대 선거 개입 의혹을 수사 중인 박찬호 대검 공공수사부장은 제주지검장으로 전보됐다. 반면 서울중앙지검장에는 문재인 대통령의 대학 후배인 이성윤 검찰국장이, 검찰 인사와 예산 업무를 총괄하고 전국 검찰청의 주요 사건을 보고받는 핵심 요직인 검찰국장에는 참여정부 청와대 특별감찰반장 출신인 조남관 서울동부지검장이 임명됐다.[411]

2020년 1월 8일의 인사 결과 검찰 요직의 네 자리인 서울중앙지검장, 검찰 인사와 예산을 총괄하는 법무부 검찰국장, 과거 대검 중수부장에 해당하는 반부패·강력부장과 공안부장에 해당하는 공공수사부장 등이 모두 호남 출신으로 채워졌다. 이성윤 신임 중앙지검장은 전북 고창, 조남관 검찰국장은 전북 남원 출신이었다. 두 사람은 전주고 동문이었다. 또 심재철 반부패·강력부장이 전북 완주, 배용원 공공수사부장은 전남 순천 출신이었다. 특히 이 검찰 인사안을 주도했던 이광철 청와대 민정비서관과 최강욱 공직기강비서관 역시 각각 전남 함평과 전북 전주 출신이었다.[412] 당시의 검찰 인사를 두 사람이 주도했고 이들은 조국의 오른팔들이니 조국이 인사를 한 것과 다를 게 없었다.

문재인 대통령은 2020년 1월 조국의 법무부 장관 시절 정책보좌관이었던 김미경 전 법무비서관실 선임행정관을 균형인사비서관에 임명했다.[413] 문재인 대통령은 2020년 1월 14일 신년 기자회견에서 조국에 대해 "지금까지 (검찰 수사 등으로) 겪었던 고초만으로도 아주 크게 마음에 빚을 졌다. 공수처법과 검찰 개혁 조정법안의 통과에 이르기까지 조 전 장관이 민정수석으로서, 법무부 장관으로서 했던 기여는 굉장히 크다고 생각한다. 그분의 유무죄는 수사나 재판을 통해 밝혀질 일. 이제는 검경 수사권 조정 법안까지 다 통과됐으니 조 전 장관은 좀 놓아주고, 그분을 지지하는 분이든 반대하는 분이든 그 문제를 둘러싼 갈등은 끝냈으면 한다."는 말도 했다.[414]

이에 대해 진보 논객 진중권은 "(조국)이 겪었다는 고초는 법을 어긴 자들에게 당연히 따르는 대가로 빚은 오히려 그가 국민에게 진 것이라고 했다. (문 대통령이) 마음의 빚을 졌다고 말함으로써 친구의 불법에는 마음의 빚을 느낀다는 대통령이 그 불법을 적발한 검찰의 행위는 초법적이라 부른다. 친구의 자세일지는 몰라도, 결코 좋은 대통령의 자세는 아니다. 청와대의 운영은 이미 공적 업무에서 PK(부산·경남) 친문의 이권을 보호해주고 그들의 생존을 보장해주는 사적 업무로 전락했다."고 비난했다.[415]

조국은 유재수 감찰 중단 의혹 사건과 청와대 울산시장 선거 개입 의혹 사건 때문에 이호철, 양정철, 김경수, 윤건영 등 친문 실세들뿐만 아니라 더불어민주당의 이해찬 대표 등과 정치적 이익이 더욱 맞아 떨어졌다. 그는 장관 사퇴 후에도 이들의 지원과 자신의 오른팔들인 공직기강비서관 최강욱과 민정비서관 이광철의 도움을 받았다. 그는 피의자 신분에 아랑곳하지 않고 검찰 중간 간부 인사를 비롯해 다른 인사에도 막강한 영향력을 미쳤다. 실례로 2020년 1월 23일의 검찰 중간 간부 인사는 조국 및 문재인 정부와 코드가 맞는 검사들을 요직에 전진 배치한 것이었다. 구체적으로 조국의 제2기 법무·검찰 개혁위원회 부단장을 맡았던 이종근 인천지검 2차장이 서울남부지검 1차장으로 전보됐다. 법무·검찰 개혁위원회 전윤경 사법연수원 교수는 대검 특별감찰단 팀장으로, 추미애 장관의 인사청문회를 도왔던 김태훈 중앙지검 형사5부장은 법무부 검찰과장으로, 검찰 인사 실무 작업을 담당했던 진재선 법무부 검찰과장은 법무부 정책기획단 단장으로 발령났다. 이 네 명의 검사가 배치된 직위는 법무부와 검찰의 핵심이었다.[416]

2020년 1월 8일의 검사장급 인사와 1월 23일의 차장·부장 검사급 중간 간부 인사는 진보 논객 진중권이 주장한 것처럼 조국이 최강욱 비서관을 통해 마련한 것이고, 추미애 법무부 장관은 이를 그대로 행동에 옮겼을 뿐이었다. 두 차례의 인사 결과 청와대 울산시장 선거 개입 의혹 및 조국 일가 비위 수사팀 지휘 라인은 대거 교체돼 지방으로 가게 되었다. 이에 대해 진보 논객 진중권은 "그렇게 강력하다는 검찰, 그것도 대쪽 같은 총장이 지키는 조직도, 청와대에 근무하는 파렴치한 문서위조범의 손에 일거에 와해된다. 조국은 언터처블이다. 그 친구가 공화국 최고 존엄이라는 사실, 이번에 처음 알았다. 내 참, 어처구니가 없어서. 결국 법무부 장관 취임식이 실은 친문 왕조의 세자 책봉식이었던 것이다. 조국−정경심 펀드와 관련된 여러 의혹, 신라젠, 라임펀드, 우리들병원과 관련된 의혹들. 여기에 연루된 친문 실세들은 이제 대한민국에서 사실상 치외법권의 영역에서 살게 되었다."[417]라고 맹비난했다.

2020년 1월 23일, 윤석열은 추미애의 검찰 2차 인사 대학살에 개의치 않고 조국 아들에게 허위 인턴 활동 확인서를 발급해준 혐의로 최강욱 공직기강비서관을 불구속 기소했다. 최강욱은 이것을 날치기 기소라고 주장하면서 윤석열과 검찰 수사진을 직권남용 혐의로 고발한다고 발표했다. 그는 검찰이 다급히 기소를 감행했고 막연히 자신들의 인사 불이익을 전제하고 보복적 기소를 한 것이라고 주장했다. 또한 그는 향후 고위공직자범죄수사처(공수처)의 윤석열에 대한 수사 가능성을 말했다. 추미애까지 이날 검찰의 최강욱 기소에 대한 감찰 필요성을 발표했다. 이에 대해 진중권은 "공수처의 용도가 뭔지 온몸으로 보여준다. 이 천하의 잡범(최강욱 비서관)이 청와대에 있다고 큰소리치는 걸 보라. 그런데 (문재인) 대통령은 설날 화보 촬영 스케줄로 바빠서 지금 청와대에서 무슨 일이 벌어지는지 전혀 모르는 모양. 추 장관이 들어와 며칠 만에 법무부(法無部)가 됐다."라고[418] 비판했다.

심지어 최강욱은 1월 23일 조국 아들의 허위 인턴 증명서 발급 혐의로 기소됐지만 사퇴할 뜻이 없다고 밝혔다. 문재인 정부 청와대 비서관급 이상 인사 중 기소 이후에도 현직을 유지한 사람은 최강욱이 유일했다.[419] 이에 대해서도 진보 논객 진중권은 "사실 추미애는 인형에 불과하고, 복화술사는 최강욱(청와대 공직기강비서관)과 이광철(청와대 민정비서관)이다. 특히 최강욱씨, 이제까지 모든 비서관들이 기소와 더불어 자리에서 물러났는데, 유독 이 분만 아직 자리를 지키고 있다. 그만큼 정권 실세들 비리에 대한 수사를 방해하고 저지하는 데서 이 분이 중요한 역할을 하고 있다는 뜻일 것. 일개 비서관이 감히 검찰총장 잡아넣겠다고 땍땍거리는 장면, 본 적 있나? 이 자체가 이 정권의 비정상성을 시각적으로 보여준다."[420]라고 비난했다.

최강욱은 2023년 9월 대법원에서 징역 8개월에 집행유예 2년을 선고받고 국회의원직을 잃었다. 그가 2020년 1월 재판에 넘겨진 지 3년 8개월 만이었다. 대법원 판결이 늦어지면서 그는 국회의원 임기를 80% 이상 채웠다.[421] 이와 관련 조국은 "최강욱, 투지, 담대, 유쾌한 사내…하나의 문이 닫혔지만, 다른 문이 열릴 것이다."라고 주장했다.[422]

이렇게 막강한 최강욱과 이광철 뒤에는 바로 조국이 있었다. 이런 현상을 〈중앙일보〉 박재현은 "지난해 조국 사건을 시작으로 유재수·울산시장 선거·우리들병원 특혜 대출 사건 등이 잇따라 불거지고 이를 둘러싼 사회적 갈등이 극에 이르는 상황에서도 (김조원)민정수석은 어떤 역할도 하지 못하고 있다. 소통 수석이 나서 검찰을 비판하고, 비서관 개개인들이 각개 전투식으로 검찰 및 야당과 각을 세우는 것은 제대로 된 국정 운영이라고 볼 수 없다."[423]라고 지적했다.

3.4. 실패한 조국 살리기와 남아 있는 폐해

장관을 사퇴한 후에도 조국은 친문 실세들의 지원과 최강욱 공직기강비서관과 이광철 민정비서관 등의 도움을 받으며 청와대와 법무부와 검찰의 인사뿐만 아니라 다른 분야의 인사 결정에도 영향력을 미쳤다. 예컨대 2020년 9월 청와대는 조국의 서울대 82학번 동기로 유재수 감찰 중단 의혹 재판에서 그를 변호했던 김진수 변호사를 대한법률구조공단 이사장으로 임명했다.[424]

조국은 윤석열의 검찰이 자신과 자신의 가족들을 기소해도 자신이 다수의 대법원 판사들을 문재인 대통령에게 추천하고 자신의 뜻대로 임명하게 만들었기에[425] 대법원에서 자신과 자신 가족들은 무조건 무죄를 받을 수 있다고 믿었다.[426] 사실 아래의 구체적인 사례들을 보면 이러한 조국의 바람과 믿음을 이해할 수도 있다. 당시 김명수 대법원장은 코드 대법관들로 채워진, 가장 편파적 구성의 대법원을 기초로 이념 조직인 우리법연구회나 국제인권법연구회 소속 법관들이 사법부 요직을 차지하는 법원 인사를 지속했다.[427] 실제로 김명수 대법원장은 재판의 공정성을 보장하는 사건 무작위 배당 원칙을 어기면서 2021년 2월 법원 인사를 통해 법관의 소속 법원을 결정하고 법원장이 재판부를 결정해 청와대 울산시장 선거 개입 의혹 사건, 사법행정권 남용 의혹 사건 등을 특정 판사에게 계속 맡겼다.[428]

구체적으로 당시 서울중앙지법 사무 분담 결과에 따르면 김미리 부장판사는 3년째 청와대 울산시장 선거 개입 의혹 사건과 유재수 전 부산시 경제부시장 감찰 중단 및 조국 자녀 입시 비리 사건 재판부에 남기도 했다.[429] 이에 대해 〈중앙일보〉 박재현은 "조(국) 전 장관의 경우 2019년 12월 31일 업무방해 등 혐의로 불구속 기소됐지만 석 달 가까이 공판 준비 기일이란 명분으로 정식 재판은 열리지 않고 있다. 검찰은 조 전 장관 부부의 혐의 사실 중 일부가 곳곳에서 겹치고 있는 상황에서도 법원이 사건을 합치지 않고 별도로 재판하기로 한 배경에도 정치적 판단이 작용한 것으로 의심하고 있다. 대법원이 정치적으로 휘둘렸다는 야당의 비판이 더 설득력을 갖게 됐다."[430]라고 주장했다.

이러한 김명수 법원의 폐해와 관련 2022년 11월 〈조선일보〉는 "유재수 전 부산시 경제부시장의 비위 의혹에 대한 감찰을 무마한 혐의로 기소된 문재인 정부 청와대 비서관들에게 검찰이 (2022년)11일 백원우 전 민정비서관에겐 징역 2년, 박형철 전 반부패비서관에겐 징역 1년 6개월을 선고해달라고 재판부에 요청했다. 이들이 재판에 넘겨진 지 2년 10개월 만이다. 조국 전 법무장관은 기소된 지 3년가량 됐는데도 아직도 1심이 진행 중이다. 문재인 청와대의 '울산시장 선거 개입' 사건도 기소된 지 2년 10개월 지났지만 역시 1심 판결도 나오지 않았다. 이런 것이 사법기관이 저지르는 불의다. 유독 지난 정권 사건 재판들이 이렇게 늘어진 데는 법원 스스로 재판을 뭉갠 측면이 크다. 우리법연구회 출신 판사가 노골적으로 재판을 지연시키기도 했다. 울산시장 선거 개입 사건에선 1년 3개월 동안 유무죄를 가리는 재판을 한 차례도 열지 않았다."[431]라고 비판했다.

당시 조국은 2020년 4월 총선 더불어민주당의 압승을 기반으로 2022년 3월 대선에서 정권 재창출에 성공해야 한다고 생각했다. 또한 정권 재창출을 위해 자신이 여권 후보를 적극 지원하거나 자신이 직접 출마하는 것도 고려했다. 이런 희망적 생각들은 자신의 무죄 판결을 만들어내는 전제 조건이기도 했다. 이와 관련해 철학자 윤평중은 "조국 사태가 한창일 때 조국 전 법무부 장관은 정치적으로 사망한 듯 보였다. 조국 대통령 만들기로 장기 집권을 노린 문재인 정권의 기획도 물거품이 되는 듯했다. 하지만 이는 중대 오판이다. 검찰과 법원을 장악하게 될 공수처는 그의 재생(再生)을 위한 핵심 장치다."[432]라고 주장했다.

조국의 희망을 현실로 만들려는 노력은 집요하고 꾸준했다. 몇 가지 사례를 들어보자. 2020년 1월 청와대가 조국 가족 수사 과정에서 빚어진 검찰의 인권 침해를 조사해달라는 내용의 국민 청원에 국가인권위원회에 관련 공문을 보냈다.[433] 이에 대해 진보 논객 진중권은 "청와대는 아직 조국에 미련이 남았나. PK(부산·경남) 친문(친문재)에서 아직 조국 대선 카드를 포기하지 않은 듯. 김대중 대통령이 인권위를 설치한 목적은 힘없는 사람들의 인권을 보호하는 것이었을 것이다. 그런데 청와대를 장악한 PK 친문들은 인권위마저 고위공직자의 비리와 부도덕을 세탁해 주는 기관으로 악용하려한다."고 비판했다.[434]

이밖에 진보 논객 진중권은 조국이 황희석 법무부 인권국장 등과 함께 2020년 1월 12일 경기도 남양주시 마석모란공원에 마련된 고(故) 박종철 열사와 고(故) 노회찬 전 정의당 의원의 묘소를 찾아 참배했다는 사실에 대해 "대체 왜 저럴까. 아직 조국에 미련이 남은 걸까. 마침 어제 조국이 박종철, 노회찬 묘역 참배했다고 한다. (조)국아, 너는 대체 어떤 종류의 사람이니? 인권위에서 한번 세척한 후, 선거에 내보내 명예회복 시킨 후 대선주자로 리사이클링(재활용) 하겠다는 뜻으로 보인다. PK 친문이 똥줄이 타는 모양이다."라고 비판했다.[435] 나아가 진중권은 "정치권과 언론계에 떠도는 정설 아닌 정설은 양정철(민주연구원장)이 조국(전 법무부 장관)과 유시민 중 하나를 차기 대통령으로 만들려 했다는 거다. 물론 거기서 중심축은 조국이고 유시민은 페이스메이커(유사시엔 스페어타이어)"[436]라고도 주장했다.

2020년 4월 총선을 앞두고 여당인 더불어민주당은 놀랍게도 조국 수호 집회를 주도한 인사들뿐만 아니라 청와대 울산시장 선거 개입 의혹 사건에 연루돼 재판에 넘겨진 피고인들을 총선 후보로 내세웠다. 이들은 야당 시장 후보에 대한 표적 수사를 지휘하거나 경쟁 후보 매수를 시도했다는 의혹을 받는 인물들이었다. 선거법 위반 피고인들을 여당이 선거에 내세운 것은 전례 없는 일이었다.

비례 의석과 관련해서도 놀랍게도 더불어민주당은 더불어시민당과 정치적으로 제휴했다. 그런데 이 더불어시민당의 모태가 된 '시민을위하여'는 조국 수호를 외쳤던 강성 친문 조직 '개싸움국민운동본부'(개국본)가 주축이었다. 개국본은 조국 사태 당시 서초동에서 조국 수호 시위를 주도했다.[437] 아울러 제2의 민주당의 비례정당이라는 열린민주당은 공공연히 조국 수호를 표방했다. 문재인 대통령은 총선 후 5월 13일 열린민주당 당 대표로 선출되고 조국 가족과 관련되어 기소된 최강욱 당선인에게 취임 축하 전화를 했고 권력기관 개혁 문제에서 최강욱의 역할도 당부했다.[438]

조국과 친문 세력의 정치적 공격대상은 윤석열이었다. 윤석열이 공격 대상이 된 이유는 단 하나였다. 조국 가족 비리와 청와대의 울산시장 선거 개입 의혹, 그리고 유재수 감찰 중단 의혹 등을 수사했기 때문이었다.

조국과 친문 세력의 이런 행위에 대해 많은 이들이 거세게 비판했다. 몇 가지만 들어보자. 진보파 김동진 판사는 "국정을 운영하는 문재인 대통령 스스로 마음의 빚 운운하면서 조국 전 교수가 어둠의 권력을 계속 행사할 수 있도록 방조하는 행위가 과연 민주 공화정을 근간으로 하는 대한민국의 정체성에 얼마나 큰 해악이 되는지 한 번쯤이라도 생각해 보았는지 의문이다. 국정 수반자 지위로는 해서는 안 되는 언행이었고, 도저히 있을 수도 없는 상황이라고 국민은 느끼고 있다."라고 비판했다.[439]

〈문화일보〉 허민은 "조국 살리기를 예고하는 때의 징조는 문재인 대통령이 조국에게 마음의 빚을 졌다고 토로하면서 예견됐다. 그 뒤로 조국 비리 의혹을 비판했던 금태섭 민주당 의원의 경선 탈락, 잇단 친문(親文) 비례정당의 출현, 친(親) 조국 성향 인사들의 공천. 권력을 세울 수도 주저앉힐 수도 있는 게 친문의 힘이다. 조국 살리기의 짝은 윤석열 검찰총장 제거다. 여권이 일제히 윤석열 때리기에 나선 건 우연이 아니다. (이들은) 조국 무죄를 가리키고 조국 부활을 암시하고 조국 만세를 외치고 있다."[440]라고 비난했다. 〈중앙일보〉 전영기는 "친문 세력은 문 대통령의 퇴임 후 안전을 보장하는 데 조국만한 후계자가 없다고 결론을 내린 듯하다. 이낙연도 이재명도 아니다."[441]라고 꼬집었다.

장관직 사퇴 후에도 조국은 문재인 대통령의 암묵적 용인 아래 치밀하게 검찰뿐만 아니라 국정 전반의 인사에 대한 영향력을 행사했으며 정치적 부활을 꿈꾸었다. 2020년 총선에서 여당이 압도적으로 승리한 후 부활의 꿈은 더욱 커졌다. 조국 뒤에는 여권의 이호철, 양정철, 백원우, 윤건영 등의 친문 실세들이 있었다. 조국은 청와대의 이광철, 법무부의 이용구 차관, 국회의 최강욱 등과 소통하면서 사실상 추미애 법무부 장관의 정책 결정에도 영향력을 행사했다.

그러나 이들 친문 실세들은 2020년 9월 추미애 법무부 장관 아들의 군 복무 시절, 소위 황제 휴가와 관련된 추미애 파문이 터지면서 조국과 정치적 거리를 조금씩 두기 시작했다. 추미애 파문은 한국 사회에서 가장 민감한 영역의 하나인 병역 문제에 대한 논쟁이었다. 추미애는 조국이 대학 입시 문제에서 불러일으켰던 불공정의 문제를 다시 국민에게 상기시켰고 문재인 정부에 다시 정치적 부담을 안겼기 때문에 친문 세력과 조국은 조금씩 멀어지기 시작했다.

특히 친문 실세들은 2020년 12월 23일 조국 가족 비리 사건과 관련해 조국의 부인 정경심 교수가 1심 법원에서 징역 4년의 중형[442]을 받고 나서는 조국과 거리를 더욱 두었다. 2020년 12월 24일 추미애 법무부 장관을 앞세워 조국파들이 주도한 윤석열의 2개월 정직에 대해서도 서울행정법원이 집행정지 결정을 내리자 조국의 영향력은 더욱 약화됐다. 이러면서 조국 살리기는 완전한 실패로 끝났다.

2023년 2월 조국은 재판에 넘겨진 지 3년 2개월 만에 자녀 입시비리와 감찰무마 등의 혐의로 1심에서 징역 2년의 실형과 추징금 600만 원을 선고받았다. 그의 부인 정경심도 징역 1년을 추가로 선고받았다.[443] 이와 관련 〈중앙일보〉 오병상은 "백만 촛불은 조국 무죄를 확신하며 조국수호가 검찰개혁이라 믿었습니다. 결과적으로 조국은 유죄로 판결났고, 검찰개혁은 실패했습니다. 조국은 순교자가 아니고, 공수처는 검찰개혁이 아니었습니다. 촛불은 정치선동에 흔들렸습니다."라고 주장했다.[444]

한동안 문재인 대통령이 아니라 친문 실세들과 조국을 중심으로 국정이 운영된 것은 사실이다. 그들의 목표는 문재인 대통령의 국정 운영 성공이 아니라 자신들의 불법행위에 대한 검찰 수사를 무마시키는 것이었다. 또한 막대한 희생과 대가를 치르더라도 정권을 재창출하여 그들의 불법을 덮고 권력을 연장하는 것이 그들의 목표였다.

이 장을 마무리하면서 한 가지만 더 첨언한다. 문재인 대통령은 사법부에 대한 조국의 영향력을 2020년 12월 23일 1심 법원의 정경심 동양대 교수에 대한 징역 4년의 선고와 12월 24일 서울행정법원의 윤석열의 2개월 정직에 대한 집행정지 결정까지는 믿었던 것 같다. 문재인 대통령은 법원의 고위직 인사 결정에서 조국의 추천을 대부분 받아들여서 임명했기 때문이었다. 정말 불행한 일이었다.

4

문재인의 검찰 개혁과 윤석열

"문재인 정권이 성공하기를 절실히 기원합니다. 다만, 문재인 정권이 성공하려면 권력 주변이 깨끗해야 합니다. 문재인 대통령이 윤석열 검사를 총장으로 임명하면서 살아 있는 권력까지 철저히 수사하라고 당부한 것은 아마 그 때문일 겁니다. 불편하더라도 윤석열이라는 칼을 품고 가느냐, 아니면 도중에 내치느냐. 저는 이를 정권의 개혁적 진정성을 재는 시금석으로 봅니다. 검찰이 살아 있는 권력에 칼을 대는 것을 정권에 흠집을 내는 것으로 봐서는 안 됩니다. 외려 권력 앞에서도 검찰이 살아 있다는 것은 문재인 정권이 아직은 건강하다는 것을 보여주는 증거입니다.″[445]

"문 대통령도 조국 일가의 문제와 청와대 실세들을 파헤치는 검찰과 언론의 역할에 훗날 감사해야 할 것이다. 현재 드러난 정권 실세들의 행태가 만약 아무런 브레이크 없이 정권 후반기까지 이어졌다면, 줄줄이 감옥으로 갈 대형 비리와 적폐들을 무수히 빚었을 것이다. 더 이상 일방적으로 폭주하지 말라고, 그러다가 정권이 비극을 맞을 수 있다고 검찰과 언론이 경고음을 울려주고 있는 것이다.″[446]

　　윤석열은 현재 대한민국 대통령이다. 책을 구상하면서 윤석열에 대한 호칭은 크게 고민하지 않았다. 이 책은 기본적으로 문재인 정부 5년이 대상이고 윤석열에 관한 서술 역시 검찰총장에 초점을 두고 있기 때문이다. 물론 실재하는 개인을 나누어 서술하는 것이 가능한 일인가에 대해서는 반론이 가능하다. 이에 대한 대답은 2022년 (사)한국대통령연구소·한국대통령평가위원회의 한국의 역대 대통령 평가를 예시로 들

수 있다. 당시 위원회는 박정희 대통령을 1기와 2기로 나누어 평가했다. 1972년 10월 유신을 기점으로 개인 박정희를 두 시기로 나누어 평가했다.[447]

이와 마찬가지로 윤석열 역시 검찰총장 윤석열과 대통령 윤석열로 나누어 서술하는 것이 더 과학적일 수 있다. 이 책의 윤석열에 관한 서술과 평가는 현재 대한민국 대통령 윤석열에 대한 것이 아니라 검찰총장 윤석열에 대한 것이라는 사실을 거듭 강조한다.

4.1. 검찰총장 임명까지

윤석열은 1983년 서울 법대를 졸업하고 1988년 서울대 법대에서 석사학위를 취득했고 1991년 사법고시에 합격했다. 그는 사법고시를 8번 떨어지고 9번 만에 합격하여 늦은 나이에 검사가 되었다. 남들보다 늦게 시작한 검사의 삶은 순탄하지 않았다. 1994년 대구지방검찰청 검사로 임용된 후 2002년 한때 검찰을 떠나서 법무법인 태평양에서 변호사로 생활하다가 2003년 광주지방검찰청 검사로 다시 돌아온 그는 검사장 승진은 생각하지도 않았다.

박근혜 정부에서는 2013년 국가정보원 정치 개입 의혹 수사(소위 국정원 댓글 수사) 당시 특별수사팀장으로 활동하면서 강골 검사의 이미지를 쌓았다. 그해 국정감사에서 '나는 사람에게 충성하지 않는다.'라는 발언은 훗날까지 그의 대표적인 어록으로 인구에 회자됐다. 그는 정권의 역린을 건드린 이 수사 때문에 지방으로 좌천성 인사를 당했다. 당시 국정원 직원 체포영장과 주거지 압수수색 영장 청구, 공소장 변경을 두고 위임전결규정 등을 위반했다는 논란에도 휘말렸고, 2013년 12월에는 정직 1개월의 징계까지 받았다. 원칙과 소신을 지키다 징계까지 받으면서 검사를 그만둘 생각도 여러 번 했다. 하지만 부인이 극구 말려서 사표는 내지 않고 검사직을 유지했다. 이렇기에 검찰총장이 되리라고는 본인조차 전혀 생각하지 못했다.

윤석열은 자신이 말하는 대로 정무적 감각이 없다. 그런데 정치권의 부름은 종종 있었다. 2004년 한나라당은 처음으로 그에게 총선 출마를 권유했다. 한나라당에서는 그의 총선 참여가 열린우리당에 정치적 타격을 줄 수 있다고 생각했다. 참여정부 시절인 2003년에 윤석열 검사는 불법 대선자금을 수사하면서 노무현 대통령의 측근인 안희정, 강금원 등을 구속했기 때문이다.

이후 그에게 정치 참여를 권한 사람은 당시 안철수 국민의당 대표였다. 2016년 당시 총선을 앞두고 안철수 대표는 윤석열을 직접 만나서 자기를 도와서 정치에 참여하기를 요청했다. 물론 그는 '검사의 역할에 최선을 다하겠다.'라고 말하며 거절했다.[448] 비슷한 시기에 총선을 앞두고 양정철을 통해 문재인 대통령도 윤석열의 정치 참여를 요청했고, 윤석열은 정중하게 거절했다. 검찰총장 지명 전까지 그와 문재인 대통령 간의 개인적 친밀 관계는 사람들이 생각하는 것보다 깊지 않았다. 문재인 대통령에게 윤석열은 관심 있는 사람 중 하나 정도였다.

2003년 이후 검사 윤석열의 존재감은 두드러졌다. 2003년 노무현 대통령의 측근인 안희정, 강금원을 불법 대선자금과 관련해 구속 수사했다. 2006년에는 현대자동차 비자금 사건을 맡아 정몽구 회장을 구속 수사했다. 2016년 12월부터 박영수 특별검사팀의 수사팀장으로 활동했고 박영수 특검은 2017년 3월 국정 농단의 주범으로 박근혜 전 대통령을 구속했다. 대선 열흘 후인 2017년 5월 19일 문재인 대통령은 평검사인 윤석열을 파격적으로 서울중앙지검장에 임명했다. 2018년 3월 그는 다스 실소유주와 관련해 뇌물 수수와 배임, 횡령 및 직권남용 등의 혐의로 이명박 전 대통령을 구속했다.[449] 2019년 1월에는 사법농단 사건 수사를 통해 양승태 대법원장도 구속했다.

당시 친문 실세들인 양정철, 백원우, 윤건영 등과 청와대의 박형철 반부패비서관은 윤석열을 자주 만났다.[450] 이들은 윤석열의 서울지검장 임명에 자신들이 도움을 주었다고 생각했고 그를 마음씨 좋은 친한 형님으로 생각했다. 이들은 출세를 위해서는 무엇이든 했던 과거의 자신들이 경험한 검사들과 같은 부류로 윤석열을 생각했고 정치적 아군으로 간주했다.[451] 그들 중에 몇몇은 종종 그에게 다음의 2019년 검찰총장은 형님이라고 말하기도 했다. 그들은 윤석열이 그들이 원하기만 하면 정치적 적에 대해 타격을 줄 수 있는 수사를 해줄 것이고, 그들이 행한 불법 또는 위법 행위는 눈감아 줄 것이라고 믿었다. 그들의 치명적 착각이고 판단 착오였다. 조국만이 원칙에 충실한 별종 검사 윤석열이 다루기 어려운 검사라는 점을 본능적으로 느꼈고 직접 만난 후에는 그 위험성도 직접 깨달았다.

민정수석 조국은 2019년 문무일 검찰총장의 후임 인선 과정에서 윤석열의 검찰총장 지명을 막기 위해 노력했다. 조국은 윤석열과 그의 아내와 장모를 포함한 인척에 대해 검증했으나 큰 문제점은 발견하지 못했다. 조국은 윤석열을 포함해 다른 검찰총장 후보자들을 직접 면접한 후 보고서를 만들어 문재인 대통령에게 제출했다. 문무일 검찰총장은 2017년 검찰총장에 임명되는 과정에서 윤석열에게서 도움(?)을 받았으나 당시에는 직접 봉욱 대검차장을 밀었다. 나아가 조국은 그동안 자신이 청와대에서 맺은 인맥을 총동원해서 윤석열을 반대했다.

　윤석열은 정치 흐름에 민감하지 못했다. 윤석열은 자신에 대한 조국의 방해 공작을 전혀 알아채지 못했다. 자신과 가까운 윤대진 검찰국장이 이러한 사실을 말해주지 않아서 조국 사태 이후에야 자신이 임명된 모든 과정을 파악했다. 윤대진은 노무현 정부의 청와대 민정수석실에서 근무해서 이호철과 상당한 친분이 있었고 조국과도 친했다. 윤대진으로서는 조국 민정수석과 현직 문무일 검찰총장이 봉욱을 적극적으로 밀고 윤석열을 반대하니 봉욱이 검찰총장으로 지명될 것으로 생각했을 수도 있었다.

　당시 친문 실세들, 즉 이호철, 정재성, 양정철 등은 조국과 달리 윤석열을 수사 과정에서 직접 접촉한 경험해본 적이 없었다. 그들은 윤석열을 검찰총장 임명 때까지는 원칙보다는 권력을 추구하는 전형적인 검사로 생각했다. 윤석열은 박근혜 정부 국정 농단을 수사해 온 검사이기 때문에 자신들의 정치적 울타리, 즉 진보 진영을 숙명적으로 벗어날 수 없다는 사실을 믿었고 그를 '운명적 아군'으로 생각했다.

　윤석열은 문재인 대통령이 자신을 검찰총장으로 지명할 것이라고 확신했다. 그의 긍정적이고 낙천적인 성격 때문만은 아니다. 자신이 문재인 정부 탄생에 크게 기여했다는 자부심도 검찰총장 지명을 확신하게 만들었다. 문재인 대통령이 자신의 정치 역정을 돌이켜봤다면 박근혜 정부의 국정 농단에 대한 적폐 수사가 대통령 당선에 절대적으로 작용했다는 것을 깨달아 그에 대한 보답으로 윤석열을 지명했을 수 있다. 이에 대해 〈동아일보〉는 "윤석열 검찰총장은 문재인 대통령을 대통령으로 만든 공신 중에 공신이다. 검찰과 박영수 특검팀이 박근혜·최순실 국정 농단 사태의 실체를 밝히지 못했다면 박근혜 대통령 탄핵은 불가능했을 것이기 때문이다. 윤 총장은 박영수 특검팀의 수사팀장을 맡아 국정 농단 수사의 성공을 이끌었다. 그 공로로 문재인 정부 출범 직후 사실상 검찰 권력의 핵심이었던 서울중앙지검장에 임명돼 문 대통령이 공약한 적폐 청산을 거침없이 이행했다. 윤 총장 휘하의 검찰은 박근혜 이명박 두 전직 대통령을 구속했고, 사법농단의 책임을 물어 양승태 전 대법원장도 구속했다. 문재인 정부가 과거 적폐 청산을 위해 검찰에 기대했던 것 이상의 성과를 내주었고, 윤 총장은 2019년 7월 검찰총장으로 영전했다."[452]라고 주장했다.

문재인 대통령은 2019년 6월 윤석열을 검찰총장에 지명했고 인사청문회를 거쳐서 7월에 검찰총장에 임명했다. 인사청문회를 앞두고 윤석열은 크게 준비하지 않았다. 개인적 차원과 정책적 차원에서 그의 청문회 준비는 단순했고 명쾌했다. 자식이 없고 늦게 결혼한 부인의 재산은 많아도 자신의 재산이 별로 없는 윤석열은 청문회를 대비해 개인적 차원에서 준비할 게 거의 없었다.

정책적 차원에서 그는 법을 집행하는 조직인 검찰의 한계와 기능에 대해서 분명한 입장이었다. 그는 검·경 수사권 조정이 검찰과 국가 발전의 입장에서는 옳지 않아 보이지만 그것을 입법부의 결정 사항이라고 생각했다. 그는 이것과 관련해 여당 및 야당 의원들에게 수사권 조정 관련 로비를 전혀 하지 않았다. 또한 고위공직자비리수사처(공수처) 설치도 입법부의 결정 사항이기 때문에 이를 반대하기 위한 로비 역시 하지 않았다. 윤석열은 이러한 쟁점들은 입법부에서 결정하면 검찰은 입법부의 결정을 그대로 집행하면 된다고 판단했다.

2019년 7월 25일 윤석열은 청와대에서 검찰총장 임명장을 받았다. 문재인 대통령은 임명식에서 윤석열에게 정치 검찰 탈피 등 검찰 개혁을 강조하면서 청와대, 행정부, 집권 여당을 가리지 말고 살아 있는 권력에도 권력형 비리가 있다면 엄정하게 수사할 것을 직접 주문했다. 윤석열은 검찰총장 취임사에서 "형사법 집행은 국민으로부터 부여받은 권력이고 가장 강력한 공권력입니다. 국민으로부터 부여받은 권한이므로 오로지 헌법과 법에 따라 국민을 위해서만 쓰여야 하고, 사익이나 특정 세력을 위해 쓰여서는 안 됩니다."라고 강조했다.

윤석열은 검찰총장에 임명된 후 조국 등 청와대 참모들이 강력하게 반대했음에도 불구하고, 문재인 대통령이 자신을 검찰총장으로 지명해준 사실을 알게 되었다. 검찰총장은 꿈도 꿔보지 못한 자신을 검찰총장에 임명해준 문재인 대통령에 대해 윤석열은 진정으로 감사하는 마음을 가지고 있었다. 2020년 11월 24일 추미애 법무부 장관이 청와대 보고 후에 헌정사상 처음으로 검찰총장에 대한 징계를 청구하고 직무에서 배제할 때까지 윤석열의 문재인 대통령에 대한 감사의 마음은 한결 같았다.

4.2. 검찰총장 취임

"문재인 정부는 검찰 개혁을 지상과제처럼 추진해왔습니다. 그 필요성은 인정합니다. 그러나 지금 어떻게 됐습니까? 자기들 편한 대로 자의적 인사, 편 가르기 발령을 하는 바람에 검찰은 오히려 핍박받는 집단, 정의를 수호하는 조직이 돼가고 있습니다. 검찰을 개혁하겠다면서 검찰을 육성 진흥하고 있는 꼴입니다."[453]

"(2020년 1월 23일 법무부의 검찰 인사와 관련해) 검찰총장의 힘을 빼고 청와대 관련 수사를 하지 말라고 지휘 라인을 쫓아낸 폭거. 검찰의 목을 비틀어도 진실은 드러날 것. 윤석열 검찰총장이 살아 있는 권력을 끝까지 수사할 수 있도록 국민이 함께 지키고 응원할 것. 국민이 납득할 수 없는 권력 행사는 국민이 위임한 권력 행사를 넘어서는 것. 검찰의 수사권뿐 아니라 대통령의 인사권도 검찰과 대통령의 것이 아니라 우리 국민의 것이다."[454]

"국민이 원하는 진짜 검찰 개혁은 살아 있는 권력의 비리를 눈치 보지 않고 공정하게 수사하는 것. 검찰은 국민이 나라의 주인이라는 공화국 정신에서 탄생한 것인 만큼 국민의 검찰이 돼야 한다. 국민의 검찰은 국민으로부터 위임받은 권력의 비리에 대해 엄정한 법 집행을 하고, 그것을 통해 약자인 국민을 보호해야 하는 것"[455]

윤석열은 검찰총장 취임 이후 조국 민정수석과 박상기 법무부 장관과 협의하여 2019년 7월 26일 검찰 간부 39명을 움직이는 대규모 인사를 단행했다. 당시 친문 실세들은 윤석열과 그와 친한 검사들, 소위 윤석열의 검찰이 과거의 정치 검찰처럼 아군의 불법은 눈감고 적군의 위법은 철저히 파헤치는 권력의 사냥개라고 착각했다. 친문 실세의 이러한 착각이 조국 사태를 불러왔고 이로부터 문재인 대통령의 정치적 추락이 시작되었다.

조국은 이미 윤석열과 윤석열 검찰의 위험성을 인식했다. 조국이 인식하고 두려워한 것처럼 윤석열과 윤석열의 검찰은 피아의 구별 없이 원칙대로 수사했다. 과거에는 검찰이 정치 검찰로서 정치적 정통성이 부족한 집권 권력의 주구 노릇을 해왔다. 그러나 윤석열의 검찰은 과거의 정치 검찰 역할을 포기했다. 그들이 살아 있는 집권 권력에 대해서도 엄정하게 수사하면서 정통성이 확고했던 문재인 정부의 정치적 추락이 시작되었다. 정통성 있는 정부가 민심의 흐름에 상대적으로 둔감해서 정치적으로 어려워진 것처럼, 정통성 있는 정부와 집권 권력에 대해 검찰이 오히려 엄정하게 수사한 이런 현상은 '한국 민주주의 발전의 역설'이었다.

윤석열 검찰이 정국의 핵심으로 등장하게 되고 문재인 대통령이 정치적 추락의 길을 걷게 만든 중요한 사건들이 언론에 연이어 터져 나왔다. 그중에서 가장 중요한 세 가지 사건은 대통령과 윤석열의 관계를 변화시키는 데도 결정적이었다. 이들은 조국과 조국 가족에 대한 수사, 청와대의 울산시장 선거 개입 의혹 사건, 유재수 감찰 중단 의혹 사건 등이다. 조국 사태가 정치인 윤석열 탄생의 전주곡이었다면 청와대의 울산시장 선거 개입 의혹 사건과 유재수 감찰 중단 의혹 사건은 정치인 윤석열의 몸집을 키웠다. 이들 사건 처리에서 보여준 검찰총장 윤석열의 원칙주의자 모습은 그를 유력 대선 후보로, 나아가 대통령으로 만들어주었다. 윤석열 대망론이 국민에게 각인되기 시작했던 세 가지 사건의 핵심을 다시 짚어보자.

4.2.1. 조국과 그의 가족에 대한 수사

윤석열은 온갖 수모와 외압을 겪으면서도 조국과 그의 가족에 대해 법과 원칙에 따라 수사를 진행했다. 대한민국의 민정수석이 지닌 권력은 절대적이었다. 민정수석실이 막강한 것은 '뒷조사'와 '정치적 탄압'이 가능했기 때문이다. 민정수석실은 5대 사정기관(검찰, 경찰, 국정원, 국세청, 감사원)을 총괄하면서 온갖 정보를 장악하고, 이를 정권 유지 및 보호 수단으로 활용해왔다. 역사는 민정수석을 '왕수석'으로 기록했다. 노무현 정권의 문재인, 박근혜 정권의 우병우, 문재인 정권의 조국 등이 대표적이다.[456]

법무부 장관에 지명된 조국과 관련해 갖은 의혹이 터져 나오자 윤석열의 검찰은 법과 원칙에 따라 엄정하게 수사했다. 윤석열은 조국과 그의 가족에 대한 수사를 조국을 미워했거나 검찰 개혁을 좌초시키려는 의도를 갖고 진행하지 않았다. 더 나아가 윤석열의 조국 수사가 대통령의 인사권에 도전한 것도 아니었다. 윤석열은 대통령을 단독으로 만나 사실상 조국 수사에 대해 승인을 받았다. 윤석열이 검찰총장직 사의 표명 대신에 조국에 대한 철저 수사 의지를 밝히자 대통령은 이를 받아들였다. 윤석열의 조국 수사는 막후에 이런 사실이 깔려 있다.

이런 사실에 따라 윤석열의 검찰은 조국 장관과 그의 가족을 철저하게 수사했다. 수사가 진행되면서 조국 반대 여론이 들끓었고 조국은 법무부 장관 취임 35일 만에 사퇴했다. 검찰은 가족 입시 비리와 유재수 감찰 중단 의혹 등으로 조국 장관을 각각 기소했고, 조국은 1심과 2심 법원에서 징역 2년을, 부인 정경심은 법원에서 징역 4년을 선고받았다. 이의 모든 과정은 앞서 제3장에서 상세하게 서술하였기에 중언부언은 생략한다.

중언부언 대신에 이제는 많은 이들의 기억에서 사라진 일을 하나 부연한다. 조국과 그의 가족에 대한 수사 과정에서 윤석열은 검찰 자체의 개혁 방안들을 많이 발표했다. 윤석열이 발표한 자체 개혁안은 조국의 검찰 개혁 방안과는 다르게 즉시 실천이 가능했고 구체적이었다. 예컨대 2019년 10월 4일 윤석열은 검찰의 공개소환을 전면 폐지했다. 형사 사건 공개 금지 규정에 따른 공개소환 전면 폐지의 첫 수혜자는 조국의 부인 정경심 동양대 교수와 조국 자신이었다. 검찰은 정경심 교수를 청사 1층이 아닌 별도 통로를 통해 비공개 출석하도록 했다. 현직 법무부 장관 부인을 황제 소환했다는 비판이 빗발쳤으나 이후에도 비공개 소환은 계속 이어졌다. 조국 본인의 소환조사 역시 사전에 일정을 공개하지 않으면서 비공개로 진행됐다.

윤석열의 공개소환 폐지 결정은 다양하게 해석되었다. 검찰이 청와대의 검찰 개혁 압박을 수용한 것이라는 분석이 있었고, 검찰이 선제적으로 자체 개혁안을 발표하면서 스스로 개혁 수위를 조절한 것이라는 해석도 있었다. 이는 자체 개혁안을 앞세워 수사와 개혁을 분리하면서 조국에 대한 수사 명분을 유지하기 위해서였다는 해석이었다.[457]당시에 윤석열은 문재인 대통령이 자신을 믿고 검찰 개혁 임무를 맡겨주면 검찰 자체 개혁 방안을 마련하면서 검찰의 수사 관행을 획기적으로 고치려고 했다. 이것이 자체 개혁안을 추진한 윤석열의 진심이었다.

4.2.2. 청와대의 울산시장 선거 개입 의혹 사건

2019년 11월 25일에서 26일 부산에서 문재인 대통령은 한-아세안 특별정상회담 회의를 개최했다. 바로 이 시기 전후에 문재인 대통령과 윤석열과의 관계가 결정적으로 틀어지는 중요한 사건이 발생했다. 그것은 바로 청와대의 울산시장 선거 개입 의혹 사건이었다. 당시 청와대 고위층 인사는 울산시장 선거 개입 의혹 사건을 울산에서 서울로 이첩하면 '문재인 대통령에게 정면으로 도전하는 것'으로 간주하겠다는 뜻을 검찰 수뇌부에 전달했다.

또한 그 고위층 인사는 서울동부지검에서 진행되고 있는 유재수 감찰 중단 의혹 사건을 서울중앙지검으로 옮기면 이것도 '문재인 대통령에게 정면으로 도전하는 것'으로 간주하겠다고 검찰 수뇌부에 말했다. 윤석열은 이러한 위협에 전혀 개의치 않았다. 그는 청와대 울산시장 선거 개입 의혹 사건을 원칙대로 울산에서 서울로 옮겨오게 했다. 이러면서 문재인 대통령과 친문 실세들, 청와대 참모, 그리고 여권 지도부 등은 윤석열을 '제거해야 하는 적'으로 간주하기 시작했다.[458]

문재인 대통령은 노무현 대통령이 "열린우리당 지지해달라."는 발언으로 선거 중립 의무를 지키지 않아서 2004년 3월 탄핵소추를 당하는 상황을 경험했다. 그런 경험에도 불구하고 문재인 대통령이 네 살 위 친한 형님인 송철호를 2018년 6월 울산시장에 당선시키기 위해 온갖 불법 행위[459]를 했다는 의혹을 받았다. 법조인 출신인 문재인 대통령이 불법 행위들을 자행하면서 울산시장 선거 개입에 직접 개입했다는 사실은 선뜻 이해하기가 어렵다. 더 나아가 문재인 대통령의 성격 내지 리더십을 생각할 때 청와대의 울산시장 선거 개입 같은 일이 발생했으리라고는 믿기도 어렵다.

이 사건은 2018년 지방선거를 앞두고 문재인 정부 청와대가 송철호 울산시장의 당선을 돕기 위해 조직적으로 개입했다는 혐의이다. 즉, 황운하(현 더불어민주당 국회의원)가 울산지방경찰청에 부임한 뒤 청와대의 명을 받아 김기현(현 국민의힘 국회의원) 전 울산시장 측근들에 대한 수사를 본격 개시했다는 의혹이다. 또한 백원우, 박형철 비서관 등이 송병기 전 부시장으로부터 김기현 전 시장의 비위정보를 받은 뒤 재가공해 울산경찰청에 내려보냈다는 혐의다.[460]

수사 결과 김기현 전 시장이 낙선하고 송철호 울산시장이 당선되는 데 일조했고 황운하의 배후에 청와대가 있다는 것이 사건의 핵심이었다. 이 사건을 둘러싼 의혹은 크게 두 가지이다. 하나는 야당 후보였던 김기현 전 울산시장(자유한국당)이 당선되지 못하도록 청와대가 경찰 수사를 활용해서 방해했다는 의혹이었다. 다른 하나는 당내 쟁쟁한 경쟁자들이 있음에도 불구하고 송철호 울산시장(더불어민주당)을 단독 공천한 과정에서 드러난 석연치 않은 의혹들이었다. 이 사건은 국가 권력의 핵심인 청와대가 유권자의 정당한 투표권 행사를 사실상 방해했고, 이로 인해 헌법에 보장된 자유민주주의의 가치를 심각하게 훼손했다는 의혹도 받았다. [461]

이런 의혹에 대해 〈조선일보〉 임민혁은 "청와대가 대통령이 미는 후보를 시장으로 만들기 위해 당내 경쟁자를 총영사 자리로 회유했다는 보도가 나왔다. 일본 오사카·고베 총영사직을 두고 이런저런 제안이 오갔다는 것이다. 총영사 자리가 전리품도 모자라 정치 공작 미끼로 전락했다."라고 주장했다. [462] 〈중앙일보〉 이상언 역시 "조국 사태와 관련해 문 대통령이 책임질 부분은 사람 잘못 골랐다는 것에 그친다. 증명서 위조, 펀드 비리, 웅동학원 비리는 조국 전 법무부 장관과 그의 가족이 벌인 일탈이다. 유재수 전 금융위원회 국장 감찰 중단 사건도 문 대통령에게까지 불길이 번질 가능성은 크지 않다. 이 두 사건과 달리 울산시장 선거 건은 문 대통령에게 정치적 상처를 크게 입힐 수 있다. 문 대통령은 30년 지기 송 시장이 2014년 국회의원 보궐 선거 때 나의 가장 큰 소원은 송철호 당선이라고 말했다. 게다가 이 건은 정치 공작의 문제다. 청와대와 경찰의 조직적 선거 개입이 있었다면 정권의 도덕성이 치명상을 입는다. 민주주의의 기반인 선거에 권력이 개입해 민의를 왜곡시켰다면 통치의 정당성이 흔들린다."[463]라고까지 비판했다.

이에 대해 진중권은 "그들에게는 정권을 멋있게 감싸줄 이런 새끈한 포장지가 필요했던 거다. 그렇게 해주리라 기대하고 대통령도 살아 있는 권력에 칼을 대 달라고 여유까지 부렸다. 그냥 칼 대는 시늉만 하란 거였는데 윤 총장이 너무 고지식해서 말을 잘못 알아들었다. 윤 총장이 대통령을 잘못 봤다. 반면 그쪽에서는 윤 총장을 잘못 봤다. 무늬만 검사가 아니라 진짜 검사다. 그래서 뒤늦게 발등에 불이 떨어진 거다."[464] 라고 말했다.

반면 진중권과 정반대의 관점에서 전 대통령 비서실장 임종석은 "윤석열 검찰총장과 일부 검사들이 무리하게 밀어붙인 이번 (청와대 울산시장 개입 의혹)사건은 수사가 아니라 정치에 가깝다. 윤 총장은 울산지검에서 검찰 스스로 1년 8개월이 지나도록 덮어두었던 사건을 갑자기 서울중앙지검으로 이첩했다. 그리고는 청와대를 겨냥한 전혀 엉뚱한 그림을 그리기 시작했다. 저는 이번 사건을 정치적 목적을 이루기 위해 검찰총장이 독단적으로 행사한 검찰권 남용이라고 규정한다."[465]라고 주장했다.

청와대의 울산시장 선거 개입 의혹 사건과 관련해 임종석의 주장과는 다른 증거들이 속속 드러나기 시작했다. 당시 언론에 공개되었던 사실에 기초하여 이 사건을 객관적으로 따져보자. 우선 윤석열 본인조차 경찰로부터 '청와대 하명에 따라 수사했다'라는 자료를 제출받고 매우 놀랐다. 이와 관련해 〈중앙일보〉는 "2019년 3월 울산지검 공공수사부는 2019년 5월부터 10월 말까지 수차례에 걸쳐 김기현 전 시장에 대한 수사 단서가 된 첩보의 원천 및 전달과정에 대한 자료 제출을 경찰에 요청했다. 그런데 뜻밖에 경찰이 자료를 제출하며 협조에 나섰다. 특히 검찰은 경찰이 2019년 10월 20일을 전후해 제출한 자료에 주목했다고 한다. 해당 자료는 경찰이 김 전 시장 측근 관련 수사 상황을 청와대에 수차례 보고한 문건 등이다. 해당 문건엔 오늘 오후 압수수색 예정이란 문구도 담긴 것으로 전해졌다. 추가 참고인 조사 등을 통해 경찰이 수사 상황을 청와대에 수시 보고한 정황이 드러나자 사건의 중대성과 파급력이 엄청난 사안인 만큼 대검에서조차 극소수의 인원만 수사 내용을 공유할 만큼 극도의 보안을 유지했다고 한다. 이런 와중에 (12월 8일 문재인 대통령에게) 김(오수 법무부) 차관의 (앞으로 검찰총장이 중요 사건 수사를 단계별로 사전에 보고하고 검찰의 직접 수사부서 41곳을 축소 방안) 보고 내용을 접한 검찰은 청와대와 법무부가 울산지검의 수사 상황을 알고 이를 막기 위해 해당 방침을 추진한 것으로 판단하고 더는 상황을 묵과할 수 없다는 판단을 내린 것으로 전해졌다."[466]라고 설명했다.

이런 상황에서 청와대의 울산시장 선거 개입 의혹 사건의 사실에 대한 논쟁은 치열하게 진행됐다. 〈중앙일보〉 이상언은 "(윤석열) 총장이 울산 사건을 서울로 가져온 데는 크게 두 가지가 작용했다. 첫째는 울산경찰청이 경찰청을 통해 청와대로부터 받은 첩보 문건이다. 이게 수사의 실마리가 됐으니 하명 수사라고 의심하지 않을 수 없었다. 둘째는 경찰청이 청와대로 보낸 보고서다. 경찰청이 울산시장 선거 직전까지 김기현 후보 측에 대한 수사 상황을 9회에 걸쳐 보고했다. 그 보고서를 경찰청이 그대로 울산지검에 제출했다. 하명 수사 아닌가 하는 의심이 커졌다. 그런 자료가 넘어왔는데 수사를 안 하면 나중에 검찰이 죽는다는 게 총장의 생각이었다. 그렇다면 경찰은 청와대 보고 문건을 왜 그대로 검찰에 넘겨줬을까? 이유는 네 갈래로 추측해볼 수 있다. 첫째, 청와대가 관여한 일이니 검찰은 나서지 말라는 경고를 보낸 것으로 볼 수 있다. 둘째, 경찰이 우리는 죄가 없다며 면책 전략을 구사한 것으로 짐작할 수도 있다. 셋째, 검찰로 자료를 보내는 일을 맡은 경찰청 간부가 별 생각 없이 있는 대로 자료를 건네줬을 가능성도 있다. 마지막으론 그 보고서를 건네 검찰이 청와대를 수사하게 되면 검찰과 청와대가 싸우게 되고, 그 결과로 정권이 경찰에 더 힘을 실어줄 수 있다는 검찰 견제용 카드로 이용하려 했다는 가설도 상상할 수 있다. 넷 중 무엇이든 검찰이 본격 수사에 착수하지 않을 수 없는 상황을 맞이하게 된다는 게 이 사태의 절묘한 대목이다. 이처럼 검찰이 수사를 안 할 수 없게 된 것이 울산 선거 사건을 둘러싼 객관적 상황이다. 그런데 왜 이 사건을 서울로 가져왔을까? 그렇다면 진실은 무엇일까? 윤 총장은 '법에 따라 있는 대로 하라, 책임은 내가 진다.'고 한다. 그는 서울행을 결정했다. 자신이 직접 챙기고, 책임도 자신이 지겠다는 뜻이 담겼다고 볼 수 있다."[467]라고 주장했다.

〈중앙일보〉 전영기 역시 "〈한겨레신문〉은 (2019년) 12월 19일자에 2018년 지방 선거 넉 달 전 한병도 당시 청와대 정무수석이 송철호 울산시장의 당내 경선 라이벌이었던 임동호 전 민주당 최고위원에게 경선 불출마를 권유하면서 고베 총영사 등 다른 자리를 권유했다고 임동호씨의 말을 인용해 보도했다. 한겨레신문에 따르면 한병도와 임동호의 공직 거래가 불발되자 임종석 비서실장까지 나서 미안하다는 취지의 연락을 했다고 한다. 조국 당시 민정수석도 빠지지 않았다. 이로써 문재인 대통령과 청와대의 전직 비서실장, 정무수석, 민정수석이 모두 공직선거법 57조 5와 6을 어긴 의혹이 또렷해졌다. 문 대통령이 비서실장을 통해 특정인의 당내 경선 출마를 종용했다면 공무원이 그 지위를 이용해 당내 경선 운동에 개입한 행위에 해당한다. 아울러 이와 관련 민주당의 개입 여부다. 지방 선거 공천 때 청와대와 짜고 의도적으로 임동호 등 경쟁자를 낙마시키고 송철호를 단독으로 공천했는지가 밝혀져야 한다. 당시 민주당 대표는 얄궂게도 추미애 법무부 장관 후보자이고 당공천관리위원장은 윤호중 사무총장이었다. 조사는 불가피하다."라고 주장했다.[468]

사실 조국은 송철호의 2012년 울산 중구 국회의원 선거에서 선거대책 본부장을 맡았었다. 또한 2014년 7월 울산 남구의 국회의원 재보궐 선거에서는 송철호의 후원회장을 맡았었다. 송철호의 검사 사위는 조국 법무부 장관 청문회 준비팀의 일원이었다.[469]

또한 〈조선일보〉 박정훈은 "(문재인) 대통령의 그림자는 울산 선거 개입 사건에도 어른거리고 있다. 문 대통령의 30년 지기를 당선시키려 청와대가 총동원돼 공작을 벌였다. 정무·민정수석실을 포함한 8개 조직이 나서 여당 후보 공약을 만들어주고, 야당 후보의 비위 첩보를 경찰에 넘겼으며, 경선 상대방을 매수하려 했다. 모든 사실과 증거들이 참모들의 상급자인 그 한 사람을 지목하고 있다. 검찰이 정권을 겨냥하자 여권은 윤석열 총장을 거세하려 혈안이 됐다. 추미애 장관이 선봉에 서서 폭주하고 있지만 그 역시 하수인에 지나지 않는다. 권력자의 뜻을 너무나도 충실하게 이행한 것이 추 장관의 죄라면 죄일 것이다."[470]라고 주장했다.

언론 보도에 따르면 청와대의 울산시장 선거 개입 의혹 사건의 핵심은 문재인 대통령의 직접 관련 여부이고 결과에 따라 향후 정치적 파장은 상상 이상으로 엄청난 것이었다. 윤석열의 검찰은 이렇게 이해하기 힘들고 믿기 어려운 의혹에 대해 수사하기 시작했다. 대통령과 윤석열의 관계는 완전히 틀어졌다. 엄청난 정치적 파장을 잘 알고 있는 문재인 대통령과 친문 실세들은 이 사건에 대한 검찰 수사를 막기 위해 정치적 전략을 그만큼 더 치밀하게 세웠다. 그 전략의 핵심은 윤석열 패싱이 아니라 '윤석열의 제거'였다.

4.2.3. 유재수 감찰 중단 의혹 사건

유재수 감찰 중단 의혹 사건은 문재인 대통령과 윤석열의 관계에 결정적인 영향을 미친 중요한 사건의 또 다른 하나였다. 2019년 12월 4일 검찰은 유재수 전 부산시 경제부시장 감찰 중단 의혹 사건과 관련해 청와대 압수수색을 단행했다. 당시 이 사건의 관련자로 부산의 이호철, 김경수 경남지사, 조국, 백원우 전 민정비서관, 박형철 반부패비서관, 윤건영 국정기획상황실장, 천경득 총무비서관실 선임행정관 등 친문 실세들의 이름이 언론에 거론되었다.

수사 초기 조국은 자신과 친한 동부지검장 조남관이 수사 담당이기 때문에 유재수 사건을 크게 걱정하지 않았다. 그러나 윤석열이 동부지검에 원칙대로 확실한 수사를 재촉하자 조국은 위협을 느꼈다. 유재수 감찰 중단 의혹 사건을 계기로 친문 실세들도 아군이 아니라 적군이 될 수도 있는 윤석열의 위험성을 확실히 깨달았다. 윤석열을 위험한 인물이라고 깨달은 사실은 문재인 대통령에게 그대로 전달됐다. 이 사건을 계기로 문재인 대통령에게 윤석열은 더 이상 '우리 윤 총장'이 아니었다.

이러한 상황에서 여권 지도부와 친문 실세들은 정치적 국면 전환을 위해 두 가지를 윤석열에게 비공식적으로 강력히 요구했다. 하나는 국회 패스트트랙 폭력 사태 수사가 부진하니 야당 의원들을 빠르게 사법 처리하자는 것이었다.[471] 또 다른 하나는 집권층의 공정 위반 이미지를 회복하기 위해 나경원 한국당 원내대표 자녀 의혹 사건에 대해서도 빠르게 수사하자는 것이었다. 정치적 감각이 전혀 없는 윤석열은 국회 패스트트랙 폭력 사태 수사는 복잡해서 시간이 많이 걸리니 수사가 끝난 후 사법 처리를 결정할 것이라고 말했다. 나경원 의원 자녀 의혹 관련 사건도 법적 문제를 검토했지만 사건이 심각하지 않고 증거 인멸의 가능성이 적어 보이는데 절차에 맞게 수사하고 있다고 대응했다.[472] 이러한 윤석열의 자세는 친문 실세들, 그리고 여당의 지도부들로부터 "윤석열, 쟤 우리가 검찰총장 시켜주었는데 왜 우리말 안 듣지? 배은망덕한 놈"이라는 비판을 받았다.

이때까지 윤석열은 자신에 대한 문재인 대통령의 신임은 여전하다고 생각했다. 실제로 윤석열은 2019년 11월 6일 세월호 참사 특별수사단 설치를 발표하기도 했다. 당시 법조계는 검찰의 세월호 전면 재수사 선언이 여권을 향한 검찰의 유화 제스처라고 평가했다. 이와 관련해 〈경향신문〉은 "윤(석열) 총장은 최근 주위에 대통령에 대한 충심은 그대로고 성공하는 대통령이 되도록 신념을 다 바쳐 일하고 있는데 상황이 이렇다고 말했다. 윤 총장은 문 대통령 신뢰로 검찰총장이 된 만큼 정권 비위를 원칙대로 수사해 깨끗하고 성공하는 정부를 만들어야 한다고 생각하는 것으로 알려졌다."[473]라고 보도했다.

2019년 12월 8일 청와대에서 문재인 대통령이 직접 주재하는 청와대 반부패정책협의회가 열렸다. 이날 문재인 대통령은 검찰 개혁과 관련해 "이제부터의 과제는 윤석열 총장이 아닌 다른 어느 누가 검찰총장이 되더라도 흔들리지 않는 공정한 반부패 시스템을 만들어 정착시키는 것이라고 생각한다."고 말했다. 이는 106일 전 검찰총장 임명식에서 문재인 대통령이 '우리 윤 총장님'이라고 부르던 장면과 대비되었다.

특히 이날 반부패정책협의회가 끝난 뒤 문재인 대통령은 윤석열에게
는 알리지도 않고 김오수 법무부 차관과 이성윤 법무부 검찰국장을 따
로 만나 검찰 개혁 경과보고를 들었다. 이 보고에는 검찰총장이 중요 사
건 수사를 단계별로 사전에 보고하고 검찰의 직접 수사부서 41곳을 축
소하는 등 검찰 수사를 방해할 목적이 있었다.[474] 이러한 문재인 대통령
의 언행에 대해 윤석열은 솔직히 조금은 실망스러웠다. 그러나 윤석열
은 문재인 대통령이 핵심 지지층의 요구에도 반응해야 하는 정치인이라
는 사실을 고려하면서 이런 상황을 이해했다.

4.3. 추미애 법무부 장관의 등장

"추(미애) 장관이 임명 후 두 달도 안 되는 기간에 해온 일은 울산 선거 공작 수사를
방해하는 단 한 가지뿐이었다. 임명장을 받은 지 며칠 만에 울산시장 선거 개입, 유
재수 비리 비호, 조국 전 법무장관 의혹을 수사해온 지휘부를 통째로 날려 버렸다.
친문 검사인 서울중앙지검장이 선거 공작 사건 기소를 막자 일선 검사들이 직접
기소했다. 그러자 추 장관은 이를 비난하며 검찰총장의 지휘권 자체를 깎아내렸
다. 문재인 대통령이 친문도 아닌 추 장관을 발탁한 것은 이렇게 막무가내로 수사
를 막아 달라는 뜻이었나?"[475]

"추미애의 자기 정치. 장관직 이후 대선 도전을 그리고 있는 추 장관이 일련의 검찰
개혁 로드맵으로 여권 주류인 친문 진영의 지지를 확실하게 굳히려는 계산이 깔렸
다는 시각이다."[476]

4.3.1. 무리한 검찰 인사

조국 사태가 초래한 정치적 위기 상황에서 이해찬 대표는 문재인 대
통령에게 추미애 전 민주당 대표를 법무부 장관으로 강력하게 추천했

다. 2020년 1월 2일 추미애는 법무부 장관에 임명되었다. 2020년 1월 8일 문재인 대통령은 추미애 법무부 장관을 앞세워 검찰의 고검장 및 검사장 32명에 대한 승진 및 전보 인사를 단행했다. 당시 인사에 대해 검사의 임명과 보직은 법무부 장관이 검찰총장의 의견을 들어 대통령에게 제청하도록 규정하고 있는 검찰청법 위반 논란이 생겼다.

인사 결과, 그동안 윤석열 검찰총장을 보좌해온 참모진이 대부분 교체됐다. 구체적으로 조국의 가족 비리와 청와대 감찰 중단 의혹 수사를 지휘한 한동훈 대검 반부패강력부장은 부산고검 차장검사로, 청와대 선거 개입 의혹을 수사 중인 박찬호 대검 공공수사부장은 제주지검장으로 전보됐다. 한편 서울중앙지검장에는 문재인 대통령의 대학 후배인 이성윤 검찰국장이, 검찰 인사와 예산 업무를 총괄하고 전국 검찰청의 주요 사건을 보고받는 핵심 요직인 검찰국장에는 참여정부 청와대 특별감찰반장 출신이면서 조국과 친한 조남관 서울동부지검장이 각각 임명됐다.[477]

이 검찰 인사안은 놀랍게도 조국의 오른팔들인 이광철 청와대 민정비서관과 최강욱 공직기강비서관이 주도했다. 당시 이 둘은 울산시장 선거 개입 의혹(이광철)과 조국의 아들 허위 인턴 증명서 발급과 관련해 검찰 수사 대상에 올라 있는 인물들이었다.[478] 법무부 장관 추미애는 언론으로부터 갖은 비판을 받으면서도 무리한 검찰 인사를 강행했다. 추미애가 이런 행동을 한 개인적인 이유는 〈중앙일보〉가 지적했듯이 당시 다가오는 선거에서 문재인 대통령과 이해찬 그리고 친문 실세들로부터 대통령 후보로 낙점받기 위해서였는지 모르겠다.[479]

여기서 류혁 인사에 대해서는 특히 주목할 필요가 있다. 2020년 1월 법무부 검찰 인사위원회는 삼성 출신 류혁[480] 변호사(전 창원지검 통영

지청장)를 검사장급 검사로 신규 임용하는 안건을 부결했다. 당시 법무부는 류혁을 검사로 임용한 뒤 법무부 검찰국장에 보임할 계획이었다. 검찰국장은 검찰 인사와 예산을 총괄하는 핵심 요직으로 대통령령(법무부와 그 소속기관 직제)에 따라 검사만 임용할 수 있다.

류혁은 인사위 개최를 앞두고 급하게 법무부에서 검찰국장 보직 면접을 봤다. 법무부의 류혁 임용 시도는 위법성 여부가 논란이 됐다. 왜냐하면 일반적으로 채용공고, 서류심사, 면접시험을 거치면서 적격성을 심사한 뒤에야 경력 검사 채용이 이루어지기 때문이었다. 류혁의 임용은 자리 먼저 정해 놓고 정상적인 절차를 건너뛰어 특정인을 앉히려고 했다는 점에서 채용 비리와 다를 게 없었다.[481)482)] 이러한 상황에서도 당시 청와대의 고위층 인사는 끝까지 그냥 류혁을 검찰국장으로 임명하자고 주장했다. 왜 이렇게 그가 류혁을 고집했는지도 언젠가는 밝혀져야 한다. 삼성의 막강한 광고 영향력 때문인지는 모르겠지만 보수 언론도 류혁 관련 검찰 인사 농단 문제에 대해서는 큰 비판이 없어서 이 사건은 조용히 넘어갔다.

문제가 많은 검사장급 검찰 인사에 대해 〈한겨레〉조차도 "같은 정부에서 불과 6개월 만에 검사장 인사를 다시 하는 것 자체가 매우 이례적인 일로, 법조계에선 지난해 인사의 무리수를 자인한 것일 수 있다는 평가가 나온다. 법무부는 윤석열 검찰총장 취임 직후인 지난해 7월 26일, 검찰 간부 39명을 움직이는 대규모 인사를 했다. 그러나 이들이 조국 일가, 유재수 감찰 중단, 울산시장 선거 개입 등을 수사하며 자신들을 겨누자 생각이 달라졌다. 검찰의 조국 수사가 한창이던 지난 10월 14일 조국 법무부 장관과 윤석열 총장의 환상적인 조합에 의한 검찰 개혁을 희망했으나 꿈같은 희망이 되고 말았다는 문 대통령 발언은 이번 인사에 대한 예고였던 셈이다."라고 주장했다. [483)]

2020년 1월 8일 검사장급 인사는 발표 과정도 법무부 장관과 검찰총장이 격돌하는 이전투구의 전형이었다. 법무부는 추미애가 요청한 만남을 윤석열이 거부했다는 논란이 생기면서 윤석열의 징계까지 검토했다. 이전투구의 사실은 다음과 같다. 추미애의 만남 요청을 윤석열이 거부한 게 아니었다. 1월 7일 인사 하루 전에 윤석열이 먼저 전화를 걸어서 인사와 관련해 추미애에게 만나자고 제안했다. 추미애는 '인사안이 청와대에 있다.'며 만남을 거부했다. [484)485)]

1월 8일 오전 추미애는 윤석열에게 법무부 장관실에서 만나자고 했다. 윤석열은 몇몇 전임 검찰총장들과 상의한 후 과거의 관례대로 제3의 장소에서 만나자고 제안했다. 윤석열의 제안을 추미애는 거절하면서 오후에 법무부 장관실에서 만나자고 다시 제안했다. 제3의 장소를 제안한 윤석열은 이를 받아들이지 않았다. 추미애는 집무실에서 윤석열을 기다리다가 윤석열이 자기와 만나는 것을 거부했다고 발표했다. 발표 후 청와대에 가서 문재인 대통령에게 인사안 재가를 받아와서 그날 밤 인사안을 발표했다. 이것이 1월 8일 검사장급 인사 발표를 둘러싼 이전투구 과정이었다.

이러한 상황을 각자는 자신의 시각에서 다양하게 해석하고 의미를 부여했다. 문재인 대통령은 1월 14일 신년 기자회견에서 윤석열을 공개 비판하는 등 검찰에 대한 압박 수위를 높였다. 문재인 대통령은 1월 8일 검사장급 인사를 둘러싼 논란을 거론하며 검찰 개혁에 박차를 가했다. 이와 관련해 문재인 대통령은 "(윤 총장이) 제3의 장소에 인사 명단을 가져와야만 의견을 말할 수 있겠다고 한다면 인사프로세스에 역행되는 것…과거에 만약 그런 일이 있었다면 그야말로 초법적 권한, 권력을 누린 것. 이 부분을 분명히 해야 할 것 같다. 수사권은 검찰에 있지만 인사권은 장관과 대통령에게 있다. 수사권이 존중돼야 하듯이 장관과 대통령의 인사권도 존중돼야 한다."[486]고 말했다.

문재인 대통령의 주장과는 달리 김경한 전 법무부 장관은 "(윤석열의 요구가) 초법적 관행이 아니라 인사 보안을 위한 합법적 전통입니다. 추미애 법무부 장관이 인사안을 협의하자며 30분 전에 불러놓고 윤석열 검찰총장이 오지 않자 내 명을 거역했다고 한 데 이어 문 대통령도 초법적 관행이라고 발언했는데, 이는 검찰의 실상을 잘 모르기 때문. 지금 청와대 민정수석이나, 추 장관이나 검찰을 아는 사람이 없다는 건 아쉽다."라고 말했다.[487] 또한 진중권은 "이번 검찰 인사에 대해 친문 양아치들의 개그. 이 부조리극은 문재인 대통령의 창작물. 인식과 판단, 행동을 보면 (문재인 대통령은) 일국의 대통령보다는 PK(부산·경남) 친문 보스에 더 잘 어울리는 듯하다."라고 말했다. 또한 그는 추미애를 두고는 "국민이 준 권력을 사유화했고 국민의 명령을 거역한 도둑"이라고 비판했다.[488]

1월 8일 검사장급 인사를 둘러싼 논쟁에는 아랑곳하지 않고, 추미애의 법무부는 윤석열의 검찰을 무력화시키기 위해 가능한 모든 방법을 동원했다. 당시 윤석열의 검찰을 무력화시키기 위한 법무부의 조치들은 다음과 같다.

첫째, 1월 8일 인사를 통해 추미애가 새롭게 구성한 검찰 수사팀은 청와대와 조국을 포함한 친문 실세에 대한 수사를 방해하기 시작했다. 당시 추미애가 구성한 검찰의 최우선 사명은 윤석열의 검찰이 제대로 수사하지 못하게 만드는 것으로 보였다. 이와 관련해 〈조선일보〉는 "서울중앙지검 수사팀이 최근 최강욱 청와대 공직기강비서관을 조국 전 법무부 장관 아들의 허위 인턴 활동 확인서를 발급해 준 혐의로 기소하겠다고 보고했지만, 신임 이성윤 서울중앙지검장이 결재를 하지 않고 있는 것으로 알려졌다. 서울동부지검에서는 유재수 감찰 중단 사건과 관련해 수사팀이 백원우 전 청와대 민정비서관을 기소해야 한다고 했으나, 신임 고기영 지검장(2020년 4월 27일 법무부 차관으로 영전)이 기록을 더 검토해야 한다며 막고 있는 것으로 전해졌다. 또한 심재철 대검 반부패강력부장은 윤석열 검찰총장과 유재수 감찰 중단 사건의 서울동부지검 수사팀 등과의 회의에서 조국을 무혐의 처리하자고 주장했을 뿐 아니라 대검 부장(검사장급)회의를 개최해 조 전 장관 기소 여부를 결정하자고 요구했던 것으로 전해졌다."[489]라고 보도했다.

둘째, 추미애의 법무부는 2020년 1월 21일 국민적 의혹이 제기되거나 사회적 이목을 끌만한 중대한 사안이 발생하더라도 법무부 장관의 동의 없이는 검찰총장이 특별수사본부나 특별수사단 등을 구성할 수 없게 했다. 이에 따라 윤석열은 특별수사본부나 특별수사단 등 사건의 수사 및 처리에 관한 사안을 담당하는 임시 조직을 설치하려면 반드시 장관의 승인을 받아야 했다. 이에 대해 〈한국일보〉는 "인사로 검찰의 손발을 묶는 데 이어 직접 수사가 가능한 특수단마저 원천적으로 못하게 하겠다는 취지. 어떻게든 총선 전에 현 정권 수사를 신속하게 막아보겠다는 정부의 다급함이 적나라하게 드러나고 있다고 비판했다. 일부 정권과 가까운 검찰 간부들을 요직에 중용했지만, 소수인 이들만으로 검찰을 장악하기 어렵다는 판단도 작용한 것으로 보인다. 결국 사법연수원 23기인 윤 총장보다도 9년 선배인 추 장관(14기)이 당분간 직접 전면에 서서 검찰을 통제해야 하는 상황이다."라고 보도했다.[490]

셋째, 1월 21일 추미애의 법무부는 서울중앙지검 반부패부와 공공수사부 등 13개 검찰 직접 수사부서들을 형사·공판부로 전환하는 직제 개편안도 전격적으로 발표했다. 이에 대해 〈조선일보〉는 사설에서 "법무부가 정권 수사를 진행하는 부서들까지 포함된 직제 개편을 며칠 전 밤중에 기습적으로 공개하더니 입법 예고마저 생략한 채 그대로 밀어붙인 것이다. 국무회의선 검찰총장이 특별수사단을 설치할 경우 사전에 법무부 장관의 승인을 받도록 하는 규정도 통과됐다. 법무부는 그동안 김학의 사건, 세월호 사건, 강원랜드 사건 특수단 등에 대해서는 아무 문제 삼지 않았다. 그런데 윤 총장이 수사팀 공중분해 뒤에도 울산시장 선거 공작과 유재수 비리 비호 사건에 대한 특수단을 구성할까봐 미리 차단하고 나선 것이다. 도대체 지은 죄가 얼마나 많기에 검찰총장 손발을 자른 것도 모자라 팔다리를 꽁꽁 묶기까지 하나."[491]라고 비판했다.

넷째, 2020년 1월 23일 추미애는 직제개편안을 기초로 2차 검찰 인사를 단행했다. 이날 검찰 인사에서 조국과 최강욱 비서관 수사를 지휘한 송경호 3차장은 여주지청장으로 좌천됐다. 청와대 울산시장 선거 개입 수사를 지휘한 신봉수 서울중앙지검 2차장검사는 평택지청장으로, 유재수 감찰 중단 사건을 맡은 홍승욱 서울동부지검 차장검사는 수원지검 천안지청장으로 보냈다. 2차 검찰 인사 결과 문재인 정권을 직접 겨냥한 수사를 담당한 차장검사 3명이 모두 교체됐다. 이와 동시에 추미애와 인식을 공유하는 검사들을 중요 자리에 전진 배치했다.

구체적으로 조국의 제2기 법무·검찰 개혁위원회 부단장을 맡았던 이종근 인천지검 2차장이 서울남부지검 1차장으로 전보됐다. 법무·검찰 개혁위원회 전윤경 사법연수원 교수는 대검 특별감찰단 팀장으로, 추미애의 인사청문회를 도왔던 김태훈 중앙지검 형사5부장은 법무부 검찰과장으로, 검찰 인사 실무 작업을 담당했던 진재선 법무부 검찰과장은 법무부 정책기획단 단장으로 발령됐다. 이 네 명의 검사가 배치된 직위는 법무부와 검찰의 핵심으로 꼽힌다. 인사 결과에 따르면 청와대 하명 수사 의혹과 조국 일가 비위 수사팀 지휘를 담당했던 검사들은 대거 지방으로 전보됐다. 이에 대해 한 현직 부장검사는 '현 정권과 코드가 맞는 검사들을 요직에 배치한 것'이라고 말했다.[492]

2020년 1월 8일 1차 및 1월 23일 2차 검찰 인사에 대해 많은 언론이 친문 실세들에게 조종당하는 문재인 대통령이 추미애를 시켜 윤석열의 검찰을 무력화하려는 행위였다고 비판했다. 문재인 대통령이 살아 있는 권력을 수사 중인 윤석열 사단을 모조리 좌천시킨 것은 검찰에 대한 민주적 통제가 아니라 명백한 사법 방해 행위라고도 주장했다.[493] 구체적으로 〈중앙일보〉 고대훈은 "집권 전 문재인 대통령은 검찰을 주구(走狗), 즉 반대파를 물어뜯는 사냥개라며 경멸했다. 검찰은 부정부패 사건을 정치권력의 의도에 따라 왜곡하며 검찰 기득권을 지켜냈다(『검찰을 생각한다』). 그래서 정치 검찰로부터 벗어나는 게 검찰 개혁의 핵심이라고 봤다(『문재인의 운명』). 그런 문 대통령은 윤석열을 믿고 살아 있는 권력의 비리도 엄정하게 수사하라며 여유와 호기를 과시했다. 미련한 건가, 우직한 건가. 윤석열은 문 대통령의 말씀을 충실히 받들고 있다. 윤석열이 없었다면, 우리는 싸가지 없는 진보의 정의와 공정 타령에 아직도 속고 있을 것이다. 집권 세력은 그들만을 위한 검찰 개혁에 명운을 걸고 있다. 윤석열을 치고, 검찰을 애완견으로 길들이고, 정권의 치부를 막아주는 고위공직자범죄수사처(공수처)를 만드는 게 개혁이란 이름의 그림이다. 윤석열은 칼끝이 권력 핵심에 접근할수록 목숨이 위태롭다는 걸 안다. 윤석열의 검찰에 대한 졸렬한 고사 작전은 점점 다가온다."[494]라고 비판했다.

1차 및 2차 검찰 인사를 겪으면서 윤석열은 친문 실세들과 법무부 장관에서 사퇴한 조국의 영향력을 제대로 깨달았다. 친문 실세들과 조국은 청와대의 최강욱과 이강철 등의 도움을 받고 추미애를 이용하여 청와대 울산시장 선거 개입 의혹 사건과 유재수 감찰 중단 사건에 대한 수사를 막기 위해 검찰 인사를 단행한 사실을 알게 된 것이다. 이에 대해 〈중앙일보〉 이상언은 "문(재인) 대통령은 임기 첫해에 김정은과의 1차 정상회담을 했다. 게다가 2016년 총선 때 소원이라고 했던 송철호의 선출직 진출은 울산시장 당선으로 실현됐다. 선거법 개정이라는 당근으로 의원 수십 명을 정권 편으로 만들었다. 특이한 인물 하나가 남았을 뿐이다. 그는 아이러니하게도 문 대통령이 우리 윤 총장이라고 애정을 표현했으나 지금은 정권에 눈엣가시 같은 존재가 된 윤석열 검찰총장이다."[495]라고 말했다.

2차 검찰 인사가 발표된 날 윤석열은 조국 아들에게 허위 인턴 활동 확인서를 발급해준 혐의로 최강욱 청와대 공직기강비서관을 불구속 기소했다. 이와 관련해 〈조선일보〉는 "최(강욱) 비서관의 기소 과정은 현재의 청와대·법무부와 검찰, 정확히 말하면 윤석열 검찰총장 간의 갈등 상황을 여실히 보여줬다. 수사팀은 이성윤 지검장 부임(13일) 직후인 지난 14일부터 기소 의견을 낸 것으로 전해졌다. 윤 총장도 전날 정례 보고 때 직접 이 지검장을 불러 기소를 지시했다고 한다. 그러나 이 지검장은 기소에 반대했다. 그는 문재인 대통령의 경희대 후배로 추 장관에 의해 임명돼 검찰 내 대표적 친문으로 분류된다. 결국 윤 총장의 뜻을 받은 송경호 서울중앙지검 3차장이 전결로 사건을 처리해 최 비서관을 재판에 넘겼다."[496]라고 보도했다.

최강욱은 기소 당일 오후 이것이 날치기 기소라고 주장하고 윤석열과 검찰 수사진을 직권남용 혐의로 고발했다. 최강욱의 주장은 검찰이 검찰 2차 인사 발표 30분 전에 관련 법규와 절차를 위배한 채 권한을 남용해 다급히 기소를 감행했고 막연히 자신들의 인사 불이익을 전제하고 보복적 기소를 했다는 것이었다. 나아가 최강욱은 앞으로 고위공직자범죄수사처(공수처) 수사를 통해 윤석열의 범죄 행위가 낱낱이 드러날 것이라며 곧 출범할 공수처의 윤석열에 대한 수사 가능성을 시사하기도 했다. 2023년 9월 최강욱은 대법원에서 징역 8개월에 집행유예 2년을 선고받고 국회의원직을 상실했다.

1월 23일 추미애 역시 검찰의 최강욱 기소가 날치기라며 감찰 필요성을 확인하겠다고 발표했다. 발표와 동시에 추미애 법무부 장관은 최강욱 청와대 공직기강비서관을 기소한 서울중앙지검 수사팀에 대해 사실상의 감찰에 들어갔다. 추미애는 "감찰의 필요성을 확인했고, 이에 따라 검찰의 시기·주체·방식 등에 대해 신중하게 검토 중에 있다."고 밝히면서 서울중앙지검 송경호 3차장과 고형곤 반부패수사2부장을 감찰 대상으로 지목했다. 고위공무원에 대한 사건은 반드시 지검장의 결재·승인을 받아야 한다는 서울중앙지검 위임 전결 규정을 어겼다는 이유로 같은 날 발표한 중간 간부 인사에서 송경호는 여주지청장으로, 고형곤은 대구지검 반부패수사부장으로 각각 전보됐다.[497]

이에 대해 〈조선일보〉는 "한 검찰 간부는 '이명박 전 대통령과 양승태 전 대법원장도 차장 전결로 기소됐다. 윤 총장 지시로 기소한 사건에 감찰을 운운하는 법무부의 속내를 모르겠다'고 했다. 한 차장검사는 '청와대와 법무부는 검찰 개혁을 명분으로 2차례 인사를 통해 수사 지휘부를 흔들어놨다'면서 최 비서관 기소에 날치기라는 표현까지 써가며 강경하게 대응하는 것도 결국 후속 수사에 제동을 걸려는 속셈이라고 했다."[498]라고 비판했다. 날치기 기소라며 감찰 방침을 밝힌 법무부는 법과 규정에 감찰 근거가 없다는 의견이 우세하자 끝내 감찰에 착수하지는 못했다.[499] 감찰 논란은 법무부 장관 추미애 헛발질의 전주곡이었다. 추미애는 조국만큼 집요했지만 조국보다 무모했다. 법무부 장관 추미애의 헛발질은 절을 달리해 상세하게 다루고 있다.

4.3.2. 청와대 울산시장 선거 개입 기소

2020년 1월 23일 2차 검찰 인사에 따라 2월 3일에 청와대의 울산시장 선거 개입 사건 수사팀의 지휘 검사 대부분이 교체되면 추가 수사가 사실상 어려워졌다. 검찰 수사팀은 1월 28일에 기소하는 방안을 검토했다. 이는 공직선거법 위반 등의 혐의가 확실한 피의자들을 추려서 기존 수사팀의 인사이동 전에 기소를 하고, 나머지만 다음 수사팀에 넘긴다는 것이었다. 수사팀은 주요 피의자들에 대한 기소 의견을 윤석열 검찰총장과 이성윤 서울중앙지검장에게 동시 보고했다.[500] 이성윤 서울중앙지검장은 수사팀의 기소 예정 보고(1월 27일)와 수사팀의 결재 설명(1월

28일)에도 불구하고 "공소장을 좀 더 보겠다."며 하루 종일 결재를 거부했다. 수사팀은 늦은 밤까지 사무실에 머물며 이성윤의 결재를 기다렸으나 이성윤은 오후 10시 20분경 아무 대답 없이 퇴근했다.[501]

검찰 수사팀의 기소 추진과 같은 날(1월 28일)에 추미애는 검찰에 중요 사건 처리는 검찰 내·외부의 의견 수렴을 거치라고 지시했다. 이는 윤석열 검찰총장의 결단으로 사건을 매듭짓지 말라는 가이드라인이었다. 구체적으로 추미애는 중요 사안의 처리에 대한 합리적 의사 결정 및 국민 신뢰도 제고를 위해서 대검 스스로 마련해 시행 중인 부장 회의 등 내부 의사 결정 협의체, 검찰수사심의위원회 등 외부 위원회를 적극 활용해서 합리적인 사건 처리가 이루어지도록 이행에 만전을 기하라고 지시했다.[502]

2020년 1월 29일 윤석열의 검찰은 청와대 선거 개입 및 하명 수사 의혹 사건 관계자들의 기소 여부에 대해 장관 지시에 따라 수사 관계자 및 수뇌부 회의를 진행했다. 회의 결과 송철호 울산시장과 백원우 전 청와대 민정비서관 등 13명을 기소하기로 결정했다. 검찰은 회의 참석자의 발언을 모두 기록했는데 이성윤 서울중앙지검장만 기소에 반대한다는 의견을 냈다. 검찰은 백원우 전 민정비서관, 박형철 전 반부패비서관, 한병도 전 정무수석은 공직선거법 위반 등의 혐의로, 송철호 울산시장, 송병기 전 울산시 경제부시장, 황운하 전 울산경찰청장은 선거법 위반 혐의 등으로 불구속 기소했다. 장모 전 청와대 균형발전비서관실 선임 행정관과 문모 전 민정비서관실 행정관 등 청와대와 울산시 공무원 7명도 불구속 기소했다.

구체적으로 백원우 전 비서관과 송철호 시장, 황운하 전 청장은 2018

년 지방 선거를 앞두고 김기현 전 울산시장 측근 비리 첩보 생성과 경찰 이첩 과정에 부당하게 개입한 혐의를, 한병도 전 수석은 2018년 2월 송철호 시장의 경쟁 후보자를 매수한 혐의를 받았다. 그리고 박형철 전 비서관은 김 전 시장 측근 비리와 관련한 경찰 수사 과정에서 울산지검 고위 관계자를 통해 수사에 개입한 혐의를 받았다.[503] 한편 당시 울산시장 선거 개입 관련 청와대의 하명 수사·선거 개입 의혹 사건 수사팀은 "이 진석 청와대 국정상황실장(당시 사회정책비서관)의 김기현 전 울산시장 의 핵심공약이었던 산재모병원 예비 타당성 조사 탈락 발표 시점을 선거가 임박한 2018년 5월호 조율하는데 관여한 혐의가 인정된다."는 취지의 수사보고서도 남겼다.[504] 이성윤 서울중앙지검장은 이런 내용을 인계받고도 결정을 계속 미루다 2021년 4월 9일에서야 이진석에 대한 불구속 기소를 결정했다.

이 사건과 관련해 청와대의 불법성을 인정한 박형철 전 청와대 반부패비서관은 "범죄첩보서의 생산 및 경찰 하달은 대통령 비서실 어느 부서의 권한이나 업무 범위에 포함되지 않은 심각한 위법임을 인식했다. 더불어민주당 측에서 제공한 첩보라고 판단했지만 2선 의원 출신으로 청와대 내에서 입지가 굳은 백원우의 요구라 거절하지 못했다."[505]라고 말했다. 이에 대해 〈조선일보〉는 "박형철은 대검 공안2과장 출신으로 선거법 전문가였다. 이번에 그가 한 진술은 문재인 청와대에 치명적일 뿐 아니라 본인도 기소를 피할 수 없는 내용이다. 박 전 비서관은 2013년 국정원 댓글 사건에서 수사팀장인 윤 총장 밑에서 부팀장으로 일했다. 당시 국정원 댓글 사건을 선거법 위반으로는 처리하지 말라는 검찰 상층부의 압력에 대해 수사팀 내부에서 선거법 위반 기소가 원칙이라고 주장했던 이가 바로 박 전 비서관이었다."[506] 고 설명했다.

한편 청와대 울산시장 선거 개입 사건 담당 수사팀에서는 임종석과 조국도 증거가 충분하니 함께 기소하자는 주장도 있었다. 윤석열은 이러한 주장에 대해 임종석과 조국을 기소하면 야당에서 2020년 4월 총선거 전에 문재인 대통령에 대한 조사를 주장할 것이 명백해지고 검찰의 수사가 총선거에 영향을 미칠 수 있다고 생각했다. 이를 피하려고 윤석열은 이들에 대한 수사와 기소 여부는 2020년 4월 총선거 후로 연기했다. 이에 대해 〈동아일보〉는 "윤석열은 기소가 더 늦어지면 이번 총선에 영향을 줄 수 있다는 취지로 한병도 전 대통령 정무수석비서관 등 13명의 기소를 지시했다. 윤 총장은 29일 조사를 받은 이광철 대통령 민정비서관, 30일 조사 예정인 임 전 실장은 총선에 영향을 줄 수 있다며 4·15 총선 뒤로 기소를 미루기로 했다."[507]라고 설명했다.

〈조선일보〉도 "검찰이 29일 울산 선거 공작 관련자 13명을 불구속 기소했다. 울산 선거는 청와대의 기획과 조직적 개입에 따른 것이라고 검찰이 공식화한 것이다. 이름을 적시하지 않았을 뿐 사실상 문재인 대통령이 주도 혐의를 받는다는 의미다. 후보 매수, 하명 수사, 관권 개입 같은 총체적 선거 부정이다. 향후 수사의 핵심은 문 대통령이 공작을 주도했는지를 밝히는 것이 될 수밖에 없다. 현직 대통령은 임기 중 범죄 혐의가 드러나더라도 형사 기소되지 않는다. 그렇다고 검찰이 조사까지 할 수 없는 것은 아니다. 청와대는 두 차례에 걸쳐 검찰 수사팀을 공중 분해시키고 법원이 적법하게 발부한 영장까지 깔아뭉갰다. 이 순간은 한국 민주주의와 법치주의의 기로일 수 있다."라고 보도했다.[508]

청와대의 울산시장 선거 개입 의혹 사건 기소와 관련 문재인 대통령에 대한 비판은 거셌다. 진중권은 "울산시장 선거 개입 사건은 적어도 논리적으로는 원인이 대통령까지 거슬러 올라간다. 어처구니없는 일. (청와대의 울산시장 선거 개입 사건에 대해) 첫 눈에 봐도 오랫동안 고생만 한 친구에 대한 각하의 안쓰러움을, 아랫사람들이 보다 못해 알아서 풀어드리려다가 발생한 사건. (울산시장 선거 개입 사건은) 대통령이 직접 지시했다면 탄핵까지 갈 수 있을 중대한 사안이겠지만, 바보가 아닌 이상 일을 그런 식으로 처리하지는 않았을 것. 상식적으로 작업이 경찰, 울산 시청, 청와대 등 여러 기관의 협업으로 이루어졌으니, 어딘가 이 모든 작업을 지시하고 조정할 컨트롤 타워가 있었을 것이다. 당장 대통령 비서실이 떠오른다. 그러니 정권 측에서는 그 증거를 잡지 못하도록 수사를 최대한 방해할 수밖에 없다."[509]라고 비판했다.

〈조선일보〉는 더 구체적으로 "검찰이 울산 선거 공작 사건 관련자 13명을 기소하면서 법원에 제출한 공소장에 대통령이나 대통령 업무를 보좌하는 공무원은 다른 공무원보다 선거에서의 정치적 중립성이 더욱 특별히 요구된다는 내용을 넣었다고 한다. 공무원의 선거 중립 의무를 강조하면서 첫 번째로 대통령을 지목한 것이다. 울산 선거 공작은 사실상 대통령과 대통령 측근들의 정치적 필요에 의해 기획된 범죄라고 규정한 것이다. 송 시장 측근의 수첩에선 VIP가 직접 출마 요청 부담으로 비서실장이 요청이라는 메모가 나왔다. 대통령의 송 시장 당선 소원을 풀어주기 위해 비서실장과 민정수석, 정무수석을 비롯한 대통령 비서실 조직 7곳이 일사불란하게 후보 매수, 하명 수사, 공약 지원 같은 공작에 뛰어들었다. 청와대가 불법 선거 공작의 본부였다. 문 대통령이 책임질 수밖에 없다. 그런데도 문 대통령은 딴청을 피우고 밑에서 검찰 수사를 뭉개기로 전략을 세운 듯하다."[510]라고 주장했다. 〈조선일보〉 김창균 역시 "검찰은 와신상담, 절치부심 2년여 남은 대선 날까지 참고 기다린다는 자세다. 좌천 인사로 밀려난 검찰 간부들은 대부분 사표를 내지 않았다. 이 정권은 검찰 조직 전체를 원수로 돌렸다. 검찰 수사팀은 쫓겨나는 마지막 순간까지 문 정권 범죄의 증거와 기록을 남겨 놓았다. 5년 왔다 가는 정권이 권력의 힘으로 자신의 업보를 덮을 수 있다고 믿었다면 대한민국이라는 나라, 그 나라의 5,100만 국민을 너무 우습게 본 것이다."[511]라고 비판했다.

추미애 지휘 하에서 청와대의 울산시장 선거 개입 의혹 사건에 대한 검찰의 칼날은 무뎌졌다. 이성윤의 서울중앙지검은 서울 및 부산시장 재보궐 선거 이후 2021년 4월 9일 이 사건과 관련된 이진석 청와대 국정상황실장을 불구속 기소하고 조국 전 법무부 장관, 임종석 전 대통령비서실장, 그리고 이광철 민정비서관에 대해서는 증거불충분을 이유로 무혐의 처분을 내리고 수사를 종결했다. 검찰은 윗선으로 지목된 임종석과 조국 등을 불기소 처분하며 "범행에 가담했다는 강한 의심이 드는 것은 사실이라고 판단하지만 현재까지 확인한 진술과 물증으로 범죄 혐의를 입증하기에는 부족하다."[512]는 입장을 밝혔다.

이에 대해 임종석은 "검찰의 청와대 울산시장 선거 개입 의혹 수사는 명백히 의도적으로 기획된 사건. 그 책임 당사자는 윤석열 전 총장이며 언제쯤이나 돼야 검찰의 무고에 의한 인권 침해를 국가기관의 폭력이나 권력남용으로 규정할 수 있을까?"[513]라고 주장했다. 또한 황운하 역시 "윤석열 총장이 청와대를 공격하는 쾌감에 빠져 마음껏 검찰권을 남용하던 흐름을 타고 엉뚱한 사건으로 비화됐다."[514]라고 말했다.

임종석과 황운하의 시각과는 정반대로 〈조선일보〉는 "검찰이 청와대 정무수석, 민정비서관, 반부패비서관 출신과 송 시장 등 13명을 불구속 기소한 건 작년 1월이다. 이후 1년 3개월간 검찰 수사와 법원 재판은 청와대 앞에서 중단됐다. 대통령의 수족인 이성윤 서울중앙지검장은 이 사건을 뭉개는 데도 앞장섰다. 우리법연구회 출신 김미리 판사는 유무죄를 가리는 공판을 단 한 차례도 열지 않았다. 김명수 대법원장은 이런 김 판사를 4년째 붙박이로 두고 이 재판을 맡기고 있다. 검찰은 이날 임종석 전 청와대 비서실장, 조국 전 민정수석과 이광철 민정비서관에게는 무혐의 결정을 내렸다. 청와대 내 8개 부서가 선거 공작에 나섰는데 비서실장이 몰랐다는 것인가. 민정비서관과 반부패비서관이 관여했는데 직속상관인 민정수석이 어떻게 무관할 수 있나. 민정비서관은 청와대가 경쟁 야당 후보를 수사하라고 경찰에 하명하는 과정에 있었던 것으로 공소장에도 나와 있다. 이런 사람까지 무혐의라고 한다. 선거 뒤 어수선한 틈을 타 꼬리 자르기 식으로 사건을 덮어버린 것이다. 공소장에 대통령이라는 단어가 수십 번 나온다. 다음 정부가 누가 되든 이 사건을 전면 재수사해야 한다. 이 사건을 덮은 검사·판사도 모두 수사 대상이다."[515]라고 주장했다.

실제로 검찰의 칼날이 무뎌진 것과 마찬가지로 이 사건에 대한 법원의 판단과정 역시 명쾌하지 못했고 질질 늘어졌다. 이 사건 담당인 김미리 부장판사는 공판준비기일로만 1년 3개월을 보냈다. 2020년 9월 24일의 재판에서는 13명에 달하는 피고인 상당수가 검찰에 '증거목록을 피고인별로 따로 만들어 달라'는 이례적 요구를 한 적도 있었다. 다음 재판까지 길게는 두 달의 간격을 두면서 재판이 진행되곤 했다. 2021년

4월 김미리 판사가 돌연 질병 휴직을 신청했고 그 빈자리를 마성영 부장판사가 채웠다.[516]

재판부가 바뀌면서 지연되었던 재판은 3년 10개월 만인 2023년 11월 1심 재판에서 송철호 전 울산시장, 황운하 전 울산경찰처장, 송병기 전 울산부시장이 각각 징역 3년을 선고받았다. 백원우 전 청와대민정비서관은 징역 2년을 선고받았다. 재판부는 "(피고인들은) 국민 전체에 봉사해야 할 경찰 조직과 대통령 비서실을 자신들의 정치적 이익을 위해 사적으로 이용해 국민의 투표권 행사에 영향을 미치려 했다"라고 설명했다.[517] 이러한 1심 유죄 판결이 임종석 전 청와대 비서실장과 조국 전 민정수석에 대한 재수사로 이어져 이 사건이 전면 재수사된다면 우리는 또다시 불행한 전직 대통령의 모습을 목격하게 될 가능성이 매우 크다.[518] 진실과 역사의 왜곡이 '잠시'는 가능할지 모르나 정의는 언젠가는 반드시 오기 때문이다.

4.3.3. 유재수 감찰 중단 기소

2020년 1월 29일 서울동부지검은 유재수 감찰 중단 사건과 관련해 백원우 전 비서관과 박형철 전 비서관을 직권남용 권리행사 방해 혐의로 불구속 기소했다. 백원우와 박형철의 혐의는 유재수의 비위를 확인하고도 청와대 특별감찰반의 감찰 조사를 중단시켰다는 것이었다. 이와 관련해 당시 민정수석이었던 조국은 이미 재판에 넘겨진 상태였다. 아울러 검찰은 백원우와 박형철 사건을 조국의 직권남용 권리행사 사건과 병합 신청할 방침이라고 밝혔다.

조국의 공소장에 따르면 김경수 경남지사는 백원우에게 여러 번 연락해서 '(유재수는) 참여정부 시절 함께 고생한 사람이다. 억울하다고 하니 잘 봐달라.'는 취지로 부탁했다. 윤건영 전 청와대 국정기획상황실장도 백원우에게 '유재수가 나와 가까운 관계'라고 말했다. 친문 실세의 청탁을 거절하기 어려운 백원우는 '(문재인) 정권 초기에 현 정부 핵심 인사들과 친분이 깊은 사람 비위가 크게 알려지면 안 된다.'고 조국에게 말했다.[519]

검찰은 백원우를 비롯한 관련자들의 진술을 근거로 백원우가 친문 인사들의 청탁을 단순히 전달한 것이 아니라고 생각했다. 검찰은 민정수석 조국이 감찰 중단의 최종 책임자이기는 하지만 백원우 역시 조국의 결정에 적극적으로 관여했다고 판단했다. 수사 과정에서는 박형철이 유재수에 대한 감찰 중단 요구를 여러 차례 거부한 정황도 드러났다. 이러한 정황에도 불구하고 검찰은 박형철이 결국에는 조국과 백원우의 뜻대로 감찰을 중단했으니, 박형철 역시 직권남용 혐의가 있다고 결정했다.[520]

이후 유재수는 뇌물 수수와 부정 청탁 및 금품 등 수수의 금지에 관한 법률(청탁금지법) 위반 혐의로 구속·기소되었고 2020년 5월 1심에서 징역 1년 6개월에 집행유예 3년이 선고됐다. 2021년 11월 2심에서는 징역 1년 집행유예 2년이 선고됐고 2022년 3월 대법원에서 원심이 확정됐다. 이에 대해 〈조선일보〉는 "법원 양형 기준에 따르면 3,000만 원 이상 뇌물 수수에 대해서는 징역 3~5년을 기본으로 최저 2년 6개월, 최고 6년의 형(刑)을 선고하라고 돼 있다. 적극적 요구, 장기간 수수, 3급 이상 고위공무원은 가중 처벌된다. 유씨가 바로 이 경우에 해당한다. 그런데도 양형 기준이 정한 최저형에도 미달하는 형이 유씨에게 선고된 것이다. 집행유예 사유는 더더욱 찾을 수 없다. 다른 판사들조차 이례적 판결이라고 말하고 있다. 말이 이례적이지 권력에 아첨하는 판결이다."[521]라고 비판했다.

한편 조국은 2023년 2월 자녀 입시 비리와 감찰무마 등의 혐의로 1심에서 징역 2년의 실형을 선고받았다. 조국은 증거인멸 및 도주우려가 없다는 이유로 법정구속되지는 않았다. 조국과 함께 감찰무마 혐의로 기소되었던 백원우는 징역 10개월의 실형을 선고받았지만 법정구속되지는 않았다. 박형철은 무죄를 선고받았다.[522]

2020년 1월 31일 문재인 대통령은 이 모든 사건이 자신과는 전혀 관계가 없는 것처럼 특유의 유체 이탈 화법으로 검찰 개혁을 다시 한 번 강조했다. 구체적으로 문재인 대통령은 검찰 등 권력기관 개혁과 관련해 "과거의 검찰은 잘못을 스스로 고쳐내지 못했기 때문에 특히 고위공직자범죄수사처(공수처)는 매우 의미가 있다. 수사·기소에 있어 성역을 없애야 하고 국가 사정기관을 바로 세워야 한다. 그 가운데 검찰 개혁은 무엇보다 중요하다. 권력기관 개혁은 국민을 위한 권력의 민주적 분산이 필요하고 기관 상호 간, 기관 내부에서 견제·균형이 필요하다. 그것은 어디까지나 국민을 위한 것이라는 것. 국가 수사 총역량이 약화하는 것 아니냐는 우려도 하시는데 그것을 불식해 내는 것도 중요 과제. 국가 수사 총역량을 유지하는 원칙 아래 계획을 진행해야 한다."[523]고 말했다. 이에 대해 〈중앙일보〉 박재현은 "문 대통령은 취임 후 생각보다 여러 차례 사과문을 냈다. 최저임금 1만원 달성을 못 지키게 됐다는 이유로, 세월호 구조를 잘못했다는 이유로, 가습기 희생자를 잘 보살피지 못했다는 이유로 사과했다. 하지만 감동은 없었다. 해도 그만, 안 해도 그만인 것도 있었기 때문이다. 정작 필요할 땐 (청와대 울산시장 선거 개입 사건과 관련) 외면하거나 딴소리를 했다."[524]라고 비난했다.

이런 과정을 거치면서 조국과 조국 가족 사건, 청와대의 울산시장 선거 개입 의혹 사건, 유재수 감찰 중단 사건 등을 둘러싼 문재인 대통령과 윤석열 검찰총장 사이의 갈등은 일단락됐다. 두 사람의 관계를 정치평론가 박성민은 "헌법주의자이자 검찰을 개혁의 주체로 보는 윤석열 총장이 (인사에 대한 보은으로) 문재인 정권의 비리에 눈감는다면 검찰도 죽고 자신도 죽는다는 것을 모를 리가 있겠는가. 충돌은 불가피했다. 검찰을 개혁의 대상으로 보는 조국 전 법무부 장관 임명이 시간을 당겼을 뿐이다. 문재인 대통령과 윤석열 검찰총장은 상대가 딛고 서 있는 땅에 대해 서로 무지했다. 정치를 권력 투쟁으로 보는 정치인 문재인과 법과 원칙으로 보는 검사 윤석열의 실존적 충돌이다. 권력에 대해 나이브했던 윤석열과 법과 원칙에 나이브했던 문재인의 착각과 오해가 걷잡을 수 없는 전쟁으로 몰아갔다."[525]라고 표현했다.

역대로 대통령, 여권 지도부, 청와대 참모들, 친문 실세들, 나아가 서초동 집회로 상징되는 진보 시민단체들로부터 전방위적 압박을 경험한 검찰총장은 없었다. 윤석열만이 이런 정치적 압박을 경험했고 이를 견뎌냈다. 어떻게 윤석열은 견뎌낼 수 있었을까? 사람들은 윤석열이 자식이 없기 때문이라고 말한다. 맞는 말이다. 이보다 더 근본적인 이유가 있다. 잘못하면 자신이 믿고 지켜온 소신과 원칙이 훼손될 수도 있다는 윤석열의 두려움때문에 가공할만한 압력을 견뎌낼 수 있었다. 그리고 당시 국민이 이 원칙 있는 검사를 지지했기 때문에 이를 감내할 수 있었다.

이와 관련해 〈한겨레〉 김이택은 "정부 여당 역시 검찰 개혁 입법은 이뤄냈지만 아직도 고초를 겪는 이들이 조국 일가 외에도 여럿이다. 6개월의 소용돌이는 환상의 조합인 줄 착각해 조국 장관-윤석열 총장의 잘못된 만남을 밀어붙이면서 시작됐다. 혁명보다 어렵다는 개혁 전선에 전사를 내보내면서 사전 검증도 소홀했다. 과정은 공정하고 결과는 정의로울 것을 약속한 정부가 청춘들의 공정 잣대가 그렇게 높아진 줄 미처 몰랐다. 살아 있는 권력도 수사하라 해놓고 결국 한 입으로 두말한 모양이 됐다. 그 상황이 다시 와도 장관은 조국이라는 대통령 최측근의 말에선 성찰 대신 오만함이 묻어난다."[526]라고 지적했다.

이 장에서 다룬 세 가지 사건 때문에 윤석열은 문재인 대통령과 속된 말로 루비콘 강을 완전히 건너갔다. 당시 세 가지 사건을 담당한 윤석열의 검찰은 아무리 나쁜 상황이 닥쳐왔어도 법 원칙을 지키기 위해 최선을 다했다. 앞으로 정치적 지형이 어떻게 변화하든지 문재인 대통령과 친문 실세들, 그리고 조국을 비롯한 사건 관계자들은 적정한 죗값을 치르고 있고 치를 것이다. 왜냐하면 윤석열의 검찰이 정치적 압력에도 불구하고 사건 관계자들을 이미 일부 기소했고 모든 것을 검찰 수사 기록으로 남겨 놓았기 때문이다.

4.4. 추미애 장관의 실수들

2020년 2월 11일 추미애는 검찰의 수사와 기소 주체를 분리하는 방안을 검토하겠다고 밝혔다. 추미애는 "검찰이 중요 사건을 직접 수사해 기소하는 경우 중립성과 객관성이 흔들릴 우려가 있기 때문에 내부적 통제장치가 필요하다."면서 "수사와 기소 분리를 검토하고 있으며 이를 통해 형사사법 절차 전반에 걸쳐 수사 관행·방식 등이 법과 원칙에 어긋남이 없는지 다시 점검해 하나씩 개선해 나가도록 하겠다."[527]고 말했다. 이에 대해 조국은 추미애의 계획이 "매우 의미 있는 시도가 될 것. 경찰에게 1차적 수사종결권을 부여하고 검찰에게 일정 범위 내에서 직접 수사권을 인정한 수사권조정법안이 패스트트랙을 통과하였지만, 궁극적 목표는 수사는 경찰, 기소는 검찰이 하는 것으로 나누는 것. 궁극적 목표에 도달하기 이전이라도 검찰 내부에서 수사와 기소 주체를 조직적으로 분리하여 내부 통제를 하는 것은 법 개정 없이도 가능할 것으로 보인다. 추 장관님께 박수를 보낸다."라며 적극 지지했다.[528]

추미애와 조국의 주장에 정면으로 맞서 윤석열은 2월 13일 부산 강연에서 "직접 증거를 보고 심증을 정확하게 형성한 사람이 기소와 재판까지 담당해야 한다."고 강조했다.[529] 윤석열의 주장은 '수사와 기소는 한 덩어리가 되어야 한다.'는 것으로 추미애의 주장을 정면으로 맞받아치는 것이었다. 진중권은 수사와 기소 분리 여부를 두고 장관과 검찰총장의 의견이 극명하게 대립되는 상황에 대해 "추 장관이 어용검사들 동원해 정권 실세들에 대한 기소를 막았지만 실패했고, 새빨간 거짓말을 늘어놓으며 공소장 공개를 막았지만 그것도 실패했다. 마지막 카드로 꺼내든 것이 바로 수사 검사와 기소 검사의 분리. 수사 검사가 열심히 수사해도, 기소 검사가 그냥 기소를 안 해 버릴 가능성이 생긴다. 수사 검사와 기소 검사의 분리. 애초의 취지는 가상했을지 모르나, 실제로는 권력에 대한 기소를 가로막는 마지막 안전장치로 악용될 가능성이 있다. 다시 그(조국)가 등장했다. 겉으로는 추미애를 칭찬하는 듯하지만, 실은 이 모두가 내 작품이란 점을 분명히 해두려는 의도"[530]라고 해설했다.

검찰총장 재직기간 내내 윤석열은 조국은 물론 후임 법무부 장관들과 대립하면서 갈등 상황이 계속됐다. 앞에서 추미애가 최강욱의 검찰 기소를 날치기라며 감찰 필요성을 밝힌 일이 헛발질의 전주곡이라고 말했다. 검찰 내부에서 수사와 기소 분리 여부처럼 추미애는 윤석열과 사사건건 시비를 걸었고 결과는 추미애의 완패였다. 많은 사람은 이를 윤석열의 몸집만 키워준 추미애의 헛발질이라고 말한다.

4.4.1. 신천지예수교 방역사태

2020년 2월 코로나 팬데믹 상황에서 검찰에 고발된 신천지 관련 사건 수사와 관련 당시 방역 당국은 '신천지예수교에 대한 압수수색은 역효과'라는 의견을 검찰에 제시했다. 신천지 강제수사가 이루어지면 이것은 오히려 방역에 부정적 영향을 끼친다는 것이 방역 당국의 공식적 입장이었다. 실제로 〈중앙일보〉는 "김강립 중앙재난안전대책본부 1총괄조정관은 코로나 정례브리핑에서 정부의 강압적인 조치로 신천지 신자가 음성적으로 숨는 움직임이 확산할 경우 방역에 긍정적이지 않은 효과가 나타날 수 있다고 말했다. 김 총괄조정관은 현재까지 신천지 측의 자료 누락이나 비협조는 확인되지 않았다고 강조했다."[531]라고 설명했다.

전문가의 의견에 따라 검찰은 압수수색의 유보를 결정했다. 그러나 2020년 2월 28일 검찰의 결정과 달리 추미애는 신천지예수교에 대한 압수수색을 지시했다. 압수수색을 두고 법무부와 검찰은 충돌했다. 이에 대해 〈조선일보〉는 "당시 법무부 발표를 접한 방역 당국은 당혹해하면서 검찰에 경위를 물어본 것으로 알려졌다. 이는 직전에 방역 당국과 검찰이 협의했던 내용과 배치되는 것이었다. 대검 관계자는 이날 신천지가 집회장이나 신도 명단을 누락해 제출했고 (압수수색 같은) 강제수사가 필요한 상황이냐고 물었다고 한다. 이에 복지부 관계자 등은 신천지가 제출한 명단을 전수조사해보니 누락된 것이 없어 보인다.[532] 지금 압수수색을 하면 신천지 신도들이 다 숨는다. 진단과 방역이 급선무라고 했다는 것이다. 방역 당국이 압수수색에 난색을 보임에 따라 검찰도 일단 상황을 지켜보기로 했다. 윤석열 검찰총장도 방역 활동을 돕는 차원의 검찰권을 행사하라고 지시했다고 한다. 일각에선 법무부까지 신천지가 코로나의 원흉이라는 여론몰이에 가세하면서 방역 당국과도 엇박자를 냈다는 지적도 나온다.'[533]라고 주장했다.

사실은 이렇다. 2월 28일 윤석열은 검찰에 고발된 신천지 관련 사건 수사를 위해 대검 참모 회의를 개최했다. 오후에는 사건을 담당할 수원지검장을 면담할 예정이었다. 이 사실을 대검 참모 중 한 사람이 추미애에게 빠르게 알렸다. 당시 집권 여권 세력들은 코로나 확산 책임을 모면하기 위해 신천지에 대한 강제수사를 강력하게 주장하는 상황이었다. 추미애에게는 '친문 실세와 관계 강화'라는 자신의 정치적 이익이 결정의 잣대였는지 모르겠다.[534] 추미애는 전문가의 견해를 무시하고 신천지에 대한 압수수색 지시를 무리하게 발표했다. 이것이 방역 활동을 돕는 차원에서 검찰권을 행사하라는 윤석열의 지시가 특정 종교 단체(신천지)를 압수수색하라는 추미애의 헛발질로 둔갑하게 된 진상이었다.

당초에 검찰에 전달된 박능후 복지부 장관의 요구는 신도 명단이 아니라 예배 출입 기록이 필요하다는 정도의 내용이었다. 복지부는 법무부를 통해 방역을 위해 신천지 예배 출입 기록이 필요하다는 연락을 해왔다. 검찰은 예배 출입 기록에 대한 행정조사가 선행되어야 한다는 법률 조언을 해주었다. 이런 업무협의에 따라 2020년 3월 5일 중대본은 경기 과천시의 신천지예수교 본부에 조사단을 보내 행정조사를 했다.[535] 이 과정을 〈중앙일보〉는 "이번 행정조사가 사실상 압수수색과 같은 효과라는 평가가 나온다. 이번 행정조사는 바로 전날 방역 당국과 법무부, 검찰의 극적 협의 하에 결정된 것으로 알려졌다.[536] 전환점이 된 건, 중대본이 대검에 신천지 관련 자료를 확보할 방안을 정식 문의해오면서다. 윤석열 검찰총장은 가장 실효성 있는 자료 확보 방안을 찾아보라는 지시를 내렸다고 한다. 영장에 적시된 혐의 범위 내에서만 자료 확보가 가능한 압수수색과 달리, 행정조사는 좀 더 유연하게 자료 확보도 가능했다. 대검은 법무부 검찰국에 먼저 신천지를 상대로 자료 제출을 요구해보는 건 어떻냐는 의사를 전달했(고), 추 장관이 현장에서 이를 승인했다고 한다. 승인 결과를 확인받은 중대본이 이날 밤 신천지에 행정조사를 통지했고, 신천지도 이를 받아들이며 다음날 오전 행정조사가 극적으로 이뤄질 수 있었다."[537]라고 설명했다.

추미애의 신천지 압수수색 지시는 행정조사로 마무리됐다. 수사 경험에 기초해 검찰이 제안한 행정조사 때문에 추미애의 정치적 헛발질은 그나마 수습됐고 법무부는 간신히 체면을 살릴 수 있었다. 이에 대해 〈조선일보〉 이명진은 "요즘 (추미애의) 법무부를 보면 한심하다는 말이 절로 나온다. 신천지 교인 확진자가 쏟아지자 추미애 장관은 여론조사까지 거론하며 검찰에 압수수색을 지시했다. 방역을 위한 명단 확보 같은 행정 목적의 압수수색은 위법이고, 재판 증거인 압수물을 행정 목적으로 쓰기도 어렵다. 장관이 위법, 무용한 지시를 계속하는데도 명색이 법을 다룬다는 법무부에서 말리는 사람 하나 없었다. 그런데 이번엔 수사가 본업인 검찰이 대신 나서 방역 당국에 압수수색보다 행정조사가 훨씬 효과적이라고 귀띔을 했다. 법무부 간부들의 추 장관 감싸기는 코미디에 가깝다. 법을 무시하며 자기 정치에 골몰하는 장관과 무능한 데다 정권 코드 맞추기에 여념 없는 법무 관료들이 그 길목을 막고 있다."[538]라고 비난했다.

4.4.2. 채널A 검·언 유착과 한명숙 사건

추미애는 여러 방법으로 눈엣가시인 윤석열을 제거하려고 노력했다. 장관 취임 후 두 차례의 대규모 인사를 통해 윤석열의 검찰이 제대로 수사하지 못하도록 손발을 묶었다. 인사가 끝난 후 추미애는 윤석열 라인의 핵심에 대해 올가미를 씌워 윤석열을 식물인간으로 만들려고 했다. 이와 관련된 사건들이 채널A 검·언 유착과 한명숙 사건이었다.

2020년 4월 총선을 앞두고 MBC는 신라젠 사기 사건과 관련해 현직 한동훈 검사장과 채널A 이동재 기자가 유착해서 유시민 노무현재단 이사장의 비리를 파헤치려 했다고 보도했다. 추미애는 MBC 보도에 대해 "감찰 등 여러 방식으로 조사할 필요가 있다."고 말하며 대검찰청에 조사 지시를 내렸다.[539] 사실관계를 파악하라는 추미애의 지시에 따라 대검찰청은 한동훈 검사장과 채널A 입장 등을 정리해 법무부에 1차 보고를 했다. 당시 한동훈은 통화한 사실이 없다고 부인했으며, 채널A도 해당 검사장이 아니라고 해명한 것으로 알려졌다. 당사자의 진술을 확보한 대검찰청은 MBC와 채널A에 녹음파일과 촬영물 등 관련 자료를 제출해 달라는 협조 요청을 보냈다.

4월 18일 윤석열은 대검 인권부장으로부터 이 의혹에 대한 진상조사 중간보고를 받은 후 서울중앙지검 형사1부에서 이 사건을 조사하라는 지시를 내렸다.[540] 6월 15일 피의자 신분인 이동재 기자가 검·언 유착 수사의 적정성을 따져보는 전문수사자문단 소집을 요청했고, 이에 윤석열은 사건을 전문수사자문단에 회부하라고 지시했다. 6월 25일 추미애는 검·언 유착 의혹으로 검찰 수사를 받는 한동훈 부산고검 차장검사를 법무연수원 연구위원으로 발령 냈고 직접 감찰에 착수할 것이라고 발표했다.[541] 7월 2일 추미애는 윤석열에게 전문수사자문단의 소집 중단과 수사의 독립성 보장을 지시했다. 추미애의 지시는 장관의 수사지휘권 발동이었다. 추미애의 이런 결정은 윤석열 퇴진을 압박하려는 정치적 목적이 강하게 깔려있었다. 장관의 지시에 따라 윤석열은 전문수사자문단을 소집하지 않기로 결정했다.[542] 7월 9일 윤석열은 검·언 유착 사건을 서울중앙지검 수사팀이 기존 그대로 수사하게 됐다는 발표도 했다. 이는 검찰총장이 법무부 장관의 사건 지휘 때문에 해당 수사팀에 대한 지휘권을 잃어버린 첫 사례였다.

7월 24일 대검찰청 검찰수사심의위원회는 이 사태의 시발점인 이동재 전 기자의 강요미수 혐의에 대해선 수사 계속·기소를, 종착점이라 할 만한 한동훈 검사장에 대해선 수사 중단·불기소라는 판단을 내렸다. 추미애와 수사심의위의 판단은 달랐다. 수사심의위는 검찰과 언론의 유착·공모가 아니라, 검찰 고위 간부와 맺은 친분을 빙자해서 이동재 전 기자가 무리하게 협박성 취재를 벌인 단독 범행을 이 사건의 진실로 판단했다.[543] 이에 대해 문찬석 광주지검장은 "(추미애를 향해) 차고 넘친다는 증거는 어디에 있습니까. 역사상 최초로 검찰청법에 규정된 총장의 지휘·감독권을 박탈하는 위법한 장관의 지휘권이 발동됐는데 대상 사건의 실체가 없는 것 같다. 이 정도면 사법 참사라 할 수 있는 것 아닌가. 장관께서는 5선 의원과 여당 대표까지 역임하신 비중 있는 정치인이시다. 이 참사는 누가 책임져야 하나?"[544]라며 추미애를 정면 비판했다.

10월 27일 추미애와 여권의 억지에도 불구하고 서울고등검찰청은 검·언 유착 사건과 관련해 한동훈을 독직 폭행한 혐의로 정진웅 검사를 불구속 기소했다. 당시 대검찰청은 기소된 정진웅 광주지검 차장검사의 직무를 배제해야 한다고 법무부에 공식 요청했으나 법무부가 결론을 내리지 않은 일도 발생했다.[545] 검찰은 검·언 유착 사건의 당사자 중 한동훈을 제외하고 정진웅 검사(불구속)[546]와 이동재 전 기자(구속)[547]는 기소했다. 결국 한동훈을 제거해 윤석열을 식물 검찰총장으로 만들려는 추미애의 시도는 무위로 끝났다. 그리고 2022년 4월 6일 검찰은 이동재와 공모해 특정 여권 인사의 비리 정보를 진술하도록 강요했다는 혐의로 고발된 한동훈에 대해서 증거불충분을 이유로 무혐의 처분했다.

채널A 검·언 유착 사건처럼 추미애가 윤석열을 압박해 퇴진 또는 식물총장으로 만들려는 다툼은 계속됐다. 2020년 총선 이후 여당인 더불어민주당은 국회 법제사법위원회 위원장직을 차지했다. 2021년 6월에 더불어민주당과 추미애는 모해위증을 교사한 '한명숙 전 국무총리 불법 정치자금 수수 사건(2010년)'의 수사팀에 대한 철저한 감찰을 지시했다. 구체적으로 6월 18일 윤석열은 한명숙 전 총리 불법 정치자금 수수 사건 위증 교사 수사에 대한 진정을 대검 감찰부에서 서울중앙지검 인권부로 재배당했다. 이에 대해 추미애는 대검 감찰과에서 중요 참고인을 직접 조사하라는 지시를 내렸다.

위증 교사 수사에 대한 진정 사건을 놓고 추미애의 법무부와 윤석열의 검찰은 다시 갈등을 빚었다. 갈등이 생기자 윤석열은 6월 21일 이 사건을 서울중앙지검 인권감독관실과 대검 감찰과가 함께 조사하라고 추미애의 지시를 수용하는 지시를 내렸다. 추미애는 윤석열의 결정을 거칠게 비판했다. 구체적으로 6월 24일 추미애는 "(윤석열을 겨냥해서) 각종 예규 또는 각종 규칙을 통해서 위임의 취지에 반하도록 자기의 편의적으로 조직을 이끌어가기 위해서 법 기술을 부리고 있다."[548]라고 주장했다. 나아가 추미애는 "(윤석열이 한명숙 전 국무총리의 불법 정치자금 수수 사건과 관련한 위증 강요 의혹 진정을 대검 감찰부에서 조사하라는 자신의 지시를 어기고 윤석열이 사건을 서울중앙지검 인권감독관실로 넘긴 일을 지적하며) 제 지시를 어기고, 제 지시를 절반 잘라 먹었다. 장관 지휘를 겸허히 받으면 좋게 지나갈 일을, 지휘랍시고 이런 식으로 일을 꼬이게 만들었다."[549]는 등 윤석열을 직접 겨냥한 직설적인 비판을 쏟아내었다.

이 사건에 대한 식자들의 평가 역시 갈라졌다. 더불어민주당 설훈 최고위원은 이에 대해 "하루 이틀도 아니고 추 장관과 각을 세운 지 얼마나 됐느냐. 그런 상황에서 행정이 제대로 돌아가겠냐. 임기 보장과 상관없이 갈등이 이렇게 일어나면 물러나는 것이 상책. 적어도 책임 있는 자세를 갖춘 사람이라면, 나라면 물러나겠다."[550]라고 말하며 윤석열을 비난했다. 진중권은 정반대의 시각에서 "윤석열을 내치면 정권 붕괴의 서막이 열릴 것. 이분들(민주당) 코로나 국뽕과 총선 승리에 취해서 아직 상황 판단이 잘 안 되는 것으로 보인다. 그 경우 다시 나라가 두 쪽 날 겁니다. 조국 때와는 아마 규모가 다를 것"[551]이라고 비판했다. 더 나아가 진중권은 "9억 원의 검은돈을 받은 대모(한명숙 전 총리) 하나 살리려고 이게 뭣들 하는 짓인지 모르겠다. 법무부가 VIP(문재인 대통령) 흥신소냐. 아니면 대법에서 유죄로 확정된 이의 죄를 씻어주는 세탁기…한명숙씨, 본인이 직접 나서세요…그렇게 억울하면 당당하게 재심을 신청하라. 한만호의 1억 수표가 왜 동생 전세 값으로 들어갔는지 해명하시고."[552]라고 비난했다.

2020년 7월 이성윤 서울중앙지검장 산하 인권감독관실은 한명숙 불법 정치자금 수수 사건 위증 교사 의혹에 대해 무혐의로 결론을 내렸다. 이후 추미애는 임은정 검사를 대검 감찰정책연구관에 임명해 해당 사건 검토를 맡게 했다. 추미애 후임 박범계 법무부 장관은 임은정을 서울중앙지검 검사로 겸임 발령을 내서 수사권까지 부여했다. 법무부 장관들의 이런 노력에도 불구하고 2021년 3월 검찰은 위증 교사 의혹에 대해 다시 무혐의 처분을 내렸다.

4.4.3. 막장 인사

추미애의 윤석열에 대한 공세(채널A 검·언 유착 사건, 한명숙 사건 등)는 신통한 효과를 얻지 못했다. 2020년 8월 7일 추미애는 검찰 고위 간부 인사를 단행하여 추미애의 측근 그룹이 윤석열을 완전히 포위했다. 추미애 취임 후 세 번의 인사를 겪으면서 윤석열은 검찰에서 고립무원에 빠졌다. 당시 대검 반부패부장으로 승진한 서울중앙지검 신성식 3차장은 가장 주목을 받았다. 그 이유는 피의자 신분이 될지 모르는 인물이 전국의 검찰 수사를 총괄하는 자리를 차지했기 때문이다. 당시 신성식은 검·언 유착 사건과 관련해 채널A 기자의 녹취록에도 없는 내용을 가공해서 KBS에 흘려주고 한동훈 검사장이 이를 공모했다는 오보가 나오도록 했다며 고발을 당했다.[553]

8월 7일 인사 결과 검찰 4대 요직으로 불리는 서울중앙지검장, 검찰국장, 대검 반부패부장, 대검 공공수사부장을 호남이 독식했고, 검찰국장은 3대째 전북 출신이 차지했다. 당시 인사는 상식에서 벗어난 사례가 유독 많았다. 채널A 검·언 유착 사건을 중간에서 지휘한 서울중앙지검 간부는 선거법 위반 사건 수사를 총괄하는 대검 공공수사부장 자리로 승진했다. 윤석열 장모를 기소한 검찰 간부는 라임 펀드 의혹 사건 등이 걸려 있는 서울남부지검장으로, 윤석열과 각을 세우던 대검 간부는 추미애 아들 군 복귀 거부 의혹 수사가 진행 중인 서울동부지검장으로 각각 영전했다.[554]

추미애의 막장 인사는 여기에 그치지 않았다. 8월 27일 검찰 중간 간부 인사에서 정권을 겨냥한 수사를 맡았거나 윤석열의 측근으로 분류된 검사들은 대부분 교체 또는 좌천됐다. 요직은 추미애와 이성윤 서울중앙지검장(문재인 대통령의 경희대학교 후배)과 친밀한 인사들이 차지했다. 특히 채널A 검·언 유착 사건 관련 검사의 인사는 추미애 발 막장 인사에 방점을 찍었다. 예컨대 사건의 수사팀장으로 한동훈 검사장 독직 폭행 혐의를 받는 피의자 정진웅 서울중앙지검 형사1부장은 광주지검 차장검사로 승진했다. 정진웅에 대한 감찰·수사를 진행한 정진기 서울고검 감찰부장은 대구고검 검사로 좌천됐다. 서울고검 감찰부 소속 검사 6명 중 5명이 지방 발령을 받았다. 이러한 검찰의 중간 간부 인사에 대해 진중권은 "검찰 인사가 양아치 수준. 문재인 정권의 수준을 보여준다. 문통(문재인 대통령) 각하의 역사적 업적"[555]이라고 신랄하게 비판했다.

4.4.4. 추미애 아들의 군 특혜 휴가 의혹과 라임·옵티머스 사건

2020년 9월부터 언론에서 문제를 제기해서 추미애 아들의 군 특혜 휴가 의혹, 즉 추미애 파문이 발생했다. 조국 사태에 비할 바는 아니었지만 추미애는 이 파문 때문에 정치적으로 추락했다. 추미애 파문의 핵심은 추미애의 아들이 2017년 6월 5일부터 27일까지 23일간 사용한 병가와 개인 휴가, 소위 황제 휴가의 문제였다. 쟁점은 첫째, 추미애의 아들이 병가가 끝나는 6월 25일 오후 9시 복귀 시간 전에 개인 휴가 승인을 받았는가? 승인을 받지 않았다면 군무이탈죄였다. 둘째는 추미애의 아들이 개인 휴가를 추가로 받는 과정에서 더불어민주당 대표였던 추미애의 힘이 작용했느냐였다.

2019년 당시 야당인 자유한국당(국민의힘 전신)은 추미애 아들의 군특혜 휴가 의혹에서 추미애가 외압을 행사해 사건을 무마했다며 그를 위계에 의한 공무집행방해·군무이탈 방조 등 혐의로 검찰에 고발했다. 당시 사건을 수사한 동부지검은 2020년 9월 추미애와 아들 서씨, 추미애의 전직 보좌관 A씨, 부대 지역대장 B씨 등 4명을 '혐의없음'으로 불기소 처분했다.[556] 이 과정에서 추미애는 주요 쟁점에 대해 모르쇠로 일관하면서 대다수 국민의 공분을 샀다. 추미애를 옹호하던 여당 의원들은 불난 데 기름 붓는 헛발질을 하면서 상황을 더욱 악화시켰다.

국민이 가장 민감하게 받아들이는 영역은 교육과 병역이다. '조국-교육의 불공정, 추미애-병역의 불공정'이 국민의 뇌리에 깊이 박혔다. 더구나 두 사람은 정의를 내세우며 검찰 개혁을 주도하는 법무부 장관이다. 어려운 정치적 상황을 모면하기 위해서 더불어민주당과 추미애는 전선을 바꾸려는 시도를 벌였다. 황당하지만 그들의 공격대상은 윤석열이었다.

2020년 9월 더불어민주당은 윤석열의 장모 최씨가 도이치모터스 주가 조작 의혹 사건에 직접 개입했다는 정황이 녹취록을 통해 공개됐다며 윤석열의 부인 김건희에 대한 수사를 촉구했다. 추미애 역시 윤석열의 부인과 장모의 고소·고발 사건과 관련해 성역 없는 수사가 필요하다는 입장을 밝혔다. 윤석열의 검찰총장 인사청문회에서 야당은 처가와 관련한 의혹을 대부분 지적했었고 여당인 더불어민주당은 문제점이 전혀 없다고 주장했었다.[557] 이는 더불어민주당과 추미애가 자신들의 입장을 180도 바꾼 것이었다.

한편 2020년 10월 중순부터 해괴한 옵티머스와 라임 펀드 사기 사건에 청와대가 연루됐다는 의혹이 계속 드러났다. 문재인 대통령은 정치적으로 더 어려워졌다. 이런 상황에서 라임자산 운용의 전주(錢主)인 김봉현(전 스타모빌리티 회장)은 야권 정치인과 검사 비위 의혹 등을 검찰에 진술했는데도 수사가 제대로 이뤄지지 않았다고 주장했다. 그 직후인 10월 19일 추미애는 윤석열은 라임 사건과 아내·장모 등의 가족 사건을 수사 지휘·감독하지 말라는 수사지휘권을 발동하였다. 10월 20일 청와대는 추미애 장관의 수사지휘권 행사는 불가피한 것으로 본다고 밝히면서 수사지휘권 발동의 정당성을 인정하고 힘을 실어주었다.[558] 윤석열은 "검찰의 책무를 엄중히 인식하고 대규모 펀드 사기를 저지른 세력과 이를 비호하는 세력 모두를 철저히 단죄함으로써 피해자들의 눈물을 닦아주고 국민의 기대에 부응하기 바란다."[559]고 말하며 추미애의 수사지휘권을 수용했다.

그러나 1조 7,000억 원 규모의 피해를 야기한 라임사태의 주범 김봉현은 2023년 2월 징역 30년과 추징금 767억 원을 선고받았다. 김봉현에게서 모두 1억 6,000여만 원의 불법 정치 자금을 받은 혐의로 기동민·이수진 더불어민주당 의원, 김영춘 전 더불어민주당 의원, 김갑수 전 열린민주당 부대변인 등이 기소됐다.[560]

이와 관련해 당시 〈한겨레〉조차도 "검찰 안팎에서는 추 장관이 라임 의혹을 계기로 윤석열 밀어내기에 나섰다는 분석이 나온다. 이미 윤 총장이 가족 관련 사건 수사를 보고받지 않고 있는 상황에서 이를 부각했기 때문이다. 뜬금없이 가족 의혹까지 거론한 것은 윤 총장의 개인적 약점을 상기시키기 위한 것 같다. 아들 군 특혜 관련 의혹으로 한동안 수세에 몰려 있던 추 장관이 뒤집기에 나선 것 아니냐?"[561]고 보도했다. 또한 당시 〈조선일보〉는 "(추미애 장관은) 윤석열 검찰총장이 라임자산운용 사건과 처가 의혹 사건에서 모두 손을 떼도록 수사지휘권을 발동하면서, 공식 문서에 그간 윤 총장 일가에 대해 제기돼 왔던 모든 의혹을 총망라했다. 사실관계가 맞지 않거나 범죄 혐의 구성이 어려운 의혹을 가리지 않고 친여 매체와 사기 전과자가 제기한 의혹까지 모두 나열했다. 윤 총장을 공개적으로 모욕하면서 노골적으로 찍어내겠다는 의도…결국 윤 총장을 수사하라는 메시지를 이 사건 담당 중앙지검에 전달한 것"[562]이라고 주장했다.

법무부 장관과 검찰총장의 격한 충돌이 계속되면서 2020년 10월 22일의 대검찰청 국정감사는 많은 관심을 받았다. 국정감사장에서 윤석열은 추미애의 수사지휘권 행사는 비상식적이고 위법이며 부당하다고 강하게 항변했다. 당일 윤석열은 "(문재인 대통령이) 적절한 메신저를 통해서 흔들리지 말고 임기를 지키면서 소임을 다하라고 말씀을 전해주셨다."라는 사실도 밝혔다.[563] 이런 상황에 대해 안철수 국민의당 대표는 "추미애 법무부 장관과 윤석열 검찰총장 중 양자택일을 하라. 수사해야 할 권력형 비리는 산더미처럼 쌓여 있는데, 검찰에 족쇄를 채우는 추미애 장관과 윤석열 총장의 갈등과 대결을 지켜만 보는 대통령의 국정 운영 태도는 잘못돼도 너무나 잘못된 것"[564]이라고 비판했다.

〈경향신문〉 이주영 역시 "자신이 임명한 두 사람의 갈등이 극한으로 치닫는데도 침묵 속에 사태를 관망하는 문재인 대통령은 무책임해 보인다. 추 장관의 수사지휘권 발동에 대해 성역 없는 수사를 위한 불가피한 조치라고 힘을 실어주면서, 윤 총장에게도 임기를 지키라고 전했다(청와대는 이에 대해 부인하지 않았다)는 문 대통령의 이중적 메시지는 이해하기 어렵다. 박근혜·이명박 정권을 수사하며 적폐 청산의 상징이 된 윤 총장을 차마 직접 내치진 못하고 스스로 나가길 원하는 것인가. 소모적인 갈등과 대결은 볼 만큼 봤다. 임면권자인 문 대통령이 결자해지해야 한다."[565]라고 비난했다.

4.4.5. 월성 원전 1호기 경제성 평가 조작 사건

2020년 10월 22일 검찰은 월성 원전 1호기 경제성 평가 조작 의혹과 관련해 수사에 착수했다. 추미애는 검찰과 또 충돌했다. 추미애는 검찰의 월성 1호기 관련 수사를 정권을 겨냥한 정치 수사라고 말했다. 검찰이 문재인 정부의 국정 과제인 탈 원전 정책까지 칼날을 들이대었다는 사실 때문에 여당 내에서는 불만이 끓었다. 윤석열을 이제는 그냥 두고 볼 수 없다는 것이 여당의 입장이었다. 여당은 감사원이 수사 의뢰를 하지 않았는데도 야당의 고발을 계기로 전격적인 수사가 이루어졌으니 윤석열의 검찰이 불순한 정치적 의도가 있다고 주장했다.

원전 경제성 평가 조작 의혹 수사를 놓고 검찰과 정부·여당이 다시 또 충돌하면서 이에 대한 견해는 극명하게 갈라졌다. 당시 더불어민주당 김태년 원내대표는 "월성 원전 1호기 폐쇄 결정과 관련한 검찰 수사에 대해, 정부 정책에 대한 평가는 국민과 그 대표인 입법부의 몫이라며, 검찰이 헌법상 권력 분립의 경계를 넘어서 입법부 권한까지 행사하겠다는 명백한 검찰권 남용"[566]이라고 검찰을 비판했다.

〈한겨레〉박용현 역시 "검찰은 월성 1호기 조기 폐쇄 결정에 대한 수사에 착수했다. 감사원은 고발도, 수사 요청도 아닌, 수사 참고자료 송부라는 가장 낮은 단계의 조치를 취했는데 야당의 고발을 빌미로 전격적·대대적 수사에 나서는 건 평소 같아도 과도하다는 평을 받을 만하다. 정책 결정 과정까지 검찰이 재단하겠다는 의도가 읽히기 때문이다. 하물며 윤 총장 발언의 맥락 속에서 보면 정치적 동기에 대한 의심은 피할 도리가 없다."[567]라고 여당의 주장을 옹호했다.

이들과는 정반대로 당시 최재형 감사원장은 월성 1호기 조기 폐쇄에 대한 감사 관련 자료를 검찰에 보낸 것은 추가 수사 여부에 따라서는 범죄가 성립할 개연성이 있다고 판단했기 때문이라고 말했다. 추미애와 여당이 윤석열의 사퇴를 압박하고 있는 가운데 감사원장이 검찰 수사를 두둔하는 것으로 해석될 수 있는 발언을 내놓은 것이었다.[568]

이 사건의 사실은 이렇다. 월성 1호기 관련 수사는 국회의 감사자료 청구에서 밝혀진 감사원의 감사 결과라는 사실에 근거하고 있다. 감사원은 2018년 월성 원전 1호기 조기 폐쇄 과정에 깊숙이 개입한 5명 안팎의 산업통상자원부(산업부), 한국수력원자력(한수원) 관계자 등의 이름을 적어서 수사 참고자료로 검찰에 송부했다. 참고자료에서 감사원은 이들이 월성 1호기 폐쇄 결정을 무리하게 밀어붙인 부당 업무 처리 정황이 있다고 밝히면서 한 명 한 명의 구체적인 역할과 지시 등을 자세하게 기록했다. 이에 대해 〈조선일보〉는 '검사도 감탄…7,000쪽에 달하는 감사원의 원전 자료'라며 "문재인 대통령이 2018년 4월 청와대 보좌관에게 월성 1호기 가동 중단 계획을 물은 뒤, 청와대와 산업부, 한수원 관계자들이 신속하고 일사불란하게 이를 실행하려 했다고 볼 수 있는 내부 문건, 관계자 진술 등이 소상하게 적혀 있다."[569]고 보도했다.

검찰이 월성 1호기 조기 폐쇄 수사에 나서자 여권은 (대통령의) 정책 판단에 검찰이 끼어든다며 비판했다. 이에 아랑곳하지 않고 월성 1호기 원전 경제성 평가 조작 의혹 고발 사건을 수사하는 대전지검은 "월성 원전 관련 수사는 원전 정책의 당부(옳으냐 그르냐)에 관한 것이 아니다. (이번) 수사는 정책 집행과 감사 과정에서 (감사 방해)공무원 등 관계자 형사법 위반 여부에 대한 것"이라는 입장이었다.[570] 이에 대해 〈조선일보〉 박정훈은 "문제는 정책이 아니라 정책 결정 과정에서 저지른 수치 조작과 직권남용, 증거인멸 등이다. 명백한 범죄행위가 있는데 검찰이 방관하면 그것이야말로 범죄다. 공정하고 객관적이어야 할 국가의 기간 정책이 국민을 속인 채 밀실 안에서 조작되고 왜곡됐다. 그 배후에 대통령이 있었다. 여권이 검찰 수사에 저토록 필사적으로 대응하는 것도 그 때문이다. 검찰총장 가족 사건을 끄집어내고, 특활비 운운하면서 치졸함의 극치를 달리고 있다. 대통령에게까지 번지는 것을 막아야 하기 때문일 것이다.[571]"라고 했다.

2020년 12월 1일 추미애에 의해 직무가 정지되었던 윤석열이 법원의 결정으로 직무로 복귀한 다음, 검찰은 월성 원전 1호기 관련 내부 자료 444개를 삭제한 혐의를 받는 산업통상자원부 원전정책국 국장과 서기관 그리고 과장에 대해 구속영장을 청구했다. 12월 4일 법원은 산업통상자원부 원전정책국 국장과 서기관에 대해 구속영장을 발부했다. 함께 구속영장이 청구된 과장은 영장이 기각됐다. 이들 3명은 문재인 정부의 월성 1호기 조기 폐쇄를 위한 각종 보고서를 만들고 이를 당시 청와대와 백운규 전 산업부 장관 등에게 보고한 핵심 실무진이었다. 이들은 월성 1호기 가동 중단과 관련해 청와대와 산업부 사이에 어떤 보고와 지시가 있었는지를 누구보다 잘 알고 있는 공무원들이었다. 2021년 2월 검찰은 백운규 전 산업부 장관에 대해 구속영장을 청구했으나 영장이 기각되었다.[572] 이와 관련 문재인 대통령은 백운규 전 장관에 대한 검찰의 영장 청구 소식에 진노했다.[573]

탈 원전 정책은 적폐 청산과 함께 문재인 정부를 대표하는 정책이다. 많은 사람은 탈 원전 정책을 사상 최악의 정책으로 기억하고 있다. 물론 월성 원전 경제성 평가 조작 의혹 사건은 탈 원전 정책 자체에 대한 다툼이 아니다. 이 사건이 탈 원전 정책의 정상화 계기가 될 것이기 때문에 사건의 결말이 매우 중요하다. 이 사건에 대한 수사와 재판은 지금도 진행되고 있다.

4.5. 윤석열 축출의 실패

"물먹고 변방에서 소일하던 윤(석열) 검사를 파격적으로 발탁한 분이 (문재인) 대통령. 윤 총장이 다른 사람에게는 몰라도 대통령께는 진심으로 감사해야 하고, 인간적인 도리도 다해야 한다. 윤 총장은 행정부의 한 조직인으로서 사법부에 감사하기 전에 국민과 대통령께 누를 끼쳐 죄송하다고 해야 한다. 상식을 지키겠다면 이제 그 직을 그만 내려놓으라."[574]

"조국 사태 때 일방적인 조국 비호와 검찰 압박이 윤의 존재감을 키웠고, 그를 불러낸 단초가 됐다. 윤을 적폐 청산의 도구로 썼지만, 윤의 칼이 이 정권의 적폐까지 겨눌 줄은 몰랐다. 그 칼날을 무디게 하려고 대학살 인사를 하고, 억지 논리로 공소장 공개까지 거부했지만 부정적 여론만 낳았다."[575]

4.5.1. 윤석열에 대한 직무 배제

2020년 11월 24일 추미애의 지시에 따라 법무부는 윤석열에 대한 직접 감찰에 착수했다. 여기에는 감찰 대상자라는 이유로 윤석열을 검찰총장의 직무에서 배제하려는 의도를 지니고 있었다. 법무부는 윤석열이 감찰에 응한다면 중징계자라는 이유로 직무에서 배제할 수 있고, 그가 끝까지 응하지 않는다면 검찰총장이 감찰에 불응한다는 명분을 챙길 수 있었다. 어느 쪽이든 윤석열 축출 작전이나 다름없었다.[576]

윤석열 축출 작전에 따라 추미애는 윤석열의 징계를 청구하고 직무에서 배제했다. 법무부 장관이 현직 검찰총장을 직무에서 배제한 것은 헌정사상 초유의 일이었다. 추미애는 징계 청구와 직무 배제의 이유를 장황하게 열거했다. 구체적으로 추미애는 윤석열의 언론사 사주와의 부적절한 접촉 사실, 조국 전 장관 사건 등의 주요 재판부에 대한 불법 사찰 사실, 채널A 사건 및 한명숙 사건과 관련해 측근 비호 목적의 감찰 및 수사 방해, 언론에 대한 감찰 정보 거래 사실, 검찰총장 조사 관련 협조 의무 위반과 감찰 방해 사실, 정치적 중립에 관한 총장의 위엄 및 신망이 손상된 사실 등을 확인했다고 주장했다. 이에 대해 윤석열은 검찰의 정치적 중립성을 지키기 위해 그동안 한 점 부끄럼 없이 검찰총장의 소임을 다해왔고 위법·부당한 처분에 대해서는 끝까지 법적으로 대응하겠다고 말했다.[577]

검찰청법에 따르면 징계 처분이나 적격 심사가 아니고서는 해임·면직·정직 등의 처분을 할 수 없다.[578] 추미애는 자신이 주도하는 법무부 검사징계위원회에서 윤석열에게 징계 처분을 내리고 직무 집행을 정지해 윤석열을 사실상 해임하는 것과 똑같은 효과를 가져왔다. 11월 30일 문재인 대통령은 검찰의 기득권과 조직 이기주의를 간접적으로 비난하며 추미애의 결정을 지지했다. 구체적으로 대통령은 "공직자들은 부처나 집단 이익이 아니라 공동체의 이익을 받드는 선공후사의 자세로 격변의 시대를 개척해야 한다. 과거 관행이나 문화에서 벗어나지 못하면 낙오될 수밖에 없다."[579]라고 말했다.

이후 상황은 추미애의 기대와는 다르게 전개됐다. 검찰에서조차 추미애의 윤석열 직무 배제를 비판하는 일들이 발생했다. 11월 30일 추미애의 측근으로 분류되던 조남관 대검 차장(검찰총장 직무대행)이 검찰 내부망에 글을 올려서 윤석열에 대한 직무 집행정지(직무 배제) 등의 처분 취소를 요청했다. 조남관은 "검찰 개혁의 완수를 위해서라도 윤 총장에 대한 처분을 취소해 달라. 검찰 개혁 과제는 법령 개정이나 조직 정비, 인사만으로는 절대 완성되지 않는다. 윤 총장에게 직무 배제에 이를 정도의 큰 흠결은 없었다. 총장의 임기가 보장되지 않고 검찰의 정치적 중립과 독립이 무너진다면 오히려 검찰을 권력의 시녀로 만드는 중대한 우(愚)를 범할 수도 있다."[580]라고 주장했다.

12월 1일 법원은 윤석열이 낸 집행정지 신청을 인용하면서 즉각 직무 복귀가 가능하다고 결정했다.[581] 법원은 결정문에서 "법무부 장관의 검찰총장에 대한 구체적인 지휘 감독권 행사는 민주적 통제를 달성하기 위해 최소한에 그칠 필요가 있다. 검찰총장이 법무부 장관에게 맹종할 경우 검사들의 독립성과 정치적 중립성이 유지될 수 없다."[582]면서 추미애에게 직격탄을 날렸다.[583] 법원의 결정으로 검찰총장 직무에 복귀한 윤석열은 "모든 분들에게 대한민국 공직자로서 헌법정신과 법치주의를 지키기 위해 최선을 다할 것을 약속드린다."[584]고 말했다. 이 과정에서 문재인 대통령의 지지율은 급속하게 하락해 취임 이후 최저인 37.4%를 기록했다.

12월 7일 문재인 대통령은 "방역과 민생에 너나없이 마음을 모아야 할 때에 혼란스런 정국이 국민들께 걱정을 끼치고 있어 대통령으로서 매우 죄송한 마음. 지금의 혼란이 오래가지 않고, 민주주의와 개혁을 위한 마지막 진통이 되기를 간절히 바라고 있다. 정치서 권력기관 독립의 결실을 맺겠다."[585]라고 추미애와 윤석열 사이에 발생한 갈등에 대해서 첫 사과를 했다. 다만 대통령은 끝까지 추미애 장관 편을 들었다. 이와 관련 오병상은 "(문재인) 대통령은 권력기관 개혁의 방향으로 정치권력으로부터의 독립과 무소불위 권력 행사를 막을 견제 장치를 말했습니다. 그런데 추미애 장관의 윤석열 쫓아내기는 정치로부터의 독립과 정반대입니다. 윤석열이 대통령과 집권 여당을 겨냥한 수사를 못하게 막는 모양새입니다. 정치적 독립을 보장해주는 것이 아니라 권력의 충견이 되길 강요하는 짓입니다."[586]라고 주장했다.

한편 여당인 더불어민주당은 공수처장 추천에 대해 야당과 합의를 보지 못했다. 12월 10일 여당은 공수처 출범과 관련해 야당과 맺은 약속을 파기하면서 여당 단독으로 공수처법 개정안을 통과시켰다. 12월 15일 문재인 대통령은 "공수처는 검찰의 내부 비리와 잘못에 대해서도 엄정하게 책임을 물을 수 있는 제도적 장치가 될 수 있다. 지금까지는 그런 (검찰 통제) 장치가 전혀 없었다. 공수처는 권력기관 개혁의 핵심. 우리 사회에서 법은 공정하지 않을 때가 많았다. 성역이 있었고 특권이 있었고 선택적 정의가 있었다."[587]라고 말했다.

4.5.2. 윤석열에 대한 정직 2개월 처분

추미애의 연이은 헛발질에도 불구하고 문재인 정부의 윤석열 축출 시도는 더욱 거세졌다. 12월 16일 법무부 검사징계위원회는 윤석열 검찰총장의 비위 혐의 6개 중 법관 사찰 등 4개를 인정해 정직 2개월의 처분을 내렸다. 구체적으로 징계위원회는 판사 문건 작성 등 판사 사찰, 채널A 사건 감찰 방해, 채널A 사건 수사 방해, 정치적 중립 훼손 등 4개 혐의를 인정했다. 언론사 사주와의 부적절한 교류와 감찰에서 협조 의무 위반에 대해서는 징계 사유가 있지만 불문(不問) 처분을 내렸고, 채널A 사건 감찰 정보 유출과 한명숙 전 총리 사건 감찰 방해는 무혐의로 결정했다.[588]

윤석열에 대한 법무부 검사징계위원회 심의가 열린 12월 15일은 윤석열 환갑 생일이었다. 윤석열은 환갑날에 헌정 역사상 최초로 징계를 당한 검찰총장으로 기록되는 최악의 날을 보낸 셈이었다.[589] 검사징계위원회의 정직 결정에 대해 윤석열은 "임기제 검찰총장을 내쫓기 위해 위법한 절차와 실체 없는 사유를 내세운 불법 부당한 조치…검찰의 정치적 중립성, 독립성과 법치주의가 심각하게 훼손됐다. 헌법과 법률에 정해진 절차에 따라 잘못을 바로잡을 것"[590]이라고 말했다.

아울러 정직 2개월 의결을 받은 후 윤석열이 내린 첫 지시는 코로나 관련 민생 대응이었다. 여기에는 코로나 확진자가 급격히 증가하고 전국 누적 확진자가 4만 명을 넘어선 당시 상황에서 민생의 어려움에 공감하는 검찰이 되라는 주문이 담겼다. 구체적으로 윤석열은 일선 검사들에게 수사나 기소 단계에서 기소유예를 적극적으로 활용하고, 불필요한 소환 조사를 자제해 서민의 어려움을 덜어주며, 벌과금을 나누어 낼 수 있도록 민생 대응책을 선제적으로 유연하게 마련해 달라고 지시했다.[591]

한편 윤석열의 정직 징계를 둘러싸고 문재인 대통령과 추미애는 한동안 이해하기 힘든 행보를 보였다. 12월 16일 추미애는 검사징계위원회에서 의결한 윤석열의 정직 2개월 징계안을 문재인 대통령에게 제청하면서 사의를 표명했다. 실제로는 추미애가 사의를 표명하기 전에 문재인 대통령은 추미애에게 직접 사퇴를 요구했다.[592] 나아가 추미애는 당시 이낙연 더불어민주당 대표가 재보궐 선거때문에 (자신의)퇴장을 요구했다고 주장했다.[593] 그러나 추미애는 명예로운 퇴진을 강조하며 이를 거부했었다. 문재인 대통령은 추미애가 먼저 사퇴하면 윤석열에게 동반 사퇴라는 정치적 압력을 가할 생각이었던 것 같다. 이 상황에 대해 윤석열은 "추미애 장관과 같이 물러나면 징계는 없는 것으로 하겠다며 문재인 정부가 (자신에게) 사퇴를 압박했다. (문재인) 대통령 뜻으로 봐야 하지 않겠나?"[594]라고 주장했다.

동반 사퇴 논란의 진상은 이렇다. 2020년 11월 정세균 총리는 문재인 대통령과 만나 추미애와 윤석열의 '동반 사퇴 필요성'을 언급했다.[595] 윤석열은 박영선 중소기업벤처부 장관의 간곡한 부탁에 따라 정세균 총리를 직접 만났다. 이 자리에서 윤석열은 자신이 느낀 부당함을 정세균 총리에게 충분히 설명했다. 정세균은 자신이 문재인 대통령께 잘 전달해서 문제를 해결하기 위해 노력하겠다고 말했다. 노력은 말로 끝났다. 정세균 총리는 동반 사퇴 논란과 관련해 어떤 것도 해결하지 못했다.

이러한 상황에서 문재인 대통령은 "추(미애) 장관의 추진력과 결단이 아니었다면 공수처와 수사권 개혁 등 권력기관 개혁은 불가능했다. 본인의 사의 표명과 거취 결단을 높이 평가한다. 검찰총장 징계라는 초유의 사태에 이르게 된 데 대해 임명권자로서 무겁게 받아들인다. 국민께 매우 송구하다. 검찰이 바로 서는 계기가 되길 바란다. 혼란을 일단락 짓고 법무부와 검찰의 새 출발을 기대한다."고[596] 말하면서 윤석열에 대한 징계안을 재가했고 윤석열은 16일부터 2개월간 직무가 정지되었다.

이에 대해 〈한겨레〉는 "7개월 남은 윤 총장의 임기 등을 고려했을 때 정직 3개월 이하가 나오면 사실상 추 장관의 '판정패'에 가깝다는 것이었다. 정직 2개월, 1년간 이어진 추─윤 갈등의 엔딩이었지만 정당성을 얻기 어려운 결과였다. 심각하고 중대한 비위 혐의로 감찰 결과를 보고받고 이루 말할 수 없는 충격을 받았다며 윤 총장의 직무를 정지하고 징계를 청구한 추 장관의 발언이 무색해졌다."[597]라고 보도했다. 〈한겨레〉와 다른 시각에서 〈중앙일보〉 이훈범은 "(윤석열) 검찰총장의 징계 강행을 통해 정치의 조직 폭력화를 우리는 목격했다. 보스는 뒤에 숨고 배신자 처단을 명령받은 행동대장이 망나니처럼 칼을 휘두르면 졸개들이 개떼처럼 몰려와 공격하는 걸 말이다. 그리고 나서 보스가 나타나 정의가 실현됐다고 말하는 장면, 조폭 영화에서 많이 보지 않았나?"[598]라고 비판했다.

검사로서 2013년 12월 국가정보원 댓글 여론 조작 사건 수사를 추진하다가 정직 1개월 징계를 받은 이력이 있는 윤석열은 검찰총장으로서 2020년 12월 16일 정직 2개월 징계를 받았다. 윤석열은 12월 17일 서울행정법원에 법무부 검사징계위원회의 정직 2개월 처분 효력을 취소해달라는 본안 소장과 본안 1심 판결 전까지 처분의 효력을 중단해달라는 집행정지 신청서를 접수했다. 윤석열의 변호사는 이 소송이 대통령의 처분에 대한 소송이므로 대통령을 상대로 한 것이지만, 윤석열의 기본 입장은 헌법과 법치주의 훼손에 대해 헌법과 법률이 정한 절차에 따라 대응하는 것이라는 입장을 밝혔다.[599]

당시의 사실관계를 정확하게 파악하기 위해 검찰총장 사퇴 후 윤석열에게 이를 직접 물어봤다. 그는 '징계 항목들과 관련해 나는 결백했다. 문재인 대통령은 추미애를 포함한 참모들로부터 나에 대한 부정확한 정보를 보고 받았다. 그랬기 때문에 그런 징계 결정에 재가했을 것이라고 믿었다.'는 요지로 질문에 대답했다. 그는 '이를 바로 잡기 위해 법원에 그 억울함을 호소했다. 법원의 판단을 통해서 자신의 결백을 밝히고자 노력했다.'고도 말했다. 그의 진심에도 불구하고 법원이 그의 법적 호소를 기각했으면 어떻게 했을 것이냐고 물었는데, 그는 '더 이상의 혼란을 막기 위해서라도 그 경우에는 자발적으로 사퇴했을 것'이라고 대답했다. 더욱이 그는 당시 '문재인 대통령이 자신에게 직접 연락을 취해서 물러나라고 했으면 언제든지 물러났을 것'이라는 말도 덧붙였다.

서울행정법원이 윤석열의 정직 2개월 징계 집행정지 사건을 심문한 12월 22일 문재인 대통령은 김명수 대법원장, 유남석 헌법재판소장 등 5부 요인을 청와대로 불러 코로나 대응 간담회를 열었다. 당시 헌법재판소는 윤석열이 제기한 검사징계법에 대한 헌법소원 등을 맡고 있었다. 공수처법도 헌법재판소에서 심리 중이었다. 삼권 분립 체제 아래서 중요 재판을 앞두고 대통령이 대법원장 등을 청와대로 부르는 것은 이유를 불문하고 부적절한 처신이었다고 야당과 언론들이 일제히 비판했다.[600] 대통령, 대법원장, 헌법재판소장이 모인 코로나 대응 간담회(장소는 청와대)는 누가 봐도 그 모양이 너무 일그러져 보였다. 대통령이 마련한 청와대 간담회와 윤석열의 집행정지 신청 사건 심문은 관계가 없었을까? 일의 모양새를 매우 중요하게 여기는 문재인 대통령이 무슨 이유로 이렇게까지 행동했을까? 대답은 독자 여러분의 상상에 맡기겠다.

2020년 12월 24일 서울행정법원은 윤석열이 제기한 집행정지 신청을 받아들였다. 법원은 문재인 대통령이 재가한 윤석열 검찰총장 정직 2개월 징계를 뒤집었다. 윤석열은 서울중앙지검장 시절에 양승태 전 대법원장 등 고위 법관들이 연루된 이른바 사법행정권 남용 의혹 수사를 직접 지휘했다. 이런 윤석열에게 법원은 집행정지 사건에서 선입견 없이 객관적으로 판단했다. 윤석열은 이날 집행정지 결정 직후 "사법부의 판단에 깊이 감사드린다. 헌법정신과 법치주의 그리고 상식을 지키기 위해 최선을 다하겠다."[601]라고 말했다.[602]

사상 초유의 검찰총장 징계 효력이 법원의 결정으로 정지됐다. 이를 재가한 문재인 대통령은 엄청난 정치적 타격을 입었다. 문재인 대통령은 12월 25일 윤석열 검찰총장의 징계 논란과 관련해 국민에게 사과했다. 그는 "법원의 결정을 존중한다. 결과적으로 국민들께 불편과 혼란을 초래하게 된 것에 대해, 인사권자로서 사과 말씀을 드린다. 법원의 판단에 유념해 검찰도 공정하고 절제된 검찰권 행사에 대해 성찰하는 계기가 되길 기대한다. 법무부와 검찰은 안정적인 협조 관계를 통해 검찰 개혁과 수사권 개혁 등의 후속 조치를 차질 없이 추진해 나가야 할 것"이라고 말했다.[603] 윤석열의 정직 사건을 신속히 털어내고 국면 전환을 하지 않으면 레임덕이 가속화될 것이란 우려가 작용했기 때문에 문재인 대통령은 사과를 했다.[604]

하지만 대통령은 이번에도 언제나 그러했듯이 인사권자로서 구체적으로 무엇을 잘못했는지 그리고 이 사건을 초래한 근본 원인인 독단적 국정 운영을 어떻게 바꿀 것인지 등에 대해선 전혀 언급하지 않았다. 나아가 문재인 대통령은 2021년 1월 18일 신년 기자회견에서는 윤석열에 대해 "문재인 정부의 검찰총장이다. 윤 총장이 정치를 염두에 두고 정치할 생각을 하면서 검찰총장 역할을 하고 있다고 생각하지 않는다. (추미애·윤석열 갈등에 대해서도) 민주주의가 보다 건강하게 발전하고 있는 것"[605]이라고도 말했다.

　문재인 대통령의 현실 인식은 안이하고 처연하기까지 했다. 추미애·윤석열 갈등이 생기게 된 가장 큰 책임이 어디에 있느냐는 물음에 추미애와 윤석열이란 개개인의 잘못보다는 문재인 대통령의 리더십 부족이라는 응답이 37.3%에 달했다.[606] 많은 국민은 추미애-윤석열 갈등의 진원지를 대통령이라고 생각하고 있는데 대통령만이 이를 인정하지 않았다. 이에 대해 더불어민주당 대표였던 송영길은 "법무부장관과 검찰총장이 이미 몇 개월 간 계속 싸우고 있는 와중에도 문재인 대통령은 그저 보고만 있었다. 대통령이 인사권자로서 가르마를 타줬어야 했다"라고 비판했다.[607] 또한 〈한겨레〉 신승근은 "(추·윤)사태를 이렇게 오랫동안 방치한 건 대통령의 책임이 크다. 좀 더 일찍 추 장관에게 대통령의 생각과 철학을 명확히 전달하고 자제시켰어야 한다. 아랫사람인 법무부장관과 검찰총장이 자신의 뜻과 달리 감정싸움을 했다는 식으로 해명하는 건 설득력이 떨어진다. 윤 총장은 이미 정치를 하고 있는데 면죄부를 준 게 아닌지, 또 정치의 사법화를 민주주의 원리로 너무 단순화한 건 아닌지도 곱씹어봐야 한다. 대통령은 관전자가 아니다. 국정 전반에 사실상 무한 책임을 져야 한다."[608]라고 비판했다.

4.6. 박범계 법무부 장관 임명과 윤석열의 사퇴

4.6.1. 대통령 패싱 검찰 인사

2021년 1월 문재인 대통령은 추미애 장관 후임으로 박범계 민주당 국회의원을 법무부 장관에 임명했다. 2월 7일 박범계는 장관 취임 후 첫 고위급 검찰 인사를 발표했다. 윤석열이 교체 의견을 전달했던 이성윤 서울중앙지검장의 유임, 심재철 법무부 검찰국장의 서울남부지검장 임명, 공석이었던 대검 기획조정부장으로 조종태 춘천지검장의 임명 등이 인사의 주요 내용이었다. 박범계의 첫 번째 인사 또한 검찰총장인 윤석열을 패싱한 인사였다. 윤석열은 법무부가 인사 보도자료를 낼 때까지도 인사안을 받아보지도 못했다.[609] 인사에 관한 한 윤석열은 문재인 정부의 검찰총장이 아니었다.

박범계의 첫 검찰 인사안은 신현수 민정수석조차 전혀 모른 채 청와대 이광철 민정비서관을 앞세워 친문 핵심 세력들이 문재인 대통령을 움직여서 결정된 인사안이었다.[610] 인사 발표는 문재인 대통령의 정식 결재가 나지 않은 상태로 이루어졌다. 장관을 포함한 고위공무원에 대한 감찰권이 있는 신현수는 이를 알고 박범계 장관에 대한 감찰을 요구했다. 하지만 문재인 대통령은 감찰 요구를 받아들이지 않았고 박범계 장관의 인사안을 사후에 승인했다.[611] 신현수는 사표를 제출했고 소위 신현수 패싱, 나아가 대통령 패싱 논란이 불거졌다.

2월 7일 박범계 장관이 검찰 인사 발표를 먼저 하고 하루 뒤 대통령이 사후 승인했다면 분명하게 법 절차 위반이었다. 이러한 상황에 대해 〈중앙일보〉 조강수는 "신(현수) 수석이 중대한 절차적·법적 하자를 확인하고 사석에서 장관 감찰까지 거론한 것은 맞다. 하지만 박 장관이 밀어붙인 인사안은 문 대통령과도 이해관계가 일치한다. 실제로 월성 원전과 선거 개입 사건의 정점엔 대통령이 있다. 두 가지 수사의 칼날을 막거나 속도라도 늦추려면 방패가 필요하고 윤 총장의 고립무원 상태도 유지하는 게 낫다. 이 점에서 문 대통령도 법무부 인사안에 반대할 이유가 없었을 것이다. 결국 청와대가 인사 재가 과정은 통치행위라며 함구하는 이유는 투명하게 공개할 경우 청와대 내 권력 구도와 암투, 문 대통령의 속내가 바깥에 날것 그대로 드러날 수 있어서일 것이다."[612]라고 설명했다.

문재인 대통령까지 패싱한 2월 7일 검찰 인사에 대한 언론의 비판은 혹독했다. 〈중앙일보〉는 "(문재인 대통령이 신년 기자회견에서) (검찰)총장을 치켜세우고 인사 카드로 검찰을 구슬려서 백운규 전 장관 구속영장을 막아보려다 실패하자 청와대 민정수석까지 배제한 전례 없는 인사를 단행한 건 사기극"[613]이라고 비판했다. 〈동아일보〉 김순덕 또한 "적지 않은 국민이 지금껏 대통령은 선하고 공정한데 일신의 영달과 장기 집권을 노리는 운동권 청와대가 대통령의 눈과 귀를 가리는 줄 알았다. 윤석열 검찰총장을 찍어내고, 막가파식 검찰 인사를 서슴지 않는 것도 대권욕에 사로잡힌 전 법무장관 추미애의 단독 플레이로 생각했다. 그게 아님을 이번에 신현수가 드러냈다. 그가 반대한 추미애·박범계 라인 인사가 문 대통령의 재가를 받았다는 것은 이 모든 검찰 장악이 문 대통령 뜻임을 시사한다. 신현수가 알았던 문 대통령은 지금 없다. 죽창가나 부르는 전 민정수석 조국류의 극단주의자들에게 정권 자체가 공중납치당한 지 오래다(그리고 보니 문 대통령 역시 조국과 다름없는 극단주의자라는 생각이 든다)."[614]라고 비난했다.

시간이 지나면서 문재인 대통령 패싱 검찰 인사가 이루어진 이유가 구체적으로 밝혀졌다. 대통령 패싱 검찰 인사가 이루어진 구체적 이유 하나는 월성 원전 경제성 평가 조작 사건과 관련해 백운규 전 산업부 장관을 구속하려는 윤석열의 검찰 때문이었다. 구체적으로 2021년 2월 검찰은 백운규에 대해 구속영장을 청구했다. 문재인 대통령은 백운규가 구속되면 검찰의 칼날이 자신에게까지 올 것을 본능적으로 느꼈다. 대통령은 정치적 위기를 심각하게 받아들이며 친문 실세와 조국의 품 안으로 다시 돌아가 버렸다.[615]

당시 청와대는 조국의 오른팔이었던 이광철 민정비서관이 실질적으로 민정수석 겸 대통령 비서실장이었다. 이런 상황을 〈조선일보〉는 "청와대가 지난(2021년) 2월 검찰 고위 간부 인사에 윤석열 당시 검찰총장의 의중을 반영해주는 것을 전제로 백운규 전 산업통상자원부 장관에 대한 구속영장 청구를 막으려다가 실패했다. 백 전 장관은 월성 1호기 경제성 조작 사건 피의자 중 최고위직이었다. 하지만 윤 전 총장은 청와대 요구를 거부하고 영장 청구를 밀어붙였으며, 이는 윤 전 총장과의 협의를 담당했던 신현수 당시 청와대 민정수석 사퇴 파동으로도 이어졌다. 신(현수) 전 수석은 윤 전 총장에게 '백운규 구속영장을 청구하면 모든 것이 끝장난다.'는 취지의 말을 하면서 사실상 불구속 수사를 요구했다고 한다. 신 전 수석은 '백 전 장관에 대해 구속영장을 청구하면 더 이상 내가 할 수 있는 것이 없다. (청와대) 내부 분위기가 그렇다.'는 식의 언급도 했다는 것이다."[616]라고 뒤늦게 설명했다.

이러한 논란이 계속되는 상황아래서 2월 22일 박범계는 검찰 중간 간부 인사를 통해 문재인 정부를 겨냥한 수사들의 지휘 라인을 유임시켰다.

구체적으로 검찰 중간 간부 인사에서 울산시장 선거 개입 의혹, 월성 원전 경제성 평가 조작 의혹, 김학의 차관 불법 출금 등 정권이 촉각을 곤두세우고 있는 주요 수사팀의 부장검사들은 물론 이성윤 서울중앙지검장과 갈등을 빚었던 간부들도 유임됐다.[617] 휴가를 냈던 신현수 민정수석이 청와대 업무에 복귀하면서 이른바 신현수 패싱 논란도 일단은 봉합됐다.

사실은 이렇다. 청와대와 박범계는 2월 22일 인사에서 문재인 정부를 겨냥한 주요 수사의 지휘 라인을 확실하게 바꾸려고 했다. 그런 방향으로 검찰 중간 간부 인사가 실행되면 윤석열은 사표를 내겠다고 했다. 윤석열이 사표를 내면 2021년 4월 7일의 서울·부산 시장 보궐 선거에서 여당은 막대한 정치적 타격을 받을 것이 뻔했다. 박범계는 어쩔 수 없이 인사 방향을 바꾸게 됐다. 휴가를 냈던 신현수 민정수석이 업무에 복귀하지 않으면 이 또한 4월 보궐 선거에 부정적 영향을 끼칠 것도 확실했다. 친문 실세들은 신현수에게 업무에 복귀하라고 다그쳤다. 신현수는 친문 실세의 다그침을 받으며 문재인 대통령을 생각했다. 신현수는 사퇴는 철회하지 않고 후임자 물색이 끝날 때까지 일하기로 하고 업무에 복귀하였다. 이런 신현수에게 "왜 다시 돌아왔느냐?"라고 하는 친문 인사들도 있었다.[618]

4.6.2. 중대범죄수사청 설치와 윤석열의 사퇴

검·경 수사권 조정 이후 여권은 문재인 대통령과 친문 실세에 대한 검찰의 권력 수사를 봉쇄하려고 검찰에 남아있는 6대 범죄(부패·경제·공직자·선거·방위산업·대형참사)에 대한 수사권마저 모두 중대범죄수사청(이하 중수청)이란 새로운 조직에 맡기는 법안을 추진했다.[619] 직접 수사권을 경찰과 중수청에 모두 넘기게 되면, 검찰은 영장 청구와 기소권만 갖게 되었다. 이는 검찰 존립 자체의 문제였다. 이와 관련해 법무부는 검찰 수사·기소 분리에 대한 찬성 입장과 함께 "앞으로 검사는 공소관 역할에 집중하게 될 것"이란 공문을 국회에 전달한 것으로 확인됐다.[620]

윤석열은 2021년 3월 2일 여권의 중수청 설치 추진에 대해 "단순히 검찰 조직이 아니라 70여년 형사사법시스템을 파괴하는 졸속 입법이며 검찰 수사권의 완전한 박탈은 민주주의의 퇴보이자 헌법정신을 파괴하는 것이다. 힘 있는 세력들에게 치외법권을 제공하는 것. 직을 걸어 막을 수 있는 일이라면 100번이라도 걸겠다."고 주장했다.[621] 이에 관련 청와대는 윤석열의 발언에 대해 "검찰은 국회를 존중해 정해진 절차에 따라 차분히 의견을 개진해야 할 것"이라고 말했다.[622] 특히 당시 정세균 국무총리는 3월 2일 그의 페이스북을 통해 "윤(석열) 총장은 왜 국민이 그토록 검찰 개혁을 열망하는지 자성해야 한다."라고 주장했다. 또한 그는 3월 3일 JTBC 뉴스룸에 출연해 "윤석열 총장이 총장직을 수행하는 건지, 자기 정치를 하는 건지 구분이 안 된다. 국민이 피해 보는 것을 총리로서 모른 척할 수 없다. 검찰총장 거취에 대해 대통령께 (해임을) 건의하는 것을 고민할 수 있다."[623]고도 말했다.

이런 상황에서 윤석열은 문재인 대통령과 여권이 자신이 물러나지 않기 때문에 검찰 해체를 목표로 중수청 설치를 추진한다고 생각했다. 실제로 윤석열은 "내가 총장직을 지키고 있어서 중대범죄수사청(중수청)을 도입해 국가 형사사법 시스템을 망가뜨리려고 하는 것 같다. 내가 그만둬야 멈추는 것 아니냐?"고 말했다.[624] 당시 그는 집권 여권은 다만 4월 7일의 서울·부산시장 보궐 선거에 미칠 부정적 영향 때문에 중수청 설치의 속도를 조절하고 있다고 생각했다. 그는 보궐 선거가 끝나면 야당이 정치적으로 무력화된 상황에서 여권은 중수청을 설치할 것이라고 확신했다. 이에 대해 〈동아일보〉 박제균도 "여권은 윤석열이 물러났다고 검수완박(검찰 수사권 완전 박탈)을 포기할까. 아닐 것이다. 중수청을 추진했던 진짜 이유가 산 권력 수사를 봉쇄하고, 더 좁게는 대통령과 주변 인사들의 퇴임 후 안전을 도모하는 것인 만큼 4월 보선 이후 언제든 튀어나올 수 있는 카드다."[625]라고 주장했다.

윤석열은 중수청 설치를 막기 위한 유일한 방법은 이에 반대하는 국민 여론 형성뿐이라고 판단했다. 이를 위해 윤석열은 중수청을 막기 위해 보궐 선거 전에 검찰총장직을 걸고 언론을 통해 반대 의사를 확실히 밝혔다. 그는 중수청에 대한 문제점을 국민에게 구체적으로 알리고자 노력했다. 나아가 그는 중수청 설치의 문제점에 대한 국민의 경각심을 더욱 높이기 위해 검찰총장직 사퇴도 결심했다. 이와 관련해 윤석열은 "검수완박(검찰 수사권 완전 박탈)과 중대범죄수사청 설립을 문 대통령의 복심으로 통하는 김경수 경남지사 등이 작정하고 추진하려는 것을 보고 검찰을 떠나는 게 낫겠다고 판단했다."[626]고 말했다. 이런 판단의 이면에는 문재인 대통령과 여권에 자신은 검찰총장직에서 사퇴하니 검찰 해체를 위한 중수청 설치 시도를 거두어 달라는 간절한 바람도 담겨 있었다.

윤석열은 3월 3일 대구 고검·지검을 찾아 중수청 설치와 관련 "검수완박(검찰 수사권 완전 박탈)은 부패완판(부패가 완전히 판치게 된다)"이라고 주장했다. 이날 윤석열은 마지막까지 문재인 대통령에 대한 예의를 갖추기 위해 자신의 검찰총장직 사퇴 결심을 조남관 대검차장을 거쳐 신현수 민정수석에게 알렸다. 3월 4일 윤석열은 중수청 설치를 반대하면서 "이 나라를 지탱해 온 헌법정신과 법치 시스템이 파괴되고 있다. 그 피해는 고스란히 국민들에게 돌아갈 것…검찰에서 제가 할 일은 여기까지"라며 검찰총장직을 사퇴했다.[627] 문재인 대통령은 바로 윤석열의 사의를 수용했고 신현수 민정수석의 사표도 수리했다. 이에 대해 민변 출신 변호사 권경애는 "문재인 정부는 조국 가족 비위, 울산 선거 개입 사건, 월성 원전 사건 수사를 막기 위해 윤석열 검찰총장을 징계 해임하려다 실패하자 아예 검찰 조직 해체를 시도하다가 윤 총장을 사퇴에 이르게 한 정권"[628]이라고 비판했다.

여권의 윤석열 쫓아내기 끝판왕은 열린민주당 최강욱이 2020년 말 발의한 검찰청법 개정안과 법원조직법 개정안이었다. 검사와 판사의 공직 출마 제한 기간을 현행 90일에서 1년으로 늘리는 것이 개정안의 핵심이었다. 이 개정안이 국회에서 통과되었을 경우 원래 2021년 7월 임기가 만료 예정이었던 윤석열은 2022년 3월의 대선에 출마할 수 없게 됐다. 개정안은 윤석열 출마 제한법이었다. 2021년 2월 박범계 장관의 법무부는 입법 취지에 공감한다는 의견을 국회에 제출했다. 구체적으로 법무부는 공직선거법 개정을 통해 법관이나 헌법재판소 재판관, 고위공직자 범죄수사처 검사 등 사법 관련 직역 전반을 검토하는 입법이 더욱 바람직하다고 설명했다.[629]

당시 황당한 입법에 대한 비난은 거셌다. 대표적으로 〈동아일보〉 박제균은 "이 법안은 사람 하나를 콕 집어 법을 찍어내려는 잔인함, 판검사 외 다른 사법 직역과의 형평성 문제, 공무담임권 제한 등 위헌 소지를 담은 말도 안 되는 법안입니다. 하지만 그런 황당한 법안들을 기어코 관철시키는 입법 독재를 자행해 온 게 현 여권입니다."라고 비판했다.[630] 법원에서도 '국회에서 기본권 침해의 정도가 과도한지, 평등권 침해 소지가 있는지 등을 종합적으로 살펴야 하고 여러 공무원 중 검사와 법관으로 한정해서 특별히 이 같은 제한을 두는 것이 적절한지도 검토할 필요가 있다'면서 부정적인 의견을 제시했다. 윤석열이 임기 전에 검찰총장직을 사퇴하면서 최강욱이 발의한 개정안은 없던 일이 됐다.

라임·옵티머스 사건, 윤석열에 대한 추미애의 직접적인 감찰 지시, 징계 청구와 직무정지 나아가 정직, 중수청 설치 추진, 윤석열 출마 방지법 제정 시도 등 윤석열은 검찰총장 임기 내내 추미애와 박범계의 파상 공격에 시달렸다. 윤석열 개인에게 모든 이목이 쏠리면서 국민은 검찰에 대한 민주적 통제를 목표로 한 문재인 대통령의 검찰 개혁(공수처 설치, 검·경 수사권 조정, 수사권과 기소권의 분리 등)이 지닌 진정한 의미를 알지 못하게 됐다. 이런 상황을 민변 출신 변호사 권경애는 "문재인 정부는 정권 비리 수사 방해를 검찰 개혁으로 포장한 정권으로 기억될 것이며 문 대통령의 유일한 치적"[631]이라고 비꼬았다.

문재인 대통령은 검찰 개혁을 완성한다는 명분으로 조국과 추미애를 법무부 장관으로 임명했으나 그들은 개인적 또는 정치적 목적 달성을 위해 노력했다. 그들은 자신과 가족의 불법·위법적 행위에 대한 비판과 책임에서 벗어나기 위해 자신의 힘을 사용했다. 자신들의 정치적 꿈과 야망을 위해 검찰 개혁을 이용하고 남용했다. 그들은 검찰 개혁의 사유화를 시도하였고 문재인 대통령은 이들을 방치하였다. 문재인 대통령의 검찰 개혁은 (문재인) 정권의 비리를 막으려는 사기극이 되어갔다.[632]

정부·여당과 검찰총장의 다툼에 대한 국민의 평가는 냉정했다. 국민 2명 중 1명(52%)은 문재인 대통령이 추구했던 검찰 개혁이 검찰 길들이기로 변질되는 등 처음 취지와 다르게 추진되었다고 답했다. 권력기관 개혁이라는 취지에 맞게 진행되고 있다고 답한 비율은 32%뿐이었다.[633] 또한 국민의 60% 정도가 문재인 정부가 추진하고 있는 검찰 개혁의 취지에는 공감하지만 70%는 절차와 방법이 무리가 있었다고 인식했다.[634]

이러한 상황에 대해 〈뉴스타파〉 한상진·조성식·심인보·최윤원은 "검찰 개혁이 국민에게 현 정권의 이익을 위한 것으로 비쳤다면, 정권 관련 수사를 차단하려는 꼼수로 비쳤다면, 독선과 이중성으로 비쳤다면, 설사 억울하고 부당한 면이 있더라도 여당 대표든 대통령이든 나서서 국민에게 유감을 표명하면서 이해를 구하고 설득했어야 한다. 그런 리더십이 없다 보니 검찰 개혁에 대한 불신과 반감이 커졌다. 문재인 정부에서 최고점에 달했던 검찰 지상주의를 청산하면서 반성해야 할 지점이다."[635]라고 주장했다. 전 국회의원 유인태 역시 "애초에 법무부 장관은 합리적인 검찰 출신을 앉히는 게 좋았다. 추(미애) 장관이 아주 고압적인 자세를 보여 정권에 큰 부담을 줬다."[636]라고 지적했다. 시간이 흘러 갈수록 보수층을 포함해 문재인 대통령을 비판하는 세력에게 윤석열은 점차 반문재인의 상징으로 자리 잡았다.

4.7. 검찰총장 사퇴 이후의 윤석열

"만에 하나 윤 총장이 정치에 발을 들여놓게 된다면 이 또한 사법의 정치화 시비에서 자유롭지 못할 것이다. 윤 총장 자신만이 알 터이나 나는 그가 끝까지 중립을 생명처럼 아는 영원한 검사로 남았으면 한다. 그럼에도 누군가가 그를 계속 압박해 끝내 정치판으로 끌어내게 된다면 그땐 또 어쩔 수가 없는 것 아닌가 하고 그저 생각해볼 뿐이다."[637]

"(임기를 마친 뒤 정치를 할 생각이 있느냐는 질문에) (윤석열은) 사회와 국민을 위해 어떻게 봉사할지 천천히 퇴임하고 나서 생각해보겠다. (봉사의 방법에 정치도 들어가느냐고 묻자) 그건 뭐 지금 말씀드리기 어렵다."[638]

"앞으로 제가 어떤 위치에 있든지 자유민주주의와 국민을 보호하는 데 온 힘을 다 하겠다."[639]

2020년 4월 총선에서 더불어민주당과 더불어시민당이 압도적으로 승리했다. 총선 승리 후 여당 지도부는 앞 다퉈 "자만하지 않고 더 겸손하겠다."며 말조심을 강조했다. 그러나 민주당 관계자는 "윤(석열) 총장 사안은 예외"라고 말했다. 여당 지도부가 윤석열에 대한 공격적 발언들을 사실상 용인했다. 이를 입증하듯이 총선에서 승리한 여당의 윤석열 흔들기는 바로 시작됐다. 윤석열이 제21대 국회에서 여당이 추진할 '검찰 힘 빼기'의 최대 걸림돌이었기 때문이다.[640]

문재인 대통령과 친문 실세들을 포함한 집권 세력은 윤석열을 집요하게 공격하면서 검찰 개혁을 부르짖었다. 국민은 여권의 검찰 개혁에 대한 여당의 주장을 자신들을 향한 검찰 수사를 회피하기 위한 몸부림으로 인식했다. 시간이 갈수록 집권 진보 세력의 위선만 부각됐다. 진정한 검찰 개혁에 대해 〈중앙일보〉 조강수는 "살아 있는 권력 수사는 법치에 대한 신념이 없다면 불가능하다. 그런 검찰총장과 검찰 조직을 내치지 않고 중립성·독립성을 보장해주는 것이야말로 정치 검찰의 망령을 단박에 사라지게 하는 길임을 위정자들만 모르는 걸까. 그게 검찰 개혁의 시작과 끝임."[641]이라고 주장했다.

문재인 대통령, 친문 실세, 그리고 소위 문빠들에게 일방적으로 얻어맞으면서 오히려 윤석열의 정치적 몸집은 커졌다.[642] 이런 현상에 대해

〈한겨레〉 이춘재는 "여권에서 나오는 윤 총장 사퇴 압박은 오히려 그의 입지를 강화시켜줄 수 있다. 윤석열을 다루는 가장 좋은 방법은 그를 그 냥 놔두는 것인 셈이다."[643]라고 주장했다. 철학자 윤평중 역시 "정권 차 원의 윤석열 죽이기가 오히려 대통령 윤석열로 가는 길을 열고 있다. 윤 총장은 정무 감각도 없고 정치를 하겠다고 한 적도 없다. 그런 그를 잠 재적 야권 대권 주자로 키운 건 8할이 문재인 정권 난정(亂政) 때문이 다."[644]라고 말했다.

이런 상황에서 검찰총장 윤석열에 대한 지식인의 평가가 다양하게 쏟 아져 나왔다. 십인십색의 논평이었지만 크게 보면 두 개로 나뉜다. 하 나는 윤석열 개인의 특성에 대한 논평이고, 다른 하나는 윤석열 대망론 에 대한 것들이다. 〈주간조선〉 곽승한의 논평은 전자를 대표할 수 있 다. 곽승한은 윤석열을 둘 이상의 이질적인 사회나 집단에 동시에 속하 여 양쪽의 영향을 함께 받으면서도, 그 어느 쪽에도 완전하게 속하지 아 니하는 사람, 즉 경계인(境界人)으로 규정했다.[645]

구체적으로 그는 "윤 총장은 사람들의 주목을 받는 굵직한 사건을 수 사할 때마다 수사 대상들의 편으로부터 공격을 받아왔다. 반대로 그 대 척점에 있는 이들로부터는 진정한 검사 같은 호평을 받았다. 이제 대결 양상은 문재인 정권 대(對) 윤석열 검찰의 구도가 되다시피 했다. 윤 총 장은 자신에게 칼을 쥐어 준 이들의 턱밑으로 그 칼을 겨누고 있다. 윤 석열이 살아 있는 권력을 향해 칼을 겨눈 건 노무현 정부와 박근혜 정부 에 이어 세 번째다. 그 사이 그의 이름 앞에 붙는 수식어는 정권의 칼잡 이에서 정권의 대항마로 바뀌었다. 윤 총장에 대해 비판적인 이들은 그 가 오로지 검찰 집단의 이익을 최우선시하는 검찰주의자라고 규정한다.

윤 총장을 잘 아는 인사들은 그를 원칙주의자라고 부른다. 윤 총장은 스스로를 헌법주의자라고 표현한다. 그가 어떤 주의자든 간에 윤석열은 그냥 윤석열의 길을 가고 있을지 모른다."라고 주장했다.

정권의 윤석열 때리기가 거세질수록 정치적 몸집이 커진 윤석열은 자연스럽게 대권 후보로 거론됐다. 현실로 다가온 윤석열 대망론에 대해 보수는 인정·수긍의 입장이었고 진보는 부정·반대의 입장이었다. 논자들의 정치적 지향에 따라 윤석열 대망론은 다양하게 해석됐다. 대표적으로 몇 가지만 소개한다.

인정·수긍의 입장에서 〈중앙일보〉 고대훈은 "윤석열 대망론은 윤석열 자신의 노력으로 만든 게 아니라는 점에서 특이하다. 문재인 정권이 윤(尹)과의 전쟁을 벌이면서 자초한 웃픈 현상이다. 1차 조력자는 문 대통령이 마음의 빚을 진 조국 전 법무장관 등 청와대의 386 운동권 세력이다. 죄짓고도 큰소리치는 이런 이상한 나라에서 윤석열은 악의 세력과 맞서는 정의의 투사처럼 대중에게 각인된다. 궁지에 몰린 청와대 실세를 구하려 등판한 추미애 법무장관도 조력자 대열에 가세했다. 권력에 빌붙은 판·검사는 윤석열의 존재가치를 차갑게 대비시키는 고마운 조력자들이다. 윤과의 전쟁 한복판에는 문 대통령이 있다. 법과 정의를 희롱하고, 코로나바이러스보다 무서운 분열의 바이러스를 퍼뜨리고, 촛불 타령으로 반대 세력을 궤멸하려는 보복을 멈추지 않는 한 윤석열 대망론도 멈추지 않을 것이다."[646]라고 주장했다.

〈뉴스타파〉 한상진·조성식·심인보·최윤원 역시 "강력한 검찰주의자인 윤석열 전 총장이 국민적 인기를 누리면서 유력한 대선 후보로 떠오른 것은, 뒤집어 말하면 검찰 개혁에 대한 국민적 불신과 반감이 커졌음을 뜻한다."[647]라고 말했다. 이들과 같은 맥락에서 〈동아일보〉 이기홍은 "윤석열이라는 뜻밖의 엔진이 나타났다. 거대한 민심의 태풍 앞에서 노회한 정치 공학자들, 중진 정치인들의 셈법과 전술은 추풍낙엽이 됐다. 윤석열은 정권의 총공격에 굽히지 않고 180 대 1의 싸움을 버텨내, 결과적으로 조국 승계라는 친문 진영의 환상적 구도를 좌절시키고 집권 세력의 허울을 벗겨냈다는 사실만을 놓고 봐도 윤석열 현상을 단순 반사광이나 허상으로 치부하는 건 비논리적 자기 위안에 그칠 수 있다."[648]라고 주장했다.

윤석열의 정치적 부상을 부정·반대하는 진보 언론의 비판은 신랄했다. 〈한겨레〉 김원철은 "윤석열 총장의 대선 후보 지지율이 높게 나오는 건 오히려 반길 일이다. 최약체 후보이기 때문이다. 윤 총장이 기본소득, 전 국민고용보험 등을 입에 올리는 장면을 상상해봐라. 어색하지 않은가? 국민의 구체적인 삶에 대해 깊이 고민하지 않았다면 기자들과 문답 몇 번에도 밑천이 드러난다. 정치인으로 검증받아본 적 없는 이가 반짝 인기로 정치권에 투신해 성공한 전례가 드물다는 점은 정치인 윤석열에게 부담이다."[649]라고 주장했다. 〈한겨레〉 성한용 역시 "윤석열 검찰총장이 정말 야권의 대선 후보로 나설까요? 문재인 대통령이 (2021년) 새해 기자회견에서 윤석열 총장에 대해 문재인 정부의 검찰총장이라고 정리한 뒤, 윤석열 총장이 대선 후보로 나설 가능성은 거의 사라졌다고 보는 것이 정가의 상식입니다."[650]라고 주장했다.

〈한겨레〉 백기철 또한 "윤석열이 정치에 뛰어드는 건 국가적으로 불행이다. 검찰총장의 정치 직행은 사법과 정치의 경계를 무너뜨린다는 점에서 후진적이다. 오늘의 윤석열을 만든 게 상당 부분 집권 세력 탓이지만 검찰주의자인 그 자신에게서 비롯된 측면도 크다. 국민을 내세워

무소불위에 가까운 검찰권을 행사하더니 이젠 나라의 대권을 넘보는 꼴이다."[651]라고 비난했다. 이들과 비슷한 취지에서 〈경향신문〉 이중근은 "(검찰총장 사퇴 후) 윤석열의 지지도가 치솟은 데는 문재인 정부에 대한 견제 심리가 작용했다. 최고 권력자와 맞서 강단 있게 싸우는 모습에서 공정의 구현을 기대할 수도 있다. 하지만 분노는 분노일 뿐, 집권까지 가능케 하지는 못한다. 정권에 대한 반감만으로 대통령이 되기는 어렵다. 대선은 시대정신을 놓고 쟁투하는 과정이며, 시대정신은 다른 누가 만들어주는 게 아니다. 사람은 하루아침에 만들어지지 않는다. 27년 검사 생활이 전부인 그에게 대한민국 국정은 너무나 버겁다."[652]라고 비판했다. 심지어 윤석열이 검찰총장 재직 시에는 그를 열렬히 성원했던 한 현직 검사는 "전직 총장이 어느 한 진영에 참여하는 형태의 정치 활동은 아무리 생각해도 법질서 수호를 위한 기관인 검찰의 정치적 중립과 독립성에 대한 국민적 염원과 모순되어 보인다."[653]라며 윤석열의 정치 참여를 실명으로 비판했다.

윤석열 대망론을 부정하고 반대하는 인식과 논평이 설 땅을 잃어버리는 일들이 생겼다. 2021년 11월 윤석열은 야권인 국민의힘 대선 후보로 부상했고 2022년 3월 제20대 대한민국 대통령에 당선됐다. 검찰총장 출신 윤석열은 정치 경험이 전혀 없는 상태에서도 대통령이 됐다. 그 원인 제공자는 누가 뭐래도 문재인 대통령과 더불어민주당이었다. 실제로 송영길 전 더불어민주당 대표는 "윤석열 대통령은 문재인 대통령과 더불어민주당이 만들어낸 유산…책임의 8할은 문재인 정부와 민주당 의원들에게 있다."라고 주장했다.[654]

조국 등을 수사하면서 생생히 살아 있는 집권 권력에 대해 비수를 겨눈 건 검찰 역사상 최초의 일이었다. 전례 없는 일을 벌이면서 윤석열 운명의 물줄기는 누구도 예상치 못한 방향으로 바뀌고 말았다. 이와 관련해 2022년 4월 문재인 대통령은 "검찰총장을 했던 분이 야당 후보가 돼 대통령에 당선됐으니 이상한 모양새가 된 것은 사실 그 분(윤석열)의 발탁이 문제였는지. 검찰총장의 임기가 보장돼 있고 임기를 지키는 건 대단히 중요하다. 중도에 간 것은 바람직하지 않다. 그러나 결국 국민이 (윤석열을) 선택한 것"[655]이라고 말했다

윤석열은 조국 사태를 전후해 문재인 대통령과 여권 집권 세력과 정치적으로 대립하는 것을 피하지 않았다. 한 걸음 더 나아가 헌법정신과 원칙을 지키는 대국민 이미지를 스스로 창출하면서 대통령에 당선되었다. 늘 수사 검사를 원했던 그가 대통령이 되었다. 윤석열은 '인간은 원하는 삶과 주어진 삶 속에서 갈등하고 고독해한다. 그게 운명이다.'라는 문구를 좋아한다. 대통령으로서 그의 미래는 누구도 알 수 없다. 이제 모두가 그의 성공과 실패를 주목하고 있다. 윤석열이 자신에게 쏟아지는 부정적 시각을 극복하고 대통령으로서 수직적이고 폐쇄적인 검찰이라는 조직문화를 탈피하여 수평적이고 개방적인 정치의 세계에서 성공할 수 있을지는 잘 모르겠다. 앞으로 그에게 닥쳐올 정치적 고난과 영광역시 또 하나의 드라마일 것이다.

검찰총장 윤석열에 대해 모두가 기억해야 할 교훈이 하나 있다. 과거 검찰은 과거 집권 권력의 주구 노릇을 많이 하면서 '정치 검찰'이라고 불렸다. 정치 검찰이란 역설적(?)으로 전 서울 고검장이 었던 이성윤에 의하면 "해바라기처럼 권력을 좇는 검찰"이다.[656] 정치 검찰은 한국 민주주의 발전에 큰 장애물이었다. 이런 검찰이 윤석열이 검찰총장으로 재

임하는 동안은 막강한 집권 정치 권력으로부터 검찰의 정치적 중립성을 지켜냈다. 윤석열은 매우 소중한 선례를 남겼다. 짧은 기간이었지만 검찰총장이 집권 정치권력으로부터 검찰의 정치적 중립성을 지켜냈던 이 소중한 선례는 앞으로 한국 민주주의 발전에 기여할 것이다. 정의를 위해 또 한 번의 진통을 이겨낸 '한국 민주주의 발전의 역설적 현상'의 귀한 사례로 남을 것이다. 물론 윤석열의 검찰총장 사퇴 후 소위 '물갈이'를 통해 검찰은 '반 윤석열계' 인사들 중심으로 다시 예전의 정치 검찰로 돌아갔다. 또한 윤석열 정부에서도 조국 사태 이후 문재인 정부에서 어려움을 겪었던 '친 윤석열계' 검찰 인사들이 물갈이를 통해 많이 등용[657] 되었고 또다른 정치 검찰로 돌아왔다.

　장을 마무리하면서 2019년 8월 검찰이 조국 법무부 장관 후보자를 수사하지 않았다면 생겼을 일을 상상해본다. 조국은 법무부 장관직을 계속 수행했을 것이다. 그는 임기 중에 공수처법을 통과시키고 공수처장을 임명하여 모든 권력기관을 한 손에 넣으려고 했을 것이다. 진보를 위한 검찰 개혁을 완성했을 것이다. 더 나아가 2021년 여당인 더불어민주당의 친문 세력들은 조국을 대통령 후보자로 선출했을 가능성이 높아 보인다. 조국은 2022년 3월 9일 대선에서 야당인 국민의힘 대통령 후보를 매우 쉽게 물리치고 제20대 대한민국 대통령에 당선됐을 수도 있다. 이런 진보의 정권 재창출 전략을 엉클어버리고 문재인 대통령의 정치적 추락과 실패를 촉발한 계기는 윤석열의 조국에 대한 수사였다. 이 사실 하나만으로 윤석열은 졸지에 진보의 적이 되어버렸다.

5

문재인 대통령 리더십의 특성

5.1. 대통령의 성격 분석과 리더십

"단테가 말하고 마르크스가 인용한 대로, 그들로 하여금 떠들게 하고 나는 나의 길을 갈 뿐. 이 세상사람 모두가 자기가 살아온 발자국으로 평가되는 것이다. 하루 이틀이 아니라 삶 전체의 궤적으로 말이다."[658]

"어떤 신이나 자연의 법칙도 인간의 어리석음을 막지는 못한다. 인간의 어리석음을 치유하는 한 가지 해법이 있다면, 그것은 겸허함이다."[659]

"(문재인 대통령은) 인간적으로 선한 것은 분명한데 지도자 역량, 즉 리더십에는 회의적이다. 지도자는 때로는 결단해야 하고 야당을 만나 협상하고 양보도 해야 한다."[660]

"노무현 전 대통령이 돌아가시기 전에 검찰 수사로 가족 비리가 드러난 뒤 일부 지지층이 이를 옹호하고 나서자 노 전 대통령이 글을 하나 올렸다. '너무 이러시면 저에게 불편하다.'는 메시지였다. 그런데 돌아가시면서 다 잊혔다. 문 대통령은 그걸 염두에 두고 있지 않은 거 같다."[661]

"그 (문재인 대통령)의 취임 일성은 '한 번도 경험하지 못한 나라를 만들겠다'였다. 그는 마차가 말을 끈다는 소득주도성장, 세계적 흐름을 거스른 탈원전, 서민들에게 이생망이란 절망을 안겨준 부동산값 폭등 등 총체적 정책 실패로 자신의 공약을 실현했다. 그런데 이게 끝이 아닌 모양이다. 그가 요즘 부지런히 소셜미디어에 정부 성토 글을 올리는 것을 보면서 국민은 이번에는 '한 번도 경험해보지 못한 전직 대통령'을 목도하고 있다."[662]

리더십(leadership)이란 무엇일까? 이에 대해서는 많은 이론이 있다. 시대가 요구하는 리더십 혹은 바람직한 리더십에 대해서도 다양한 의견이 늘 있다. 이들은 서양의 리더십 이론을 수입해 우리의 리더들에게 피상적으로 적용한 것이거나 중국의 인문학적 소양을 리더십으로 포장한 것이 대부분이다. 이러다 보니 리더십 이론이 호사가나 언론이 좋아하는 말의 성찬에 머물렀을 뿐 실천에 도움이 되지는 못했다. 많은 이들이 리더십을 정확하게 우리말과 글로 옮기지도 못하면서 '이래야 하고 저래야 한다.'고 지적을 한다. 그래도 citizenship, scholarship, friendship 등에는 적당한 우리말이 있다. 리더십에는 적합한 우리말조차 없다는 현실이 아프다.

리더십의 뿌리에 천착한 이론 역시 빈곤하다. 리더십 또한 만남과 관찰에 근거하면서 이론이 발전해야 한다. 그래야 이론−실천−이론이란 변증법적 통합 고리를 만들 수 있다. 만남과 관찰에 근거해서 리더십을 분석하려면 자연스럽게 리더의 성격 분석이 필요해진다. 대통령처럼 높은 자리에 있는 리더일수록 관찰과 만남의 기회가 적기 때문에 성격 분석이 힘들다. 그래도 대통령의 성격 분석을 해야 한다. 대통령의 성격을 분석하면 리더십의 특성이 보인다. 리더십 지도도 그릴 수 있다.

이 일을 시도한 연구가 있다. 함성득은 성격심리학의 실증적인 분석 틀인 '중요한 5 특성 판별법'(Big Five Trait Taxonomy, BFTT)[663]을 기초로 역대 대통령의 성격을 비교 분석하며 그들의 리더십 특성을 해석했다(〈표 5−1〉〈표 5−2〉〈표 5−3〉〈표 5−4〉참조).

<표 5-1> 대통령 성격의 중요한 5 요인

요인	정의	주요 단면
① 외향성 (Extroversion)	타인과의 관계를 중시하고 상호작용을 원하는 성향	사교성, 사회적 지배성, 열정, 보상추구행위
② 신경과민성 (Neuroticism)	정서적으로 우울하고 불안정한 성향	걱정, 정서적 불안정성, 우울적 경향, 부정적 감정
③ 성실성 (Conscientiousness)	꼼꼼히 계획하고 신중하며 책임감 있고 원칙을 고수하는 성향	근면성, 규율, 규칙 준수, 조직성
④ 우호성 (Agreeableness)	따뜻하고 타인을 배려하며 조화로운 관계를 유지하는 성향	따뜻함, 상대방 존중, 이타성, 동정심, 겸손함.
⑤ 개방성 (Openness)	세계에 관심이 많으며 새로운 변화와 다양성을 좋아하는 성향	호기심, 관습 타파, 상상력, 새로운 아이디어 수용

〈표 5-1〉을 조금 더 발전시키면 BFTT의 5 요인 개념과 단면들을 구체적으로 재구성하는 것이 가능해진다. 〈표 5-2〉는 이를 도식화한 것으로 5 요인 및 21 단면의 정의는 물론 단면의 양 극단을 구체적으로 묘사하고 있다.

〈표 5-2〉 대통령 성격의 5요인과 21단면

5요인	21단면	단면의 정의	단면 극단의 묘사
① 외향성 (Extroversion)	①-①사교성 (gregariousness)	다른 사람과 어울리는 것을 좋아하는 성향	혼자 있기를 좋아함 ↔어울리기 좋아함
	①-②사회적 지배성 (social dominance)	자신의 주장이 강한 성향	여러 의견을 경청하고 지켜봄 ↔자신의 주장이 매우 강함
	①-③열정 (enthusiasm)	활달하고 매우 적극적인 성향	조용하고 사색적 ↔정열적이고 활동지향적
	①-④보상추구행위 (reward-seeking behavior)	매사에 낙관적인 성향	걱정이 많은 심사숙고형 ↔걱정이 적은 긍정형

② 신경과민성 (Neuroticism)	②-① 걱정 (anxiety)	지나치게 예민하고 걱정이 많은 성향	침착하고 편안함 ↔불안하고 긴장됨
	②-② 정서적 불안정성 (emotional instability)	욕구조절에 어려움이 있고 충동성이 높은 성향	신중하고 절제성이 높음 ↔충동적, 즉흥적, 다혈질
	②-③ 우울적 경향 (depressive tendencies)	슬픔, 낙담, 좌절 등을 쉽게 느끼는 성향	행복, 만족스러움 ↔어둡고 외로움
	②-④ 부정적 감정 (negative emotions)	공격성이 높고 타인의 의도를 부정적으로 해석하는 성향	이해력이 높고 우호적임 ↔공격적이고 적대적임
③ 성실성 (Conscientiousness)	③-① 근면성 (industriousness)	목표 달성을 위해 열심히 노력하는 성향	유유자적하고 과정지향적 ↔목표성향적, 과업지향적
	③-② 규율 (discipline)	매사에 철저히 준비하고 심사숙고 하는 성향	임기응변적 ↔신중하고 심사숙고형
	③-③ 규칙준수 (rule abidance)	의무와 규칙을 강하게 준수하는 성향	융통성이 높고 자유롭게 변화를 추구함 ↔엄격하고 규율적
	③-④ 조직성 (organization)	맡은 일을 책임감 있게하여 믿음이 높은 성향	매우 가변성이 높음 ↔책임감이 높고 믿음이 감
④ 우호성 (Agreeableness)	④-① 따뜻함 (warmth)	상대방에게 편안함을 주는 성향	냉정하고 이성적 ↔수용적이고 감성적
	④-② 상대방 존중 (care for others)	상대방에게 너그럽고 협조적인 성향	자신의 입장이 중요 ↔상대방의 입장을 이해함
	④-③ 이타성 (altruism)	인간의 존엄성을 최우선에 두고 희생정신이 높은 성향	가치를 위한 헌신성이 약함 ↔평등을 강조하고 헌신성이 높음
	④-④ 동정심 (compassion)	공감의 마음가짐이 높은 성향	원칙적이고 객관적 ↔따뜻하고 인간적
	④-⑤ 겸손함 (modesty)	자신을 과하게 드러내지 않으며 남을 존중하는 성향	경쟁적이고 자신을 많이 드러냄 ↔우호적이고 자신을 드러내지 않음

⑤ 개방성 (Openness)	⑤-①호기심 (curiosity)	지적 관심이 높은 성향	일상적이고 습관적임 ↔호기심이 높음
	⑤-②관습에 얽매이지 않음 (unconventionality)	새것에 대한 두려움이 적고 진취적 성향	관습적, 보수적 ↔진취적, 모험적
	⑤-③상상력 (imagination)	새로운 생각을 잘 해내는 성향	현실적이고 실제적 ↔상상력이 높고 기발함
	⑤-④새로운 아이디어 수용성 (receptivity to new ideas)	새로운 지식과 정책에 흥미를 보이고 잘 받아 들이는 성향	관례적이고 보수적 ↔감수성이 높고 독창적

미국 심리학자 매캐덤스[664]의 '성격은 특징적인 성향, 인식 스타일, 동기, 그리고 자아 개념화 등으로 구성된 독특한 심리적 기질'이라는 주장을 기초로 역대 대통령의 성격을 BFTT의 〈표 5-2〉에 따라 분석한 결과는 아래와 같다(〈표 5-3〉 〈표 5-4〉 참조).

〈표 5-3〉 BFTT에 의한 역대 대통령 성격 분석

5 요인과 21 단면		제왕적 대통령		탈제왕적 대통령				군 출신 대통령	
		김영삼	김대중	노무현	이명박	박근혜	문재인	전두환	노태우
외향성	gregariousness	10	8	5	3	1	3	10	4
	social dominance	9	6	6	2	4	4	8	3
	enthusiasm	9	4	4	6	2	3	8	3
	reward-seeking behavior	9	3	3	6	2	4	8	3
신경과민성	anxiety	1	6	6	4	5	2	2	8
	emotional instability	6	2	5	3	3	1	4	3
	depressive tendencies	1	6	7	3	8	2	2	4
	negative emotions	4	6	9	8	8	6	6	4
성실성	industriousness	8	8	8	10	4	6	8	6
	discipline	4	8	5	5	7	8	4	5
	rule abidance	3	6	5	2	5	8	3	4
	organization	4	6	6	5	4	6	6	10

우호성	warmth	10	6	8	6	3	4	10	8
	care for others	8	4	10	2	3	6	6	4
	altruism	5	6	8	2	3	8	1	2
	compassion	8	6	10	4	3	6	3	3
	modesty	2	4	6	4	7	8	3	8
개방성	curiosity	10	10	8	5	2	3	6	3
	unconventionality	10	6	8	6	2	3	6	3
	imagination	8	10	10	6	2	5	6	4
	receptivity to new ideas	10	10	8	6	3	4	8	4

〈표 5-4〉 역대 대통령 성격 분석 요약

대통령 \ 5요인	제왕적 대통령		탈제왕적 대통령				군인 출신 대통령	
	김영삼	김대중	노무현	이명박	박근혜	문재인	전두환	노태우
Extroversion (외향성)	9.3	5.3	4.5	4.3	2.3	3.5	8.5	3.3
Neuroticism (신경과민성)	3.0	4.0	7.8	4.5	6.0	2.8	3.5	4.8
Conscientiousness (성실성)	4.8	7.0	6.0	5.5	5.0	7.5	5.3	6.3
Agreeableness (우호성)	6.6	5.2	8.5	3.6	3.8	6.4	4.6	5.0
Openness (개방성)	9.5	9.0	8.5	5.8	2.2	3.8	6.5	3.5

이 연구에 따르면 문재인 대통령은 외향성과 신경과민성, 그리고 개방성이 상대적으로 낮은 수준이다. 이런 성격 때문에 문재인 대통령은 호기심이 높지 않고 습관적인 생활이 몸에 배어 있다. 충동, 즉흥, 다혈질 등의 단어는 문재인 대통령에게 어울리지 않는다. 불안이나 긴장이 적어 침착하고 편안한 느낌을 준다. 진취적이고 모험적인 일은 회피하고 관습적이며 보수적이다. 반면에 성실성과 우호성은 높은 수준이다. 이런 성격 때문에 대통령은 신중하고 절제한다. 폐쇄적이면서 모양새를 중시하고 규칙을 준수하며 논쟁과 책임이 따르는 인사에 개입하지 않으

려는 대통령의 리더십 특성은 바로 이런 성격 때문이다.

대통령 리더십을 확인하는 방법에 대해 궁금할 수 있다. 대통령 리더십은 전망과 회고라는 두 축에서 확인할 수 있다. 전망의 핵심은 비전이고 회고의 핵심은 국정 운영 과정과 결과이다. 여기서는 회고의 축에서 국정 운영 과정 및 결과로 문재인 대통령의 리더십을 평가했다. 아울러 말과 글은 대통령의 의지를 보여주고 대통령이 국민 및 국가 사회와 소통하는 가장 중요한 도구이다. 이런 면에서 대통령의 말과 글은 대통령 리더십을 확인할 수 있는 가장 중요한 잣대가 된다. 이 책에서 문재인 대통령의 말과 글을 자주 인용하는 것도 이러한 맥락에서 이루어졌다는 말도 덧붙인다.

집권 5년을 마무리한 문재인 대통령의 리더십을 되짚어보니 정치적 이기심, 차가움, 위선, 오만, 이중성 등 부정적 특성이 확인된다. 문재인 대통령의 성격에서 비롯된 부정적 특성은 국정 운영의 결과물이다. 여기서 성격은 좋고 나쁘고의 문제가 아니라는 사실이다. 우리는 성격이 빚어낸 리더십의 긍정과 부정적 특성을 결과로 판단할 뿐이다. 예컨대 권력 의지, 집념, 소신, 뚝심, 의연함, 정의감, 포용력 등 긍정의 덕목과 권력욕, 집착, 아집, 불통, 불감, 독선, 정실주의 등 부정의 덕목은 경계가 불명확하고 다만 결과로 그 차이를 판단해야 한다.[665] 이와 관련 행정학자 오연천은 "최고 직위에 선출되는 대 동력원이 되었던 인간적 장점이 취임 후 특유의 약점으로 둔갑하기 쉽고, 평소 취약한 것으로 보이는 과단성의 결여가 실제 국정운영에서는 신중함과 절제의 모습으로 비추어질 수 있다는 사실을 간과할 수 있을까?" 라고 주장했다.[666]

이렇게 성공의 이유가 실패의 이유로 급전환될 수 있다는 것이다.[667]

이렇게 성격의 단면, 즉 리더십의 강점이 바로 단점으로 급전환하는 현상을 미국 정치학자 후쿠야마는 '리더십 스타일의 양면성'(dual nature of leadership style)[668] 이라고 주장한다. 또한 이를 미국 심리학자 매캐덤스는 '양날의 검'(double-edged sword)[669]이라고 주장한다. 좋은 성격이 나쁜 성격이 되고 반대로 나쁜 성격이 좋은 성격이 되기도 한다.

성격 분석은 치유의 도구(긍정)가 되기도 하고 차별의 잣대(부정)가 될 수도 있다. 더욱이 성공적인 리더십 자질 간에도 때로는 양립하기 어려울 때가 있다. 실제로 지도자의 자질 중 과단성과 신중함은 많은 경우 서로 양립하기 어렵다. 행정학자 오연천은 "사회정의 실현·공정한 법질서 유지 등 그야말로 근본적인 가치 실현에 있어서는 과단성이 긴요한 덕목임이 분명하지만 복잡다난한 대외관계에서 국가 이익을 추구하는 과정에서는 어려움을 자초할 수 있다"라고 주장했다.[670] 이러한 성격 분석의 한계를 늘 유념해야 한다는 말도 덧붙인다. 이러한 사실을 충분히 고려하면서 이 장에서는 문재인 대통령의 성격이 빚어낸 리더십의 특성을 정리한다.

5.2. 차갑고 이기적인 리더십

"눈치 보기에 능한 사람, 착한 아이 콤플렉스에 빠져 있는 사람에게는 (진정한 리더가 되기 위한) 세 가지(용기, 균형감각, 열정과 책임감)가 없다. 그래서 나는 리더 될 생각이 없다. 문제는 나와 비슷한데 리더를 하겠다고 나선 사람들이다."[671]

"(울산시장 선거 청와대 개입 의혹 사건과 관련 검찰의) 공소장 내용은 대통령의 명백한 탄핵 사유이고 형사 처벌 사안이며, 그분(문재인 대통령)은 가타부타 일언반구가 없다. 이곳은 왕정(王政)이거나 입헌군주제 국가인가?"[672]

"문재인 대통령은 대통령을 하는 동안 전력을 다하고, 끝나면 그냥 잊혀진 사람으로 돌아가고 싶다. 대통령 이후 현실정치하고 계속 무슨 연관을 가진다든지, 그런 것은 일체 하고 싶지 않다. 대통령이 끝난 이후 좋지 않은 모습, 이런 것은 아마 없을 것이라며 웃었다."[673]

"퇴임 후 잊힌 사람이 되고 싶다는 (문재인) 대통령의 희망은 소박한 희망이 아니다. 생존(生存)한 퇴임 대통령 어느 누구도 이루지 못한 거대한 희망이다."[674]

2019년 조국 사태 이후 문재인 대통령은 정치적으로 추락하기 시작했다. 지난 2017년 대선에서 드루킹 일당과 함께 인터넷 댓글 여론을 조작한 혐의 등으로 기소된 김경수 전 경남지사의 2021년 7월 실형 확정은 문재인 정부의 절차적 정통성에 심각한 흠집을 남겼다. 이에 대해 〈조선일보〉 김창균은 "문재인 대통령의 정치적 동지들은 차기 대선 주자군에서 사실상 탈락 상태다. 조국 전 장관은 가족 일가 비리로 만신창이 신세고, 유시민씨는 조국 수호 투쟁의 선봉에 서서 개그에 가까운 궤변을 늘어놓다가 웃음거리가 됐다. 민주당 주자는 이낙연 전 총리, 이재명 경기지사 정도다. 문 대통령과 친문 진영을 위해 자기희생을 감수할 인연은 없는 사람들이다."[675]라고 말했다.

2021년 4월 서울 및 부산시장 보궐 선거에서 야당의 압승, 2022년 3월 윤석열의 대통령 당선으로 문재인 대통령은 정치적으로 완전히 추락했다. 성격이 빚어낸 대통령의 리더십 때문에 이 모든 일은 일어났다. 2022년 5월 퇴임한 문재인 대통령의 삶이 어떻게 전개될지는 아무도 모른다. 이와 관련해 "대통령이 끝난 이후 좋지 않은 모습, 이런 것은 아마 없을 것이다."[676]라는 문재인 대통령의 말은 B형 남자의 소박한 희망 사항에 불과했다. 퇴임 후 정치적 평안을 애절하게 바라는 마음만 느껴질 뿐이다. 그의 바람처럼 좋은 모습으로 그냥 잊혀진 전직 대통령으로 살아갈 수 있을까? 정치적 차별화가 심한 우리의 전직 대통령 문화 환경에서 이는 예측하기 어렵다. 퇴임 후 뒷모습이 좋았던 전직 대통령이 없었던 우리의 대통령 역사와 문화를 생각하면 퇴임한 대통령의 좋은 모습을 기대하는 것은 희망 사항일지도 모른다.

문재인 대통령은 원래 말을 잘하는 편이 아니었다. 대통령은 공식적으로 말을 할 때 문장을 제대로 끝내지 못하고 말을 조금 더듬었다. 공식적인 자리에서 간혹 질문을 잘 알아듣지 못하고 엉뚱한 답변을 하여 참모들을 당황스럽게 만들기도 했다.[677] 노무현 정부에서 민정수석으로 재직할 때 과중한 업무를 몸이 이겨내지 못해 치아도 망가졌다. 임플란트 수술의 후유증으로 발음조차 정확하지 못했다. 내향성이 강한 문재인 대통령은 이런 어려움을 혼자 극복하려고 애썼다. 그는 점점 더 주위 사람들과 직접 접촉하려 하지 않았다. 시간이 갈수록 제출된 보고서를 홀로 읽으면서 국정을 이해하고 운영하려는 경향이 강해졌다.

사람을 직접 만나면 그들의 발언 속에 있는 미묘한 생각과 마음을 이해할 수 있다. 문재인 대통령은 사람의 마음, 생각, 문맥을 파악하는 기회를 가능한 한 피하고 보고서로만 상황을 이해하곤 했다. 여전히 겉으로는 예의 바르고 다정다감하며 선한 사람으로 느껴지나 혼자 있는 시간이 많아진 대통령은 남의 어려움과 일에는 매우 무관심하게 되었다. 상대편 사람들이 말하는 미묘한 의도와 바람을 이해하지 못하고 어떤 때는 매우 냉담하고 때로는 고집스럽게, 영어로는 aloof[678]하게 됐다. 이것이 대통령의 차가운 리더십이다. 이를 양정철은 "문재인 대통령이 노무현 대통령보다 고집이 훨씬 세다. 문 대통령도 토론을 하면서 (참모들 의견을) 수용하는데, 절대 안 꺾는 게 있다. 노 대통령은 겉으로 굉장히 강하지만 속으로는 여리고 섬세하신 분, 문 대통령은 겉으로는 되게 섬세하고 여린 분 같은데 속은 훨씬 더 불이 있고 강하고 단단한 분"이라 며 긍정적으로 설명하기도 했다.[679]

　문재인 대통령은 국가의 중요 행사에서 이벤트를 통해 국민에게 매우 감성적으로 다가가는 소통을 자주 시도했다. 임기 초기에는 이것이 진실하게 다가왔다. 잦은 이벤트에 어울리지 않게 국정 운영 결과가 초라해지면서 많은 국민은 그를 '감성팔이 대통령'으로 인식하면서 때로는 역겹게 느끼기 시작했다. 이에 대해 〈중앙일보〉 최상연은 "문 대통령을 소통 대통령이라고들 한다. 그런데도 야당은 겉돌고 국회는 멈췄다. 국민 감성을 건드리는 데 들이는 노력을 야당 소통에 나눈다면 정치가 확 바뀔게다. 잘한 건 모두 내 탓이고 잘못된 건 죄다 전 정권 탓이라면서 덮어놓고 이벤트면 그건 그냥 감성팔이 아닌가?"[680]라고 비판했다.

　이러한 문재인 대통령 행태의 근원에는 자신만의 정치적 안위를 추구하는 냉담한 이기심이 있다. 대통령은 자신에 대한 공격적 질문에 대해서는 특유의 유체 이탈 화법으로 회피했다. 이에 대해 〈조선일보〉 최보식은 "한때 문 대통령에게는 그래도 선한 사람이라는 평판이 있었다. 나는 더 이상 그렇게 보지 않는다. 오히려 남들의 아픔에 둔감한 냉혈한에 가깝다고 본다. 자신의 정책적 실수와 무지로 수많은 사람이 고통 받든 말든 그는 인정하지도 고치려고도 한 적이 없다. 한번은 이철우 경북도지사가 행사장에서 만난 문 대통령에게 '전력 수급 기본 계획에서 이미 결정된 울진의 신한울 3·4호기 건설만은 재고해 달라.'고 하자, 딱 한

마디 답변이 돌아왔다고 한다. '우리나라는 전기가 모자라지 않잖아요.' 이런 수준을 어떻게 선하다는 말로 포장할 수 있을까.”[681]라고 비판했다. 〈조선일보〉 김창균 역시 “집권당이 군소 정당들과 4+1이라는 해괴한 담합 기구를 만들어 선거법에 이어 공수처법을 국회에서 강행 처리하자 문재인 대통령은 한 해가 저무는 끝자락까지 국회가 부끄러운 모습만 보여줬다, 볼썽사납다고 했다. 자신은 제삼자인 양, 남의 말 하듯 했다. 두 법에 대해선 아무 설명도 없었다.”[682]고 말했다.

문재인 대통령의 정치적 이기심은 그가 애초부터 정치에 뜻이 없었고 정치인을 매우 싫어했기 때문에 형성된 특성이다. 그의 눈에는 노무현 대통령을 제외한 정치인들이 믿을 수 없는 사기꾼들로 보였다. 이에 대해 진중권은 “노무현 전 대통령은 정말 꿈을 가진 정치가였다. 그에게는 저만의 철학과 비전이 있었다. 반면 문재인 대통령은 원래 정치에 뜻이 없었다. 그에게는 그저 폐족이 된 친노의 복수와 복권을 위해 불려 나올 운명이 있었을 뿐이다.”[683]라고 말했다. 가까이서 모셨던 노무현 대통령 퇴임 후의 외로운 삶과 비극적인 죽음을 경험하면서 문재인 대통령의 정치적 이기심은 더욱 강화되었다. 그는 정치적 꿈이 없었다. 정치적 꿈과 야심이 있는 사람은 자신의 꿈을 달성하기 위한 권력을 적극적으로 사용하고 후환을 두려워하지 않는다. 박정희 대통령은 국정 목표를 달성하기 위해 전진하는 과정 중에 생긴 모든 문제에 대해서 '내 무덤에 침을 뱉어라.'라고까지 말했다.

정치를 싫어했고 정치에 대한 꿈이 없는 문재인 대통령에 대한 식자들의 비판은 날카롭다. 진중권은 “노무현 대통령은 자신의 능력과 인기에 기반했다면 문재인 대통령은 이들(586 운동권 세대)에 의해 기획된 존재입니다. 어쩌다 박근혜 탄핵이란 사건을 만나서 쉽게 집권을 한 것이죠. 문재인 팬덤은 만들어진 팬덤이에요. 진짜 팬덤이 아니에요. 노무현 팬덤의 그림자 같은 것이지."[684]라고 비판했다. 〈동아일보〉 박제균 역시 "문(재인) 대통령은 원래 정치를 할 의사가 없던 분이었다. 그런 사람을 친노 운동권 세력이 '기획상품'으로 내세워 대통령으로 만들었으나 의사는 물론 능력도 없음이 드러난 것이다. 그 결과가 참담한 국정 실패다."[685]라고 비난했다. 언론학자 강준만은 "문재인은 권력 의지가 전혀 없었던 사람이다. 노무현과의 인간관계, 여기서 비롯된 공적 문제의식이라는 운명으로 대통령직에 차출당한 분이다."[686]라고 지적했다.

정치적 꿈이 없었기에 문재인 대통령은 자신만의 국정 비전이 더욱 빈약했다. 재야운동가 장기표는 "그는 애초에 정치할 뜻이 없었고 국정 운영에 대해 고민해본 사람이 아니었다. 단지 노빠의 아바타로 나온 것이다. 그런 사람이 제대로 나라를 끌고 갈 수 있겠나?"[687]라고 비판했다. 전 국민의힘 대표 김종인 역시 "국정 전반에 어디 하나 편한 곳이 없다. 그런데 문재인 대통령이 그런 문제 자체를 모르는 게 더 문제다. 문 대통령이 공개석상에서 나라가 잘 돌아간다고 한 건 자기 생각이 아니고 참모들이 써준 걸 얘기하는 것이다. 북한 말마따나 아랫사람이 써주는 것만 줄줄 읽는다는 표현이 정확하다고 본다."[688]라고 비난했다.

권력 의지가 강하지 않은 문재인 대통령은 국민에게 인기 없는 정책의 추진은 될 수 있으면 회피했다. 불은 났는데 못 본 체하는 경우가 많았다. 이와 관련해 〈동아일보〉 이진영은 "현(문재인) 정부의 연금 정책은 비겁하다. 연금은 고갈이라는 화재 예방을 위해 주기적으로 더 내고 덜 받는 재설계를 해야 한다. 인기 없는 정책이지만 김영삼(공무원연금),

김대중(국민연금과 공무원연금), 노무현(국민연금), 이명박(공무원연금), 박근혜(공무원연금) 정부에선 빠짐없이 개혁을 관철시켰다. 현 정부만 유일하게 국회 180석을 갖고도 연금개혁엔 손도 대지 않아 2030세대는 내면서도 못 받을까 걱정하는 처지가 됐다. 공무원·사학·군인연금 적자도 4년 후엔 지금의 2배(11조 원)로 불어난다."[689]라고 비판했다.

　문재인 대통령은 대통령으로서 자신만의 펼쳐보고 싶은 꿈은 없었던 듯하다. 다만 역설적으로 노무현 대통령이 이룩하지 못했던 꿈과 임무를 꼭 이룩하고 완수해야겠다는 생각은 확고했다. 이것이 대통령으로서 그의 정치적 꿈이었다. 사실 국민도 탄핵 후 치러진 2017년 대선에서 문재인을 대통령으로 선출할 때 그의 국정 비전에는 별로 관심이 없었다. 오직 박근혜 대통령에 대한 분노, 노무현 대통령에 대한 미안함과 그리움, 그리고 문재인 정부는 당연히 제2기 참여정부라고 막연하게 생각하면서 문재인을 선택했다. 이에 대해 양정철은 "문 대통령이 〈문재인의 운명〉을 집필할 때 곁에서 도울 때 문 대통령 지갑 안에 노 대통령 유서가 있는 걸 봤다. 문 대통령이 유서를 지갑에 몇 년 동안 가지고 있었다. 항상 노 대통령 이야기가 나오면 눈물이 그렁그렁했다."[690]고 말했다.

　문재인 대통령은 노무현 대통령의 정치적 유산에 대한 책임감 때문에 남북문제와 소득 주도 성장에 지나치게 집착했다. 이와 관련해 〈동아일보〉 박제균은 "문(재인) 대통령은 이건 너무하다 싶을 정도로 한번 결정한 정책이나 인사에 집착한다. 한미 동맹의 균열을 불러오고 북한의 핵 보유를 고착화시켜 우리 안보의 근간을 뒤흔들 수 있는 대북 정책에 대해선 더 말하면 입이 아프다. 소득 주도 성장 정책이 경제학 이론에서 듣보잡이란 비판이 나오자 세계적 족보가 있다고 반박하는 대목에선 그

집요함에 감탄할 정도다."[691]라고 비판했다.

이런 문재인 대통령의 리더십은 노무현 대통령과 종종 비교됐다. 예컨대 시사평론가 김수민은 "노무현 전 대통령도 각료, 청와대, 여당 사이에서 곧잘 저울질했지만, 결국 본인이 전면에 나서 책임을 지고 욕을 먹었다. 이게 다 노무현 때문이라는 비아냥거림을 당했지만, 비겁한 대통령이라는 뒤끝은 남기지 않았다. 문(재인) 대통령은 월 1회 기자회견을 하겠다는 공약을 아무 설명 없이 파기했다. 대국민 사과를 해도 청와대 수석·보좌관회의나 국무회의에서 앉아서 한다. 곤란하면 남을 앞세우고 빛나는 일에선 최전선에 있다. 문재인 청와대의 기조는 이것이다. 우리는 노무현처럼 하지 않는다!"[692]라고 비꼬았다.

고유한 성격과 정치 상황 때문에 문재인 대통령은 논란이 되고 책임을 수반하는 주요 문제와 논쟁적인 정부 인사를 의도적으로 멀리했다. 진중권이 주장하듯이 문재인 대통령은 결정에 따른 책임을 피하려고 노력했다.[693] 2020년 6월 채널A 관련 검·언 유착 사건과 관련해 법무부의 추미애 장관과 윤석열 검찰총장이 수사와 관련 대립했다. 검찰 내에서도 대검과 서울중앙지검이 (공개적으로) 충돌하는 상황이 발생했다. 문재인 대통령의 성격을 고려하면 장관과 검찰총장의 충돌을 정리하지 않고 철저하게 방치한 것은 당연한 결말이었다. 이와 관련 정치평론가 박성민은 "이 상황을 문재인 대통령이 정리하지 않는 것은 더 이해할 수 없다. 대통령으로서 국가기관의 싸움을 더 이상 방치하면 안 된다."[694]라고 주장했다.

언론인 전진우 역시 "문재인(대통령)은 애당초 조국과 윤석열을 잘라야 했다. 대단치도 않은 표창장 위조라 해도 도덕성을 앞세웠던 정권의 상징적인 인물이 내로남불이었다면 읍참마속(泣斬馬謖)했어야 한다. 아울러 윤석열도 함께 잘라야 했다. 검찰총장의 임기보장이란 민주적 리더십(하위 가치)보다 검찰 개혁의 시대적 과제(상위 가치)를 완수하겠다는 대통령의 의지가 앞서야 했다. '윤석열도 문재인 정부의 검찰총장'이란 지나가던 소도 웃을 메시지를 내놓기 전에. 결국 오늘의 (야당 대선 후보인) 윤석열을 만드는데 일등 공신은 문재인이었다는 역설이 성립된다. 민주주의적 리더십(대놓고 말하면 우유부단한 리더십)이 초래한 결과라면 너무 박한 평가인가?"[695]라고 비난했다. 박성민과 전진우의 주장은 상쾌하다. 하지만 이들의 주장은 문재인 대통령의 한계를 넘어섰다. 문재인 대통령의 성격이 빚어낸 리더십의 특성을 헤아려보면 이들은 실현 불가능한 주장을 했다. 이외에도 대통령의 정치적으로 차갑고 이기적인 리더십 사례는 적지 않다.

사례 1. 문재인 대통령은 여성 권익 보호 증진과 우대를 약속했던 페미니스트 대통령을 자처했다. 그런 대통령이 안희정 충남 도지사의 성폭행, 오거돈 부산시장의 성추행, 박원순 서울시장 성추행 피소 등의 사건에 대해서는 철저하게 침묵했다. 2020년 9월 추미애 법무부 장관 아들의 군 복무 시절 황제 휴가와 관련해 나라가 시끄러울 때 문재인 대통령은 9월 19일 청년의 날 기념사에서 "여전히 불공정하다는 청년들의 분노를 듣는다. 공정은 촛불혁명의 정신이며 흔들리지 않는 목표"라고 말했다. 이 기념사에서 대통령은 공정을 37번이나 언급했지만 공정 훼손의 상징인 추미애 파문과 조국 사태에 대해서는 단 한마디도 하지 않았다. 문재인은 이런 대통령이었다.

사례 2. 2020년 11월 2일 더불어민주당은 전 당원 투표에서 당원의

86%가 공천에 찬성했다며 2021년 4월의 서울시장·부산시장 보궐 선거에 민주당 후보를 공천하겠다고 결정했다. 더불어민주당 당헌은 당 소속 선출직 공직자의 중대한 잘못으로 재·보궐선거를 실시하게 된 경우 해당 선거구에 후보자를 추천하지 않는다고 되어 있다. 이 당헌은 문재인 대통령이 당 대표 시절인 2015년 당 혁신위원회를 통해 만들어졌다. 정치 개혁이라며 국민 앞에 약속한 것이었다. 보궐 선거가 더불어민주당 소속 박원순·오거돈 전 시장의 성범죄 때문에 치러지는 것이니 당헌대로라면 민주당은 서울·부산시장 보궐 선거에 후보를 낼 수 없다. 그러나 문재인 대통령은 자신이 했던 대국민 약속을 민주당이 뒤집는 과정을 지켜보면서도 아무 말도 하지 않았다. 바람직한 리더의 모습과는 거리가 먼 문재인 대통령에 대한 비판이 쏟아졌다. 대표적인 지적을 몇 가지 소개한다.

전 국회의장 문희상은 "(문재인 대통령이) 정치 리더로서 부족한 것이 결단력과 배짱이야. 결단력 있게 잘라낼 때는 잘라내야 하거든. 예를 들어 추미애, 윤석열 사태, 조국 임명. 대통령 심정은 이해하지만 잘못한 거야. 위기에 처할 때는 과감하게 결단력을 보여줘야 하는데 그걸 못 했어."[696]라고 지적했다. 진중권 역시 "지금 눈앞에서 벌어지는 모든 일이 대통령과 아무 관계가 없다고 할 수 있을까. 그렇다면 대통령은 허수아비라는 얘기밖에 안 된다. 물론 이 모두가 물론 측근들의 장난이기도 할 것이지만 동시에 대통령의 뜻이라고 보는 게 합리적"[697]이라고 주장했다.

〈조선일보〉는 "문(재인) 대통령의 이런 모습은 처음이 아니다. 살아 있는 권력에 엄정하라고 했지만 정작 청와대의 불법 비리를 수사한 검사들은 모조리 좌천됐다. 언론 장악 없다고 했지만 공영 방송 등 대다수 언론이 정권의 응원단이 돼 있다. 페미니스트 대통령을 자처했지만 박원순 전 시장의 성추행에 대해서 침묵했다. 문 대통령 친구를 울산시장 만들기 위해 청와대가 나서 선거 공작을 벌였는데 정작 문 대통령은 한마디 말도 하지 않고 있다. 문 대통령은 유리할 때만 개혁과 정의, 공정을 외치고 불리해지면 반대로 행동하면서 자신은 국민 앞에서 사라진다."[698]라고 비판했다.

사례 3. 2021년 3월은 신도시 개발지에 대한 한국토지주택공사(LH) 직원들의 토지 투기 사태 때문에 국민의 분노가 치솟는 상황이었다. 이런 상황을 이용해 야당은 대통령의 경남 양산 사저 부지가 농지법 위반이라고 공격했다. 선택적 침묵의 달인인 문재인 대통령은 이례적으로 "선거 시기라 이해하지만, 그 정도 하시지요. 좀스럽고, 민망한 일입니다. 노무현 전 대통령의 봉하 사저를 보면 알 수 있지 않나요?"라고 직접 반박했다. 심지어 그는 청와대 참모들이 말리는데도 직접 글을 썼다. 나아가 자신의 정치적 입장을 강화하기 위해 과거 노무현 대통령의 사저 의혹까지도 언급하며 감정적 호소를 했다.[699]

이에 대해 〈조선일보〉는 "LH 사태로 촉발된 투기 의혹(에) 국민 실망감과 분노는 더 크다. LH 임직원의 극단적 선택도 이어졌다. 이 모든 사태에 대해 대통령이 진솔하게 사과부터 하고 민심을 헤아리는 것이 순서일 것이다. 그런데 좀스러우니 그만하라며 자신의 부동산 의혹에 대한 변호부터 한다. 국민의 분노가 안중에 있기는 한 건가?"[700]라고 비판했다. 국민은 LH 사태로 쌓인 분노와 허탈감을 달래주기 위해 사과 또는 위로를 하는 대통령이 아니라, 고작 본인이 소유한 부지에 대해 원색적인 분노를 표출하는 대통령을 보아야 했다. 대통령은 퇴임 후의 정치적 안위를 걱정하는 정치적 이기심 때문에 분노했고 감정적으로 호소했을 뿐이다.

사례 4. 2022년 5월 문재인 대통령은 시간까지 바꿔가며 마지막 국무회의에서 검찰청법·형사소송법 개정안, 소위 '검수완박(검찰의 수사권 완전 박탈) 법안'을 처리했다. 이 법안의 핵심 내용은 문재인 대통령을 포함해 공직자 수사에서 검찰이 손을 떼도록 하는 것이었다. '야반도주' '셀프 방탄'이라는 모멸적인 힐난까지 들어가면서 더불어민주당 의원들은 새 대통령의 거부권 행사를 원천 봉쇄하기 위해 법안 공포까지 속전속결로 밀어붙였다. 더불어민주당 의원들이 '(문재인) 대통령 보호용'이라고 떠들썩하게 광고하며 밀어붙이는 검수완박 법안에 당사자가 직접 서명하는 것은 민망한 일이었을 것이다. 이것이 보통 사람의 상식적 추론이다.

그런데 문재인 대통령은 임기를 엿새 남기고 문재인 방탄법에 서명하고 공포했다. 반면 옥중의 전임 이명박 대통령과 발이 묶인 경제인의 사면은 정치적 부담을 이유로 다음 정권에 미루었다. 매우 차갑고 이기적인 대통령의 선택이었다. 이에 대해 〈조선일보〉 김창균은 "문(재인) 대통령이 검찰 수사 대상이 될 수 있는 혐의는 드러난 것만도 세 가지다. 월성 1호기 경제성 조작 사건은 '가동 중단은 언제 되느냐?'는 대통령 채근에서 비롯됐다. 울산 선거 공작 역시 '30년 지기가 당선되는 걸 보고 싶다.'는 대통령 소원이 발단이었다. 회사 돈 수백억 원 횡령 혐의로 구속된 이상직 의원 사건은 대통령 딸 가족의 수상한 행적과 얽혀 있다. 대통령은 이 사건들에 대해 남의 일인 양 모르는 척으로 일관했다."[701]

라고 비판했다. 〈중앙일보〉 이현상 역시 "이러한 장면은 (문재인 대통령이) (대한민국) 대통령이란 자리를 남루하게 만들어버렸다. 혹시나 국가 지도자로서 마지막 반전이 있을지 모른다는 기대는 한 치의 어긋남도 없는 '역시나'로 끝났다."[702]라고 비난했다.

긴 얘기를 마무리하자. 문재인 대통령은 전 대통령 연설비서관 강원국이 설명하는 것처럼 리더가 될 수 없는, 즉 "눈치 보기에 능한 사람, 착한 아이 콤플렉스에 빠져 있는 사람"[703]이었다. 친문 핵심 실세들은 이러한 문재인 대통령의 정치적 이기심과 소극성에 기초한 논쟁과 책임 회피 성향[704]을 철저히 이용하면서 그들의 사욕을 충족했다는 비판에서 자유로울 수 없다. 친문 핵심 실세들은 진중권이 말한 것처럼 '(양정철은) 국민이 뽑아준 대통령을 자기가 만든 왕이라 착각'했을 것이다. 이와 관련해 재야운동가 장기표는 "박근혜에게는 최순실이 한 명이지만 앞으로 문재인에게는 최순실이 열 명이 될 것이다. 나는 운동권 내부 정서를 잘 알고 있다. 그쪽 동네에선 운동 경력에 밀리면 꼼짝 못하는 법이다. 문재인의 학생 시위 전력은 운동권 프로와는 비교가 안 된다. 그에게는 이들에 대한 콤플렉스가 있어 운동권의 포로가 된다. 그쪽의 강경 주장에 따라가게 된다."[705]라고 비판했다.

심각한 문제가 하나 더 있다. 노무현 대통령과 달리 친문 핵심 실세조차 문재인 대통령에게서는 운명적이고 뜨거운 동지애를 못 느꼈다는 얘기가 나온다. 정치인으로서 꿈과 그릇의 크기에서나 인간적인 따뜻함 면에서 문재인 대통령은 노무현 대통령을 따라갈 수가 없다는 얘기다. 이 사실 때문에 문재인 대통령은 역설적으로 그들의 도구가 됐고 정치적으로 추락하면서도 이를 이겨내지 못했다. 결국에는 정권 교체를 경험하는 대통령이 됐다. 2017년 대선에서 노무현 대통령을 그리워하는 사람의 일부는 문재인 후보가 대통령이 되면 노무현 대통령의 정치적 유산을 망칠까 봐 걱정했다. 박근혜 대통령은 잘못되어 아버지 박정희 대통령의 정치적 유산을 망쳐 놓았다는 지적을 받는다. 문재인 대통령도 비슷한 길을 걸었다. 이 또한 나라의 비극이라면 비극이다.

5.3. 이중성, 그리고 위선과 오만의 리더십

"그 분(조국)의 유무죄는 수사와 재판을 통해 밝혀질 일이지만 그 결과와 무관하게 조(국) 전 장관이 지금까지 겪은 고초만으로도 저는 아주 크게 마음에 빚을 졌다."[706]

"(여권 진보 인사들) 그들은 대중의 이성·윤리의식을 믿지 않는다. 선동·조작 당할 수 있는 존재로 본다. 대중을 멍청하게 선동 당하는 존재로 본다. 모든 사람은 이성을 가지고 태어난다. 하지만 저들은 다른 것 같다. 얼마든지 얄팍한 이벤트에 의해 감동 당하는, 동원 가능한 대중으로 본다. 더 무서운 것은 그런 상태에서 대중들은 자신들이 깨어 있다고 보는 것이다."[707]

"울산 시장 선거 개입 행위가 대통령 탄핵 사유이며 형사 처벌 사안이라는 목소리가 커지고. 그런데도 딴전을 피우는 것은 아마도 '대가리가 깨져도 문재인'이라는 대깨문들의 광신도적 지지와 열광을 믿기 때문일 것입니다. 40% 안팎의 지지만으로도 편하게 나라를 꾸려왔으니까요. 그런 맹목적 지지에 기대어 검찰 인사를 멋대로 하고, 수사 검사를 갈아치우고, 재판기일을 늦추고 하는 거 아니겠습니까?"[708]

　정치에서 위선이 드러나면 보수 진영보다 진보 진영에 훨씬 치명적이다. 진보는 보수의 위선을 공격하면서 도덕적인 측면을 강조해왔고 도덕적으로 자신들이 우위에 있다고 늘 주장했기 때문이다. 이는 미국의 경우에도 마찬가지다. 실례로 지난 2016년 11월 미국 대선에서 도덕적으로 문제가 훨씬 많은 보수 공화당 후보 트럼프는 진보 민주당 힐러리 클린턴 후보의 몇 가지 위선 사례를 공격하면서 승리했다. 당시 미국 국민은 트럼프는 이미 충분히 위선적인 인물이라고 생각해 그에 대한 도덕적 기준이 매우 낮았다.

반면 힐러리는 늘 트럼프 후보의 위선적인 측면을 공격하면서 도덕성의 우위를 강조해왔다. 힐러리는 자신의 위선이 드러나면서 유권자들을 실망시켰고 결국은 패배했다. 이와 관련해 언론학자 강준만은 "진보는 지금 이대로의 세상에 많은 문제가 있다며 변화를 추구하는 사람들이다. 그 과정에서 변화에 저항하는 사람들을 향해 비판을 하면서 사실상 도덕적 우월감을 드러내거나 과시하기도 한다. 그래놓고선 보수와 같은 수준의 도덕을 누리겠다니, 이게 말이 되는가?"[709]라고 주장했다.

문재인 정부에서 진보 세력의 위선과 이중성은 문재인 대통령이 2019년 9월 조국을 법무부 장관으로 임명하면서 드러났다. 조국 사태를 겪으면서 국민은 문재인 대통령을 정점으로 한 조국, 친문 실세, 여권 지도부 등 진보 세력의 위선 그리고 이중성의 모습을 목격했다. 그러면서 문재인 대통령은 정치적으로 추락하기 시작했고 결국 실패했다. 이와 관련된 에피소드가 하나 있다. 2020년 1월 신년 기자 회견장에서 어느 기자가 불쑥 던진 질문에 당황한 문재인 대통령은 '조국에게 아주 크게 마음의 빚을 졌다.'고 자신의 마음을 그대로 드러내면서 그의 위선은 한순간에 민낯을 보였다. 졸지에 문재인 대통령은 국민에게 따뜻한 이웃집 아저씨에서 위선의 남자로 각인됐다. 이에 대해 진중권은 "반칙과 특권 없는 세상을 만들겠다더니, 자신들이 누리는 반칙과 특권은 아예 제도화하려고 한다. 조국의 위선은 그 개인의 위선이 아니라 정권의 위선이자, 민주당의 위선이자, 대통령의 위선이기도 한 것이다. 그래서 그를 목숨 걸고 비호한 거겠죠."[710]라고 비난했다.

퇴임을 앞두었던 2022년 4월 문재인 대통령은 조국에 대해 여전히 '마음의 빚'이 있느냐는 물음에도 "그 사람과 가족들이 겪은 고통이나 이런 부분은 마음이 아프다. 그 분들이 잘못한 게 있어 벌을 받더라도 결국 우리 정부에서 민정수석이 되고 법무장관으로 발탁되는 바람에 그런 상황에 이르게 된 것이다. 안타까운 마음이 없을 수 없다."[711]고 말했다. 또한 퇴임 후에도 문재인 대통령은 자신의 다큐멘터리 영화 '문재인입니다'에서 '지금 당장 소주 한 잔 기울이고 싶은 사람이 누구냐'는 물음에 "조국"이라고 답했다.[712] 이와 관련 〈중앙일보〉 고현곤은 "조국에게 애틋함이 있다면 따로 연락하면 될 일이다. 굳이 만천하에 공개하는 것은 조국을 택한 자신을 합리화하려는 행동이다"라고 비판했다.[713] 심지어 퇴임 인터뷰에서 문재인 대통령은 "역대 정부 중 가장 소통을 잘했다." "부동산 가격 상승폭이 가장 작은 편"[714] 등 모두가 아는 명확하고 객관적인 사실에 대해서도 정반대의 주장을 펼쳤다. 이는 위선의 리더십을 그대로 보여주는 주장이었다.

오만의 리더십 역시 커다란 문제를 발생시켰다. 조국 사태 이후 정치적으로 어려워진 문재인 대통령은 오직 40%를 위한 정치, 즉 문빠만 믿고 문빠를 위한 소위 '팬덤 정치'에 더욱 빠져버렸다. 코로나 팬데믹과 문빠의 도움에 기초해 2020년 4월 총선에서도 문재인 대통령은 압도적으로 승리를 거두었다. 이에 대해 진중권은 "민주당에서 40%의 콘크리트 지지율을 즐기고 있죠. 콘크리트 지지율 40%는 이런 광신층을 핵으로 보유할 때만 가능한 겁니다. 그러니 총선이든 대선이든 굳이 중도층에 호소하지 않고도 이들 40%의 표만 가지고도 이길 수 있다고 자신하는 거죠. 그래서 강경일변도의 꼴통스러운 모습을 보여줌으로써 꼴통스러운 지지자들의 꼴통스러운 지지를 다져 놓는 꼴통스런 전략을 쓰는 겁니다. 민주당에서야 이들의 지지만으로도 선거에서 승리할 수 있으니, 아마 계속 이들을 활용할 겁니다."[715]라고 설명했다.

오직 40%를 위한 정치에서는 비판자에 대한 무차별적인 공격만이 만연했다. 이에 대해 정치평론가 유재일은 "지금 문재인 대통령 지지자들 보면 고개를 절레절레 흔들게 된다. 노(무현) 대통령의 말을 빌자면 '부끄러운지 알아야지.'다. 문 대통령은 지지 세력의 저런 행태를 말리기는커녕 오히려 자신의 정치적 동력으로 삼는다. 지지자 동원 방식이 이성적이지 않다. 팬클럽 싸움을 방치한다."[716]라고 비난했다. 의사 출신 진보 논객 서민 역시 "지금(한국은) 팬덤에 이끌려 표류하고 있는 중이고요. 더 나쁜 건 소위 문팬이라는 팬덤은 비교적 조용히 태극기만 흔들었던 박사모보다 훨씬 시끄럽고 뻔뻔스러운 존재들이라는 점이에요."[717]라고 주장했다.

퇴임 후 정치적 안위를 걱정했던 문재인 대통령이 믿을 것도 국민의 40% 정도인 좌파 친문 세력인 문빠 뿐이었다. 이와 관련해 진중권은 "차기가 누가 되든 간에 친문 실세들이 그동안 해온 일들은 한번 말끔히 청산할 필요가 있다. 지지자들만 못 느끼고 있지, 지금 보수층은 물론이고 중도층에서도 이들의 행태에 대한 분노지수가 높은 상태다. (차기 대통령도) 그 분노를 내내 모른 척 할 수는 없을 것이고 바로 그 때문에 친문 실세들의 불안감은 자기들 사람을 앉히지 않는 한에는 완전히 해소

되지 않을 것"이라고 주장했다.[718]

　문빠는 문재인 대통령의 홍위병으로서 대통령이 무엇을 하든 그것을 지지했다. 이와 관련해 〈중앙일보〉 윤석만은 "갈수록 정권의 부담이 돼가는 문빠 현상은 왜 심화되는 걸까. 문빠의 뿌리는 노사모까지 올라간다. 그러나 문빠는 다르다. 반대 의견을 용납하지 않고 SNS로 가혹한 공격을 퍼붓는다. 문빠에겐 같은 편도 생각이 다르면 적이다. 친노의 핵심인 안희정조차 질린다고 했고, 현재 중소벤처기업부 장관인 박영선은 국정원 댓글부대와 동일선이라며 비판했다. 문재인 대통령이 문빠의 일탈을 사실상 용인한 영향이 크다. 그는 경쟁을 흥미롭게 만드는 양념이라며 지지자들을 감쌌다. 문빠는 환자다, 치료가 필요하다(서민 단국대 교수)는 지적이 나왔지만 그 역시 SNS에서 융단폭격을 당했다. 상당 부분 사실로 드러난 조 전 장관의 범죄 혐의조차 가짜뉴스로 치부하며 검찰 개혁의 희생양으로 승화시켰다."[719]라고 비판했다. 진보파 김동진 판사 역시 "대한민국의 현시점에서 문빠의 행태의 많은 부분이 영국 청교도 혁명에서 크롬웰의 독재정치에 동원된 철기군의 행태와 중첩된다. 맹신적인 구호, 충성에 대한 후사, 독재가 그렇다."[720]라고 주장했다.

　이런 사실들을 종합해보면 오만의 리더십 역시 문빠와 문재인 대통령의 성격이 빚어낸 합작품이다. 오만은 데이비드 오언이 주장하는 것처럼 "인간이 권좌에 앉은 후 얻게 되는 성격적 특성으로, 일정 기간 권력을 휘두른 후 모습을 드러내며, 상당한 권력 집중, 개인의 권력 행사에 대한 견제 부재, 오만 증후군을 촉발하는 주요 외부적 요인이다. 자부심과 자기애, 자기 착각, 비판에 대한 거부감이 합쳐져 탄생한 오만이 기업이나 기관, 혹은 집단의 문화에 침투하면, 우리가 제일 잘 안다는 확신이 퍼지며 온갖 오류와 실수를 저지르는 것"[721]이다. 오만의 리더십이 지배하면서 정부 정책이나 인사에 대한 정당한 비판은 부당한 공격으로 치부됐고 대통령은 자기 합리화, 독선, 오기, 불통 나아가 '감히'의 늪에 빠져버렸다.

오만과 관련해 철학자 윤평중은 "문재인 대통령에겐 국민 30~40%의 열렬 지지층이 있다. 문 정권 헤게모니의 원천은 문재인이야말로 정의와 공정, 올곧음과 바름의 정치인이라는 지지자들의 확신이다. 조국 사태에서 압도적인 사실적 증거가 조씨 일가의 범죄 혐의를 가리켜도 이 열성 지지층은 아랑곳하지 않았다. 2016~17년 촛불에 편승한 민주당의 정권 획득이 진리 정치의 자기 확신을 팽창시켰다. 선거법 개정과 공수처 도입은 그 완결판이다. 그러나 조국 사태는 문 정권 헤게모니에 중상을 입혔다는 점에서 나라 전체엔 위장된 축복이었다. 유재수·백원우 사태는 촛불에 취한 문 정권의 오만함이 초래한 네메시스(업보)다."라고 주장했다.[722] 심지어 〈한겨레〉 백기철까지도 "우리가 정의이고 우리만이 선한 세력이라는 독선은 경계해야 한다. 의견이 다르다고 마구 공격하고 배제해선 곤란하다.[723]"라고 말했다.

진보의 위선은 '감히'에 기초한 오만의 리더십을 더욱 심화시켰다. 진보 위선의 실례는 많다. 대표적인 사례들을 살펴보자.

사례 1. 2020년 5월 정의기억연대(정의연)의 불투명한 기부금 모금 및 회계 처리 과정에 대한 논란이 생겼다. 당시 여당 국회의원인 윤미향이 정의연을 주도적으로 이끌고 있었다.[724] 논란이 진행되면서 이용수 할머니는 정의연이 생명을 걸고 끌려간 위안부 할머니들을 쭉 이용해 왔다고 주장했다. 강경 친문 지지층을 중심으로 정의연을 공격하면 토착

왜구라는 구호가 퍼졌다. 나아가 일부 친문 의원들은 윤미향에 대한 정치적 지원에 나섰다. 진보는 자신들의 이익을 위해서는 아픈 우리 역사조차 위선적으로 대했다.

사례 2. 더불어민주당은 검찰 개혁뿐만 아니라 재벌 개혁을 늘 주장해왔다. 그런 더불어민주당이 이광재 전 강원지사를 2020년 4월 총선을 앞두고 더불어민주당 공동선거대책위원장으로 임명했다.[725] 이에 대해 진보 단체인 경제정의실천시민연합(경실련) 정책위원장인 박상인조차 "대표적 친(親) 삼성 정치인이었던 이광재를 사면 복권시킨 뒤 강원도에 출마시키려는 집권 세력은 정권 유지 외에는 어떤 정치적·사회적 가치도 생각하지 않고 있음을 확실하게 보여주고 있다."라고 비판했다.[726]

사례 3. 실물 경제에서 능력이 검증되지 않았는데도 낡은 가방을 들고 나타난 경제학자와 버스를 타고 상경한 대법원장 지명자 등도 위선의 대표적 사례이다.[727] 2017년 6월, 김상조 한성대 교수는 공정거래위원장 후보로 국회 인사청문회장에 낡은 가방을 들고 나타났다. 나중에 김상조는 자신 소유의 강남 아파트 전세 값을 과하게 올린 사실이 드러나 비난을 받고 경질됐다. 2017년 8월 22일 김명수 대법원장 지명자는 서초동 대법원 청사를 방문할 때 자신이 근무하던 춘천에서 버스를 타고 서울로 상경하는 소탈한 모습이 보도됐다. 임명 후 두 달도 지나지 않아 김명수는 대법원장 의전을 적절히 활용해 출근 때마다 집 앞 잠실 사거리에서 신호대기 없이 바로 통과했다. 기득권 진보 위선의 극치를 보여주는 이들 사례는 보여준 것과 살아온 것이 다른 진보 위선의 민낯이었다.

사례 4. 2019년 조국 사태, 2020년 더불어민주당 오거돈 부산시장의 여성 공무원에 대한 강제 성추행 사건, 2020년 7월 박원순 서울시장의 성추행과 그의 자살 등도 빼놓을 수 없는 사례들이다. 이와 관련해 〈한겨레〉 백기철은 "조국으로 대표되는 내로남불은 아픈 대목이다. 먼지털기식 검찰 수사의 문제점이 심각하지만, 조국 역시 말과 행동이 일치하지 않은 구석이 있었다."[728]라고 밝혔다. 〈조선일보〉 역시 "청와대와 민주당이 사건 직후부터 오 전 시장 성추행을 알았을 것이란 정황은 한두 가지가 아니다. 피해자가 처음 찾아간 부산 성폭력상담소의 소장은 대선 때 문 대통령을 공개 지지했던 사람이라고 한다. 오 전 부산시장이 총선 이후인 4월 말에 사퇴한다는 합의서를 공증한 곳이 문재인 대통령이 설립했던 로펌(법무법인)이었다고 한다. 현재 로펌 대표는 노무현 전 대통령의 조카사위다. 현 청와대 인사수석도 이 로펌 출신이다. 그런데 이 로펌이 총선에서 여당에 큰 악재로 작용할 수 있는 사건을 접수했는데 문 대통령에게 이 사실을 보고하지 않을 수 있겠나. 성추행 신고·접수·공증·언론 대응 모두가 친문의 울타리 안에서 이뤄졌다는 말이 나온다. 청와대와 민주당이 총선에 미칠 악영향을 우려해 덮은 것이라고 볼 수밖에 없다."[729]라고 지적했다.

보수와 진보를 포함한 많은 언론인은 문재인 대통령과 친문 집권 세력의 위선과 오만을 거세게 비판했다. 이들의 비판을 몇 가지만 소개한다.

비판 1. 문재인 대통령은 대선 과정에서 대통령으로서 월 1회 기자회견을 하겠다는 약속을 깨고 5년간 7회밖에 하지 않았다. 이에 대해 〈중앙일보〉 최상연은 "독선과 오기, 불통은 문 대통령과 민주당이 야당 시절 두 전직 대통령을 향해 가장 많이 날려 보낸 비판이다. 이제 와서 똑같은 말로 비판받는 건 도덕 정부의 자세가 아니다."[730]라고 꼬집었다. 아울러 〈중앙일보〉 최상연은 "(2020년 총선 후 문재인) 대통령은 선도국가를 며칠째 강조하는 중이다. 그러면서 조국 사태와 관련해 재판을 받고 있는 조국 수호 인사(최강욱)에게 각별한 애정을 표시했다. 대통령은 권력기관 개혁을 당부했다. 조국 수사 검사는 사표를 냈다고 한다. 친문 적통을 다투던 다른 비례 위성정당에선 문비어천가 합창이다. 무조건 좋다는 대깨문과 비판자 사이의 괴리감은 좁아질 까닭이 없다."[731]라고 주장했다.

비판 2. 심지어 문재인 정부가 노무현 정부보다 이명박 정부를 점점 더 닮아갔다는 주장도 나왔다. 이와 관련해 정치평론가 박성민은 "이명박 정부는 정권을 잡은 것이 아니라 이권을 잡았다는 조롱을 받았는데 촛불정부를 자처하는 문재인 정부도 이권 공동체라는 비판이 나오기 시작했다. 더군다나 노무현 정부와 문재인 정부를 상징하는 레토릭(rhetoric)이 반칙과 특권이 없는 나라와 기회는 평등하고, 과정은 공정하고, 결과는 정의로운 나라 아닌가. 추구하는 가치와 상대에 대한 엄격한 잣대가 부메랑으로 돌아오고 있다."[732]라고 주장했다.

비판 3. 노무현 정신을 대표하는 진중권은 조국 사태 이후 문재인 대통령과 친문 세력을 거칠게 비판했다. 대통령과 친문 세력의 위선과 오만에 대해 그는 "노무현 대통령의 꿈을 이루고 그의 한을 푼다는 명분으로 이들이 무슨 짓을 했을까. 실제로는 참여정부에서 도입한 제도나 성취를 무로 되돌리는 일만 골라서 해왔다. 예를 들어 법무부 장관이 검사의 보직을 제청할 때 검찰총장의 의견을 청취한다는 규정(검찰청법 제34조 제1항)은 참여정부 때에 명문화한 조항인데, 추미애 장관이 일방적으로 무력화시켜 버렸다. 문재인은 노무현이 아니다. 두 분은 애초에 지적 수준과 윤리적 지반이 다르다. 문재인 정권은 노무현 정권이 아니다. 문재인은 노무현을 배반했다. 철저히, 아주 철저히"라고 비판했다.[733] 더 나아가 진중권은 "(이해찬 전 대표가 문재인 대통령이 개혁 군주 정조대왕이라는 주장에 대해) 야무진 착각. 조선의 왕들 중에서 굳이 문 대통령에 가까운 인물을 찾자면, 정조가 아니라 차라리 선조일 게다. 이분이야말로 자신의 무능을 남 탓으로 돌리는 데에 탁월한 능력을 보이시지 않았던가?"[734]라고 주장했다.

비판 4. 〈문화일보〉 이용식은 데칼코마니를 원용하면서 문재인 대통령이 박근혜 대통령과 닮은 점이 많다는 주장까지 구체적으로 했다. "공교롭게도 문(재인) 대통령과 박(근혜) 전 대통령은 정치적 데칼코마니 모습을 보인다. 정치 철학의 방향만 좌·우 반대일 뿐, 의외로 흡사한 측면이 많다. 실용보다 이념을 앞세운다. 그래서 강고하고 배타적 지지그룹이 생겼다. 인사와 정책에서도 유연성보다는 독선을 고집한다. 측근 중심의 국정이 불가피하다. 허심탄회한 대화보다는 차라리 혼밥을 즐긴다. 박 전 대통령은 관저에 칩거하다시피 했고, 문 대통령도 김정숙 여사가 곁에 있을 뿐 비슷하다. 전임 정권에서는 숨겨진 폭탄이 최순실 개인이었다면, 현 정권에선 386 세력이다. 수많은 최순실이 있다. 박 전 대통령에겐 없던 아들·딸 문제도 심상치 않다. 안타깝게도 아직 문 대통령은 전임 정권에서 반면교사의 교훈을 얻지도 못하는 것 같다."[735]라고 비난했다.

비판 5. 오만과 위선 때문에 진영 논리는 공고해졌고 편 가르기가 일상이 됐다는 비판도 많았다. 이와 관련해 문재인 정부에서 주미대사를 역임한 조윤제는 "촛불정신이 아무리 숭고해도 그것이 구체적인 정치의제에 포섭되는 과정은 복잡하고도 지난하다. 더욱이 정권의 명운을 가른 촛불이라면 정치적 이해관계와 어쩔 수 없이 엮이게 될 터인데, 개혁을 도모하되 촛불을 전가의 보도로 앞세울수록, 쟁점들을 둘러싼 갈등은 진영 논리의 양상을 더해 갈 것이 뻔한 노릇이다. 독단이 만든 선한 체제보다는 지루한 합의를 거친 다소 미진한 개혁이 오히려 낫다. 오만과 견강부회의 악순환은 반민주적 관행을 고착시키되, 합의를 이끌어 내는 고된 과정은 그 자체가 민주주의를 위한 비옥한 토양이다."[736]라고 주장했다. 〈한겨레〉 백기철 역시 "우리가 정의이고 우리만이 선한 세력이라는 독선은 경계해야 한다. 의견이 다르다고 마구 공격하고 배제해선 곤란하다.[737]"라고 주장했다.

문재인 대통령의 이중적이고 위선적인 말과 행위들이 많아질수록 정치적 안위에 대한 두려움과 불안감이 높아졌다. 이에 비례해 정치적 이기심은 더욱 깊어졌다. 정치적 이기심이 깊어질수록 대통령의 독선과 오만도 계속 강화됐다. 강화된 독선과 오만은 다시 더 많은 위선적인 말과 이중적인 행위들을 확대 재생산하게 됐다. 위선과 이중성-두려움과 불안감-정치적 이기심-독선과 오만-위선과 이중성의 확대 재생산이라는 악순환의 늪에 대통령은 빠졌다. 악순환의 늪에서 헤어나지 못한 문재인 대통령은 정치적으로 추락했고 실패했다. 이럴 줄 몰랐던 불행이었다.

6

무능한 대통령과 유능한 대통령

"문재인 대통령은 말로는 저를 지지하지 않은 국민도 섬기겠다고 다짐했으면서도 실제로는 적폐 청산 구호 아래 자신을 지지하지 않은 사람들을 감옥으로 쳐냈다. 또 공정, 정의, 특권과 반칙이 없는 세상을 공언했으면서도 불공정과 파렴치 인간으로 지목된 사람을 법무장관에 임명하고 비호하는 등 소통 없는 불통의 대통령으로 간주된다. 문 대통령도 대통령다운 대통령과는 거리가 멀다. 나라다운 나라에 도달하지 못한 불행은 대통령다운 대통령이 아직 나오지 못한 탓이다. 얼마나 더 기다려야 대통령다운 대통령이 등장할지 답답하다."[738]

"1973년 많은 칠레인이 아옌데를 존경하고 심지어 성자로 추앙했지만 성자 같은 품성이 반드시 정치의 성공으로 이어지지는 않는다."[739]

"권력이 제일 빠지기 쉬운 것이 독선과 오만이다. 숫자의 힘으로 밀어붙이는 것은 민주주의 기본에서 일탈한 것이다. 신상필벌 인사도 아쉽다. 부동산 정책만 보더라도 집 있는 사람을 죄인 취급하니 집 없는 사람도 고통 받는다. 이 정부의 문제 해결 능력을 국민이 신뢰하지 못하는 것 같다. 우리 국민은 지혜로운데 안타깝게도 지도자 복이 부족하다."[740]

"지금의 정치인들은 1세기 전의 정치인들보다 생각의 규모가 훨씬 작다. 그 결과 21세기 초에 정치는 장대한 비전을 잃었다. 정부는 단순히 행정부가 되었다. 정부는 나라를 운영할 뿐 이끌지 못한다. 교사들의 급여가 제때 지급되고 하수도가 넘치지 않게 할 뿐, 20년 뒤 나라가 어디로 갈 지에 대해서는 아무 생각이 없다."[741]

"보수는 죽었다 깨어나도 명예를 위해서 몸을 던지지 않는다. 이게 한국의 진보와 보수의 차이다."[742]

"사과는 했으나 아직도 과거에 무엇을 잘못했으며 앞으로 어떻게 해야 할지 몰라 허둥대는 보수 진영을 택할까, 아니면 보수 진영이 저지른 과오를 되풀이하며 내부의 자율 조정 과정을 차단하고 있는 진보 진영을 택할까. 두 진영이 내부의 자율 조정 과정을 복원하지 않으면, 늘 그랬듯이 게임 체인저로서의 역할을 수행해온 중도층이 바깥에서 자율 조정 과정을 마무리할 것이다. 선거란 참으로 아름다운 장치다."743)

"(윤석열 대통령) 취임식 때 뜬 무지개가 상서로운 조짐이라고 화제다. 윤석열 대통령은 취임식 무대에서 '반지성주의'를 향해 '과학과 진실'을 외쳤는데, 그 무대 아래서는 '반지성주의'가 넘쳐난다. 윤석열 대통령은 정치가 제 기능을 하지 못한 근본 이유로 '반지성주의'를 꼽았다. 대부분 정권은 자기모순으로 내리막길을 걷는다. 이명박 정부는 '이념을 넘어 실용'을 외쳤지만, 신자유주의 이념에 걸려 넘겨졌다. 박근혜 정부의 국민 행복은 최순실의 말에 걸려 꼬꾸라졌다. 문재인 정부의 '기회 평등, 과정 공정, 결과 정의'는 조국의 강을 넘지 못했다. 이런 내리막길의 이면에는 다 '반지성주의'가 있었다. 그러나 한국 정치 위기의 더 근본적인 원인은 '반지성주의'가 아니라, 그런 여론이 득세할 빌미를 제공한 정권 그 자체. '반지성주의'는 포퓰리즘의 우아한 이름이기도 하다. 포퓰리즘은 좌와 우, 보수와 진보를 가리지 않는다."744)

"한국 정치는 산업화를 거쳐 민주화로 넘어왔다. 시대마다 소명이 있었고 그를 완수해 오늘날의 대한민국을 만들었다. 많은 사람이 산업화, 민주화 다음에는 그 이름이 무엇이든 '수준 있는' 정치가 올 것으로 믿고 기대했다. 그 기대는 차츰 깨지고 있다. 점점 더 수준 낮은 인물들이 정치를 하니 여(與)도 막고, 야(野)도 막간다."745)

모든 대통령은 위기의 순간을 겪었다. 대통령의 위기는 왜 생기고 이것은 어떻게 극복해야 할까? 선(good)해 보이지만 무능한(incompetent) 사람을 대통령으로 뽑아야 할까? 계속 고민하다 보니 대통령의 무능함과 유능함이란 화두를 잡게 되었다. 이 장은 바로 여기에 대한 것이다.

　유능의 사전적 의미는 '어떤 일을 남들보다 잘하는 능력이 있음'이다.

무능의 사전적 의미는 '어떤 일을 해결하는 능력이 없음'이다.[746] 이에 따르면 유능한 대통령의 조건은 학벌이나 경력이 아니다. 국정 운영을 남들보다 잘하는 능력이 있으면 유능한 대통령이 된다. 즉, 유능한 대통령은 시대정신에 맞는 국정비전을 정립하고 이를 실행할 수 있는 능력 있는 인재들을 발탁하고 적재적소에 배치함으로써 국가 발전을 이루어 낼 수 있다.[747]

반면에 산적한 국정 과제를 해결하는 능력이 없으면 무능한 대통령이 된다. 국정 운영을 잘해 내는 유능한 대통령은 위기를 사전에 방지하거나 최소화한다. 발생한 대통령의 위기가 통치 위기로 전이되는 경우도 거의 없다. 국정 과제 처리가 서툴고 문제 해결 능력이 떨어지는 무능한 대통령은 대통령의 위기를 자주 겪는다. 무능한 대통령에게 대통령의 위기 발생은 필연이고 이 위기는 더욱 커진다. 이를 증명하는 대통령의 역사가 있다. 이 얘기를 자세히 펼쳐보자.

6.1. 무능한 대통령이 만들어 낸 나라

대통령의 유능과 무능이 하나의 축이라면 다른 하나의 축은 도덕과 부도덕이다. 일반적으로 도덕은 양심, 사회적 여론, 관습 따위에 비추어 스스로 마땅히 지켜야 할 행동 준칙이나 규범의 총체로 정의된다. 부도덕은 도덕에 어긋나는 것으로 당연히 준수해야 할 행동 준칙과 규범을 따르지 않는 것이다.[748] 유능과 무능 그리고 도덕과 부도덕이란 두 개의 축으로 대통령을 판단하는 경우 4개 유형의 대통령을 선택할 수 있다. 선택과 관련해서 두 개의 질문이 떠오른다. 최선은 도덕적이고 유능한 대통령이다. 이런 대통령을 선택할 수 있을까? 첫 번째 질문이다. 최악의 선택은 부도덕하고 무능한 대통령이니 논의 대상 자체가 안 된다. 두 번째 질문은 차선 혹은 차악의 대통령이다. 부도덕하지만 유능한 대통령이 좋을까? 아니면 도덕적이지만 무능한 대통령이 좋을까? 남은 두 유형 중 어느 대통령이 차선인지 혹은 차악인지 조차 판단이 어려울 수 있다.

우선 현실적으로 도덕적이고 유능한 대통령의 선출이 가능할 것인지부터 따져보자. 건국 이후 대통령 역사 전체에서 도덕적이면서 유능한 대통령은 쉽게 떠오르지 않는다. 가장 최근인 윤석열 후보와 이재명 후보 간의 대결이었던 지난 2022년 3월의 대선에서도 우리는 이를 경험했다. 도덕적이고 유능한 대통령을 선출하는 것은 기적에 가깝다. 이런 현실에 대해 소설가 김훈은 "지난번(2022년) 대통령 선거 때 이 나라 정치의 시궁창 같은 밑바닥을 보았다. 후보자와 그 배우자, 그 추종자들의 언동은 가히 절망적이었다."[749]라고 비판했다.

〈중앙일보〉 이현상 역시 "진보는 깨끗하지만 무능하고, 보수는 부패하지만 능력이 있다는 이미지가 한때 있었다. 그러나 지난(2022년) 대선의 프레임은 반대였다. 민주당은 윤석열 후보에게 무능 낙인을 찍었고, 국민의힘은 이재명 후보의 비도덕성을 파고들었다."[750]라고 말했다. 심지어 친문 논객 유시민은 "우리나라는 대통령중심제 국가이다 보니 대통령이 훌륭하게 올바른 일을 제대로 하면 좋은데 항상 보장돼 있는 건 아니다. 표를 제일 많이 받는 사람이 대통령이 되는 것이지, 가장 인격적으로 훌륭하거나 유능한 사람이 되는 건 아니다."[751]라고 주장했다. 이를 종합해보면 도덕적이면서 유능한 대통령은 메시아라고 생각해야 한다. 백마를 탄 왕자가 나타나면 대환영이나 일단은 기대하지 않는 것이 현명하다. 그래야 '혹시나' 하고 선택했다가 '역시나'로 끝나면서 느끼는 허탈감이라도 줄어든다.

두 번째 질문은 차선 내지 차악의 대통령에 대한 것이다. 대통령의 도덕성부터 논의를 시작한다. 우리의 대통령 역사를 살펴보면 도덕적으로 깨끗하며 정직하다고 판단한 후보가 대통령이 된 이후에는 기대했던 것만큼 도덕적이지도 정직하지도 못했다. 1987년 민주화 이후 역대 대통령, 즉 노태우, 김영삼, 김대중, 노무현, 이명박, 박근혜, 문재인, 윤석열 중 도덕적으로 깨끗했고 정직했던 대통령은 누가 있을까? 민주화 이후 도덕과 정직에서 높은 수준에 있었다고 평가할 수 있는 대통령이 쉽게 떠오르지 않는다.

최규하 대통령은 역대 대통령 중 비교적 깨끗하고 정직했다고 평가받는다. 그런데 도덕적이고 정직한 최규하 대통령은 업적 면에서는 유능하지 못했고 무능한 대통령에 가깝다.[752] 정직성과 도덕적 우위를 그렇게 주장했던 문재인 대통령 역시 경제 업적은 무능에 가까웠다. 이와 관련해 전 국회의장 문희상조차 "(문재인 정부가 실패한 이유는) 무능 때문이야. 국가 경영에서 능력을 보여주지 못했어."[753]라고 말했다. 문재인 대통령을 맹목적으로 지지하는 친문 세력들은 이런 평가와 판단을 싫어하겠지만 인정해야 한다. 결과가 말하고 있기 때문이다.

미국의 경우 역대 대통령 중 지미 카터 대통령은 가장 도덕적이고 정직한 대통령으로 평가받지만 재임 중 업적 면에서 역시 무능한 대통령에 가깝다. 트럼프 대통령은 정반대로 도덕적인 면에서 최악이었지만 코로나 팬데믹이 시작하기 전까지 그는 경제 업적 면에서 무능하지 않은 대통령으로 평가받았다.

두 번째 질문과 관련해 철학자 김형석은 유능한 대통령을 강조했다.

그는 "무능한 리더가 나은가, 부도덕한 리더가 나은가? 정답은 둘 다 아니다. 무능하면서 도덕적인 리더가 나은가? 유능하면서 부도덕한 리더가 나은가? 리더 한 명(문재인) 제대로 못 뽑아서 온 나라가 흔들리는 것을 우리는 이미 경험하고 있지 않은가? 자, 그러면 어떤 리더를 어떤 방식으로 뽑아야 하는가? 첫째, 제왕적 대통령은 더 이상 안 된다. 이 말은 권력이 너무 집중되어 있다는 것이다. 대한민국 출범 이래 대통령의 말로는 한 마디로 늘 비참했다. 이것을 개선하는 한 방법으로 대통령 임기에 변화를 주려는 시도가 있다. 5년 단임제를 4년 중임제로 바꿀 것인가? 말 것인가? 이것은 핵심이 아니다. 임기 일 년 짧게 하고, 두 번 연속할 수 있는 길을 열어준다고 해서 뭐가 크게 달라질 것인가? 현재처럼 5년 단임을 하든 큰 차이는 없다. 또 다른 방법은 외치와 내치로 권한을 쪼개는 방안이 있다. 이것은 권한을 견제하려다 집안을 두 쪽 내는 부작용을 불러일으킬 수 있다. 합리적이고 제한적인 권력을 가진 리더를 어떻게 뽑을 것인가? 현실에서 깨끗한 사람이 당선되는 것은 아주 힘들고 드물다. 능력이 없는 사람은⋯다른 사람을 이끌고 갈 생각을 하지 말아야 한다. 핵심은 가장 유능한 사람 가운데서 가장 덜 부도덕한 사람을 뽑는 것이다. 만약에 모든 출마자가 다 무능하고 부도덕한 세상이라면, 그것이 그 사회의 한계다."[754]라고 주장했다. 김형석과 비슷한 맥락에서 평론가 김성희 역시 "(중국의) 조조는 (리더의 기준으로) '오직 재능만이 기준이다. 품행이 바른 인물이 반드시 진취적인 것이 아니며, 진취적인 인물이 반드시 품행이 바른 것이 아니다.'라며 결점 대신 능력을 보고 품행에 구애받지 말라 했다."[755]라고 말했다.

대통령 역사를 10년만 되돌아보면 유능한 대통령을 선택해야 하는 이유가 더욱 분명해진다. 2012년 대선에서 국민은 박근혜 후보를 깨끗하고 정직하다고 생각했다. 선거의 여왕에게 시대가 요구하는 국정 운영 능력이 부족하고 정치적으로 융통성이 부족하다는 지적은 장애가 되지 않았다. 아버지 박정희 대통령을 그리워하는 국민 정서를 바탕으로 도덕적이고 단아한 이미지의 여성 후보 박근혜는 무난하게 대통령으로 당선됐다.

문재인 대통령은 선한 사람이다. 2017년 대선의 후보 중에서는 그래도 국정 운영 경험, 도덕, 인격적으로 가장 나은 후보였다. 국정 비전을 포함해 정치적 역량이 부족하다는 점 정도가 약점으로 지적됐다. 국민은 일정 수준 이상의 제도화를 이룩한 더불어민주당이 제대로 뒷받침할 것으로 기대했다. 박근혜 대통령의 국정 농단 상황을 경험한 국민은 야당인 더불어민주당 후보를 선택해야 박근혜 대통령과 친박 실세들에 대한 적폐 청산이 제대로 이루어질 것으로 판단했다. 문재인 대통령의 당선은 박근혜 정부에 대한 환멸감과 분노가 응집된 결과였다. 국민은 최선은 아니었어도 차선인 문재인 후보를 대통령으로 선택했다.

지금 다시 선택해야 한다면 두 사람이 대통령이 될 수 있을까? 두 대통령은 유능한 대통령이 아니라 무능한 대통령에 가깝다. 무능함은 개인적으로 가지고 있던 도덕성까지 훼손시켰다. 비교적 깨끗하고 도덕적이라고 믿었던 박근혜 대통령과 문재인 대통령이 때로는 깨끗하지도 정직하지도 그리고 도덕적이지도 않았다. 두 대통령에 대해 언론인 김종혁은 "박근혜는 아버지 박정희의 무덤이 됐다. 딸의 정치적 미숙함과 어리석음으로 인해 아버지가 이룩했던 놀라운 경제적 성취는 크게 빛이 바랬다. 이승만의 건국에서부터 시작됐던 대한민국의 보수 1.0이 박근혜에서 끝나버린 것이다. 문재인은 어쩌면 오늘의 그를 만들어준 노무현의 무덤이 될지도 모른다. 문재인 정권에 대한 환멸이 종국적으로는 진보의 상징인 노무현 전 대통령에 대한 거부감으로 이어질 수도 있기 때문이다."[756]라고 평가했다.

언론인 김종혁의 평가 외에도 지난 10년의 대통령 역사에 대한 지식인들의 비판은 아프다.

비판 1. 정치평론가 박성민은 박근혜와 문재인 대통령 집권 10년을 거꾸로 간 역사라고 비판했다. 그는 "이른바 친박과 친문 패권 10년은 퇴행의 시대였다. 사가 공을 압도했고, 과거가 미래를 질식시켰다. 기득권이 혁신을 가로막았고, 낡음이 새로움을 지배했다. 분열의 언어가 통합을 물어뜯었고, 천박한 말이 지성을 조롱했다. 공적 책임은 거추장스러워졌다. 공정과 정의마저 싸구려 부적처럼 소비되었다."[757]라고 말했다.

비판 2. 〈동아일보〉 송평인은 무능한 문재인 정부가 망가뜨린 나라의 현실을 신랄하게 지적했다. 그는 "박정희 독재가 유능했던 반면 문재인 독재는 무능하다. 이(문재인) 정권 들어 외교 국방 경제를 막론하고 국정의 전 분야가 망가졌다. 군은 북한의 핵 위협에 무력한 채 실전 훈련도 못하는 오합지졸이 됐고 경제는 집 없는 국민을 벼락거지로 만드는 지경에 이르렀다. 방역 하나 영업의 자유이고 보상이고 무시하고 마구 틀어막는 방식으로 성공하나 싶더니 그마저도 전문성이 필요한 백신 접종 단계에 와서는 파탄에 직면했다."[758]라고 비판했다.

비판 3. 사회평론가 김도훈은 정부 실패를 막기 위해 유능한 대통령이 필요한 이유를 구체적으로 제시했다. 그는 "정권 재창출과 국가 역량의 축적이라는 관점에서 지난 정부들은 실패를 거듭해 왔다. 철 지난 진영 논리와 이에 기생한 대립 조장이 정권 탈환을 위한 도구는 될지언정, 통치의 탁월성을 가능케 하는 매개가 될 수는 없다. 상대 진영 혹은 반대 세력에 대한 견제 담론을 넘어서, 전 국민이 공감할 수 있는 메타 가치를 수립하고 이를 실현하기 위한 공공과 민간의 인적 역량을 광범위하게 활용해 오퍼레이션 시스템을 혁신해야 한다."[759]라고 주장했다.

유능한 대통령을 선택해야 하는 이유가 하나 더 있다. 무능한 대통령이 만들어낸 나라의 현실 때문에 유능한 대통령을 선택해야 한다. 무능한 대통령의 집권층은 창조적 소수(creative minority)가 되지 못했다. 그들은 오직 기득권을 향유하면서 위선이 만연한 지배적 소수(dominant minority)로 변질되었다.[760] 구체적으로 박근혜 정부와 문재인 정부를 거치면서 속물 보수와 위선 진보는 투쟁과 야합을 반복하면서 나라 발전을 정체시켰다. 반동 보수와 위선 진보는 이전투구의 싸움 속에서 나라를 쇠퇴시켰다.[761]

박근혜 대통령 시기에 진보는 속물적 보수를 싫어하는 것을 넘어서 증오하게 됐다. 문재인 대통령 시기에 보수는 위선 진보를 싫어하는 것을 넘어서 증오하게 됐다. 우리는 증오와 분노의 정치가 만연한 나라가 되어버렸다. 무능한 대통령을 선택하면 나라가 망가진다. 이를 뒷받침하는 논평 몇 가지를 소개하면서 이 절을 마무리한다.

논평 1. 〈동아일보〉 박제균은 문재인 정권을 가장 오만한 정권이라며 정권의 겸허와 유연성 부족을 비판했다. 구체적으로 그는 "보수 쪽에선 범죄가 드러났을 때 '우리가 철저하지 못해 들켰네.'라는 느낌이라면, 진보는 '왜? 어때서? 우리가 좀 해먹으면 안 되냐?'는 태도다. 전자는 나쁜 놈이라고 욕할 수 있는데, 후자는 황당해서 말도 안 나오는 지경이라고. '어이구, 들켰네.' 하는 일말의 수오지심(羞惡之心)마저 없는 사람들을 어떻게 봐야 할까. 도덕과 양심, 상식의 기준이 무너질까 봐 무섭고, 아이들이 보고 배울까 봐 두렵다. 더 겸허해져야 한다. 오만의 장막을 열어젖히고 아집(我執)의 색안경을 벗어던져야 보다 유연하고 효과적인 대책으로 가는 길이 보일 것이다."[762]라고 비판했다.

논평 2. 〈동아일보〉 송평인은 가짜 진보를 몰아내어서 보수와 진보의 정체성을 재확립해야 한다고 주장했다. 그는 "앞으로 3년간 우리 정치의 과제는 보수와 중도의 연합으로 가짜 진보를 몰아내는 일이다. 문재인 세력, 즉 가짜 진보가 차지하고 있는 우리 정치의 왼쪽 자리는 반문(反文)이면서 보수가 아닌 중도와 진짜 진보에 주어져야 한다. 문재인 세력은 단순히 야권으로가 아니라 야권에서도 가능한 한 주변부로 밀어내야 할 세력이다. 국민에게 중요한 것은 민주주의와 법치를 존중하는 세력의 단합된 힘으로 가짜 진보를 몰아내는 것이다."[763]라고 주장했다.

논평 3. 막강한 양당 정치에서 여야는 5년 혹은 10년마다 공수를 교대하며 집권 여당과 야당의 역할을 안정적(?)으로 유지해왔다. 여야가 바뀌어도 야당은 '발목잡기'를, 여당은 '독선과 오만'을 약속했다는 듯이 똑같이 답습하고 있다. 이런 현실과 대안에 대해 〈한겨레〉 김누리는 "민주당은 선거법 개정 과정에서 보여준 기회주의와 철학의 빈곤, 조국 사태에서 드러난 이중잣대와 특권의식. (국민의힘은) 보수정당이고, 독재의 전통에 뿌리를 둔 수구정당이다. 대한민국은 보수를 참칭하는 수구와 진보를 가장하는 보수가 승자독식 선거제도를 매개로 권력을 분점해온 수구─보수 과두지배체제다. 두 과두지배 세력사이에는 정책상의 차이가 거의 없기에 역설적으로 더욱 극적인 대립을 과장한다. 이들은 정작 중요한 싸움은 하지 않는다. 재벌 개혁을 어떻게 할 것인가, 노동자를 기업 살인으로부터 어떻게 보호할 것인가, 세계 최고의 불평등을 어떻게 해소할 것인가 이런 중요하고 시급한 문제들을 두고 이들은 결코 싸우지 않는다. 수구—보수 과두지배체제를 진정한 의미의 보수—진보 경쟁 체제로 전환해야 한다."[764]라고 설명했다.

6.2. 사라진 긍정의 시대정신

시대정신(*Zeitgeist*)은 한 시대의 지배적인 지적, 정치적, 경제적, 사회적 및 문화적 동향을 나타내는 정신적 경향이다. 시대정신은 보편적 가치로서 한 사회 공동체가 당면한 시대의 문제점을 해결하기 위해 나아갈 방향을 제시한다.[765] 대선이 시작되면 시대정신은 화두로 떠오른다. 모든 대선 후보들이 저마다 당면한 시대의 문제점을 지적하고 나아갈 방향을 아우르는 시대정신을 제시한다. 슬로건, 공약, 연설 등에는 후보들이 판단한 시대정신이 담겨 있다. 국민은 시대정신을 공약으로 바르게 구현한 후보를 대통령으로 선택한다. 새 대통령은 취임사에서 시대정신을 구체적으로 표현하고 국정 과제와 정책으로 이를 실천한다.

민주화 이후 2012년 대선까지는 긍정의 시대정신이 대부분이었다. 김영삼 후보의 신한국 창조, 김대중 후보의 IMF 경제 위기 극복, 노무현 후보의 반칙과 특권이 없는 나라, 이명박 후보의 747 공약, 박근혜 후보의 국민 행복 등은 긍정의 시대정신을 구체화한 공약이나 슬로건이었다. 이들은 자신이 판단한 시대정신을 희망, 발전, 그리고 번영의 청사진으로 표현했다. 정권이 교체되어도 시대정신은 부정이 아니라 긍정의 언어가 지배적이었다. 무능한 대통령이 나오면서 긍정의 시대정신이 부정의 시대정신으로 바뀌었다. 국민은 부정의 시대정신을 내세운 후보를 대통령으로 선택했다. 그 시작은 2017년 대선부터였다.

2017년 대선 때는 박근혜 대통령으로 대표되는 속물적 수구 보수가 만들어낸 구(舊) 적폐 청산이 시대정신으로 떠올랐고 대선의 주요 이슈였다. 대선의 시대정신인 구(舊) 적폐 청산은 문재인 정부에서 100대 국정 과제 중 제1호 과제, '적폐의 철저하고 완전한 청산(법무부)'으로 구현됐다. 부정의 시대정신은 단발성이 아니라 계속됐다.

2022년 대선의 시대정신인 '신(新) 적폐 청산'도 증오와 분노 정치에 대한 반작용이 만들어낸 결과물이었다. 코로나 팬데믹이 초래한 심각한 경제적 위기를 극복하면서 나라가 한 단계 도약하기 위한 긍정의 이슈보다는 친문 적폐 청산이 시대정신으로 떠올랐다. 정권심판론이 대선 판도를 지배했다. 신(新) 적폐 청산은 부정의 시대정신을 벗어나지 못했다. 정치 경험이 전혀 없던 윤석열은 신(新) 적폐 청산을 전면에 내세우며 대통령에 당선됐다. 무능한 대통령은 분노와 증오의 정치를 일상화시켰고, 신(新)·구(舊) 적폐 청산은 모두 이의 반작용으로 나타난 결과물이었다.

신(新) 적폐 청산에 대해 〈조선일보〉 김대중은 "우리는 청소부가 필요하다. 우리는 문재인을 지우고 법치를 바로 세워 나라를 전통의 자유민주주의로 되돌려 놓는 데 방해가 되는 것들을 쳐낼 싸움꾼을 원한다. 대통령으로서의 식견과 안목과 자질을 두루 갖춘 사람이 있다면 더 말할 나위가 없다. 하지만 현실은 그렇지 못하다. 그래서 우리는 우선순위를 가릴 수밖에 없다. 우선순위는 우리 정치사에서 문재인 5년을 청산하고 지우는 것이다. 법치·공정·질서·안보를 다시 세우는 일이다."[766]라고 주장했다. 〈동아일보〉 박제균 역시 "그래도 분명한 건 있다. 이번 대선에선 사상 처음 누굴 뽑느냐가 아니라 누굴 안 뽑느냐가 관건이라는 점이다. 동맹을 흔들며 북─중(北中)과 밀착해 안보를 위협하고, 내일이 없는 포퓰리슴 돈 풀기로 나라와 청년의 미래에 암운(暗雲)을 드리우며, 무엇보다 법치와 상식은 물론 언어까지 파괴한 문 정권의 시즌2를 막기 위해 어떻게 해야 하는가. 나라를 걱정하는 유권자들은 말 안 해도 알고 있다. 정권 교체."[767]라고 주장했다. 이들의 주장에 따르면 증오와 분노의 정치를 초래한 무능한 대통령을 심판하는 것이 2022년 대선의 시대정신이었다.

신(新) 적폐 청산의 대상은 문재인 대통령과 친문 핵심 실세들만이 아니었다. 자신들의 출세를 위해 공적 책임감을 버리고 권력의 사유화에 앞장선 정치인·관료·경찰·검사·판사 등을 포함한 공무원, 지식인, 언론인, 문화인도 청산의 대상이었다. 예전에는 청와대 또는 여당이 무모한 정책을 추진하면 관료들이 전문성에 근거해 종종 제동을 걸곤 했다. 문재인 정부에서 출세욕에 눈이 먼 신(新) 적폐 청산의 대상들은 행정을 정치로 변질시켰다. 이들은 청와대와 여당의 예스맨으로 전락했다. 신(新) 적폐 청산에 대한 지식인들의 논평은 신랄했다. 몇 가지만 소개해보자.

논평 1. 〈조선일보〉 박은호는 신(新) 적폐의 상징인 탈 원전 정책의 현실과 신(新) 적폐 청산의 대상을 구체적으로 지적했다. 그는 "문재인 정부 출범 직후 7,000억 원 들여 보수한 월성 1호기 조기 폐쇄, 신규 원전 건설 백지화, 30~40년 가동 허가를 받은 원전 10기의 수명 연장 금지 등 탈 원전 조치가 줄을 이었다. 공정률 10%인 신한울 3·4호기는 건설이 아예 중단됐다. 그러고선 전국에 태양광판이 벌어졌다. 매일 축구장 10개 규모의 숲을 베어내고 산을 깎더니 저수지까지 태양광 패널로 덮으려 했다. 지난 3년 무모한 탈 원전 과정에서 산업부는 앞잡이, 환경부는 구경꾼 역할을 했다."[768]라고 비판했다.

논평 2. 〈조선일보〉는 신(新) 적폐가 쌓이는 과정에서 처참하게 무너진 사법부의 현실을 개탄했다. 구체적으로 "옵티머스 사건을 수사하는 서울중앙지검이 펀드 사기꾼들의 로비 실상(청와대와 더불어민주당 국회의원 등 정·관계 인사 20여 명의 실명)이 담긴 내부 문건을 대검에 보고하지 않았다고 한다. 여당 의원들은 허위 불법 선거공보물 수만 장을 돌리고, 유권자들에게 식사를 대접하고, 허위 사실을 대놓고 유포해도 줄줄이 무혐의를 받는다. 청와대가 개입한 울산 선거 공작, 어용 방송과 검사들이 합작해 벌인 검·언 유착 조작, 박원순 전 시장 피소 사실 유출 수사는 몇 달째 아무것도 하지 않고 뭉갠다. 정권 편 사람들은 무슨 짓을 해도 처벌받지 않는 일들이 반복되고 있다. 검사들이 벌이는 은폐 조작 범죄다."[769]라고까지 비난했다. 이러한 상황을 철학자 김형석은 "정치인이나 공직자는 태어날 때부터 대한민국 국민이다. 애국적인 국민으로 돌아가 정권에 기생하거나 이득을 보기 위해 애국적 양심을 상실하는 양심적 전과자가 되어서는 안 된다. 특히 국민들이 끝까지 신뢰하는 사법부는 국가의 정신적 보루이다."[770]라고 지적하며 사법부의 정상화를 주장했다.

논평 3. 〈조선일보〉 김대중은 신(新) 적폐 청산의 필요성과 구체적인 방법론을 제시했다. 그는 "윤석열 정권이 받은 시대적 사명은 문재인 5년을 청소하라는 것이다. 정치 보복이 아닌 진정한 의미의 적폐 청산을 하라는 것이다. 지난 정권의 내로남불, 인사 불공정, 권력 남용 등을 징벌해서 다시는 그런 적폐가 용인되지 않는 풍토를 조성하는 것은 미래를 위해 절실하다. 국민 통합이라는 미명 하에 불법을 그냥 넘기는 것은 안 된다. 다만 철저한 사실 검증과 법 절차에 따라 권력 개입 없이 문책이 이뤄지지 않으면 문(재인) 정권과 다를 것이 없다."[771]라고 강조했다.

논평 4. 〈동아일보〉 이기홍은 신(新) 적폐 청산의 목적이 국가의 정상화를 위한 진실 규명이라며 정권 탄생의 근본 이유와 소명을 지적했다. "청산은 문(재인) 정권이 자행한 것 같은 캐비닛 털이식 형사처벌·망신주기가 아니다. 이탈된 국가궤도를 정상화시키기 위한 진실 규명이 목적인 것이다. 태양광 비리, 서해 월북몰이, 원전 폐쇄, 울산시장 선거 개입처럼 사법적 판단을 물을 수밖에 없는 사안 이외의 숱한 의혹들마저 다 사정기관의 영역에 맡기는 건 바람직하지 않다. 정치 보복은 반복되면 안 되지만 5년 위임을 받은 정권이 나라의 정통성과 기틀을 허물고 사회 곳곳을 자기들 집단의 이권 네트워크로 변질시키려 했는데도 묵과해주는 전례도 만들면 안 된다. 시대의 과제를 회피하는 정권은 결코 성공할 수 없다. 연금, 노동, 교육, 공공부문 개혁과 더불어 문 정권 청산은 윤석열 정권 탄생의 근본 이유이며 소명이다."[772]라고 주장했다.

논평 5. 〈조선일보〉 최재혁은 국가 정상화 과제의 수행과 동시에 책임자들에 대한 단죄 등을 강조했다. 그는 "윤석열 대통령 지지자들이 대선 때 표를 준 주된 이유는 문재인 정권이 뒤틀어 놓은 국가 시스템을 정상화하고 책임자들을 단죄(斷罪)하라는 것이다. 윤 대통령으로선 규제 혁파, 노동·연금 개혁, 원전 생태계 회복 같은 국가 정상화 과제를 수행하면서 동시에 문재인 정권과 이재명 민주당을 향한 사정(司正)의 바퀴를 함께 굴려야 했다."[773]라고 강조했다.

논평 6. 〈동아일보〉 이기홍 역시 비슷한 맥락에서 국가의 정상화와 사법적 책임 추궁을 주장하면서 이의 정교한 설계를 요구했다. 그는 "(윤석열 대통령은) 유권자들이 윤석열을 선택할 때 기대했던 과제, 즉 문재인 정권 5년간 뒤틀린 나라의 정상화를 위한 마스터플랜을 제시해야 한다. 국가 정상화의 핵심 중 하나는 전임 정권 시절 저질러진 비리·불의에 대한 진실 규명과 엄중한 사법적 책임 추궁이다. 하지만 그게 다가 아니다. 외교, 안보, 경제, 사회, 방송, 문화, 역사 등 사회의 거의 모든 분야에 심각한 궤도 이탈이 있었다. 종합적 리스트를 만들고 완급·우선순위를 면밀히 해야 한다."[774]라고 요구했다.

신(新) 적폐 청산에 대한 논의를 정리해보자. 우선 집권 세력이 적폐 청산의 기본 철학과 역량을 반드시 갖추고 있어야 한다. 이에 대해 정치학자 양승태는 "대한민국의 존재성 및 역사적 정통성에 대한 신뢰와 더불어 근대화의 주역이라는 자부심의 원초적인 정체성을 공유하고 있다는 사실이 중요하다."[775]라고 강조했다. 청산해야 할 문재인 정부의 정책들은 소득 주도 성장, 탈 원전, 부동산 가격 폭등, 북한과 중국에 대한 일방적인 저자세 외교 등이다.

아울러 문재인 정부는 코로나 팬데믹을 방패막이로 삼아 심화된 양극화, 청년 실업 등 경제적 위기, 인구 절벽 등 사회적 위기에는 손을 놓고 있었다. 경제 회복, 일자리 확충, 부동산 안정 등 시대적 과제가 낮은 성취율을 보인 것 또한 코로나 팬데믹에 묻혀 버렸다. 이런 것 또한 잘 보이지 않는 광의의 적폐다. 문재인 정부가 방치해버린 국가 경쟁력을 회복하고 높여야 한다. 이에 대해 〈조선일보〉 김대중은 "윤석열에 대한 시대적 요청은 나라의 에너지 정책, 부동산 정책, 기업의 자율, 대북·대중 정책과 동맹 정책을 총괄하는 외교·안보 노선 등을 바로잡아 재설정하라는 것이다."[776]라고 주장했다.

역사는 긍정의 시대정신이 필요하다는 사실을 유산으로 남겨줬다. 긍정의 시대정신을 지향하는 대통령은 과보다 공이 많았다. 무능한 대통령 때문에 국민은 부정의 시대정신을 내세운 후보를 대통령으로 선택했다. 무능한 대통령이 시대정신조차 부정의 언어로 바꾸어 버렸다. 부정의 시대정신이 긍정의 정신과 언어로 재탄생되어야 한다. 친문 적폐 청산이 시대정신이라면 여기에 긍정의 언어와 정신이 배어 있어야 한다. 김영삼 대통령과 노무현 대통령은 적폐 청산을 하더라도 긍정의 정신에 충실했고 이것을 긍정의 언어로 표현했다. 국론 분열의 도구가 아니라 국민을 통합하는 디딤돌로 삼았다.

적폐 청산을 시대정신으로 내세웠다면 이것이 또 다른 좌절이 아니라 새로운 희망이 되어야 한다. 민주주의 질서 회복이라는 대전제 아래 정교한 제도와 법적 장치에 기초해야 한다. 적폐를 청산한 결과가 국론 분열이 아니라 국민 통합의 길이 되어야 한다. 불법적인 정치 압력에 굴복하지 않는 관료, 정치적인 유혹에서 자유롭고 독립적인 언론, 냉철하고 살아 있는 비판이 소명인 지식인 등이 자기 자리를 잡을 수 있어야 한다.

긍정의 적폐 청산을 이루어내면 우리의 민주주의는 한 단계 더 도약할 것이다. 명심하고 실천하라는 역사의 귀한 교훈을 다시 강조한다. 부정과 분열의 시대정신만 추구하면 공보다 과가 많아진다. 부정과 분열이 지배하는 시대정신을 긍정의 정신과 언어가 지배하는 시대정신으로 바꾸어야 한다.

6.3. 비전 제시와 유능한 대통령

우리의 현실 때문에 무능한 대통령에 대한 논의가 장황할 수밖에 없었다. 이제 무능한 대통령이 아니라 유능한 대통령에 대해 짚어보자. 우리도 앞으로는 무능한 대통령을 탓하기 전에 유능한 대통령을 대선 후보 검증 과정에서 가려내야 한다. 이를 위해 대통령 후보의 도덕적인 면보다는 후보의 정치적 역량, 즉 국정 운영 능력을 더욱 철저하게 검증해야 할 것이다. 국정 운영을 남들보다 잘하는 능력이 있으면 유능한 대통령이 된다. 유능한 대통령의 자질과 잣대에 대한 논의를 시작해보자.

6.3.1. 회고적 자질과 전망적 자질

미국의 대통령학 연구자들은 대통령으로서 성공적인 국정 운영을 위해 필요한 자질들로 비전 제시 능력, 타협 능력, 정치적 기술, 소통 능력, 도덕성, 강직성, 정직성, 청렴 결백성 등을 강조했다.[777] 이런 자질들은 지나간 날을 돌이켜 생각해보는 회고와 앞날을 헤아려보는 전망의 두축으로 나눌 수 있다. 우리의 경우 지난 2002년 〈한국대통령평가위원회〉(위원장: 고(故) 박동서 서울대 교수)는 규범적 측면에서 비전 제시 능력, 민주적 정책 결정 및 실행 능력, 도덕성, 인사 관리 능력, 위기관리 능력[778] 등을 한국 대통령의 바람직한 리더십의 핵심 자질로 제시했다.

도덕성, 청렴 결백성, 강직성, 정직성 등의 자질들은 국민이 대통령(후보)의 삶의 역정, 즉 과거의 말과 행적을 돌아보는 회고적(retrospective) 판단에 기초한 자질이다. 회고적 판단은 대통령(후보)의 과거를 되돌아 살펴보았을 때 도덕성에서 문제가 발견되면 이러한 결점이 앞으로도 되풀이될 수 있다고 판단하는 것이다. 회고적 판단에 따르면 대통령(후보)은 과거에 흠집이 없어야 한다. 이와 관련해 〈한겨레〉 백기철은 "정치인의 미래는 그가 살아온 과거와 밀접하게 닿아 있다. 아무리 재주가 뛰어나도 이전까지 삶의 이력에서 크게 벗어나는 경우는 많지 않다."[779]라고 주장했다.

대통령(후보)의 전망적(prospective) 자질은 대통령(후보)의 미래를 판단하는 것으로 국정 운영에 대한 자질이다. 전망적 판단은 대통령(후보)이 국민과 국가의 미래를 어떻게 이끌어 나갈 수 있느냐를 판단하는 것이다. 회고적 판단과 마찬가지로 전망적 자질 역시 대통령(후보)의 삶의 역정에 뿌리를 두어야 한다. 전망적 자질은 국정 운영 능력 전반을 아우르면서 그 핵심은 대통령(후보)이 제시하는 미래, 꿈, 청사진 등이다. 흔히 말하는 비전 제시 능력이 전망적 자질의 핵심이다.

비전 제시 능력은 대통령(후보)이 국민에게 국정 이념 및 목표를 제시해 국가의 미래에 대한 희망을 줄 수 있는 능력이다. 이는 단순한 정책이나 공약의 열거를 넘어서야 한다. 핵심 국정 과제에 대한 인식, 우선순위, 달성 전략 등을 제시하면서 국민 통합을 도모하는 능력이 비전 제시 능력에 담겨 있어야 한다. 이에 대해 전 대통령 연설비서관 강원국은 "비전은 너무 쉽게 달성할 수 있어도 곤란하고, 너무 어려워서도 안 된다. 너무 쉬우면 목표 의식이 생기지 않고, 너무 어려우면 도전하지 않는다. 있는 힘껏 도전하면 이룰 수 있는 수준이어야 한다. 비전은 또한 너무 막연해서도, 너무 구체적이어서도 안 된다. 너무 구체적이면 설렘이 없고, 너무 막연하면 손에 잡히질 않는다."[780]라고 말했다.

비전 제시 능력이 탁월했던 대통령 사례가 있다. '100억불 수출, 1,000불 국민소득'이란 구호를 내걸고 경제 발전에 매진하여 한강의 기적을 이룩한 박정희 대통령의 리더십은 비전 제시 능력의 중요성을 보여준 모범사례이다. 1993년 김영삼 대통령은 취임 초 군사 문화 잔재를 일소하고자 '문민개혁'을 내세워 실질적인 공직자 재산 등록, 하나회 숙청, 금융실명제 실시 등을 통해 큰 정치적 승리를 거두었다. 당시 김영삼 대통령의 국민적 인기는 집권 초기 41.4%에서 94%(1993년 7월)[781]까지 치솟았다.

　1997년 IMF 경제 위기 극복을 위한 김대중 대통령의 리더십 역시 탁월한 비전 제시 능력을 보여준 사례이다. 이에 대해 전 대통령 연설비서관 강원국은 "리더의 말에는 구성원이 희망과 자신감을 갖고 동참할 수 있는 비전이 있어야 한다. 그러기 위해서는 리더 자신부터 낙관주의자가 돼야 한다. 대안 없는 비판은 아무것도 만들어내지 못한다. 낙관주의자는 '한계'가 없고 비관주의자는 '한 게' 없다는 우스갯소리도 있지 않은가. 막연한 낙천주의도 곤란하다. 희망의 증거를 말하고, 그것을 실현하기 위한 구체적인 방법까지 제시할 수 있어야 한다. IMF 경제 위기 극복 과정에서 고(故) 김대중 대통령이 보여준 리더십이 그 모범이라고 생각한다. 2년 안에 외채를 모두 갚고 IMF를 졸업하자는 그의 계획과 설득력 있는 논리는 국민으로 하여금 스스로 고통을 분담하고 금모으기 운동에 동참하게 했다. 그리고 마침내 외환위기를 성공적으로 극복했다."[782]라고 말했다.

　2006년 한미 FTA를 반대하는 진보 세력과 시민단체를 향해 노무현 대통령은 "우리나라 진보 세력이 통상 개방 문제를 정면으로 받아 안고 대응해 나가지 않으면 역사의 주류가 될 수 없다."고 말했다. 노무현 대통령의 명쾌한 이 말은 비전 제시 능력이 대통령에게 얼마나 중요한 자질인가를 여실히 보여줬다.

　회고적 자질과 전망적 자질의 상대적 중요성은 시대 상황에 따라 그 중요도가 변했다. 예를 들어 1988년 공화당 부시 대통령과 민주당 듀카

키스 주지사의 대결에서는 회고적 자질이 전망적 자질보다 중요했다. 1960년 민주당 케네디 상원의원과 공화당 닉슨 부통령의 대결 및 1992년 민주당 클린턴 주지사와 공화당 부시 대통령의 대결에서는 전망적 자질이 회고적 자질보다 중요했다.

전망적 자질이 회고적 자질보다 상대적으로 중요해지면 선거운동의 초점이 후보의 정책에 맞춰진다. 자연스럽게 선거가 정책 대결 중심의 '긍정적 선거운동'(positive campaigning)의 경향을 보인다. 반대로 회고적 자질이 전망적 자질보다 상대적으로 중요해지면 선거운동의 초점이 후보의 정직성과 도덕성 등 성격에 맞춰진다. 자연스럽게 선거는 인물에 대한 혹평 중심의 '부정적 선거운동'(negative campaigning) 경향을 보인다. 우리는 지난 2022년 3월 국민의힘 윤석열 후보와 더불어민주당 이재명 후보의 대결에서 부정적 선거운동의 정수를 목격했다.

노무현 후보와 이회창 후보의 대결이었던 지난 2002년 대선은 회고적 판단의 대표 사례이다. 2002년 대선에서 국민은 도덕성을 중시하는 회고적 판단을 내렸고 한나라당 이회창 후보는 노무현 후보에게 패배했다. 당시 이회창 후보 아들의 병역 비리 논란은 건국과 산업화 시절을 거치면서 특권을 누려온 기득권 세력에 대한 반발심을 불러왔고 여기에 기초한 회고적 판단이 국민의 선택을 좌우했다.

2002년 대선 드라마의 진상은 이렇다. 이회창 후보의 아들 병역 비리 논란의 주역 김대업은 관계자들이 후보 아들의 병역 비리 은폐를 위해 대책 회의를 했다는 허위 폭로를 했다. 이를 주요 언론사들이 크게 보도하자 당시 지지율 1위였던 이회창 후보의 지지율이 무려 11%나 폭락했다. 대선이 두 달도 채 남지 않았을 때 사기꾼 김대업이 후보 아들이 군대 가지 않은 것을 병풍 사건[783]으로 꾸며냈다는 사실이 밝혀졌다. 그래도 한번 기울어진 판세는 바뀌지 않았다. 노무현 후보가 근소한 표 차이로 승리했다.

〈동아일보〉 이기홍은 병풍 사건의 진상을 밝히면서 회고적 판단이 흑색선전의 포로가 되는 경우 감내해야 할 위험성을 강조했다. 그는 "2002년 대선의 병풍(兵風)은 거짓 폭로가 나라의 진로를 바꿔놓은 사건이다. 희대의 사기꾼을 앞세운 공작이 관영 방송, 좌파 언론들의 광적인 보도를 등에 업고 선거의 승패에 영향을 미친, 민주주의의 흑역사다. (대선이 두 달도 채 남지 않았을 때) 김대업의 조작극이라는 사실이 드러났지만, 병풍은 이미 이회창을 만신창이로 만든 뒤였다. 법원은 2004년 판결문에서 이회창의 지지율이 (김대업의 폭로로) 11% 빠졌다고 적시했다. 수사 결과가 발표되자 당시 여당과 좌파 진영은 보수정당의 압력에 굴복한 정치 검찰, 기득권 수구 세력의 야합 프레임으로 몰고 가 진을 빼버렸다. 병풍이 조작이라는 사실이 국민에게 확실하게 각인된 것은 2005년 대법원 판결까지 나온 뒤였는데 이미 그를 의인(義人)으로 칭송했던 노무현 정부가 출범한 지 2년이나 된 시점이었다. 누가 김대업을 사주해 공작을 벌였는지는 아직도 밝혀지지 않았다."[784]라고 설명했다.

6.3.2. 비전 제시 능력의 중요성

비전 제시 능력이 전망적 자질의 핵심이라고 말했다. 이와 관련해 미국의 대통령 자질 연구의 대가 제임스 번스는 리더십의 여러 구성요소 중 가장 강력한 요소는 비전을 제시하면서 활력을 불어넣고 능력을 키워주는 비전 제시 능력이라며 이의 중요성을 강조했다.[785] 우리도 비전 제시 능력을 강조한 연구가 있다.

〈한국대통령평가위원회〉[786]와 함성득·임동욱·곽승준[787]의 연구는 대통령의 핵심 자질 다섯 개에 대한 중요도의 가중치를 93명 전문가의 인식에 기초해서 도출해냈다. 중요도(1.0 만점) 분석 결과는 비전 제시 능력(0.23), 인사 관리 능력(0.20), 민주적 정책 결정 및 실행 능력(0.20), 위기관리 능력(0.19), 도덕성(0.18) 등의 순이었다. 이 연구들은 회고적 자질보다 전망적 자질이 중요하다는 사실을 실증적으로 보여줬다. 아울러 전망적 자질 중에서 비전 제시 능력이 가장 중요한 대통령의 자질이라는 사실을 실증적으로 확인시켰다.

정치 현실을 생각하면 전망적 자질에 기초한 비전 제시 능력이 더욱 중요해진다. 회고적 자질을 지나치게 강조하면 대선 과정은 부정적 선거운동의 경향이 높아져 후보의 흠집을 좇는 이전투구의 싸움장으로 전락한다. 2022년 3월 윤석열 후보와 이재명 후보 간의 대결이 보여주듯이 우리의 대통령 선거는 정책 대결이 약했다. 이와 관련해 정치학자들 허석재·송선미는 지난 2022년 3월 대통령 선거 결과를 분석하면서 "포괄적 가치 담론 경쟁이 사라지면서 대신 상대 후보에 대한 각종 의혹 제기가 선거 과정 내내 이어졌고, 이에 따라 네거티브 캠페인이 어느 때보다 심했던 선거로 평가된다."[788]라고 주장했다.

회고적 자질을 중요하게 여기면 대통령(후보)의 삶의 역정에 초점을 두게 된다. 인물을 정치적으로 미화시키거나 정치적 공작에 이용하는 상황도 많이 생긴다. 군부 독재자들의 찬양을 위한 전기적 작업과 정치 탄압을 받았던 야당 지도자들에 대한 북풍과 병풍 등의 인격적 공작 작업은 대표 사례이다. 회고적 자질이 지배적이면 정책 중심의 전망적 자질에 관한 토론이 사라진다. 이러한 상황과 관련해 언론인 고(故) 권영빈은 "우리 사회의 갈등과 분열이 형태를 조금씩 달리할 뿐 여전히 현재진행형이다. 남북, 남녀, 동서, 보혁, 노사, 갑을 이 모두가 극단적 대척점에 맞서 서로가 으르렁거리며 갈등과 분열을 조성하고 있다. 진보 권력이든 보수 권력이든 그 어떤 권력도 집권만 하면 똑같은 폭력과 횡포를 되풀이했다. 보수가 잡으면 좌익을 빨갱이로 몰았고 좌익이 집권하면 보수를 적폐 청산으로 때려잡았다. 그 어떤 개선도 변화도 보인 적이 없다. 세월이 갈수록 오히려 더 잔혹하고 간교하게 기술적으로 생사람을 잡고 있다."[789]라고 지적했다.

지난 대선까지 상대방 후보의 회고적 자질에 대해 인신공격을 하면서 정치적으로 흠집을 내고 반사이익을 취하는 부정적 선거운동이 계속됐다. 우리의 대통령 선거 과정에서 깊이 있는 정책 대결은 실종됐고 인물 대결 중심의 부정적 선거운동이 지배했다. 그러면서 선거 내내 가짜뉴스, 여론 조작, 인신 비방 등이 만연한 후진적이고 퇴행적인 상황이 계속됐다. 지난 2022년 3월의 대선은 이러한 부정적 선거 과정의 대표 사례였다. 지난 대선은 정치학자들 허석재·송선미[790]가 주장하듯이 정책 대결이 사실상 사라졌다. 양자는 정권 심판과 정권 재창출만을 주장했고 상대 후보의 개인적이고 도덕적 약점을 공격했다. 이런 선거가 계속되면 나라는 더욱 분열될 것이고 희망이 없어진다.

이제부터라도 도덕성, 정직성, 청렴성 등의 회고적 자질은 전망적 판단을 위한 보조적 역할에 그쳐야 한다. 회고와 전망이 차지하는 중요도가 바뀌어야 한다. 전망적 자질, 특히 비전 제시 능력이 대통령(후보) 자질 평가의 첫째 덕목이 되어야 한다. 이에 대해 전 유엔사무총장 반기문은 "대한민국의 대통령을 정치 철학이나 능력을 보고 뽑지 않고 부정적인 면을 들추어내어 떨어뜨리려고 드는 행태는 이제 끝내야 한다."[791]라고 주장했다.

문제는 회고적 판단의 기초인 과거는 사실로 존재하나 전망적 판단의 기초인 미래는 가능성으로 존재한다는 사실이다. 전망적 판단은 불확실하다. 많은 정치학자는 후보의 선거공약을 전망적 판단의 근거라고 말한다. 그러나 전망적 자질은 후보 자신의 깊은 삶의 여정에서 나온 것이어야 한다. 참모들이 급조하고 짜깁기로 마련한 장밋빛 공약과 비전 제시 능력은 아무 관련이 없다. 이것을 혼동하면 그릇된 판단을 내리게 된다.

대통령 후보의 자질 검증을 위한 로드맵을 구체적으로 제시한다.

로드맵 1. 회고보다 전망을 우선하는 대선 검증 과정 체계를 완성해야 한다. 대통령으로서 성공할 수 있는 자질에 대한 전망적 판단과 삶의 발자취에 대한 회고적 판단을 분리하지 않는다. 대통령 후보에 대한 전망적 판단은 회고적 판단에 근거해야 한다. 후보의 회고적 자질에 기초한 판단과 전망적 자질에 기초한 판단이 서로 연결되어서 단일 유기체로 움직여야 한다. 이러한 대선 검증 과정 체계가 자리를 잡으려면 상당한 시간이 필요하다.

로드맵 2. 우선은 과도기적으로 전망적 자질을 더욱 중요시하고 이를 기초로 대통령 후보를 판단해야 한다. 특히 전망적 판단에 기초한 비전 제시 능력이 가장 중요하다. 왜냐하면 비전 제시 능력은 우리가 어디로 가야 하는가를 분명하게 제시하면서 미래의 희망을 던져주기 때문이다. 비전 제시를 제대로 한 대통령은 국민의 신뢰와 지지를 끌어낸다. 이에 대해 전 국회의원 윤희숙은 "대선은 나라가 어떤 방향을 가야 할 것인가를 놓고 5년마다 서로 다투는 일종의 잔치이자 생각의 싸움이고, 다음 5년의 자산이 돼야 한다."[792]라고 말했다.

로드맵 2의 메시지만 제대로 실천해도 대통령은 현재의 경제 위기 극복을 위해 필요한 국민의 신뢰와 지지를 끌어낼 수 있다. 경제와 안보 위기를 어떻게 극복할 것인가를 분명하게 제시하여 미래에 대한 희망과 확신을 던져주면 국민은 믿고 지지한다. 성공한 대통령이 되려면 국가가 기본적으로 존재하는 이유인 의식주를 두텁게 해결해야 한다. 그러면서 국정 운영 과정에서 마주하는 정치, 외교, 경제, 교육, 과학기술, 문화에 대한 청사진도 분명히 갖추고 있어야 한다. 대통령의 비전 제시 능력이 강조될수록 대통령 선거에서 후보들의 정책 공약에 대한 평가가 활발해진다. 대통령에 당선된 후에는 공약 이행 결과를 검증하는 사회적 능력이 높아진다. 물론 헛공약을 줄이면서 책임정치를 구현하게 될 것이다.

이렇게 되어야 도덕적인 면에서는 모르겠지만 최근의 대통령들보다는 조금은 더 유능한 대통령을 다음 대선에서 선출할 수 있다. 유능한 대통령은 실현성 높은 국가 비전을 기초로 대한민국의 헌정 질서를 수호하면서 국민을 통합하고 사회를 발전시켜 국가를 한 단계 더 도약시킬 수 있다. 잃어버린 국가 경쟁력과 국가의 자존감도 회복시킬 것이다. 대통령이 무능한 것은 국민에 대한 엄청난 죄악이다. 국가에는 더없는 천형이다. 우리에게 대통령(후보)이 '보수인가, 진보인가, 도덕적인가, 부도덕한가'는 중요한 문제가 아니다. 유능한가가 가장 중요하다. 유능함이 대통령(후보)평가의 절대적 잣대이다. 다음 대선에서 선출될 대통령조차 무능한 대통령이면 정말로 대한민국의 미래는 암울하다.

정치력이 높은 대통령을 꿈꾸며

"위기라는 인식이 없이는 사람은 늘 자기 경험의 감옥에 갇혀서 살게 된다. 경험은 우리를 인도하는 길잡이며 나침반이지만, 동시에 우리를 가두어 넣는 감옥일 수도 있다. 위기의 인식과 함께, 그 위기의 내용과 의미를 정리할 수 있는 능력 덕택에 우리는 이 경험의 감옥에서 탈출할 수 있다. 위기는 우리에게 일상의 익숙해진 안일함과 평화를 깨고 평소에 생각할 수도 없었던 새로운 방향을 늘 모색하게 한다."[793]

"이제 한국에는 국민 대다수가 원하거나 옳다고 믿는 것이라도 때로는 거스를 수 있을 정도로 강한 지도자가 필요하다. '국민에 의한, 국민을 위한'이라는 말이 거리 시위나 온라인 항의에 의해서 의사 결정이 이루어진다는 의미가 아니며, 안정된 민주주의는 대의제도와 법치에 기반을 둔다는 것을 이해하는 지도자가 필요하다."[794]

"(집권 초기 윤석열 대통령의 정치적 어려움과 관련) 지난 대선(2022년 3월) 투표는 반(反)문재인 투표였다. (윤석열 대통령은) 평생 검사만 했고, 정치를 모르는 분이었다. 대통령 직무 중 80% 이상이 정치다. 정치적 역량이 없는 분을 대통령으로 선출한 건데 국민들이 거기에 대해 너무 과도한 기대를 갖고 있는 것일 수 있다. 지금은 정치적 역량을 갖춰나가는 과정이다. 역량이 안 되면 주위의 정치력 뛰어난 참모들이 같이 나라 운영을 해나가는 모습을 보이는 게 맞다. 정책도 각 분야 전문가들에게 맡기고 대통령은 파이널 디시전(최종 결정)만 하면 된다."[795]

"지금 윤(석열) 대통령이 여당의 내분 수습 등을 위해 국민의힘 의원들과 통화하고 만나는 것이 진정 윤석열 정부의 성공을 위한 길일까. 115석의 국민의힘은 그 어떤 법 하나 통과시킬 의지도, 능력도 없다. 결국 주요 국정 과제를 뒷받침할 입법과 내년도 예산안 처리를 위해서라면 윤 대통령은 야당과 만나고 수시로 통화하며 설득해야 한다. 제1야당의 수장이 검찰 조사를 앞두고 있어 만나기 곤란하다면, 원내대표를 만나면 된다. 어차피 국회 입법과 예산안 처리 등은 모두 원내대표의 몫이다. 협치의 시작은 결국 윤 대통령에게 달려 있다."[796]

"한국의 미래는 번영과 발전의 문제가 아니라 존망의 문제가 기다리고 있는 것이 아닌가 싶다. 전쟁의 공포, 기후변화, 인구 절벽, 양극화에 의한 내부 분열 그리고 정치적 리더십의 몰락 등은 존망의 위기이다. 정치한다는 사람들은 다들 제 욕심에 눈멀어서 벽을 더듬고 있다. 다중의 비위를 맞추어가면서 다중이 원하는 대로 하는 것은 지도자의 자질 중에서 가장 낮은 것이다. 많은 사람이 가기를 꺼리는 길로 많은 사람을 데리고 갈 수 있는 리더가 한국에는 없는 것 같다. 다들 박수 받고 표 나오는 길로만 가고 있다."[797]

참 많은 이야기를 쏟아냈다. 문재인 정부 5년을 되돌아보며 실패의 원인을 규명했다. 혼자의 생각이지만 대통령의 성격이 빚어내는 리더십 분석은 앞으로 더 고민해야 한다는 숙제도 남겨줬다. 대통령의 유능과 무능에 대한 논의는 새 대통령을 선택하는 시스템에 대한 것이다. 여기는 앞으로 국가의 명운이 걸려 있다는 소명을 갖고 글을 완성했다.

유능한 대통령은 국정 운영을 남들보다 잘하는 대통령이다. 국정 운영을 잘하려면 정치를 잘해야 한다. 정치를 잘하기 위해서는 국가 사회 문제를 해결할 비전을 제시하는 능력이 가장 중요하다. 이것은 대통령의 하드 파워에 대한 것이다. 대통령은 하드 파워를 구동하고 실현하는 소프트 파워도 갖추어야 한다. 소프트 파워를 구성하는 요소는 전략적 정책 개발 능력, 국가 예산 파악 능력, 관료 통제력 등이 있다. 그

중에서 비전을 실현할 수 있는 정치력이 가장 중요하다. 정치력을 높이기 위해 대통령은 '조정자'(broker)의 역할과 '입법 리더십'(legislative leadership)의 중요성을 체득하고 있어야 한다. 이와 관련해 신중섭은 "정치인은 그 열망을 현실로 바꾸는 연금술사가 되어야 한다. 정치인의 연금술은 바로 리더십이고 정치력이다."[798]라고 주장했다. 책의 본문에서 다루지 못한 대통령의 정치력 제고에 대한 언급으로 에필로그를 대신한다.

조정자(broker)인 대통령

민주화 이후 역대 대통령 모두 국가 발전을 위해 열심히 노력했다. 불행하게도 그들은 대부분 국정의 방향을 잘못 잡아 놓고 일만 열심히 해서 기대했던 만큼의 결과를 얻어내지 못했다. 〈제왕적 대통령의 종언〉에서 이에 대한 고민과 대안을 피력했다. 이와 관련해 대통령이 시대정신이 요구하는 대통령의 역할과 입법 리더십의 중요성을 명확하게 파악하는 것이 가장 중요하다.[799] 이를 위해서는 몇 가지 사실부터 바르게 이해할 필요가 있다.

이해 1. 민주화 이후 대통령의 국정 운영에서 중심축이 변했다. 대통령 국정의 중심축은 박정희 대통령 이후 '대통령과 군'에서 '대통령과 관료'로, 그리고 '대통령과 국회'로 변화·발전해왔다. 민주화 이전에는 국정 운영의 중심축이 대통령과 군과의 관계 또는 관료와의 관계였다. 이런 국정 운영의 중심축에서 국회는 통법부로 전락했고 대통령은 명령자(commander) 또는 책임자의 역할에 충실했다. 대통령의 리더십의 핵심은 권위주의적인 행정 리더십이었다. 국정 운영의 중심축이 대통령과 군 또는 관료이면 주종관계에 기초한 대통령의 개인적 카리스마, 계층적 권위, 명령 및 통제 체제만 제대로 갖추어도 국정 운영은 상대적으로 원활하게 이루어졌다.

민주화 이후 국정 운영의 중심축이 기존의 대통령과 군 또는 관료 관계가 아니라 대통령과 국회 관계로 바뀌었다. 국가 주요 정책 결정 과정에서 국회와 정치의 중요성이 높아졌다. 1987년 민주화 이후 대통령 취임 이후 출범 6개월 동안 정부 입법의 가결 성적표는 시간이 지날수록 추세선이 낮아졌다. 노태우 정부는 4건의 법률안을 제출했고 이 가운데 2건, 김영삼 정부는 21건 발의해 18건, 김대중 정부는 43건을 발의해 8건, 노무현 정부는 35건 발의해 5건, 이명박 정부는 47건 발의해 1건, 박근혜 정부는 70건 발의해 9건, 문재인 정부는 160건 발의해 12건이 국회를 통과됐다. 윤석열 정부는 77건을 발의해 한 건도 통과되지 못했다.[800)801] 이를 비율로 환산하면 노태우 정부가 50%, 김영삼 정부가 85.7%, 김대중 정부가 18.6%, 노무현 정부가 14.3%, 이명박 정부가 2.1%, 박근혜 정부가 12.9%, 문재인 정부가 7.5%, 그리고 윤석열 정부는 0%이다.[802)]

생래적으로 야당은 집권 정부에 협조적이지 않다. 이는 의석수의 문제가 아니다. 야당은 집권당과 정부를 견제하면서 차별성을 자신의 존재 이유로 강조한다. 더구나 노태우, 김영삼, 박근혜 정부를 제외하고는 모든 정부가 대통령 취임 당시에는 여소야대로 출발했다. 국민의 선택은 정부와 여당에 권력을 몰아주지 않았다. 정부·여당과 야당이 권력을 나누어 갖는 분점정부는 민주국가의 보편적 현상이다.

집권 여당이 과반 의석을 확보하지 못한 여소야대 상황에서 야당은 정부의 발목을 잡는다. 169석의 더불어민주당이 원내 1당인 현재의 국회는 대통령과 정부의 정책을 그대로 따르는 통법부가 아니다. 여소야대 상황에서 우리 국회는 행정부에 대한 견제 및 감시 기능이라는 국회본연의 권능을 넘어서 대통령의 국정 운영에 엄청난 영향력을 미치는 입법부로 존재하고 있다. 국회가 정부의 정책을 법으로 통과해주면 대통령의 행정 리더십은 일정 수준 이상 구현된다. 관료 기구는 국회에서 입법이 확정된 정부 정책을 효율적으로 집행하고 있다. 대한민국 관료의 수준이 이제 그 정도는 된다. 대통령의 입법 리더십만 제대로 발휘되면 국정 운영 성적표는 자연스럽게 높아진다.

이해 2. 대통령의 국정 운영 환경이 녹록치 않다. 불확실성이 높은 남북 관계, 더욱 경쟁이 치열해지는 경제 환경, 지역별, 이념별, 연령별, 성별 간의 사회적 갈등은 증폭되고 있다. 사회가 발전하면서 국회, 정당, 언론, 관료, 이익단체 등 정치·사회의 주요 기관들과 민간 기업들의 자율성도 더욱 높아졌다. 이제 대통령은 주요 정부 정책의 빠른 법률화 내지 입법화를 끌어내는 정치적 조정 기능, 즉 입법 리더십을 가장 중요하게 생각해야 한다. 이에 대해 철학자 신중섭은 "기본적으로 의회(국회)는 민주주의의 대표 기구이기 때문에 대통령은 민주주의 아래에서 의회를 우회할 수 없다. 대통령이 자신의 권력을 집행하는 관료의 도움만으로 자신의 정치적 신념을 실현할 수 없다. 대통령은 의회의 힘을 우선적으로 고려해야 한다."[803]라고 주장했다.

구체적으로 대통령은 정책 추진의 명령과 통제에 기초한 명령자 또는 책임자의 역할은 위임하면서 타협, 협상, 설득을 강조하는 정치적 조정자의 역할에 매진해야 한다. 대통령은 특정 사안에서 상충하는 사람들과 이익을 원만하게 이끌어 가는 단순한 중재자(coordinator)의 역할도 뛰어넘어야 한다. 대통령은 자신의 국정 목표 달성을 위해 일관된 국정 운영 철학, 명확한 국가 관리 방향, 강한 설득력, 굳센 의지를 갖고 절충하면서 타협을 도출해내는 조정자가 되어야 한다.

이해 3. 역대 대통령은 정치력을 제대로 발휘하지 못했다. 현재 우리의 정치 상황에서 위대한 조정자 대통령은 기대하기 어렵다. 타협과 협상이 실종된 정치 문화와 책임성 없는 5년 단임 대통령제는 대한민국 정치를 나라의 가장 큰 골칫거리로 만들었다. 대통령과 야당, 국회와 국민, 국민과 대통령, 여당과 야당은 늘 대립한다. 심지어 여당 내에서도 잦은 분란이 생긴다. 이러면서 정치적 교착 또는 마비 상태가 일상이 됐다. 이런 일상의 중심에 대통령이 있다. 노무현 대통령 이후 지난 20년 동안 국회, 특히 야당을 멀리한 대통령들이 국정을 이끌어 왔다. 대통령은 야당이 발목을 잡아 법제화가 어려워졌다며 늘 국회를 비판했다. 귀한 시간을 당파적 정쟁으로 보내면서 정치가 실종됐다.

5년 단임제의 틀 속에 갇힌 대통령들은 국회 중심의 새로운 정치 변화를 깨닫지 못했다. 대통령이 제왕처럼 막강한 권력을 여전히 행사할 수 있다는 착각 속에 빠져 있다. 대통령 문화를 지배하는 정신은 산업화 시절 이후 크게 변하지 않았다. 민주화 이후 대통령 역사를 되돌아보면 국회를 경원시하는 대통령의 국정 운영 결과는 참담하다.[804]

참담한 국정 운영 결과를 받아든 대통령은 억울할 수 있다. 야당의 비협조 때문이라며 발목잡기를 하는 다수 야당을 비판할 수는 있다. 그러나 비판하고 원망만 하면 문제를 해결할 수가 없다. 그전에 대통령과 여당은 자신들이 정치력을 얼마나 발휘했는지를 반성부터 해야 한다. 자신부터 비판적으로 자아 성찰해야 한다. 양당 체제로 굳어진 정치 현실에서 협치를 주도해야 할 주체는 대통령과 여당이다. 지난 20년 동안 대통령과 여당이 협치를 위해 무엇을 했는가를 되돌아보면 기억에 남는 순간이 없다. 이러면 대통령의 입법 리더십은 상상의 언어다. 위대한 조정자 대통령은 말로만 존재한다.

이해 4. 위대한 조정자 대통령의 길은 험난하지만 성공한 대통령으로 가는 길이다. 이는 대통령의 국정 운영 패러다임을 바꾸어야 가능하다. 대통령은 명령자로서 일방통행식 통치에서 벗어나야 한다. 이와 관련해 철학자 신중섭은 "현재와 같이 야당이 국회에서 강력한 힘을 가지고 있는 상황에서 (윤석열) 대통령이 이렇게 하겠다고 말하는 것은 하나의 선언에 불과하다. 말하는 것으로는 아무런 성과를 낼 수 없다."[805]라고 주장했다.

아울러 대통령은 임기가 5년 아니 60개월로 제한되어 있다. 대통령은 국회에서 자신의 정책이 법제화되지 못하는 경우 가장 큰 정치적 손실을 보는 당사자는 바로 대통령 자신이라는 사실을 명심해야 한다. 대통령은 임기 동안 국정의 성공을 위해 싫든 좋든 원만한 여야 관계를 형성하고 살아 있는 정치력을 발휘해야 한다. 열린 마음으로 타협을 만들어 내는 부드러운 대통령이 되어야 한다. 권위주의 시대의 제왕적 대통령이 보여준 명령과 통제에 능숙한 행정의 달인인 명령자가 아니라 타협, 협상, 설득에 충실한 정치 조정자로서 입법의 달인이 되어야 한다.[806]

개방적이고 열린 대통령

입법의 달인인 대통령은 실패하지 않는 대통령이 된다. 성공한 대통령이 될 가능성도 있다. 대통령의 입법 리더십의 핵심은 만남을 통한 경청이고 경청을 통한 설득이다. 대통령은 자연스러운 분위기에서 더 많은 사람, 특히 여야의 국회의원을 만나고 또 만나야 한다. 때로는 그들의 의견을 경청하면서 때로는 자신의 의지를 설명해야 한다. 만남이 정치의 시작이고 끝이다. 이것이 대통령의 할 일이다.

정치력의 제고를 위해 대통령은 만남을 좋아하면서 보다 외향적이고 개방적인 성격, 그리고 열린 자세를 가져야 한다. 역대 대통령들은 이것이 부족했다. 노무현, 이명박, 박근혜, 문재인 대통령은 살아온 길과 이념은 달랐지만 '수줍어하며 방어적이고 내성적'이라는 성격은 공통점이 많았다.[807] 성격상 그들보다 상대적으로 개방적이었던 노무현 대통령과 이명박 대통령, 그리고 상대적으로 외향적인 윤석열 대통령은 자신을 좋아하는 사람과 그렇지 않은 사람을 빨리 구분할 줄 아는 능력이 뛰어났다. 내향성과 외향성이 어떻든 모든 대통령의 공통점은 그들은 자신을 좋아하는 사람에게만 마음의 문을 열었다. 대통령의 정치력 부족은 성격 탓이 아니다. 물론 성격에 따라 정치력을 발휘하는 모양이 달라질 수는 있다. 그렇지만 정치에 대한 진정성과 태도가 대통령의 정치력 발휘 여부를 좌우한다.

지난 20년 동안 정부의 인재 등용은 코드 인사, 고소영 내각, 수첩 인사, 캠코더 정부, 참여연대 정부, 민변(민주사회를 위한 변호사 모임) 공화국, 윤핵관, 검찰 공화국, 서오남(서울대출신 50대 남성) 공화국 등으로 인구에 회자됐다. 대통령들은 '자신들만의 리그'를 중시하면서 정치권, 특히 야권과 소통할 때 어려움이 많았다. 내적 단결을 중시하는 대통령의 방어 성향은 정치권과 원만한 관계 형성을 어렵게 만들었다. 국정 운영은 부정적인 결과물로 가득했다. 주요 정책을 법률로 만들어내는 대통령의 입법 리더십이 약한 만큼 국정 운영은 힘들어졌다. 대통령의 위기는 더욱 심화됐다.

지난 20년 동안 닫혀 있던 대통령의 모습을 되돌아보자. 노무현 대통령은 기득권 세력에 대해 자제할 수 없었던 분노를 드러냈다. 이명박 대통령의 정치력 부족은 그를 매우 이기적인 대통령으로 만들었다. 비판자들은 그를 철학이 없는 장사꾼이라고까지 생각했다. 박근혜 대통령은 대중과의 소통이 부족한 '불통 대통령'이 됐다. 문재인 대통령은 '혼밥'을 즐기는 소통이 부족한 대통령으로 인식되었고 정치적으로 문빠의 돌봄 속에 철저하게 갇혀버렸다. 윤석열 대통령도 정치적 유연성이 부족해서 야당은 물론 여당과도 소통이 원활하지 않다. 이에 대해 〈동아일보〉 정연욱은 "여당도 포용하지 못하는 (윤석열) 대통령이 야당과 협치 운운할 순 없을 것이다."라고까지 말했다.[808]

마무리를 짓는다. '대통령의 정치'가 필요하다. 정치를 복원하고 여야 관계를 원만하게 형성해야 한다. 명령자로서 정책추진 과정의 효율성만 중시하는 시각에서 벗어나야 한다. 조정자로서 대통령 자신의 정치적 설득력을 높여야 한다. 통치는 선거운동과 다르다는 사실도 이해해야 한다. 대통령의 국정 운영에 대해 여야가 거칠고 고단한 싸움을 벌이는 대신에 서로에게 이익이 되는 해법을 찾아 협력하기를 기대한다.

이와 관련해 〈한겨레〉 성한용은 "정책이 곧 정치입니다. 대통령은 가장 중요한 정치인입니다. (윤석열 대통령은) 제발 좀 정치를 하시기 바랍니다."[809]라고 말했다. 명심해야 할 지적이다. 조금은 느리고 효율성이 떨어지더라도 관용과 양보, 그리고 열린 자세가 필요하다.

편안함, 자주 만남, 경청, 배려, 타협, 협상, 나눠 갖기, 조금은 느린 것, 조금 부드러운 것 등이 성공 리더십의 소중한 덕목이다.[810] 다음 대선에서 외향적이며 개방적인 성격의 소유자로 만남과 공감을 중시하는 보다 열린 마음과 자세를 가진 후보가 대통령으로 당선되기를 바란다. 나라가 대통령의 위기를 겪지 않기를 소망한다.

미 주

1) 함성득, "문재인 대통령의 성공을 소망하며: 돌출, 코드, 촛불, 반쪽 지지자만 믿다간 망한다" 〈월간조선〉 6월호, 2017; 함성득, 〈제왕적 대통령의 종언〉 2017: 9.

2) "일각에선 대통령학 권위자인 함성득 전 고려대 교수(한국대통령학연구소 이사장)가 윤(석열) 전 총장을 돕는다는 이야기도 들린다. 함 전 교수는 윤 전 총장과 같은 아파트에 거주하며 교류한 것으로 전해졌다. 그러나 함 전 교수는 같은 아파트에 사는 것도 맞고, 몇 번 산책을 함께 한 적도 있지만, 정치 얘기를 나눈 적이 없고 조력설은 금시초문이라고 일축했다." "반문(反文)·비야(非野)와 교감 나누는 윤석열" 〈시사저널〉 1639, 2021.03.13.

3) 조우석, 〈나는 보수다〉 동아시아, 2011: 380-381.

4) 진중권, "尹 자유민주주의에 발끈, 그러니 쌍팔년도 운동권" 〈중앙일보〉 2021.03.10.

5) 임철순, "몰염치와 비겁과 주접" 〈자유칼럼〉 2021.02.08.

6) "윤 정부 잘한 정책 물어보자 67% 없다…국정운영 성적표 F학점" 〈매일경제〉 2024.01.15.

7) 함성득, 〈제왕적 대통령의 종언〉 섬앤섬, 2017.

8) 도리스 굿윈, 〈혼돈의 시대 리더의 탄생〉 콘넥팅, 2020: 593.

9) "조국 사태…민주당은 이때부터 길을 잃었다" 〈한겨레〉 2022.06.09.

10) "노 홍보수석 조기숙, 민주당 붕괴 가장 큰 요인 '조국 사태' 꼽아" 〈조선일보〉 2023. 05. 25.

11) 김영수, "민주 대 반민주 아니라 진실 대 탈 진실이다" 〈조선일보〉 2022.05.30.

12) 박상훈, 〈니콜로 마키아벨리: 군주론〉 후마니타스, 2014: 88.

13) 이원욱, "개가 주인 무는 꼴, 윤석열 때리기" 〈중앙일보〉 2020.08.18.

14) 성한용, "추미애-윤석열 사태 뒤에 숨은 또 하나의 코드 정치의 사법화" 〈한겨레〉 2020.11.29.

15) 추미애, "이재명 사과로 조국 불공정 낙인…인간 존엄 짓밟아" 〈조선일보〉 2021.12.03.

16) "윤석열 저격수 추미애 등판, 文 대통령에 조국 사과 요구…뻔뻔함이 놀라워" 〈디지털타임스〉 2021.12.04.

17) "떠나는 이찬희, 조국 아집에 국민 두 동강…尹도 과했다" 〈중앙일보〉 2021.01.18.

18) 백기철, "이상한 대선 구도의 뿌리" 〈한겨레〉 2021.11.11.

19) 조국, 〈조국의 시간〉 한길사, 2021.

20) 한상진·조성식·심인보·최윤원, 〈윤석열과 검찰 개혁〉 뉴스타파, 2021.

21) 김영수, "민주 대 반민주 아니라 진실 대 탈 진실이다" 〈조선일보〉 2022.05.30.

22) 박성민, "죽이면 죽일수록 살아나는 남자, 윤석열" 〈경향신문〉 2020.07.03.

23) 이기홍, "정권은 프레임 전술로 善惡 뒤집는데 野는 정체성 분란" 〈동아일보〉 2020.06.12.

24) 김정남, "운동권 조롱, 불편해하기 앞서 민주화세력 겸손해져야" 〈한겨레〉 2020.10.17.

25) 이훈범, "끝이 멀지 않았다" 〈중앙일보〉 2020.02.01.

26) 김종인, 〈영원한 권력은 없다〉 시공사, 2020: 28.

27) 이기홍, "집권세력發 궤변과 선동…실종된 수오지심" 〈동아일보〉 2020.01.25.

28) 심상정 정의당 대선 후보, 2021.11.07.

29) 강경희, "青 관광은 인기인데 靑 내준 대통령은 그 인기 못 누리는 까닭" 〈조선일보〉 2022.10.10.

30) 진중권, "문재인 정권은 실패했고, 진보는 몰락했다" 〈한국일보〉 20201.01.06.

31) 정해창, 〈대통령 비서실장 791일〉 나남, 2023: 829; 함성득, 〈제왕적 대통령의 종언〉 섬앤섬, 2017: 323.

32) 정해창, 〈대통령의 비서실장 791일〉 나남, 2023: 829.

33) 함성득, 〈제왕적 대통령의 종언〉 섬앤섬, 2017: 22-23.

34) 박세일, 〈대통령의 성공조건 1〉 나남, 2002: 83.

35) 허석재·송선미, "제20 대통령 선거 결과분석" 국회입법조사처, 2022.08.26.

36) 민주화 이후 김대중 대통령과 이명박 대통령의 임기 말 국정 지지율은 상대적으로 낮았지만 대선에서는 집권 여당이 승리했고, 문재인 대통령의 경우에는 상대적으로 높은 국정 지지율에도 불구하고 집권 여당이 정권 재창출에 실패했다.

37) 송영길, 〈송영길의 선전포고〉 시월, 2023: 9.

38) 함성득, "문재인 대통령의 성공을 소망하며: 돌출, 코드, 촛불, 반쪽 지지자만 믿다간 망한다" 〈월간조선〉 6월호, 2017.

39) 당시 문재인 당선인에게 자유한국당 이현재 정책위원회 의장도 옆에 있다고 말했다. 그 때문인지는 모르나 당선 다음날 5월 10일 문재인 대통령은 자유한국당 당사를 방문하여 이현재 의원의 두 손을 꼭 잡으면서 협력을 부탁했다.

40) 〈한국 갤럽〉 2022.05.06.

41) "갤럽: 문 대통령 5년차 2분기 지지율 39%…역대 가장 높아" 〈한겨레〉 2021.10.02.

42) 이기홍, "지지율 압도하는 혐오도…文의 실패는 尹의 반면교사" 〈동아일보〉 2022.05.13.

43) "갤럽: 문 대통령 5년차 2분기 지지율 39%…역대 가장 높아" 〈한겨레〉 2021.10.02.

44) "문재인 정부 잘한 일 물으니…없다가 37.4%로 1위" 〈조선일보〉 2021.10.27.

45) Alan Lambert, Laura Scherer, John Schott, Kristina Olson, Rick Andrews, Thomas O'Brien, and Alison Zisser. 2010. "Rally Effects, Threat, and Attitude Change: An Integrative Approach to Understanding the Role of Emotion" 〈Journal of Personality and Social Psychology〉 98(6): 886-903; Alan Lambert, John Schott, and Laura Scherer. 2011. "Threat, Politics, and Attitudes: Toward a Greater Understanding of Rally-'Round-the-Flag Effects" 〈Current Directions in Psychological Science〉 20(6): 343-348; John Mueller. 1970. "Presidential Popularity from Truman to Johnson" 〈American Political Science Review〉 64(1): 18-34.

46) Sung Deuk Hahm and Uk Heo. 2020. "President Moon Jae-in at Midterm: What Affects Public Support for Moon Jae-in?" 〈Journal of Asian and African Studies〉 55(8): 1128-1142.

47) 김세형, "문재인 vs 메르켈 리더십 차이점" 〈매일경제〉 2021.10.06.

48) 박제균, "신하 뒤에 숨었다는 文, 유체 이탈 國政의 끝은?"〈동아일보〉2022.01.24.

49) 박제균, "신하 뒤에 숨었다는 文, 유체 이탈 國政의 끝은?"〈동아일보〉2022.01.24.

50) 김정하, "성공한 문 대통령, 실패한 문 정권"〈중앙일보〉2022.04.04.

51) 박성민, "尹, 잘해서 이긴 게 아니라 잘못해서 질 뻔했다"〈조선일보〉2022.03.18.

52) 박제균, "신하 뒤에 숨었다는 文, 유체 이탈 國政의 끝은?"〈동아일보〉2022.01.24.

53) 박제균, "대통령 아닌 半통령으로 기억될 文"〈동아일보〉2022.05.02.

54) 신승근, "문재인의 어두운 유산, 윤석열"〈한겨레〉2022.02.03.

55) "한전, 文 공약 뒷감당하다 빚 104조→159조"〈조선일보〉2021.03.31.

56) 정진홍, "문재인 정부, 부동산 정치로 망한다!"〈조선일보〉2020.07.22.

57) "이재명, 총리에 예산권 주장…경제정책, 정치 종속 심해지나 술렁"〈조선일보〉2021.11.01.

58) 이대근, "대통령의 성공조건: 협력하고, 분산하고, 존중하라"〈이슈브리핑〉동아시아연구원. 2021.11.25.

59) "펀드 게이트. 靑 연루 대체 몇 명인가, 文은 또 침묵"〈조선일보〉2020.10.13.

60) 이대근, "대통령의 성공조건: 협력하고, 분산하고, 존중하라"〈이슈브리핑〉동아시아연구원. 2021.11.25.

61) 이훈범, "책임은 내가 진다"〈중앙일보〉2020.08.22.

62) "도 넘은 K-자화자찬"〈조선일보〉2020.12.16.

63) "잠깐만요…文 대통령에게 백신 직언 2번, 소용없었다"〈중앙일보〉2020.12.22.

64) "한명숙, 문재인 덕분에, 코로나에 대한민국 사는 게 좋다"〈조선일보〉2020.12.16.

65) "文 정부 성적, 부동산 20.8점-일자리 34.3점-남북 관계 42.9점"〈동아일보〉2021.04.01.

66) "참여연대, 문재인 정부 국정 과제 42개 중 35개 미흡·미이행"〈서울신문〉2021.07.22.

67) 진중권, 〈조선일보〉2020.01.10.

68) 김도훈, "문재인 정부의 유산, 지킬 것과 청산해야 할 것"〈피렌체의 식탁〉2022.04.22.

69) 양승태, "한국의 진보, 허구와 위선의 역사의식부터 청산해야"〈철학과 현실〉2019. 121, 184.

70) 스티븐 레비츠키·대니엘 자블렛 (박재연 역). 〈어떻게 민주주의는 무너지는가〉(How Democracies Die), 어크로스, 2018.

71) "'대통령의 선거 중립 특별히 더 요구된다' 검찰 공소장에 적시"〈조선일보〉2020.02.08.

72) 고대훈, "윤석열 대망론의 조력자들"〈중앙일보〉2020.02.07.

73) 김무성, "광주든 여수든 어디든 출마, 계란 맞아도 文 정권 심판 외치겠다"〈조선일보〉2020.02.08.

74) 박제균, "신하 뒤에 숨었다는 文, 유체 이탈 國政의 끝은?"〈동아일보〉2022.01.24.

75) 권경애, "뭐든 다 얻을 수 있으니 석 달만 침묵하라고 했다"〈주간조선〉2021.07.25.

76) "조국 수호가 진보 아니다, 진보 기득권 비판하고 나선 사람들"〈경향신문〉2020.03.01.

77) 이기홍, "민주주의 시계 거꾸로 돌린 文 정권…국민이 나설 때다"〈동아일보〉2022.04.29.

78) 함성득, 〈제왕적 대통령의 종언〉섬앤섬, 2017.

79) "김진국이 만난 사람: 김무성 의원" 〈중앙선데이〉 2019.03.09.

80) 중앙일보, "이젠 전전 대통령까지 검찰 포토라인에 서나" 2018.01.18.

81) 강원택, "청와대를 개혁하라" 〈조선일보〉 2019.01.28.

82) 정해창, 〈대통령 비서실장 791일〉 나남, 2023: 830.

83) 고세훈 "제왕적 대통령 담론 유감" 〈다산포럼〉 2017.09.04.

84) 황정미, "대통령의 품성" 〈세계일보〉 2021.03.17.

85) "대통령 중임제로 권력구조 바꿔야, 39.1%" 〈동아일보〉 2020.04.01.

86) "개헌 찬성 57.9%, 반대 28.7% 응답" 〈동아일보〉 2021.01.02.

87) 실제로 고현곤은 "문재인 정부는 지난해 조국 사태 때 억지와 궤변으로 자기편 감싸기에 급급했다. 국민에게 상처를 줬다. 여권은 공수처 설치와 선거제 개편을 밀어붙였다. 오만과 독선은 전체주의를 떠올리게 했다. 이때 코로나19 사태가 터졌다. 정부는 어찌 됐건 우물쭈물 눈치 보다가 중국 입국을 막지 못했다. 골든타임을 놓쳤고, 코로나를 대참사로 키웠다. 대통령은 국민의 아픔을 자신의 아픔으로 여기지 않는 것 같다는 분노로 바뀌고 있다."고 주장했다. 고현곤, "최대 위기 맞은 문재인 정권" 〈중앙일보〉 2020.03.03.

88) 김진국, "대통령만 되면 같은 길을 간다" 〈중앙선데이〉 2018.01.28.

89) 박석무, "인사(人事)에는 편(偏)과 사(私)가 없어야" 〈다산포럼〉 2018.04.16.

90) 임철순, "문 대통령은 왜 말이 없나" 〈자유칼럼그룹〉 2020.02.12.

91) 강준만, 〈부족국가 대한민국〉 인물과 사상사, 2021, 97-98(인터넷 경향신문 베스트 댓글).

92) 함성득, 〈제왕적 대통령의 종언〉 섬앤섬, 2017: 76-86.

93) "최보식이 만난 사람: 김관영 바른미래당 원내대표" 〈조선일보〉 2018.11.26.

94) 박원호, "文 회견에 알았다, 대통령 할 수 없는 일 이렇게 많다는 걸" 〈중앙일보〉 2021.01.19.

95) 김동호, "이게 한 번도 경험해 보지 못한 나라" 〈중앙일보〉 2020.02.26.

96) 임종건, "트럼프 탄핵사태가 남긴 것" 〈자유칼럼그룹〉 2020.02.06.

97) 이하경, "재인이 형, 호철이 형으론 실패한 정권 된다" 〈중앙일보〉 2019.12.02.

98) 함성득, "문재인 대통령의 성공을 소망하며: 돌출, 코드, 촛불, 반쪽 지지자만 믿다간 망한다" 〈월간조선〉 6월호, 2017.

99) 함성득, "문재인 대통령의 성공을 소망하며: 돌출, 코드, 촛불, 반쪽 지지자만 믿다간 망한다" 〈월간조선〉 6월호, 2017.

100) 강준만, 〈부족국가 대한민국〉 인물과 사상사, 2021: 200.

101) "문정권 적폐청산과 내로남불이 키운 검찰국가" 〈미디어오늘〉 2023.01.20.

102) 최장집, "朴 탄핵까지는 긍정적 적폐 청산, 큰 착오였다" 〈중앙일보〉 2020.01.02.

103) 함성득, "문재인 대통령의 성공을 소망하며: 돌출, 코드, 촛불, 반쪽 지지자만 믿다간 망한다" 〈월간조선〉 6월호, 2017.

104) 한상진·조성식·심인보·최윤원, 〈윤석열과 검찰 개혁〉 뉴스타파, 2021: 22.

105) 김형오, "이렇게 자기 목소리 없는 여당 처음, 정국 주도 한 번도 못해" 〈중앙일보〉

2020.01.04; 남시욱, 〈한국 진보세력 연구〉 청미디어, 2020: 658.

106) "김경수 댓글 조작 유죄, 文 정부의 정통성을 묻다" 〈조선일보〉 2021.07.22.

107) "김은경 구속한 재판부, 계획적 사표 강요, 前정부서도 없었다" 〈중앙일보〉 2021.02.10.

108) 최상연, "도덕 정부의 도덕 불감증" 〈중앙일보〉 2018.04.13.

109) Sung Deuk Hahm and Kwang Woong Kim. "Institutional Reforms and Democratization in Korea: the Case of the Kim Young Sam Administration, 1993–1998" 〈Governance〉 12(4), 1999: 479–494.

110) "문재인 정권과 윤석열 검찰의 밀월, 반복, 충돌에 대한 기록" 〈한국기자협회보〉 2023.02.15.

111) 강경희, "문재인의 진보신화 조작" 〈조선일보〉 2023.09.25.

112) 김정남, "일 한번 냅시다" 〈다산포럼〉 2018.04.17.

113) 함성득, "문재인 대통령의 성공을 소망하며: 돌출, 코드, 촛불, 반쪽 지지자만 믿다간 망한다" 〈월간조선〉 6월호, 2017.

114) 이철호, "문재인 정권에 우려되는 3대 악성 종양" 〈중앙일보〉 2017.12.27.

115) 최보식, "정말 위험한 문재인 대통령의 자포자기 심리 상태" 〈조선일보〉 2019.03.22.

116) "中 외교보다 더 중요한 건 방역 강경화 항의에 정면 반박" 〈중앙일보〉 2020.02.27.

117) "북, 막을 수 있었던 문은 공연 관람까지, 행적 다 밝히라" 〈조선일보〉 2020.09.26.

118) 김순덕, "文 대통령은 왜 구출 지시하지 않았나" 〈동아일보〉 2020.09.29.

119) "文 대통령, 北 총격–美 무관심에도 종전 카드…野 끝없는 집착" 〈동아일보〉 2020.10.09.

120) "文 정부 대북 정책에 미친 짓…美 맥매스터 직격탄 날렸다" 〈중앙일보〉 2021.10.05.

121) "김정은, 4년 전 트럼프에 문재인 대통령의 과도한 관심 불필요 친서" 〈경향신문〉 2022.09.25.

122) 유용원, "선제 핵 타격 위협하며 '참수작전' 꿈도 꾸지 말라는 북한" 〈조선일보〉 2022.09.09.

123) 이용수, "대북 헛똑똑이들" 〈조선일보〉 2022.09.14.

124) 천영우, 〈대통령의 외교안보 어젠다〉 박영사, 2022: 145.

125) 구체적으로 문재인 정부는 2015년 12월 박근혜 정부가 최초로 일본 총리의 공식 사과를 이끌어 내며 성사시킨 '한일 일본군 위안부 합의'를 인정하지 않았다. 또한 문재인 정부는 1965년 한·일 협정의 기본을 부정하면서 '일제강제징용문제'를 부각시켰다. 나아가 2018년 10월 우리 대법원은 일제강제징용 피해자 배상과 관련 일본 전범 기업의 배상을 확정했다. 결과적으로 문재인 정부는 지난 5년간 한·일 관계를 최악의 상황으로 몰고 갔다. 악화된 한·일 관계에 대해서는 Sung Deuk Hahm, "South Korea in 2019: Little Progress in Denuclearization of North Korea and Poor Macroeconomic Performance" 〈Asian Survey〉 60(1), 2020: 61–68 참조.

126) 김동호, "위선적 정책들의 비극적 결말" 〈중앙일보〉 2023.06.02.

127) "실업률 17년 만에 최고, '거꾸로 일자리 대책' 중단하라" 〈조선일보〉 2018.04.12.

128) 이상언, "열정과 무능 사이" 〈중앙일보〉 2018.07.21.

129) 문병기, "최저임금 인상, 긍정 효과 90%, 문재인 대통령 마이웨이" 〈동아일보〉 2018.06.01.

130) "마사지한 통계로… 기분좋은 소식, 소주성 문정부" 〈중앙일보〉 2023.09.18.

131) 강경희, "문재인의 진보 신화 조작." 〈조선일보〉 2023.09.25.

132) "취업자 21년 만에 최대 감소한 날, 홍장표 전 경제수석 소주성 효과 뚜렷" 〈조선일보〉 2020.05.13.

133) "소주성, 韓 진보 총체적 실패, 前 민주연 부원장의 반성문" 〈중앙일보〉 2022.08.26.

134) "이해찬, 회고록에 尹총장 대표적 인사 실패, 한동훈은 카르텔 중심" 〈조선일보〉 2022.09.21.

135) "윤정부 탄생 8할은 문정부 책임" 〈중앙일보〉 2023.10.20.

136) "실업률 17년 만에 최고, 거꾸로 일자리 대책 중단하라" 〈조선일보〉 2018.04.12.

137) 김동호, "위선적 정책들의 비극적 결말" 〈중앙일보〉 2023.06.02.

138) "文정책 설계자 김광두, 文 정부 경제적으로 실패" 〈조선일보〉 2020.06.17.

139) 이에 정일영 사장은 "공항가족 1만명 모두 비정규직에서 정규직으로 전환하도록 하겠다."고 화답했다. 인천공항 비정규직 정규직화는 문 대통령을 비롯해 일부 대선 후보들이 약속한 바 있다. 문 대통령은 이날 인천공항공사를 찾아 '찾아가는 대통령, 공공부문 비정규직 제로 시대를 열겠습니다'는 행사에서 '비정규직 제로 시대'를 약속하며 "특히 상시적이고 지속적인 업무에 종사하는 비정규직 노동자들, 안전과 생명에 관한 업무에 종사하는 그 분야는 반드시 정규직으로 전환하겠다는 원칙을 세우겠다. 직원들이 출산이나 휴직·결혼 등 납득할만한 사유가 있을 경우에만 비정규직을 사용할 수 있도록 하고, 그렇지 않은 경우에는 전부 정규직 고용을 원칙으로 삼겠다."고 말했다. "문재인 대통령이 첫 외부 일정으로 인천공항을 방문해 공공부문 '비정규직 정규직화'를 약속했다" 〈한겨레〉 2017.05.12.

140) 손해용, "기회는 차별적, 과정은 불공정" 〈중앙일보〉 2020.06.29.

141) 조은희, 〈귀를 열고 길을 열다〉 바터배아타, 2020: 94.

142) 유경준·이상엽·이종훈·이철수, 〈노동의 미래〉 현암사, 2020: 243-244.

143) "文 정부 비정규직 제로 외치더니…159만 명 늘어 사상 최다" 〈조선일보〉 2021.10.27.

144) "文 정부 비정규직 제로 외치더니…159만 명 늘어 사상 최다" 〈조선일보〉 2021.10.27.

145) "비정규직 95만 명 폭증, 朴 때 2배…정부는 응답자 오류" 〈중앙일보〉 2021.02.16.

146) "인구 감소 시대, 공무원 12만 명 늘린 文 정부…MB 때의 18배" 〈중앙일보〉 2021.01.05.

147) "과학계 원로 13인 탈 원전 전면 철회하라" 〈조선일보〉 2019.12.20.

148) "탈 원전이 빚은 전기료 쇼크…中小 올 영업익 3분의 1 사라질 판" 〈조선일보〉 2022.01.12.

149) 〈조선일보〉 2019.12.09.

150) "송영길은 왜? 민주당 뒤흔든 탈 원전 속도조절론" 〈조선일보〉 2019.01.16.

151) 송영길, 〈둥근 것이 강한 것을 이긴다〉 메디치, 2020: 309-310.

152) 김명자, "탄소중립, 목표치보다 실행력과 신뢰가 관건" 〈중앙일보〉 2021.11.08.

153) 이진영, "비겁한 대통령, 만용 부리는 대통령" 〈동아일보〉 2021.11.11.

154) 김순덕, "감사원장 최재형의 절묘한 정치 감각" 〈동아일보〉 2020.10.21.

155) "주호영, 문 대통령, 퇴임해도 법적 책임 있다면 피해갈 수 없다" 〈중앙일보〉 2020.10.22.

156) "판결문 같은 7,000쪽 감사원 原電 자료…검사도 감탄" 〈조선일보〉 2020.11.10.

157) "이번엔 北에 원전…文 탈 원전 끝 모를 탈선과 혼란, 손실" 〈조선일보〉 2020.01.30.

158) "전력 다급한 정부, 원전부터 살린다"〈중앙일보〉2021.07.20.

159) "전력 공급 위기에 처하자 원전에 손 내민 탈 원전 정부"〈조선일보〉2021.07.21.

160) "전력 공급 위기에 처하자 원전에 손 내민 탈 원전 정부"〈조선일보〉2021.07.21.

161) "5년 지나서야…한수원, 文의 탈 원전 선언 조목조목 반박"〈조선일보〉2022.01.07.

162) "대선 직전에야…文, 신한울·신고리 빠른 시간 내 재가동"〈조선일보〉2022.02.25.

163) "문 정부 땐 23조 앞으론 24조… 탈원전 대못, 두고두고 국민돈 빼간다"〈조선일보〉2023.05.22.

164) 강경희, "문재인의 진보 신화 조작"〈조선일보〉2023.09.25.

165) "노동·규제 개혁 빠진 한국판 뉴딜 밑 빠진 독 물 붓기 우려된다"〈동아일보〉2020.06.03.

166) 김동호, "문 대통령 위기 리더십 성공하려면"〈중앙일보〉2020.06.03.

167) "세금 줄줄 샌 문재인 정부 태양광…전수조사해 엄벌해야"〈중앙일보〉2022.09.14.

168) "범여권 조정훈, 한국판 뉴딜 저격…쓰레기 일자리"〈연합뉴스〉2020.07.24.

169) 김동호, "위선적 정책들의 비극적 결말"〈중앙일보〉2023.06.02.

170) "서울대 쪼개 지방 보내자, 수도 이전 밑그림 짜는 민주당"〈중앙일보〉2020.07.25.

171) 실제로 나는 이미 2017년 "지역 균형 발전이라는 가치는 매우 중요하나 세종시 비효율 문제는 우리의 미래를 생각해서 어떻게든 해결해야만 하는 문제이다. 세종시 문제는 표를 의식한 노무현, 이명박, 박근혜 대통령을 포함한 우리 정치인들과 충청 지역주의에 기초한 민주주의의 비극을 보여주는 전형적인 사례라고 생각한다. 나는 이명박 대통령의 다른 정책들에 대한 진정성에 대해서는 의문(?)이 있었다. 그러나 이 세종시 비효율 논쟁과 관련 그나마 기업 경영과 국가 경영을 해보았던 그가 대통령에 당선되고 난 후 표를 의식했던 자신의 정치적 행위를 반성하고 이 문제의 해결을 시도했던 그의 진정성을 믿고 있다. 김형오 전 국회의장은 '세종대왕이라면 절대로 하지 않았을 세종시. 우리는 이미 최악을 선택했다. 최악의 상황을 피하려면 최선은 아니더라도 차선책은 내놓아야 한다. 행정부의 분할과 행정도시의 산재는 대한민국의 암덩어리다. 이 좁은 나라에 중앙부처가 4개 시(서울·세종·과천·대전)에 흩어져 있는 것은 코미디요 난센스다. 국가 경쟁력을 스스로 갉아먹고 나라가 망가지고 있다.'라며 비판했다. 슬픈 것은 해결책이 보이질 않아 매우 답답하다. 내가 호주에 갔을 때 호주도 시드니에서 떨어진 캔버라에 행정수도가 있어서 매우 불편했다. 그래도 호주는 우리보다 나은 점이 수도인 캔버라에 수상과 국회와 사법부가 같이 있고 호주국립대학도 있었다. 먼저 주관적 판단이기는 하지만 당시로서는 정치권의 눈치를 본 정치적 꼼수로서 조금은 심한(?) 결정이었던 세종시에 대한 헌법재판소의 결정을 존중해야 하니 이제 세종시 문제는 돌이킬 수 없다. 이 결정아래서 세종시의 비효율을 줄이기 위해, 한국토지주택공사(LH)의 비상임 이사로 5년간 재직하면서 세종시 건설을 처음부터 현장에서 지켜 본 한 사람인 내가 생각한 해결 방안은 국민투표를 거쳐서라도 현재 여의도의 우리 국회를 우선 세종시로 이전하고, 대법원, 검찰 조직, 행정자치부 등도 세종시로 이전하는 것이다. 하여간 이 문제는 우리나라의 미래를 생각할 때 정말로 걱정이다."라고 주장했다. 함성득,〈제왕적 대통령의 종언〉섬앤섬, 2017: 409.

172) 손국희, "文만 모르는 트루먼 쇼 같다, 본인엔 관대, 尹엔 박했던 그날"〈중앙일보〉2022.04.28.

173) 손국희, "文만 모르는 트루먼 쇼 같다, 본인엔 관대, 尹엔 박했던 그날" 〈중앙일보〉 2022.04.28.

174) "총선 직전 통계 조작" 〈조선일보〉 2023.09.18.

175) 강경희, "문재인의 진보 신화 조작" 〈조선일보〉 2023.09.25.

176) 손국희, "文만 모르는 트루먼 쇼 같다, 본인엔 관대, 尹엔 박했던 그날" 〈중앙일보〉 2022.04.28.

177) "김수현, 문정부 집값 못잡아 정책실패 인정" 〈동아일보〉 2023.10.06.

178) "문, 문재인 정부 부동산 정책, 신뢰 잃었던 것 뼈아프다" 〈조선일보〉 2023.10.07.

179) 김종혁, 〈두 번 다시, 경험하고 싶지 않은 나라〉 백년동안, 2021: 73.

180) "차라리 역적 되는 게 낫겠다. 골든타임 놓친 백신 TF 속사정" 〈중앙일보〉 2020.12.23.

181) 박중현, "착한 정책들의 비정한 결말" 〈동아일보〉 2022.09.15.

182) 박중현, "착한 정책들의 비정한 결말" 〈동아일보〉 2022.09.15.

183) 이하경, "착한 대통령 임기 말에 벌어지는 해괴한 일들" 〈중앙일보〉 2021.04.05.

184) 허찬국, "보선 이후 경제에 대한 기대와 우려" 〈자유칼럼〉 2021.04.07.

185) "韓 백신 접종 완료 OECD 꼴찌…콜롬비아에도 뒤졌다" 〈중앙일보〉 2021.08.09.

186) "정부가 신호 잘못 줄 때마다 방역은 망가졌다" 〈조선일보〉 2021.07.09.

187) 김창균, "지원금 살포에 억지로 꿰맞춘 政治 방역의 탈선" 〈조선일보〉 20201.07.15.

188) "文, 신규 2,000명 쇼크에 전 세계적 현상…다른 국가보단 낫다" 〈중앙일보〉 2021.08.12.

189) "모더나 믿었다가…뭐 하나 맞지 않는 백신 수급계획" 〈한겨레〉 2021.08.10.

190) 강천석, "대통령 잘못 뽑으면 국민만 서럽다" 〈조선일보〉 2021.08.07.

191) "OECD 꼴찌서 두 달 만에 10위로…백신 접종완료율 70% 넘었다" 〈조선일보〉 2021.10.25.

192) "오미크론 변이까지 출현했는데, 정부는 우왕좌왕" 〈중앙일보〉 2021.11.29.

193) "오미크론 변이까지 출현했는데, 정부는 우왕좌왕" 〈중앙일보〉 2021.11.29.

194) "병상 마련 못해…집에서 코로나 치료하라는 정부" 〈조선일보〉 2021.11.30.

195) "초유의 복합 쇼크…위드 코로나, 그로기 상태" 〈조선일보〉 2021.12.03.

196) "文 정부 자화자찬하던 K방역은 없었다…대위기 부른 5가지 원인" 〈조선일보〉 2021.12.15.

197) "코로나 투명하게 밝히라 지시 文, 자신 문제가 되자 숨기기" 〈조선일보〉 2022.01.29.

198) "진단키트 동나고 검사소 긴 줄, PCR 역량도 확대 않고 뭐 했나" 〈조선일보〉 2022.02.08.

199) "이틀째 17만 명 확진, 세계 2위 쇼크…대선일엔 37만 나올 수도" 〈조선일보〉 2022.02.24.

200) "확진 1000만 명 넘어섰다, 이게 K방역 2년의 결과" 〈조선일보〉 2022.03.23.

201) 이철호, "문재인 정권에 우려되는 3대 악성 종양" 〈중앙일보〉 2017.12.27.

202) 김종인, 〈조선일보〉 2018.06.19.

203) 김종인, 〈영원한 권력은 없다〉 시공사, 2020: 230.

204) "文 대통령, 제가 제왕적 대통령이었나요…가장 왜곡된 프레임" 〈연합뉴스〉 2022.04.26.

205) "文 대통령, 제가 제왕적 대통령이었나요…가장 왜곡된 프레임" 〈연합뉴스〉 2022.04.26.

206) 남시욱, 〈한국 진보세력 연구〉 청미디어, 2020: 635.

207) 노무현, 〈성공과 좌절: 노무현 대통령 못 다 쓴 회고록〉 학고재, 2009: 123.

208) 임철순, "문 대통령은 왜 말이 없나" 〈자유칼럼그룹〉 2020.02.12.

209) 자신에게 이로운 일이면 기를 쓰고 덤벼드는 사람.

210) 안동일, 〈나는 김재규의 변호인이었다〉 김영사, 2017: 424-425.

211) "전·현직 대통령 호감도, 박정희 31% 1위, 文 23%, 盧 22%" 〈이데일리〉 2020.01.03.

212) 마이클 브린, "그 노란 재킷은 제발 벗으라" 〈조선일보〉 2020.03.21.

213) "교과서 조작 수정" 〈중앙일보〉 2019.06.26.

214) 유영익, 〈이승만의 생애와 건국 비전〉 청미디어, 2019.

215) 최보식, "光州와 봉하마을, 누가 불편하게 만드나" 〈조선일보〉 2019.05.25.

216) 이동훈, "국회의 박정희 가리기" 〈조선일보〉 2020.05.09.

217) "문 대통령 새마을지도자대회 첫 참석" 〈동아일보〉 2019.10.29.

218) "문 대통령 새마을지도자대회 첫 참석" 〈동아일보〉 2019.10.29.

219) 문재인 대통령은 2019년 12월 소셜미디어 글에서 김용옥 한신대 석좌교수의 책 3권: 〈슬픈 쥐의 윤회〉, 〈스무살 반야심경에 미치다〉, 〈통일·청춘을 말하다〉을 소개하며 우리의 인식과 지혜를 넓혀주는 책들이라고 하며 일독을 추천했다. 문 대통령은 이 책들에 대해 쉬우면서 무척 재미가 있다, 물론 약간의 참을성은 필요하다면서 일독을 권한다고 했다. 이들 책 중 〈통일·청춘을 말하다〉는 노무현 전 대통령과 김정일 북한 국방위원장의 10·4 남북정상선언 12주년을 맞은 지난 10월 4일 유시민 노무현재단 이사장과 김 교수가 유튜브 방송 〈유시민의 알릴레오〉에서 진행한 대담을 재구성한 것이다. 〈슬픈 쥐의 윤회〉는 철학적 요소가 담긴 13편의 단편 소설집이며, 〈스무살 반야심경에 미치다〉는 김 교수가 20대 때 반야심경을 처음 접했던 때부터 시작해 반야심경의 의미를 해설한 책이다. "文 대통령 도올 책 3권 내리읽었다" 〈연합뉴스〉 2019.12.01.

220) 최영해, "노무현도 유혹한 국정원 뒷돈" 〈동아일보〉 2017.11.16.

221) 이재명 "배명복의 토요 인터뷰" 〈중앙일보〉 2017.12.09.

222) 이현상, "문재인 정부는 운이 좋다" 〈중앙일보〉 2020.03.27.

223) 김창균, "중임제 되면 次期 죽이기 충성경쟁 벌어진다" 〈조선일보〉 2018.4.4.

224) 함성득, "문재인 대통령의 성공을 소망하며: 돌출, 코드, 촛불, 반쪽 지지자만 믿다간 망한다" 〈월간조선〉 6월호, 2017.

225) "現대통령·前前前 대통령 對 前前 대통령 이전투구" 〈조선일보〉 2017.09.29.

226) 강원택 "잃어버린 10년과 적폐 청산" 〈조선일보〉 2017.10.02.

227) 문희상, "적폐 청산 1년 내 끝냈어야, 피로한 국민, 보복으로 느껴" 〈조선일보〉 2021.04.12.

228) 박상훈, "좋은 정부란 무엇인가" 〈동아일보〉 2017.11.21.

229) 길진균, "적폐 청산, 순서가 바뀌었다" 〈동아일보〉 2017.11.15.

230) 김진국, "언제까지 적폐만 파먹을 건가" 〈중앙일보〉 2018.08.06.

231) 박석무 "인재 등용의 어려움" 〈다산포럼〉 2017.09.11.

232) 박석무, "인사(人事)에는 편(偏)과 사(私)가 없어야" 〈다산포럼〉 2018.04.16.

233) 김순덕, "眞文게이트, 대통령이 알았을 리 없다" 〈동아일보〉 2019.12.12.

234) 장기표, "최보식이 만난 사람" 〈조선일보〉 2019.12.30.

235) 김종인 "경제 마음대로 할 수 있다 착각…잘못된 방식 고집하니 나아지겠나" 〈조선일보〉 2019.01.25.

236) 함성득, 〈제왕적 대통령의 종언〉, 섬앤섬, 2017: 210.

237) "김현미 장관의 거짓말…실검 1위 의미는" 〈뉴스핌〉 2020.07.01.

238) 김도훈, "문재인 정부의 유산, 지킬 것과 청산해야 할 것" 〈피렌체의 식탁〉 2022.04.22.

239) "인수위 없던 문 정부 내각" 〈연합뉴스〉 2017.11.21.

240) 원선우 "무조건 임명 인사청문회" 〈조선일보〉 2018.10.25.

241) 〈한국경제〉 2019.03.31.

242) 유성운, "조명래 임명 시 청문보고서 없이 10번째…1년 반 만에 박근혜 정부(9건) 추월" 〈중앙일보〉 2018.11.06.

243) "최보식이 만난 사람: 김관영 바른미래당 원내대표" 〈조선일보〉 2018.11.26.

244) "문정부 독주 심각" 〈해럴드 경제〉 2020.07.30.

245) "與, 기립투표로 '변창흠' 땅땅…文 정부 벌써 26번째" 〈이데일리〉 2020.12.28.

246) "문 대통령, 황희 문체부 장관 임명…29번째 야당 패싱" 〈한겨레〉 2021.02.11.

247) 최상연, "갈 수 없는 나라" 〈중앙일보〉 20201.01.22.

248) "文 대통령, 김기식, 위법이란 객관적 판정 있으면 사임" 〈연합뉴스〉 2018.04.13.

249) 김정남, "개혁과 적폐 청산은 무엇으로 하는가" 〈다산포럼〉 2017.07.31.

250) "지지율과 野 무능 믿고 마구 나눠 먹는 與 정치인 낙하산" 〈조선일보〉 2018.04.04.

251) "문재인 정부서도 공기업 낙하산 인사 조짐" 〈동아일보〉 2018.04.01.

252) "문팬 리더가 왜?…文 정부 공공기관 낙하산 전수조사해보니" 〈중앙일보〉 2018.11.08.

253) "지지율과 野 무능 믿고 마구 나눠 먹는 與 정치인 낙하산" 〈조선일보〉 2018.04.04.

254) "금융공기업 캠코더 낙하산 잔치?…문재인 정부 5년간 63명" 〈중앙일보〉 2022.02.08.

255) "연봉 1억 7,000만 무보 감사에 靑 행정관…또 낙하산" 〈중앙일보〉 2021.09.12.

256) "이건 해도 너무 한다…금융권 발칵 뒤집은 靑, 낙하산 인사" 〈한국경제신문〉 2021.09.02.

257) "금융공기업 캠코더 낙하산 잔치?…문재인 정부 5년간 63명" 〈중앙일보〉 2022.02.08.

258) "법무부 장관에 호통 친 이은재, 민변 인력소개소…청와대 오더 받았나?" 〈중앙일보〉 2018.07.20.

259) "최보식이 만난 사람: 김관영 바른미래당 원내대표" 〈조선일보〉 2018.11.26.

260) "文 정부 고위직 401명 중 66명이 두 번 이상 발탁" 〈동아일보〉 2021.05.06.

261) "文 정부 고위직 401명 중 66명이 두 번 이상 발탁" 〈동아일보〉 2021.05.06.

262) "청와대 비서진 500명 육박" 〈조선일보〉 2018.07.14.

263) "최보식이 만난 사람: 김관영 바른미래당 원내대표" 〈조선일보〉 2018.11.26.

264) "청와대 비서진 500명 육박" 〈조선일보〉 2018.07.14.

265) 이훈범, "대탕평 인사를 명한다" 〈중앙일보〉 2019.07.13.

266) 최보식, "문재인 정권은 제멋대로 면허증이라도 발급받았나" 〈조선일보〉 2018.09.11.

267) 강천석, "대통령 비서실, 어쩌다 범죄혐의자 집합소 됐나" 〈조선일보〉 2020.01.18.

268) "독서광 문의 인사 스타일" 〈머니투데이〉 2019.01.24.

269) 〈조선일보〉 2018.10.22.

270) "문 대통령, 권구훈 북방경제위원장 위촉…靑 대통령 직접 추천" 〈연합뉴스〉 2018.11.07.

271) "文 대통령, 또 저자 발탁. 여가부 차관에 김희경" 〈News1〉 2019.02.07.

272) "다시 확인된 文 대통령 독서정치" 〈동아일보〉 2019.03.11.

273) "독서광 문의 인사 스타일" 〈머니투데이〉 2019.03.11.

274) 이정재, "대통령의 독서정치" 〈중앙일보〉 2019.02.14.

275) "중요한 시기에…얼굴 보기 힘든 대통령 직속 북방위원장" 〈중앙일보〉 2019.02.20.

276) "마스크 대란에 결국 고개 숙인 문 대통령…공개석상서 첫 사과" 〈연합뉴스〉 2020.03.03.

277) "안철수의 정밀타격…아는 만큼 더 예리하다" 〈조선일보〉 2020.04.04.

278) 김종인, 〈영원한 권력은 없다〉 시공사: 75.

279) "금융권 잡고 가려면 유재수 필요하다 文 정권 실세들의 전방위 청탁" 〈조선일보〉 2020.01.20.

280) "정권 몰락 부르는 숨겨진 최고 권력" 〈세계일보〉 2019.12.19.

281) 정연욱, "피아 구분은 정의가 아니다" 〈동아일보〉 2019.12.10.

282) 정재성은 노무현 전 대통령 조카사위로 법무법인부산 대표 변호사다. 법무법인부산은 문재인 대통령이 1995년 7월 설립했다. 전신은 1982년 노무현 전 대통령과 문재인 대통령이 함께 운영한 합동법률사무소다. 1988년 노무현 전 대통령이 국회의원에 당선돼 법률사무소를 떠나자 문재인 대통령은 젊은 변호사를 영입해 외연을 넓혔다. 이때 정재성 변호사가 영입됐다. 문재인 정부에서 마지막 청와대 인사수석은 법무법인부산 출신의 김외숙 전 법제처장이었다. 정재성은 2018년 6·13 지방선거를 앞두고 오 전 시장 선거 캠프에 합류했다. 당시 그는 오 전 시장 선거 캠프에서 인재영입위원장을 맡았다. "오거돈 사퇴 靑 개입? 盧사위 있는 법무법인부산서 공증설" 〈중앙일보〉 2020.04.26.

283) "유재수, 민주당 전문위원 시절 단골 멘트는 '호철이 형 아세요?'" 〈조선일보〉 2019.11.30.

284) "손혜원, 文, 양정철과 연 끊었다…그의 생 쇼에 속지 말라" 〈중앙일보〉 2020.01.14.

285) "성윤모 산업부 장관 내정자, 초고속 승진의 비결은? 〈뉴스데이〉 2018.08.31; "친문, 부엉이 모임 재건, 이해찬을 견제하라 특명" 〈일요서울〉 2018.10.02; "황희−권칠승 신임 장관 후보자 2명 부엉이 모임 소속. 부엉이 모임의 정체는?" 〈월간조선〉 2019. 5월호; "문승욱 산업부 장관 내정 관전 포인트" 〈에너지경제〉 2021.04.18; "문 대통령, 인적 쇄신 민심 악화 달랠 수 있을 까" 〈경남일보〉 2021.04.18.

286) "사법정책연구원장에 김경수 2심 변호인…대법 코드 인사 논란" 〈조선일보〉 2020.01.30.

287) "조규완 전 시의원, 구로을 출마 선언…윤건영 청 상황실장 청와대 찬스 안 돼" 〈한국정경신문〉 2020.01.06; "박영선측, 예비후보에 '다음 꿈 가져보라'…사실상 불출마 종용" 〈TV 조선〉 2020.01.09.

288) 강양구·권경애·김경율·서민·진중권, 〈한 번도 경험해보지 못한 나라〉 천년의상상, 2020: 292; 293; 295.

289) 강양구·권경애·김경율·서민·진중권, 〈한 번도 경험해보지 못한 나라〉 천년의상상, 2020: 294.

290) "민주당서 배제된 정개련 하승수, 이낙연보다 세다는 양정철, 적폐 중 적폐" 〈조선일보〉 2020.03.20.

291) "靑 국정상황실장에 의사 출신 이진석" 〈매일경제〉 2020.01.07. 조성호는 "이진석 비서관의 국정상황실장 발탁은 파격적이라고 할 만하다. 원래 이진석 실장은 문재인 정부 출범 직후, 보건·의료·복지 업무를 담당하는 사회정책비서관으로 청와대에 들어갔다. 이후 2019년 1월, 정책조정비서관으로 자리를 옮겼다. 이진석씨의 국정상황실장행(行)은 몇 가지 특별한 의미를 갖는다. 하나는 울산시장 선거 개입 의혹 사건을 바라보는 청와대의 시각이다. 이 사건은 조국 전 법무부 장관 가족 비리와 더불어, 현재 전면전으로 치닫고 있는 청와대−검찰 갈등의 불씨가 됐다. 검찰 수사망이 국무조정실을 넘어 청와대까지 넘보자, 청와대는 추미애 법무부 장관을 앞세워 검찰을 압박하며 검찰 내 윤석열 인맥을 일거에 잘라냈다. 울산시장 선거 개입 의혹 사건을 두고 청와대·법무부 대(對) 검찰이 강 대 강 대치를 벌이고 있음에도, 이진석 실장은 별다른 외부 저항 없이 국정상황실장으로 갔다. 최근 이 실장은 울산시장 선거 개입 의혹과 관련해 검찰의 소환 통보를 받았지만, 불응했다고 한다. 이는 이진석 실장의 파워를 유추할 수 있는 대목이다. 동시에 청와대가 검찰에 굴복하지 않겠다는 의지를 보인 것이기도 하다. 두 번째는 문재인 대통령이 청와대를 친정체제로 더욱 공고히 한 점이다. 이진석 실장은 문재인 정부의 인재풀(pool) 역할을 해온 광흥창 팀의 멤버 중 한 명이다. 광흥창 팀은 2017년 대선 당시 서울 마포구 광흥창역 부근에 사무실을 내고 문재인 후보를 도왔던 핵심 참모 그룹이다. 임종석 전 청와대 비서실장, 윤건영 전 실장, 양정철 더불어민주당 민주연구원장을 위시해 한병도 전 청와대 정무수석, 오종식 기획비서관, 신동호 연설비서관, 조용우 국정기록비서관, 탁현민 대통령 행사기획자문위원, 김종천 전 의전비서관, 안영배 한국관광공사 사장이 멤버다. 이 중 양정철 원장과 안영배 사장을 제외한 전원이 청와대 1기 멤버로 입성함으로써, 광흥창 팀은 이 정부 내내 약진했다. 이진석 실장은 광흥창 팀의 막내 그룹으로 분류된다. 윤건영 실장에 이어 또다시 광흥창 팀 멤버(이진석)를 국정상황실장에 임명한 건, 국정의 고삐를 더욱 강하게 죄겠다는 방증이다."라고 주장했다. 조성호, "그가 울산시장 선거 개입 의혹 사건 증거인 송병기 수첩에 등장한 까닭" 〈월간조선〉 2020. 2월호.

292) 진중권, 진중권 페이스북, 2020.01.17.

293) 이에 대해 〈중앙일보〉는 "신종 코로나바이러스 감염증 확진자가 (2월)26일 기준으로 1,200명을 넘었고, 최대 1만 명의 감염자가 나올 수 있다(미국 투자은행 JP모건)는 전망까지 나오는 상황에서 입질에 자주 오르내리는 (문재인 대통령의)발언이 있다. 바로 지난 (2월)13일 코로나19 대응 경제계 간담회에서 코로나19는 머지않아 종식될 것, 방역당국이 끝까지 긴장을 놓지 않고 최선을 다하고 있다며 이렇게 말했다. 이후 확진자가 급증하며 도대체 대통령은 무슨 근거로 종식 운운했는가라는 비판이 쏟아지고 있다. 이 과정에서 청와대의 주목받는 인물이 이진

석 국정상황실장이다. 청와대 원년 멤버이자 서울대 의대의 의료관리학 교실 부교수 출신이었다. 정부 출범 후 사회정책비서관과 정책조정비서관을 거쳐 올 1월 최초의 의사 출신 국정상황실장이 됐다. 역대 그 어느 국정상황실장보다 의료 분야를 전문적으로 챙겼다고 볼 수 있다. 감염병 위기 경보를 최고 등급인 심각 단계로 올리기 전까지 청와대에선 그가 주재하는 일일 상황 점검 회의가 실무 컨트롤 타워였다. 하지만 코로나19 상황이 악화하면서 일각에선 이 실장에게 지나치게 의존한 것 아니냐는 지적도 나온다. 대한의사협회 등 외부에선 잘못된 정보를 입력한 비선(秘線)이 있는 게 아니냐는 의혹을 제기하고 있다."라고 주장했다. "文 머뭇아 종식 발언 후폭풍…의심받는 국정상황실장 행보"〈중앙일보〉 2020.02.27.

294) "울산시장 선거 靑 비서관 개입 확인 수사팀 보고서, 이성윤이 뭉갰다"〈조선일보〉 2020.11.11.

295) 진중권. 진중권 페이스북, 2019.12.27.

296) 남재희,〈피렌체의 식탁〉2019.11.29.

297) 구현우, "역사, 정책유산, 그리고 기억의 정책학: 박정희식 발전모델의 기원을 찾아서"〈행정 논총〉56(1), 2018: 61.

298) 함성득,〈제왕적 대통령의 종언〉섬앤섬, 2017: 231-239.

299) 함성득, "한국 대통령의 성격분석"〈행정논총〉56(3), 2018: 33~67.

300) 여권 관계자에 따르면 2012년 12월 대선을 코앞에 두고 문재인 대통령(당시 대선 후보)와 김종인 전 민주당 비대위 대표(당시 새누리당 국민행복추진위원장)을 처음 만나게 해 준 사람이 바로 손 의원이라고 한다. 손 의원은 사업을 하던 90년대부터 김종인 전 민주당 비대위 대표와 연을 맺고 가깝게 지냈다고 한다. 결국 김 전 대표는 2016년 총선을 앞두고 그해 1월 더불어민주당 선거대책위원장으로 문 대통령과 손을 잡는다. 이때도 막후에서 손 의원이 김 전 대표 영입에 큰 역할을 했다고 한다. "박근혜와 다투던 김종인, 손혜원이 문재인과 연결"〈중앙일보〉 2019.01.28.

301) 김종인, "文 정부, 천하 쥔 듯 행동…편안한 임기 가능성 희박"〈중앙일보〉 2020.03.20.

302) "김종인, 내가 겪어봐서 안다…문 대통령, 문제가 뭔지 모른다"〈중앙일보〉 2019.11.29.

303) 문희상 의장은 노무현 정부의 첫 번째 청와대 비서실장이었다. 당시 민정수석이던 문 대통령을 부하 직원으로 데리고 일했다. 청와대의 생리, 문재인 개인에 대해 알 만큼 안다는 얘기다. 문 의장이 이런 말을 했을 때는 뭔가 짚이는 것이 있었을 것이다. 황대진, "대통령의 혼밥"〈조선일보〉2019.01.07.

304) 지난 한 해 총 935회의 보고를 받았다. 하루 평균 2.5회 꼴이다. 이 중 내각 보고는 115회다. 나머지 대부분은 청와대 참모진 보고다. 매주 월요일은 이낙연 국무총리와 오찬을 겸한 주례 회동을 한다. 작년에 28회를 했다. 해외 순방 등을 제외하면 가급적 거르지 않았다. 이를 포함해 문 대통령은 지난 1년간 조찬 1회, 오찬 73회, 만찬 22회를 한 것으로 돼 있다. 정상회담 오·만찬 등 외교 일정과 총리 주례회동을 제외하면 국내 인사들과의 식사는 조찬 1회, 오찬 25회, 만찬 2회다. 1년 365일, 1,095끼니 중 문 대통령이 국민과 소통을 위해 할애한 것이 총 28회

다. 황대진, "대통령의 혼밥" 〈조선일보〉 2019.01.07.

305) 황대진, "대통령의 혼밥" 〈조선일보〉 2019.01.07.

306) 배성규, "이니님은 절대 틀리지 않는다" 〈조선일보〉 2020.03.02.

307) "최보식이 만난 사람: 김관영 바른미래당 원내대표" 〈조선일보〉 2018.11.26.

308) 고정애, "대통령은 정치하는 자리다" 〈중앙일보〉 2021.01.11.

309) "문 대통령 국회, 분열 증폭 역기능만…타협·소통 정치 복원 시급" 〈연합뉴스〉 2020.01.14.

310) 최상연, "진문감별법" 〈중앙일보〉 2020.01.24.

311) 성한용, "문재인 정치가 필요하다" 〈한겨레〉 2018.07.16.

312) 문병기, "국정이 참 어렵다는 文 대통령의 고백" 〈동아일보〉 2019.10.29.

313) 문병기, "국정이 참 어렵다는 文 대통령의 고백" 〈동아일보〉 2019.10.29.

314) "문 대통령 국회, 분열 증폭 역기능만…타협·소통 정치 복원 시급" 〈연합뉴스〉 2020.01.14.

315) 자세한 것은 함성득, 〈대통령학〉 3판, 나남, 2016: 343–345; Samuel Kernell, 〈Going Public: New Strategies of Presidential Leadership〉. 3rd (ed.), Washington, DC: CQ Press, 1997.

316) 홍영림 "소통 강박증 쇼통" 〈조선일보〉 2017.12.29.

317) 이철호, "문재인 정권에 우려되는 3대 악성 종양" 〈중앙일보〉 2017.12.27

318) 이기홍, "이렇게 일방적으로 독주한 정권은 없었다" 〈동아일보〉 2019.12.27.

319) 박제균, "낡고 늙은 보수 갈아엎을 새 인물 누군가" 〈동아일보〉 2020.04.20.

320) 박지원, "위성 교섭단체도 만들듯…민주당, 공수처 꼼수 말라" 〈중앙일보〉 2020.04.20.

321) "독주 비판 무릅쓰고…슈퍼여당, 일하는 국회 내세워 돌파" 〈한겨레〉 2020.06.16.

322) 주호영, "민주당, 7개 상임위 준다고? 18개 다 내놓겠다 반발" 〈중앙일보〉 2020.06.16.

323) "주호영의 강한 야당론…보수, 기본소득제 담론 통해 자유의 가치 확장해야" 〈중앙일보〉 2020.06.21.

324) 주호영, "머리가 터져도 국민에게 종을 울리겠다" 〈조선일보〉 2020.06.21.

325) "여당 독식 국회 열어젖힌 날…김종인, 통합당 정권 창출 기회" 〈중앙일보〉 2020.06.30.

326) "여당의 폭주, 검찰의 난투…이게 정상적인 나라입니까" 〈한국일보〉 2020.07.30.

327) "적폐 첫 유죄, 내 편 봐주기…사법부 어디로 가나" 〈중앙일보〉 20201.04.03.

328) 김영수, "어쩌다 대통령" 〈조선일보〉 2021.03.30.

329) 임종건, "180석을 해독(解毒)하는 선거" 〈자유칼럼〉 2021.04.06.

330) 박정훈, "하마터면 속을 뻔했다" 〈조선일보〉 2020.08.21.

331) 진중권, 진중권 페이스북, 2020.01.28.

332) 김용갑, "난 전두환에 직선제·박근혜에 하야 건의…지금 청와대에는 No 하는 사람이 없다" 〈문화일보〉 2020.04.14.

333) 이철희, "피렌체의 식탁" 2019.11.05.

334) "수사전문가·작가 준비 표창원 정치 계속할 생각, 조국 사태 후 달라졌다" 〈경향신문〉 2020.05.22.

335) 김기봉, "조국 사태와 조국 현상" 〈철학과 현실〉 123. 2019: 164.

336) "진보 지식인 강준만, 문 대통령, 최소한의 상도덕 안 지켰다" 〈조선일보〉 2020.04.08.

337) 서민, "조국의 강에는 아마존 강에 없는 '생명체'가 산다" 〈조선일보〉 2021.12.19.

338) "조국 사태부터였다, 쓴 소리 할 사람 없는 청와대" 〈머니투데이〉 2020.09.07.

339) 김부겸, 〈조선일보〉 2019.11.11.

340) 윤평중, "조국(曹國)이냐, 조국(祖國)이냐" 〈조선일보〉 2020.04.10.

341) 박정훈, "하마터면 속을 뻔했다" 〈조선일보〉 2020.08.21.

342) 박명림, "현대 민주주의의 위기" 〈철학과 현실〉 123. 2019: 63.

343) 그는 "(조국이) 첫 확진자는 아니다. 그에 앞서 댓글 조작 사건으로 실형까지 선고받았던 인물 (김경수)은 여전히 자신의 허물을 부인하며 도지사직을 수행하고 있다. 그런데 그(조국)와 그의 가족에 걸려 있는 비리 의혹이 그가 그동안 외쳐댄 비판만큼이나 많았다. 그 중 한 가지만으로도 부끄러워 고개를 들지 못할 것 같은데, 그는 지금도 쓰러지지 않고 싸우겠다고 다짐하고 있다. 그런 몰염치병의 급속 확산에는 대통령도 책임이 없지 않다. 국민에게는 사과 한마디 없이, 물러난 장관에게만 마음의 빚을 토로함으로써 면죄부를 줬다."라고 주장했다. 이훈범, "조국병 진단키트와 치료약" 〈중앙일보〉 2020.05.16.

344) "노 홍보수석 조기숙, 민주당 붕괴 가장 큰 요인 '조국 사태' 꼽아" 〈조선일보〉 2023.05.25.

345) 이 책에서 다루고 있는 조국 사태 기간 역시 같은 기준을 따르고 있다.

346) 최강욱은 2020년 3월 국회의원 출마를 위해 청와대 공직기강비서관직을 떠났고 2020년 4월 비례대표 국회의원에 당선되었다.

347) "김진태, 조국의 보은 인사" 〈월간조선〉 2019.08.26.

348) "서울대 교수로 복직한 조국… 폴레페서 논란 갑을론박 이어져" 〈동아일보〉 2019.08.04.

349) "서울대 교수들 조국 징계 여부 신속히 결정해야 촉구" 〈동아일보〉 2020.01.21.

350) "서울대, 가족 비리 조국 직위해제" 〈문화일보〉 2020.01.29.

351) "기소된 서울대 교수 15명…모두 3개월 내 징계 진행" 〈머니투데이〉 2021.02.02.

352) "정권 바뀌자…교육부, 서울대 총장 사상 첫 징계" 〈서울경제〉 2022.06.08.

353) "조국의 파면 확정" 〈중앙일보〉 2023.06.13.

354) "조국 서울대 징계,다른 기소된 교수 7배 넘게 걸렸다" 〈조선일보〉 2023.06.25.

355) "서울대, 조국 논문 표절 의혹, 경미한 연구윤리 위반…징계는 없다" 〈조선일보〉 2020.07.25.

356) 송평인, "조국과 서울대의 비양심" 〈동아일보〉 2020.08.12.

357) "조국 논문 표절이 경미? 곽상도, 서울대 판단에 이의신청" 〈조선일보〉 2020.08.20.

358) 이충재, "대통령이 모르는 민정수석실" 〈한국일보〉 2019.12.10.

359) "윤석열을 만든 결정적 순간들" 〈주간조선〉 2019.10.07.

360) 한상진·조성식·심인보·최윤원, 〈윤석열과 검찰 개혁〉 뉴스타파, 2021: 72-73.

361) "文, 尹 당선 아이러니…조국 수사 공교로워, 의도 있다 볼 수도" 〈연합뉴스〉 2022.04.26.

362) 서울중앙지검 첫 여성 차장검사로 이름을 올렸던 이노공(사법연수원 26기) 수원지검 성남지청

장이 사의를 표명했다. 이 지청장은 2020년 1월 이뤄진 검사장 승진에서 누락된 데 이어 전날 인사에서 사실상 좌천성 자리로 여겨지는 서울고검 검사로 전보됐다. 이 지청장은 윤석열 검찰총장이 서울중앙지검장으로 재직하던 2018년 7월 여성·아동 범죄와 과학기술범죄 수사 등을 지휘하는 4차장에 임명됐다. 서울중앙지검에서 여성 차장이 임명된 것은 이 지청장이 처음이었다. 이후 차기 검사장 승진 대상으로 꾸준히 거론돼 왔던 것으로 알려졌다. 법조계 일각에서는 이 지청장 사의가 최근 법무부가 단행한 검찰 인사와 무관하지 않을 것이라는 관측이 나온다. "중앙지검 첫 女 차장검사 출신 이노공, 檢 인사 직후 사의"〈중앙일보〉2020.01.24.

363) 조국, 〈조국의 시간〉 한길사, 2021: 350.

364) "尹, 특수통 인사전횡? 여권서 만든 얘기…조국이 80% 이상 해"〈동아일보〉2021.12.14.

365) 한상진·조성식·심인보·최윤원, 〈윤석열과 검찰 개혁〉 뉴스타파, 2021: 83-86.

366) 한상진·조성식·심인보·최윤원, 〈윤석열과 검찰 개혁〉 뉴스타파, 2021: 86.

367) 윤석열, "윤석열 사단이 하나회처럼 군림한다고요. 추 장관이 검찰에 대해 뭘 압니까?"〈경향신문〉2021.07.09.

368) "문정권 적폐청산과 내로남불이 키운 검찰국가"〈미디어오늘〉2023.01.20.

369) "문재인 정권과 윤석열 검찰의 밀월, 반목, 충돌에 대한 기록"〈한국기자협회보〉2023. 02.15.

370) 김조원은 노무현 정부 때 청와대 공직기강비서관을 지냈고 경남과학기술대학교(전 진주산업대학교) 총장으로 2008년에서 2012년까지 재직했다. 2009년 윤건영은 경남과학기술대학교의 초빙교수로 임명되었다. 김조원은 이호철 및 김경수와도 친분을 지속적으로 유지해 왔다. 김조원은 한국항공우주산업주식회사(KAI) 사장으로 갈 때도 친문 실세들의 도움을 받았다. 또한 친문 실세들은 안현호 전 지식경제부 차관을 김조원의 후임으로 KAI 사장에 추천하기도 했다. "KAI 사장 연임 꾀하는 어떤 이들…낙하산·내부 승진 외 제3의 길"〈SBS 취재파일〉2022.06.21; "KF-21 큰 산 넘는 KAI"〈SBS 취재파일〉2022.05.11.

371) 송영길, 〈송영길의 선전포고〉 시월, 2023: 132.

372) "조국사태도 이들 촉에서 시작…"〈중앙일보〉2023.01.30.

373) 조국, 〈조국의 시간〉 한길사, 2021: 56; 165.

374) 한상진·조성식·심인보·최윤원, 〈윤석열과 검찰 개혁〉 뉴스타파, 2021: 155-156.

375) 선우정, "문 정권에선 검사가 정치하고 판사가 외교한다"〈조선일보〉2021.06.09.

376) 윤석열 "조국 의혹 쏟아질 때 대통령 임명장 잉크 만지며 고민"〈경향신문〉2021.07.09.

377) 윤석열 "조국 의혹 쏟아질 때 대통령 임명장 잉크 만지며 고민"〈서울신문〉2021.07.09.

378) 강양구·권경애·김경율·서민·진중권, 〈한 번도 경험해보지 못한 나라〉 천년의상상, 2020: 169-171; 194.

379) "文, 尹 당선 아이러니…조국 수사 공교로워, 의도 있다 볼 수도"〈연합뉴스〉2022.04.26.

380) 이러한 과정을 전혀 몰랐던 박상기 전 법무부 장관도 조국에 대한 검찰 압수수색이 후보자 신분이었던 조국 전 장관을 낙마시키기 위해 진행됐다고 주장했다. 그러나 윤석열에 의하면 도리어 당시 박상기는 윤석열에게 조국에 대해 선처해달라고 부탁했다. "박상기, 윤석열 조국 낙

마 운운…檢 박 前장관이 선처 요청" 〈중앙일보〉 2020.07.02. 반면 박상기는 "작년(2020년)
8월 27일 당시 조국 전 장관 가족에 대한 혐의사실도 모르는 상태에서 선처를 부탁할 구체적
인 내용도 없는 상황이었습니다. 당시 (윤)총장에게 장관 국회 인사청문회를 앞두고 나에게 사
전보고도, 피의자 소환 한번 없이 갑자기 법무장관 후보자 가족에 대한 강제수사를 한 것에
대해 그 시기나 방식의 문제점을 지적했는데 선처라는 표현을 하고 있습니다. 법무장관이 지
휘 감독을 받는 총장에게 선처 부탁할 일은 없습니다. 법무장관의 검찰사무에 대한 지휘 감독
권을 인정하지 않는 의식의 발로라고 생각합니다."라고 주장했다. "박상기, 윤석열이 검찰 수
사 문제 지적을 선처 요청으로 둔갑시켜" 〈뉴스타파〉 2020.10.25. 그러나 〈조선일보〉에 따르
면 "논란의 핵심은 박 전 장관이 수사 관련 얘기를 하면서 윤 총장에게 조 전 장관 부부를 선처
해 달라고 요청했느냐는 것이다. 당시 상황을 아는 복수의 사정기관 관계자들은 박 전 장관의
선처 요청은 조 전 장관 부부를 불구속 수사를 해줄 수 없느냐는 내용인 것으로 전해 들었다
고 했다."라고 주장했다. "박상기, 조국 선처 논란…檢 일각 불구속수사 요청했다" 〈조선일보〉
2020.11.02.

381) "나(윤건영)는 임명해야 한다고 했다라고 답변했다. 지금 판단은 달라졌나?라는 추가 질문에는
결과를 보고 다시 판단하는 건 큰 의미가 없고, 나는 다시 돌아간다 해도 임명해야 한다고 조언
할 거라 생각한다라며 임명 안 할 정도의 과오가 아니라고 봤다."라고 말했다. 윤건영 "문 대통
령에게 조국 임명해야 한다고 보고했다" 〈오마이뉴스〉 2020.01.11.

382) 윤건영, "대통령에 조국 임명 조언. 당시 비리 확인된 것 없었다" 〈연합뉴스〉 2020.01.16.

383) "윤 대통령, 울산사건 이첩 지시에 정치할 결심, 임종석 인터뷰" 〈경향신문〉 2023.12.13.

384) "김태우 작심 발언, 조국, 출세 위해 친문 청탁 받고 감찰 무마" 〈중앙일보〉 2020.07.03.

385) 진중권, "문대통령 586 통제 못해…윤건영은 조국사태 발단" 〈파이낸셜 뉴스〉 2020.02.22.

386) 진중권, 진중권 페이스북, 2020.02.03.

387) "최강욱, 윤석열, 민정수석에 조국 임명 땐 사표 협박" 〈조선일보〉 2020.11.18.

388) "최강욱, 문재인 대통령 비서관들에게 '윤석열 총장임명 후회한다'" 〈오마이뉴스〉 2023.08.07.

389) 검찰은 2023년 8월 10일 조국의 딸 조민을 허위작성 공문서행사, 업무방해, 위계공무집행방해
혐의로 불구속 기소했다. "조국, 딸 조민 기소되자, 차라리 날 남산 끌고가 고문하라" 〈중앙일
보〉 2023.08.10.

390) "윤석열 별장 접대 오보 뒤엔, 이규원 보고서 있었다" 〈조선일보〉 2021.02.17. 2021년 12월 28
일 이규원 검사는 불구속 기소됐다. 오병상은 "이규원은 문재인 정부의 검찰 개혁 과정에서 시
종 결정적 역할을 해온 현장의 키맨입니다. 이규원의 혐의는 허위공문서작성, 비밀누설, 명예
훼손 등입니다. 이규원이 만든 허위공문서는 윤중천 면담보고서입니다. 윤중천은 박근혜 정부
초기인 2013년 김학의 법무부차관에게 별장 성 접대를 한 건설업자입니다. 이규원이 윤중천을
면담해 만든 허위는 '윤석열(국민의힘 대선 후보)과 윤갑근(전 대전고검장)도 윤중천에게 접대
받았다'는 대목입니다. 윤중천이 하지 않은 말을 면담보고서에 써넣었습니다. 이규원이 비밀누
설한 것은 위 허위사실을 언론에 흘려 오보를 유도했다는 겁니다. 오보를 유도한 건 검찰총장

윤석열을 공격하고, 검찰고위직의 비리연루를 조작함으로써 '검찰 개혁' 여론을 형성하려던 것으로 보입니다. 동시에 '버닝썬 사건'으로 청와대와 경찰이 비판받던 분위기를 역전하려던 의도도 있어 보입니다. 검찰 개혁의 핵심 이광철 전 청와대비서관이 이규원의 절친입니다. 연수원 동기, 민변(민주사회를위한변호사모임) 동지, 같은 법률회사 동료입니다. 검찰 개혁이란 목적이 옳다고 해서 불법 수단이 정당화되는 것은 아닙니다. 무리한 밀어붙이기 결과 검찰 개혁의 대의는 보이지 않고, 불법만 남아 법정에 서게 됐습니다."라고 주장했다. 오병상, "검찰 개혁 키맨 이규원 검사 기소되다" 〈중앙일보〉 2021.12.29.

391) 한편 이규원 검사에게 김학의 전 법무부 차관에 대해 긴급 출국 금지를 해야 한다고 의사를 직접 전달한 당사자는 이광철 청와대 민정비서관(당시 민정수석실 선임행정관)이라고 검찰이 특정했다. "검찰, 김학의 긴급출금에 이광철 관여 정황 확인" 〈한국일보〉 2021.02.19. 2023년 김학의 전 법무부 차관 출국 시도를 불법으로 금지한 혐의로 기소되었던 이규원 검사와 이광철 전 청와대 민정비서관, 차규근 전 법무연수원 연구위원이 1심에서 무죄를 선고받았다. 재수사가 기정사실화된 사람의 도피를 긴급하게 막았을 뿐 직권남용으로 볼 수 없다는 판단이었다. 다만 이규원 검사의 자격모용공문서 작성과 행사, 공용서류 은닉 등 일부 혐의만 유죄로 판단하여 징역 4개월의 선고를 유예했다. 〈시사저널〉 2023.02.15. 한편 김학의 불법 출국 금지 수사 무마 의혹 사건으로 기소되었던 이성윤 법무연수원 연구위원도 1심과 2심에서 무죄를 선고받았다.

392) 곽승한, "윤석열은 왜 경계인이 되었나…진영 사회를 깨다" 〈주간조선〉 2019.12.23.

393) 박성민, "이제 중도 진보가 묻는다, 왜 부끄러움이 우리 몫이어야 하는가?" 〈경향신문〉 2020.02.01.

394) 진중권, 진중권 페이스북, 2019.12.27.

395) "소통로·민정수석 역할·靑직언 참모 3無가 檢과 전면전 불렀다" 〈국민일보〉 2019.12.09.

396) "수사전문가·작가 준비 표창원, 조국 사태 후 달라졌다" 〈경향신문〉 2020.05.22.

397) 이용식, "문재인 하산 길, 박근혜보다 험난하다" 〈문화일보〉 2019.10.19.

398) "문 대통령, 갈등 야기 송구…10월까지 개혁안 마무리" 〈연합뉴스〉 2019.10.14.

399) "이해찬, 조국 수사 지난해 8월부터 요란 떨었지만" 〈서울신문〉 2020.01.22.

400) "이해찬 독점 인터뷰 2: 조국 대란의 본질을 말하다" 〈시사IN〉 679호, 2020.09.15.

401) "이해찬, 회고록에 尹총장 대표적 인사 실패, 한동훈은 카르텔 중심" 〈조선일보〉 2022.09.22.

402) "김해영, 이해찬이 민주당 망가뜨렸다" 〈조선일보〉 2023.07.08.

403) "전해철, 대안 없으면 법무부 장관 마다 않겠다" 〈한겨레〉 2019.10.23.

404) "曺 사퇴 후 국정 그립 쥐는 文 대통령…檢 개혁·경제 직접 챙긴다" 〈연합뉴스〉 2019.10.16.

405) "다주택 논란 김조원, 마지막 靑 회의 불참, 단톡방도 탈퇴" 〈서울신문〉 2020.08.11.

406) 박재현, "윤석열의 칼, 청와대 안방까지 겨냥하나" 〈중앙일보〉 2019.12.16.

407) 그러나 조남관은 동부지검장으로서 유재수 감찰 중단 의혹 수사를 지휘할 당시 수사팀에게 '쪽팔리지 않게 해주겠다.'며 사실상 외풍을 막아주겠다는 취지로 말했고 수사의 공정성을 위해 당시 수사팀을 최대한 지원했다. "조남관, 2019년 조국 유재수 수사팀에 쪽팔리지 않게 해주겠

다” 〈조선일보〉 2022.04.07.

408) “박형철, 심각한 위법임을 알았지만 백원우의 요구라 거절하지 못했다” 〈조선일보〉 2020.02.10.

409) “박형철, 심각한 위법임을 알았지만 백원우의 요구라 거절하지 못했다” 〈조선일보〉 2020.02.10.

410) “윤석열 퇴장 뒤 文 따로 찾은 김오수…그날 靑·檢은 갈라섰다” 〈중앙일보〉 2019.12.06.

411) “檢 총장 허수아비 만들어…민심도 이미 떠났다” 〈중앙일보〉 2020.01.09.

412) “검찰 빅4 모두 호남 출신…秋 법무 가장 균형 있는 인사” 〈조선일보〉 2020.01.10.

413) 김미경 균형인사비서관은 고려대 법학 학사, 가톨릭대 조직상담학 석사를 밟고 제43회 사법시험을 통과했다. 법무법인 해마루 변호사로 활동했으며 문재인 정부 출범 후 법무비서관실 선임 행정관을 맡았다. 이후 조국의 법무부 장관 후보자 시절 청문회준비단을 거쳐 장관 시절 정책 보좌관을 역임했다가 다시 청와대에 입성했다.

414) “조국에 마음의 빚, 文 대통령, 조국 임명 밀어붙인 이유” 〈동아일보〉 2020.01.14.

415) 〈조선일보〉 2020.01.17.

416) “추미애·조국 도운 4명 요직 기용…상갓집 항의 양석조는 좌천” 〈중앙일보〉 2020.01.24.

417) 진중권, 진중권 페이스북, 2020.01.23.

418) “윤석열 고발한다는 최강욱…진중권, 천하의 잡범이 격분” 〈세계일보〉 2020.01.24.

419) “기소란 검찰이 사건 기록을 법원에 넘겨 재판 절차가 시작되는 것이다. 현 정권 청와대 인사 중 처음 검찰 수사를 받은 전병헌 전 정무수석은 2017년 11월 롯데홈쇼핑 불법 후원금 의혹으로 검찰 수사가 시작되자 대통령에게 누가 될 수 없다며 자진 사퇴했다. 검찰은 전 전 수석을 이듬해 1월 기소했다. 환경부 블랙리스트 의혹에 연루돼 재판을 받고 있는 신미숙 전 균형인사비서관 역시 작년 4월 검찰 수사 단계에서 청와대에 사표를 냈다. 신 전 비서관 역시 검찰 기소를 기다리지 않고 사퇴했다. 음주운전으로 현장에서 적발된 김종천 전 의전비서관도 검찰 기소 전인 2018년 11월 청와대에 사표를 냈다. 송인배 전 정무비서관도 마찬가지였다. 송 전 비서관은 소위 문고리 권력인 청와대 제1 부속비서관을 맡았을 만큼 문재인 대통령의 최측근으로 꼽힌다. 그는 불법 정치자금 수수 의혹으로 검찰 수사가 시작되자 작년 1월 검찰 기소를 일주일 앞두고 사표를 냈다. 국정 농단 사태에 연루됐던 조윤선 전 문화체육관광부 장관, 우병우 전 청와대 민정수석 등 박근혜 정부 고위 공직자도 대부분 검찰 수사 단계에서 사퇴해 자연인 신분으로 조사받았다. 자택 압수수색 등 강도 높은 검찰 수사에도 버티기로 일관한다는 비판을 받았던 조국 전 법무부 장관조차 검찰 기소 전 자진 사퇴를 택했다. 취임 1개월 남짓 지났을 때였다.” “文 정권서조차…기소 후에도 현직 유지는 최강욱이 유일” 〈조선일보〉 2020.01.28. 그 후 최강욱은 2020년 3월 국회의원 출마를 위해 사직했다.

420) 진중권, 진중권 페이스북, 2020.02.04.

421) “최강욱 3년 8개월만에 유죄 확정” 〈동아일보〉 2023.09.19.

422) “조국, 내 가족이 너보다 더 좋아하는 사람” 〈중앙일보〉 2023.09.19.

423) 박재현, “청와대 민정수석의 직무유기” 〈중앙일보〉 2020.02.14.

424) “법률구조공단 이사장에 조국 변호인 김진수” 〈조선일보〉 2020.09.03.

425) "문 대통령, 대법원장 후보자에 우리법연구회 출신 김명수 판사 지명" 〈중앙일보〉 2017.08.21; "이상돈, 김명수 임명 표결 때 조국 '잘 부탁드린다' 문자" 〈신동아〉 2021.02.25; "김명수, 신임 대법관에 조국 친구 이흥구 판사 임명 제청" 〈조선일보〉 2020.08.10.

426) "결국 김명수 뜻대로…김미리에 조국·최강욱 그대로 맡긴다" 〈중앙일보〉 2021.02.18.

427) 조강수, "사법부 수장이 정치권 눈치 보는 것, 이게 신 사법농단" 〈중앙일보〉 2021.02.19.

428) 이와 관련 〈조선일보〉는 "(2020년 1월) 31일 김명수 대법원장은 법원장급 등 고위 법관 정기 인사를 하면서 민중기 서울중앙지방법원장을 유임시켰다. 2018년 임명된 민 원장은 3년째 전 국 최대 법원인 서울중앙지법을 이끌게 됐다. 서울중앙지법원장이 유임된 것은 전례가 없다고 한다. 법조계에서는 김 대법원장이 청와대의 울산 지방 선거 개입 사건 등 청와대가 민감하게 생각하는 사건 재판을 의식해 믿을 만한 민 원장을 유임시킨 것 아니냐는 분석과 함께 코드 유 임이란 비판이 나왔다. 민 원장은 김 대법원장이 회장을 지냈던 진보적 판사 모임 우리법연구 회 출신이다. 조국 사건 청와대의 유재수 감찰 중단 사건도 중앙지법에 기소돼 있다."라고 주 장했다. "조국·유재수 재판 앞두고, 민중기 중앙지법원장 코드 유임" 〈조선일보〉 2020.02.01. 2020년 2월 6일 대법원은 전국 각급 법원 판사에 대한 전보인사를 단행했고 주요 사건 재판장 가운데 자리를 옮기게 된 것은 조국의 부인 정경심 사건의 송인권 부장판사가 유일했다. 2월 10일 서울고등법원은 김경수 경남도지사의 불법 여론 조작 공모 혐의 사건 항소심 재판을 맡 은 차문호 재판장을 교체했다.

429) "조국─사법 남용 재판부 유임…판사들 위헌적 특별재판부" 〈동아일보〉 2021.02.19.

430) 박재현, "총선 결과에 따라 재판 내용도 달라질 수 있다" 〈중앙일보〉 2020.04.10.

431) "文 정권 비리 2년 10개월 만에야 첫 구형, 이게 법치국가인가" 〈조선일보〉 2022.11.12.

432) 윤평중, "조국(曺國)이냐, 조국(祖國)이냐" 〈조선일보〉 2020.04.10.

433) "청와대는 15일 조국 전 법무부 장관에 대한 검찰 수사의 인권 침해 여부를 조사해달라는 국민 청원을 국가인권위원회에 보낸 것은 실수였다고 밝혔다. 청와대 고위관계자는 기자들에게 확 정되지 않은 공문이 실수로 1월 9일 인권위로 간 사실을 확인하고 공문을 폐기했다고 밝혔다. 청와대가 인권위의 독립성 침해 논란은 물론이고 국민 청원 제도의 신뢰성을 훼손하는 실수를 저질렀다니, 어처구니가 없다. 국정 운영의 사령탑인 대통령실이 이렇게 한심하게 일을 처리 할 수 있는 건지 의아스럽다. 먼저 청와대가 조 전 장관 수사의 인권 침해 여부를 조사해달라 는 청원을 인권위 송부 사안으로 판단하고 협조 공문을 보낸 것부터가 잘못된 판단임을 지적 하지 않을 수 없다. 국가인권위원회법은 인권위원회는 그 권한에 속하는 업무를 독립해 수행 한다며 누구의 간섭이나 지휘를 받지 않고 독자 업무를 수행하는 국가인권기구라고 명시하고 있다. 청와대가 검찰 수사를 조사해달라는 청원을 인권위에 검토 요청한 것 자체가 인권위에 대한 간섭으로 보일 여지가 크다. 또한 인권위를 통해 검찰 수사를 압박하려는 의도로 읽힐 수 있다는 걸 사전에 인식하고, 이를 걸러냈어야 마땅한 일이다. 그런데도 강정수 청와대 디지털 소통센터장은 13일 청원 답변에서 인권위는 국민 청원 내용이 인권 침해에 관한 사안으로 판단 되면 조사에 착수할 수 있다고 전해왔다고 밝혔다. 청와대는 실수라고 말하지만, 조국 전 장관

에 대한 온정주의와 열성 지지층을 의식한 지나친 행동이란 지적을 피하긴 어렵다. 당장 인권 운동사랑방 등 15개 인권단체가 청와대는 사법부나 입법부의 권한과 관련한 청원에 대해선 답변할 사항이 아니라는 태도를 견지했는데, 이번엔 비서실장 명의 공문을 발송하며 단순 전달이 아닌 지시로 보이게끔 했다고 비판한 대목에 귀를 기울여야 한다. 이번 일은 비록 작은 건일 수 있으나 청와대 스스로 엄정하고 객관적으로 사안을 보는 균형 감각이 무뎌진 게 아닌지, 적절한 내부 제어 장치가 실종된 게 아닌지 돌아보는 계기가 되길 바란다. 국민에게 사과하고, 다시는 이런 일이 되풀이되지 않도록 해야 한다." 한겨레 사설, "청와대, 조국 청원 인권위 송부, 실수로 넘길 일 아니다"〈한겨레〉2020.01.15.

434) 〈한국일보〉2020.01.14.

435) 〈한국일보〉2020.01.14.

436) 진중권, 진중권 페이스북, 2020.02.06.

437) "시민을위하여에 광우병·조국의 그림자"〈조선일보〉2020.03.19.

438) "문 대통령, 최강욱 열린민주당 당대표에 축하 전화, 권력기관 개혁 위해"〈경향신문〉2020.05.14.

439) "현직 부장판사 文 대통령 지지 철회…하야하라 개글 파문"〈중앙일보〉2020.02.19.

440) 허민, "이러다 조국 대통령 되겠다"〈문화일보〉2020.04.02.

441) 전영기, "2020년 총선 승자는 누구인가(5)"〈중앙일보〉2020.04.13.

442) 2020년 12월 23일 우리 사회를 뒤흔들며 진영 대결로까지 번졌던 조국 가족 비리 사건 수사와 관련 법원은 조국 전 법무부 장관의 부인 정경심 동양대 교수에게 징역 4년의 중형을 선고했다. 이는 윤석열 검찰의 판정승으로 요약될 수 있었다. 왜냐하면 조국 가족에 대한 검찰 수사의 정당성을 인정한 셈이기 때문이었다. 〈한국일보〉는 "특히 이 사건 수사를 진두지휘했던 윤석열 검찰총장으로선 안도의 한숨을 내쉬게 됐다. 살아 있는 권력에 대한 성역 없는 수사 또는 검찰 개혁에 저항하기 위한 과잉·표적 수사라는 상반된 평가가 나오면서, 그 책임도 오롯이 윤 총장의 몫이 되었던 탓이다. 최근 정직 2개월 처분을 받은 윤 총장의 징계 사유에 조국 수사가 포함된 건 아니었으나, 현 정권이 윤 총장에 등을 돌리게 된 결정적 계기가 이 사건이었다는 점에선 더 더욱 그렇다."라고 주장했다. "과잉·표적 수사 논란 불렸던 조국 수사, 윤석열의 정당성 인정받나"〈한국일보〉2020.12.24. 입시 비리와 사모 펀드 관련 혐의로 재판을 받아온 조국의 부인 정경심 동양대 교수가 항소심 재판(2021년 8월)과 대법원(2022년 1월)에서도 1심과 같은 징역 4년을 선고받았다. 입시 비리 관련 혐의는 모두 유죄로 인정되었다.

443) "조국, 1심서 징역 2년 실형"〈조선일보〉2023.02.03.

444) 오병상, "조국 유죄로 무색해진 백만촛불"〈중앙일보〉2023.02.04.

445) 진중권, 진중권 페이스북, 2019.12.27.

446) 이기홍, "이렇게 일방적으로 독주한 정권은 없었다"〈동아일보〉2019.12.27.

447) 한국대통령평가위원회·한국대통령학연구소, 〈한국의 역대 대통령 평가〉조선일보사, 2002: 58.

448) "안철수, 구국의 간절함에 출마…5년 전 尹 1순위 영입하려 했다"〈중앙일보〉2021.01.06.

449) 이와 관련 박제균은 "적폐 청산에 집착하는 것은 조급증의 발로는 아닐까. 윗사람(문재인)의 집착은 아랫사람에게 엄청난 압력으로 작용하고, 때론 오버로 나타난다. 급기야 문(재인) 대통령의 잘 드는 칼 윤석열 서울중앙지검장의 입에서 이명박(MB) 전 대통령 실소유주 논란이 있는 자동차부품업체 다스의 실제 소유주가 누군지 확인하겠다는 말까지 나왔다. 지난 대선도 아니고 지지난 대선, 10년 전 쟁점까지 까뒤집겠다는 건 아무리 좋게 봐주려 해도 정치 보복 이외의 다른 표현을 찾을 수 없다. 다시 말해 현 여권 내에 윤석열의 오버를 제어할 만한 정치의 순기능이 작동하지 않는다는 뜻이다. MB 청와대와 국정원의 여론 조작은 수사하되, 그 종착역을 MB 욕보이기로 정해 놓고 몰아가선 안 된다."라고 주장했다. 박제균, "칼은 찌르되 비틀지 말라" 〈동아일보〉 2017.10.30.

450) "양정철의 막후 정치, 꼬리 밟혔다" 〈굿모닝 충청〉 2023.12.14.

451) "양정철의 막후 정치, 꼬리 밟혔다" 〈굿모닝 충청〉 2023.12.14.

452) "청와대 향하는 원전 수사…정권 말 핵폭탄 되나" 〈동아일보〉 2021.01.06.

453) 임철순, "문 대통령은 왜 말이 없나" 〈자유칼럼그룹〉 2020.02.12.

454) 안철수, "윤석열, 끝까지 지키고 응원해…檢 목 비틀어도 진실 드러나" 〈서울신문〉 2020.01.24.

455) 윤석열, "프랑스혁명 말하며 살아 있는 권력 수사가 진짜 검찰 개혁" 〈연합뉴스〉 2020.11.03.

456) 오병상, "오병상의 코멘터리" 〈중앙일보〉 2022.3.14.

457) "조국은 거부했는데…임종석의 포토라인 전략" 〈뉴스 1〉 2020.01.30.

458) 2020년 1월 23일 검찰 인사에서 대검 선거수사지원과장으로 임명된 최창민(사법연수원 32기) 의정부지검 공공수사부장의 경우, 그 아내가 현직 청와대 행정관이라는 사실이 알려지면서 법조계에서는 윤 총장의 턱밑에 감시병을 붙여놨다는 말이 나왔다. 일각에서는 이 인사가 청와대의 울산시장 선거 개입 사건 처리에도 영향을 미칠 것이라고 우려했다. "尹의 참모 유임 요청 묵살, 정권 수사 윤석열 사단 16명 공중분해" 〈조선일보〉 2020.01.25.

459) 공직선거법 제57조 5항 당원 등 매수 금지와 제57조 6항의 공무원 등의 당내 경선 운동 금지는 누구든지 당내 경선에서 후보자가 되지 아니하게 할 목적으로 공사의 직을 제공하거나 그 제공의 의사를 표시할 수 없다. 공무원은 그 지위를 이용해 당내 경선 운동을 할 수 없다. 이와 관련 공직 제공은 단지 의사를 표시하는 것만으로도 죄가 되며 5년 이하의 징역이나 3,000만 원 이하의 벌금형에 처한다.

460) "검찰, 울산시장 선거개입 송철호 징역 6년 구형" 〈한겨레〉 2023.09.12.

461) 박재현, "윤석열의 칼, 청와대 안방까지 겨냥하나" 〈중앙일보〉 2019.12.16.

462) 임민혁, "총영사" 〈조선일보〉 2019.12.20.

463) 이상언 "윤석열은 왜 정권과 맞서게 됐나?" 〈월간중앙〉 2020년 1월호.

464) 진중권, 진중권 페이스북, 2020.01.29.

465) "임종석, 내일 오전 검찰 출석…윤석열 수사, 정치적 짜맞추기" 〈연합뉴스〉 2020.01.29.

466) "윤석열 퇴장 뒤 文 따로 찾은 김오수…그날 靑·檢은 갈라섰다" 〈중앙일보〉 2019.12.06.

467) 이상언 "윤석열은 왜 정권과 맞서게 됐나?"〈월간중앙〉 2020년 1월호.

468) 전영기, "윤석열의 문 대통령 조사 불가피해"〈중앙일보〉 2019.12.23.

469) "조국,송철호 선대본부장·후원회장 맡아"〈동아일보〉 2019.11.28.

470) 박정훈, "딱 2번 나오는 대통령…감사원이 남긴 다잉 메시지"〈조선일보〉 2020.11.13.

471) "국회 패스트트랙 폭력 늑장·편파 기소한 검찰"〈한겨레〉 2020.01.03.

472) "검, 나경원 자녀 특혜 의혹 등 13건 모두 불기소 처분"〈매일경제〉 2020.12.25.

473) 〈경향신문〉은 이에 덧붙여 "윤 총장은 내가 악역을 한다고도 말했다고 한다. 검찰은 패스트트
랙 수사에 연내 처리를 목표로 속도를 내고 있다. 늦어도 총선 국면이 본격화하기 전에는 마무
리하기로 했다. 검찰 내부에선 패스트트랙 사건 처리를 미룰 생각이었다면 지난 9월 경찰에 사
건을 송치하라고 하지 않았을 것이라는 말도 나왔다. 패스트트랙 담당 검사 일부가 대상포진
진단을 받을 정도로 강행군을 하고 있다고 한다. 검찰은 100명에 가까운 현역 국회의원을 상
대로 하는 수사인데다 한국당이나 개개인의 저항이 심하다보니 차질을 빚는 것뿐이라고 했다.
문재인 정부 출범 후 이명박·박근혜 정부 인사들에 대한 적폐 청산 수사와 기소를 법과 원칙대
로 했고, 그 기조대로 하명 수사 의혹, 감찰 중단 의혹 수사를 이어갈 뿐인데 여권이 부당하고
과하게 검찰 수사를 문제 삼는다는 시각이 검찰 내에 깔린 것으로 보인다. 청와대 하명 수사
의혹과 논란은 경찰 수사로 불거진 측면이 큰데, 그 후폭풍을 검찰이 감당할 수밖에 없는 처지
에 놓였다는 취지의 불만이다."라고 주장했다. "윤석열, 충심 그대로…정부 성공 위해 악역"〈
경향신문〉 2019.12.06.

474) "윤석열 퇴장 뒤 文 따로 찾은 김오수…그날 靑·檢은 갈라섰다"〈중앙일보〉 2019.12.06.

475) "추 장관의 막무가내 수사 방해, 어디까지 갈 건가"〈조선일보〉 2020.02.13.

476) "기생충이 코로나 밀어냈는데…총선 악재 된 추미애의 입"〈중앙일보〉 2020.02.13.

477) "檢 총장 허수아비 만들어…민심도 이미 떠났다"〈중앙일보〉 2020.01.09.

478) "검찰 빅4 모두 호남 출신…秋 법무 가장 균형 있는 인사"〈조선일보〉 2020.01.10.

479) "기생충이 코로나 밀어냈는데…총선 악재 된 추미애의 입"〈중앙일보〉 2020.02.13.

480) 류혁 전 지청장은 삼성에서 근무한 뒤 1994년 제36회 사법시험에 합격해 서울지검 검사로 검
사 생활을 시작했다. 2005년 사직해 삼성으로 돌아가 삼성전자 법무팀 상무보로 근무하다가
이듬해 다시 검찰로 돌아왔다. 이후 통영지청장 등을 지낸 뒤 2018년 사직했다.

481) "법무부, 전직 삼성 변호사 핵심 요직 검찰국장 시키려다 무산…검찰 인사위가 제동"〈조선일
보〉 2020.01.08.

482) 류혁은 2020년 7월 3일 법무부 감찰관 자리에 임명되었고 검·언유착 의혹에 연루돼 법무연수
원 연구위원으로 전보 조치된 한동훈 검사장에 대한 감찰을 직접 지휘했다.

483) "윤석열 사단 무리하게 중용했다가…6개월만의 인사"〈한겨레〉 2020.01.09.

484) "現정권 수사팀 해체 쐐기 박는다. 검찰 직제 개편안 조만간 발표"〈조선일보〉 2020.01.12.

485) 그러면서 추미애는 '자신이 검찰 인사를 짜지 않아서 인사안이 없다. 이번 인사안은 청와대 민
정수석실에서 다 했다. 그쪽으로 알아보라.'고 말했다. 그래서 윤석열은 1월 7일 밤 민정수석실

로 전화해서 인사안을 요청했다. 민정수석실에서는 '그렇게 말하는 바보 장관이 어디 있냐.'고 욕하면서 난리가 났다.

486) "文 대통령, 윤석열 국민이 신뢰…檢 개혁 앞장서면 더 신뢰받을 것" 〈연합뉴스〉 2020.01.14.

487) "김경한 전 법무장관, 윤석열의 요구 초법적 아닌 합법적" 〈중앙일보〉 2020.01.17.

488) 진중권, 〈조선일보〉 2020.01.10.

489) "최강욱 기소案, 중앙지검장에 막혔다" 〈조선일보〉 2020.01.22.

490) "추미애 검찰 인사만으론 부족 판단. 직접수사 제동 2탄 속전속결" 〈한국일보〉 2020.01.11.

491) "윤석열 손발 자르고 팔다리 묶기까지, 崔 지은 죄 얼마나 크길래" 〈조선일보〉 2020.01.22.

492) "추미애·조국 도운 4명 요직 기용…상갓집 항의 양석조는 좌천" 〈중앙일보〉 2020.01.24.

493) 김순덕, "독재는 어떻게 무너지는가" 〈동아일보〉 2020.01.09.

494) 고대훈, "검사가 나쁜 놈 잡는데 그게 무슨 정치냐" 〈중앙일보〉 2019.12.13.

495) 이상언, "이제 윤석열 하나 남았다" 〈중앙일보〉 2020.01.02.

496) "중앙지검장이 지키려 한 최강욱 靑 비서관. 윤석열 총장이 직접 재판에 넘겼다" 〈조선일보〉 2020.01.23.

497) 법무부는 지검장이 그 검찰청 사무를 맡아 처리하고 소속 공무원을 지휘·감독한다는 검찰청법 규정도 제시했다. 서울중앙지검 내에서만 보면 송 차장검사 등이 검찰청법과 위임전결규정을 어기고 검사징계법상 직무상 의무를 위반했다고 볼 소지가 있다. 그러나 검찰청법은 검찰총장의 권한에 대해 검찰사무를 총괄하고 검찰청 공무원을 지휘·감독한다고도 규정했다. 대검찰청은 이 규정을 토대로 검찰총장의 권한과 책무에 근거해 기소가 적법하게 이뤄졌다는 입장을 냈다. "법무부 조국 수사팀 감찰 방침, 추미애-윤석열 다시 정면충돌" 〈연합뉴스〉 2020.01.24.

498) "靑 선거 개입 사건 중간 수사보고, 윤석열·이성윤 또 충돌?" 〈조선일보〉 2020.01.29.

499) "모든 과정 공개. 버티던 靑 인사들, 검찰 출석 이유는" 〈머니투데이〉 2020.01.29.

500) "靑 선거 개입 사건 중간 수사보고, 윤석열·이성윤 또 충돌?" 〈조선일보〉 2020.01.29.

501) "윤석열, 친문핵심 기소 강행 의지…추미애 기소前 내외부 논의 거쳐야" 〈동아일보〉 2020.01.29.

502) "선거 개입 기소 보고한 날 안팎 의견 수렴하라는 법무부… 총장 결단 막겠단 것" 〈조선일보〉 2020.01.29. 2023년 11월 이진석의 공직선거법 위반 혐의는 1심 재판에서 무죄를 선고받았다.

503) "靑 선거 개입 의혹 백원우·송철호·황운하 등 기소" 〈중앙일보〉 2020.01.29.

504) "울산시장 선거 靑 비서관 개입 확인 수사팀 보고서. 이성윤이 뭉겼다" 〈조선일보〉 2020.11.11.

505) "박형철, 심각한 위법임을 알았지만 백원우의 요구라 거절하지 못했다" 〈조선일보〉 2020.02.10.

506) "박형철, 심각한 위법임을 알았지만 백원우의 요구라 거절하지 못했다" 〈조선일보〉 2020.02.10.

507) "임종석 검찰이 정치 개입…檢 내부 사건 덮으면 우리가 감방행" 〈동아일보〉 2020.01.30.

508) "울산 선거 공작 靑 측근 13명 기소, 文 주도 여부만 남았다" 〈조선일보〉 2020.01.30.

509) 진중권, 진중권 페이스북, 2020.02.04.

510) "文 검찰 수사 받겠다 나서지 않으면 범죄 혐의 인정하는 것" 〈조선일보〉 2020.02.07.

511) 김창균, "이낙연 정권, 박원순 정권 만들면 무사할 것 같은가" 〈조선일보〉 2020.01.30.

512) "檢, 임종석·조국·이광철 불기소하며 범행 가담 의심"〈연합뉴스〉2021.04.13.

513) "靑 선거 개입 무혐의 임종석, 이진석은 결백, 책임 당사자는 尹"〈중앙일보〉2021.04.10.

514) "황운하, 尹, 청와대 공격 빠져…김기현 형제 토착비리 덮었다"〈중앙일보〉2021.04.10.

515) "다음 정부 누가 되든 靑 선거 공작 전면 재수사해야"〈조선일보〉2021.04.10.

516) "재판부, 송철호 측 이의제기에 경고…靑 선거 개입 재판 달라졌다"〈조선일보〉2021.11.16.

517) "문 청와대, 울산시장 선거 조직적 개입"〈조선일보〉2023.11.30.

518) "조국·임종석 울산시장 선거개입 의혹 재수사 한다"〈중앙일보〉2024.01.19.

519) "조국 민정실 두 실세 백원우·박형철, 하루에만 두 차례 기소"〈조선일보〉2020.01.30.

520) "조국 민정실 두 실세 백원우·박형철, 하루에만 두 차례 기소"〈조선일보〉2020.01.30.

521) "총선 뒤 4,200만원 뇌물 실세 풀어준 법원, 법치의 위기다"〈조선일보〉2020.05.23.

522) "조국, 1심서 징역 2년 실형"〈조선일보〉2023.02.03.

523) "문 대통령 검찰, 과거 잘못 스스로 못 고쳐…공수처 매우 의미"〈연합뉴스〉2020.01.31.

524) 박재현, "청와대 민정수석의 직무유기"〈중앙일보〉2020.02.14.

525) 박성민, "이제 중도 진보가 묻는다, 왜 부끄러움이 우리 몫이어야 하는가?"〈경향신문〉2020.02.01.

526) 김이택, "검찰 수사, 이대로 총선까지 갈 운세?"〈한겨레〉2020.01.28.

527) "추미애 박수 조국 페북에…진중권 또 등장, 본인 작품 과시"〈중앙일보〉2020.02.14.

528) "추미애 박수 조국 페북에…진중권 또 등장, 본인 작품 과시"〈중앙일보〉2020.02.14.

529) 이철호, "윤석열이 맞고 추미애가 틀리다"〈중앙일보〉2020.02.18.

530) "추미애 박수 조국 페북에…진중권 또 등장, 본인 작품 과시"〈중앙일보〉2020.02.14.

531) "추미애 신천지 강제수사…중대본 방역도움 안 된다"〈중앙일보〉2020.03.02.

532) 경기도와 대구시가 자신들이 신천지로부터 제출받은 명단(교회 등록자 기준)과 질본이 제출받은 명단(주소지 기준)에 차이가 있다고 한 데 대해, 방역 당국은 검증 결과 차이가 없었다고 설명한 것으로 전해졌다.

533) 법무부는 2월 29일에는 보도자료를 내고 신천지 신도 24만여 명 가운데 작년 7월부터 올 2월 27일까지 중국 우한에 입국한 기록이 있는 신도는 42명(외국인 신도 1명 포함)이라고 밝혔다. 국내에서 코로나 사태가 시작된 것은 올 1월부터였는데 작년 7월부터 집계한 데 대해 법무부는 질본에서 그렇게 자료 요청을 했다고 했다. 본지가 월별 통계를 요청하자 법무부는 개인이 특정될 우려가 있어 공개가 어렵다고 했다. "질본 강제수사는 역효과 의견 낸 날…신천지 압수수색 공개지시한 秋 법무"〈중앙일보〉2020.03.02.

534) "기생충이 코로나 밀어냈는데…총선 악재 된 추미애의 입"〈중앙일보〉2020.02.13.

535) "신천지 강제수사 추미애의 무리수? 중대본 판단은 수사당국 몫 반박"〈한겨레〉2020.03.06.

536) 방역 당국은 신천지가 음지에 숨어들 수 있으니 강제수사에 신중해달라는 의견을 검찰에 전달했지만, 추 장관은 지자체 입장을 들며 강제수사 필요성을 밝혔다. 대검 측에서 중대본에 검사를 별도로 파견해주는 건 어떠냐는 제안도 법무부에 전달했지만 성사되지 않았다. "과천 신천

지 본부 문 열어젖혔다…추미애·윤석열 합작" 〈중앙일보〉 2020.03.06.

537) "과천 신천지 본부 문 열어젖혔다…추미애·윤석열 합작" 〈중앙일보〉 2020.03.06.

538) 이명진, "삼류 법무부" 〈조선일보〉 2020.03.11.

539) "親 조국 세력 심판 윤석열 손보자…2차 조국大戰" 〈조선일보〉 2020.04.03.

540) "윤석열, 채널A-검사장 유착 의혹 서울중앙지검에 수사 지시" 〈한겨레〉 2020.04.18.

541) "추미애, 검찰 개혁, 황우하가 해도 된다" 〈조선일보〉 2020.06.26.

542) "추미애 지휘권 발동에…대검 내일 수사자문단 열지 않겠다" 〈중앙일보〉 2020.07.02.

543) "수사심의위, 검·언 유착 없다 판단" 〈한국일보〉 2020.07.25.

544) "옹졸하고 무능 사직서 낸 문찬석, 추미애에 직격탄 날렸다" 〈중앙일보〉 2020.08.09.

545) "대검, 한동훈 폭행 정진웅 직무 배제 요청…법무부는 묵묵부답" 〈조선일보〉 2020.11.11.

546) 그러나 2022년 11월 대법원은 한동훈에 대한 독직 폭행 혐의로 기소된 정진웅에게 무죄를 확
정했다.

547) 구속됐던 이동재 전 기자는 2021년 7월 1심에서 무죄를 선고받았고 2023년 1월 2심에서도 무
죄를 선고받았다.

548) KBS, 〈여의도 사사건건〉 2020.06.25.

549) "추미애, 윤석열, 장관 지휘 받으면 좋게 지나갈 일을" 〈프레시안〉 2020.06.25.

550) 설훈, "윤석열 물러나라 공개 압박…檢 내부선 부글부글" 〈세계일보〉 2020.06.19.

551) 진중권, "윤석열 내치면 정권 붕괴 서막 열린다" 〈조선일보〉 2020.06.20.

552) 진중권, "윤석열 때린 추미애에 일진이냐…껌 좀 씹으시네" 〈중앙일보〉 2020.06.26.

553) 이후 신성식은 KBS에 한동훈에 대한 허위 사실을 제보·보도해 명예훼손혐의로 기소됐다.
"KBS 오보 거짓 정보 제공, 신성식 혐의 일부 인정" 〈동아일보〉 2022.10.26.; "KBS 오보 연
루의혹, 신성식 검사장 한동욱 명예훼손 혐의로 기소" 〈한겨레〉 2023.01.0 5.

554) "정권 홍위병 검사 승진잔치, 추미애식 법치 파괴 인사" 〈조선일보〉 2020.08.08.

555) 진중권, "검찰 인사 양아치 수준…나라가 기회주의자의 땅" 〈조선일보〉 2020.08.28.

556) 이에 국민의힘은 항고장을 냈고 서울고검은 2022년 6월 이를 기각했다. 그러나 국민의힘은 최
근 재항고했고, 2022년 11월 대검찰청은 서울동부지검에 이 사건에 있어서 추미애 관련 의혹
에 대한 수사가 미진하다고 판단해 재수사를 지시했다. "검찰, 추미애 아들 군 특혜 휴가 의혹
재수사 명령" 〈서울신문〉 2022.11.30.

557) "청문회 때는 문제없다더니 또 윤석열 때린 민주당" 〈한국경제〉 2020.09.21.

558) "청와대, 추미애 수사지휘권 발동은 불가피" 〈한겨레〉 2020.10.21.

559) "尹, 피해자 눈물 닦아 달라…지휘권 발동 30분 만에 일단 수용" 〈중앙일보〉 2020.10.20

560) "라임 사태 김봉현" 〈시사저널〉 2023.03.06.

561) "윤 총장 가족 건은 이미 지휘 회피…검찰총장 밀어내기일까" 〈한겨레〉 2020.10.20.

562) "금감원이 무혐의 처분한 아내 사건도…법무부, 尹 가족 의혹 다 긁어모아 발표" 〈조선일보〉
2020.10.20.

563) "靑, 추미애−윤석열 갈등 질문에 언급하지 않는 게 원칙"〈연합뉴스〉 2020.10.27.

564) "안철수, 文 추미애−윤석열 갈등 즐기나⋯양자택일해야"〈조선일보〉 2020.10.26.

565) 이주영, "추미애·윤석열 갈등과 문 대통령의 침묵"〈경향신문〉 2020.10.26.

566) "김태년, 檢 정부 정책 수사, 입법부 권한 행사하겠다 검찰권 남용"〈연합뉴스〉 2020.11.10.

567) 박용현, "정치 총장과 검찰의 쇠락"〈한겨레〉 2020.11.11.

568) "최재형의 반격⋯월성1호기 폐쇄, 범죄 될 수 있다고 판단"〈조선일보〉 2020.11.11.

569) "판결문 같은 7,000쪽 감사원 原電자료⋯검사도 감탄"〈조선일보〉 2020.11.10.

570) "월성 원전 수사 검찰, 정책 정당성 아닌 집행과정 보는 것"〈조선일보〉 2020.11.16.

571) 박정훈, "딱 2번 나오는 대통령⋯감사원이 남긴 다잉 메시지"〈조선일보〉 2020.11.13.

572) "박범계·尹 조율사, 靑 민정수석 돌연 사의"〈중앙일보〉 2021.02.16; 그러나 월성 원전 1호기 관련자료를 삭제해 감사원 감사를 방해한 혐의도 1심에서 징역형을 받은 산업부 공무원들이 항소심에서 전원 무죄를 선고받았다. "월성원전 자료 삭제 산업부 공무원 3명, 항소심서 모두 무죄"〈국민일보〉 2024.01.09.

573) "박범계·尹 조율사, 靑 민정수석 돌연 사의"〈중앙일보〉 2021.02.16.

574) "김병기 더불어민주당 의원 친문계 의원들, 물먹은 尹검사 발탁했더니⋯촛불 들어야"〈매일경제〉 2020.12.26.

575) 이재호, "윤석열 대선주자 2위? 꿈 깨라 보수! 野! 정치 중립이 생명이란 그의 생명 빼앗을 참인가"〈아주경제〉 2020.02.11.

576) "손 떼라, 축출 작전, 우리 윤 총장 어쩌다 감찰 대상 됐나"〈중앙일보〉 2020.11.21.

577) "윤석열, 한 점 부끄럼 없다, 위법한 처분에 법적 대응"〈조선일보〉 2020.11.25.

578) "두 마리 토끼 노린 秋의 尹 직무정지 카드"〈조선일보〉 2020.11.25.

579) 오병상, "대통령의 선공후사, 윤석열 해임 예고"〈중앙일보〉 2020.11.30.

580) "秋 믿는 도끼 조남관까지 윤석열 총장 직무정지 취소를"〈중앙일보〉 2020.12.01

581) 이와 관련〈헤럴드경제〉는 "김명수 대법원장의 최측근인 민중기 전 서울중앙지법원장이 2020년 11월 재직 당시 형사 합의부 판사들(김병수 형사수석부장판사를 포함해 조국 전 장관과 청와대의 울산시장 선거 개입 사건 재판장이었던 김미리 부장판사, 정경심 전 교수 사건과 환경부 블랙리스트 사건을 심리 중이었던 형사 25부 김선희·임정엽·권성수 부장판사, 사법농단 사건들을 맡았던 윤종섭 부장판사와 유영근 부장판사 등 총 10명)을 불러 모아 이른바 판사 사찰 문건과 관련해 윤석열 당시 검찰총장을 비판하는 의견을 낼 것을 요구했던 사실이 확인됐다. 서울행정법원에서 윤 전 총장의 집행정지 심문기일을 열기 불과 3일 전이었고, 더불어민주당 김남국 의원이 '판사들이 움직여줘야 한다.'고 누군가와 통화했다는 의혹이 불거진 바로 다음날 법원장이 개별 재판부에 사실상 집단행동을 권했다."라고 보도했다. "김명수 최측근 법원장, 조국·정경심 재판부에 윤석열 비판 요구"〈헤럴드경제〉 2022.04.04.

582) "尹 복귀하자마자 업무부터 챙겼다. 원전 수사 등 내일 검토"〈중앙일보〉 2020.12.02.

583) 한편 2021년 12월 행정소송 1심 법원은 이러한 직무정지 처분이 부당하다며 윤석열이 낸 직

무집행정지처분 취소소송을 각하했다. 법원은 윤석열이 검찰총장에서 물러나 직무정지를 다툴 소의 이익이 없다고 판단했다. "법원, 윤석열 검찰총장 직무정지 취소소송 각하" 〈news1〉 2021.12.10. 한편 2022년 4월 윤석열은 1심 재판 결과에 불복해 낸 소송을 항소심에서 취하했다. 아마도 이미 윤석열이 대통령 당선인으로서 검찰총장 신분이 아니고 직에 복귀할 수 없게 된 만큼 소송을 계속 진행할 이유가 없다는 취지로 풀이되었다.

584) "검찰 아닌 국민을 향한 입…돌아온 윤석열, 거침없었다" 〈한겨레〉 2020.12.02.

585) "文 대통령, 秋·尹 사태 첫 사과, 개혁 위한 마지막 진통되길" 〈연합뉴스〉 2020.12.07.

586) 오병상, "대통령의 사과…울림이 없다" 〈중앙일보〉 2020.12.08.

587) "대통령 측근 비리 막자더니, 文 공수처, 민주적 檢 통제장치" 〈중앙일보〉 2020.12.16.

588) "정한중, 법관 사찰 등 4개 혐의 인정…과반 될 때까지 토론" 〈연합뉴스〉 2020.12.16.

589) "징계위 열린 날, 윤석열 최악의 환갑날" 〈조선일보〉 2020.12.16.

590) "윤석열, 불법 부당한 조치로 임기제 총장 내쫓으려 해" 〈연합뉴스〉 2020.12.16.

591) "정직에도 무소의 뿔처럼…尹 코로나로 서민 우려 특별지시" 〈중앙일보〉 2020.12.16.

592) "추미애, 문재인 대통령이 장관에서 물러나달라고 했다" 〈오마이뉴스〉 2023.06.29.

593) "추미애, 이번엔 이낙연 저격…재보궐 선거로 퇴장 요구" 〈대전일보〉 2023.07.04.

594) 윤석열, "추미애와 동반사퇴 다양한 압박, 문 대통령 뜻이었다고 봐야겠죠" 〈경향신문〉 2021.07.09.

595) "秋·尹 동반사퇴론" 〈중앙일보〉 2020.12.01.

596) "추미애 사의 표명…文, 결단 높이 평가, 숙고하겠다" 〈중앙일보〉 2020.12.16.

597) "윤석열 앞에 놓인 3가지 시나리오" 〈한겨레〉 2020.12.19.

598) 이훈범, "조폭정치에 짓밟힌 민주주의" 〈중앙일보〉 2020.12.19.

599) "윤석열 측, 文 대통령에 대한 소송 맞다. 靑 연루 수사도 거론" 〈중앙일보〉 2020.12.17.

600) "文, 윤석열 판결 앞두고 대법원장 초청…부적절한 만남" 〈조선일보〉 2020.12.23.

601) "윤석열 25일 총장 직무 복귀…법원, 사실상 징계 취소" 〈한겨레〉 2020.12.25.

602) 2021년 10월 서울행정법원은 윤석열이 법무부 장관을 상대로 낸 징계처분 취소 청구 소송에서 원고 패소로 판결했다. 재판부는 윤석열의 징계 사유 4건 가운데 주요 사건 재판부 사찰 의혹 문건 작성 및 배포, 〈채널에이(A)〉 사건 관련 감찰 방해, 〈채널에이(A)〉 사건 관련 수사 방해 등 3가지 사유가 정당하다고 판단했다. 다만, 정치적 중립 의무 위반은 징계 사유가 될 수 없다고 판단했다. 재판부는 주요 사건 재판부 사찰 의혹 문건 작성 및 배포 사유에 대해 '윤(석열) 전 총장 지시에 따라 대검 수사정보정책관실에서 작성한 재판부 분석 문건에는 개인정보 보호법을 위반해 수집된 개인정보들이 다수 포함돼 있다'고 지적했다. 또한 '이 문건을 보고받고도 수집된 개인정보들을 삭제·수정하도록 조치하지 않고 오히려 이를 대검 반부패부 및 공공수사부에 전달하도록 지시한 것은 국가공무원법, 검찰청 공무원 행동강령을 위반한 것으로 검사징계법에 따른 징계사유에 해당한다'고 판단했다. 아울러 이른바 '검·언 유착' 의혹 사건인 〈채널에이〉 사건 감찰 및 수사 방해를 두고서도 윤 전 총장이 적법하게 개시된 (대검 감찰부

의) 이 사건 감찰을 중단시키고 대검 인권부에 진상조사를 지시한 점, 최측근으로 꼽히는 한동훈 검사장이 연루돼 이 사건 수사지휘권을 대검 부장 회의에 위임하고도 전문수사자문단 소집을 지시한 점이 징계 사유에 해당한다고 보았다. 재판부는 특히 윤석열에 대한 징계 사유를 종합하면 정직 2개월 징계가 가볍다고 판단했다. "법원, 윤석열 면직도 가능, 정직 2개월 징계도 가벼웠다"〈한겨레〉 2021.10.14. 한편 윤석열은 '황당한 판결'이라며 항소했다. 그러나 2023년 12월 항소심 재판부는 윤석열 대통령이 검찰총장 시절 받은 정직 2개월 징계를 취소해야 한다고 판단했다. 재판부는 당시 추미애 장관이 절차에 관여한 점이 검사징계법상 제척 규정과 적법 절차의 원칙에 어긋나 위법하다고 판단했다. "윤석열 검찰총장 정직 징계 취소, 법원 추미애 위헌 개입"〈연합뉴스〉 2023.12.19. 이후 법무부는 대법원에 상고를 포기했다.

603) "문 대통령, 윤 총장 직무 복귀에 법원 결정 존중…혼란 사과"〈한겨레〉 2020.12.15.

604) "文, 참모들 만류에도 사과…검찰엔 선 넘지 말라 메시지"〈조선일보〉 2020.12.26.

605) "윤석열·최재형 감싼 文…여당에 경고? 윤·최에 대한 경고?"〈중앙일보〉 2021.01.19.

606) "대권주자 적합도…이재명 26.7%, 윤석열 21.5%, 이낙연 15.6%"〈연합뉴스〉 2021.01.01.

607) 송영길,〈송영길의 선전포고〉시월, 2023: 139.

608) 신승근, "대통령은 관전자가 아니다"〈한겨레〉 2021.01.20.

609) "박범계도 윤석열 패싱, 인사안도 안 주고 휴일 기습 발표"〈조선일보〉 2020.02.08.

610) "검찰 인사 패싱에 불만, 靑 민정수석 사표 던졌다"〈중앙일보〉 2021.02.17.

611) "신현수, 생각했던 것과 달라 힘들다…살면서 박범계 볼일 없어"〈동아일보〉 2021.02.20.

612) 조강수, "대통령이 신현수 사태에 침묵하는 이유"〈중앙일보〉 2021.02.25.

613) "靑, 백운규 영장 못막았다…신현수 인사 패싱 모욕"〈중앙일보〉 2021.02.17.

614) 김순덕, "민정수석 폭탄 투척 사건"〈동아일보〉 2021.02.20.

615) "文의 20년 동지 신현수도 못 넘은 조국의 벽"〈조선일보〉 2021.02.20.

616) "백운규 영장 치면 끝장 靑, 윤석열 회유했었다"〈조선일보〉 2021.07.07.

617) "신현수 사태 파국 피했지만…尹 남은 5개월 곳곳에 암초"〈뉴스1〉 2021.02.23.

618) "정권 방탄 거부한 민정수석에게 벌어지는 일"〈조선일보〉 2021.02.27.

619) 박제균, "윤석열 對 선거귀신"〈동아일보〉 2021.03.08.

620) "법무부, 검사는 앞으로 공소관 역할…尹과 정면충돌"〈중앙일보〉 2021.03.03.

621) "檢 수사권 박탈은 법치 말살, 민주주의 퇴보"〈국민일보〉 2021.03.02.

622) "윤석열, 여권 맞서 대국민여론전…정치적 파장 커지나"〈뉴시스1〉 2021.03.03.

623) "정세균 해임 건의"〈한국경제〉 2021.03.03.

624) 박제균, "윤석열 對 선거귀신"〈동아일보〉 2021.03.08.

625) 박제균, "윤석열 對 선거귀신"〈동아일보〉 2021.03.08.

626) 윤석열, "추미애와 동반사퇴 다양한 압박, 문 대통령 뜻이었다고 봐야겠죠"〈경향신문〉 2021.07.09.

627) "국민 지킬 것…대선 1년 앞 윤석열, 링 앞에 서다"〈중앙일보〉 2021.03.05.

628) "조국, 윤석열, 진보정권 표적수사하다 대권 후보 부각된 뒤 사직" 〈조선일보〉 2021.03.05.

629) "윤석열 출마 방지법에 법무부 취지 공감" 〈동아일보〉 2021.02.25.

630) 박제균, "윤석열 對 선거귀신" 〈동아일보〉 2021.03.08.

631) "조국, 윤석열, 진보정권 표적수사하다 대권 후보 부각된 뒤 사직" 〈조선일보〉 2021.03.05.

632) "집단 반발 검사들, 검찰 개혁은 정권 비리 수사 막으려는 사기" 〈조선일보〉 2020.10.31.

633) "검찰 개혁, 검찰 길들이기로 변질 52%, 제대로 진행 중 32%" 〈NEWS 1〉 2020.08.10.

634) "검찰 개혁 취지 옳았지만 추진절차·방법 무리" 〈한겨레〉 2021.01.01.

635) 한상진·조성식·심인보·최윤원, 〈윤석열과 검찰 개혁〉 뉴스타파, 2021: 365.

636) "원조 친노 유인태, 쪼다들의 국회 독주, 그게 與 지지율 악재" 〈중앙일보〉 2020.08.21.

637) 이재호, "윤석열 대선주자 2위? 꿈 깨라 보수! 野! 정치 중립이 생명이란 그의 생명 빼앗을 참
인가" 〈아주경제〉 2020.02.11.

638) 윤석열, 대검찰청 국정감사, 2020.10.23.

639) 윤석열, 검찰총장 사퇴사, 2021.03.04.

640) "친문 검사들 사건 조작 일제히 윤석열 흔들기…與 지도부는 방관" 〈조선일보〉 2020.04.18.

641) 조강수, "장모와 사위 사건 제대로 읽기" 〈중앙일보〉 2020.03.31.

642) 이철호, "윤석열이 맞고 추미애가 틀리다" 〈중앙일보〉 2020.02.18.

643) 이춘재, "거취 논란 윤석열을 다루는 최선의 방법" 〈한겨레〉 2020.04.18.

644) 윤평중, "윤석열 죽이기" 〈조선일보〉 2020.07.03.

645) 곽승한, "윤석열은 왜 경계인이 되었나…진영 사회를 깨다" 〈주간조선〉 2019.12.23.

646) 고대훈, "윤석열 대망론의 조력자들" 〈중앙일보〉 2020.02.07.

647) 한상진·조성식·심인보·최윤원, 〈윤석열과 검찰 개혁〉 뉴스타파, 2021: 344.

648) 이기홍, "간절한 정권 교체 열망이 만들어낸 집단창작품" 〈동아일보〉 2021.06.11.

649) 김원철, "최근 윤석열이 변했다…그는 대통령이 될 수 있을까" 〈한겨레〉 2020.11.07.

650) 성한용, "정치인에게 여론조사는 하느님인가?" 〈한겨레〉 2021.02.06.

651) 백기철, "윤석열이 답해야 할 것들" 〈한겨레〉 2021.03.16.

652) 이중근, "별의 순간, 그리고 윤석열의 다음 선택" 〈경향신문〉 2012.03.10.

653) "현직 검사, 윤석열의 정치 참여는 검찰 중립에 모순…첫 실명 비판" 〈서울신문〉 2021.04.01.

654) "尹정부 탄생 8할은 문정부 책임" 〈중앙일보〉 2023.10.20; 송영길, 〈송영길의 선전포고〉, 시
월, 2023: 7.

655) "文, 尹 당선 아이러니…조국 수사 공교로워, 의도 있다 볼 수도" 〈연합뉴스〉 2022.04.26.

656) "이성윤 인터뷰" 〈오마이뉴스〉 2023.11.27.

657) "전 정권 검찰, 대장동·추미애 아들 축소 수사 사실인가" 〈중앙일보〉 2022.12.02.

658) 공지영, 〈해리 2〉 서울: 해냄, 2018: 273.

659) 유발 하라리, 〈21세기를 위한 21가지 제언〉 김영사, 2018: 270.

660) "文, 인간적으로는 선한데…대선 때 지지했던 김덕룡의 일침" 〈중앙일보〉 2020.11.26.

661) 김규항, "조국이 진보? 자본의 단맛 누리는 386이 진보 참칭" 〈중앙일보〉 2020.03.06.

662) 최광숙, "한 번도 경험해보지 못한 전직 대통령" 〈서울신문〉 2023.09.12.

663) 함성득. (2018). "한국 대통령의 성격 분석: '중요한 5특성 판별법'(Big Five Trait Taxonomy)의 발전과 적용" 〈행정논총〉 56(3): 33-67.

664) McAdams D. P. (2016). "The Mind of Donald Trump" 〈The Atlantic〉 (June).

665) 강준만, 〈부족국가 대한민국〉 인물과 사상사, 2021: 213.

666) 오연천, 〈국정 리더의 길〉 울산대 출판부, 2023: 80.

667) 강준만, 〈부족국가 대한민국〉 인물과 사상사, 2021: 213.

668) Fukuyama F. (2006). 〈America at the Crossroads: Democracy, Power, and the Neoconservative Legacy〉, New Haven: Yale University Press.

669) McAdams D. P. (2016). "The Mind of Donald Trump" 〈The Atlantic〉 (June).

670) 오연천, 〈국정리더의 길〉 울산대 출판부, 2023: 133.

671) 강원국, "눈치 보기에 능해선 진정한 리더가 될 수 없다" 〈피렌체의 식탁〉 2020.02.03.

672) 권경애, "민변 변호사 공소장 내용은 명백한 대통령 탄핵 사유" 〈조선일보〉 2020.02.10.

673) "문 대통령, 대통령 끝나면 잊혀진 사람으로 돌아가고 싶어" 〈경향신문〉 2020.01.14.

674) 강천석, "대통령 비서실, 어쩌다 범죄혐의자 집합소 됐나" 〈조선일보〉 2020.01.18.

675) 김창균, "이낙연 정권 박원순 정권 만들면 무사할 것 같은가" 〈조선일보〉 2020.01.30.

676) "문 대통령, 대통령 끝나면 잊혀진 사람으로 돌아가고 싶어" 〈경향신문〉 2020.01.14.

677) 송평인, "일방적인 문재인, 설득하던 노무현" 〈동아일보〉 2017.07.13.

678) Sung Deuk Hahm and Uk Heo. 2020. "President Moon Jae-in at Midterm: What Affects Public Support for Moon Jae-in?" 〈Journal of Asian and African Studies〉 55(8): 1128-1142.

679) "문 대통령이 노 대통령보다 고집 훨씬 세다" 〈경향신문〉 2019.05.19.

680) 최상연, "청와대 소통이 2% 부족한 까닭은" 〈중앙일보〉 2018.08.06.

681) 최보식, "文 대통령의 예능 실력에 환호하는 다수 국민에게" 〈조선일보〉 2019.12.20.

682) 김창균, "워터게이트 토요일의 학살, 그때 닉슨을 흉내 내나" 〈조선일보〉 2020.01.02.

683) 진중권, "조국은 어쩌다 노무현이 됐나" 〈한국일보〉 2020.01.30.

684) 강양구·권경애·김경율·서민·진중권, 〈한 번도 경험해보지 못한 나라〉 천년의상상, 2020: 251-252.

685) 박제균, "대통령 아닌 쑈통령으로 기억될 文" 〈동아일보〉 2022.05.02.

686) 강준만, 〈부족국가 대한민국〉 인물과 사상사, 2021: 98.

687) 장기표, "최보식이 만난 사람" 〈조선일보〉 2019.06.03.

688) 김종인, "내가 겪어봐서 안다…문 대통령, 문제가 뭔지 모른다" 〈중앙일보〉 2019.11.29.

689) 이진영, "비겁한 대통령, 만용 부리는 대통령" 〈동아일보〉 2021.11.11.

690) "문 대통령이 노 대통령보다 고집 훨씬 세다" 〈경향신문〉 2019.05.19.

691) 박제균, "바꿀 수 있어야 대통령이다" 〈동아일보〉 2019.04.08.

692) 김수민, "노무현과 달라도 너무 다른 문재인" 〈주간동아〉 2021.09.13.

693) 진중권 "추미애가 윤석열 결단? 머리에 바람 들어갔다" 〈중앙일보〉 2020.07.02.

694) 박성민, "죽이면 죽일수록 살아나는 남자, 윤석열" 〈경향신문〉 2020.07.03.

695) 전진우, "누가 윤석열을 만들었는가" 〈다산포럼〉 1094, 2022.01.11.

696) 문희상, "적폐 청산 1년 내 끝냈어야, 피로한 국민 보복으로 느껴" 〈조선일보〉 2021.04.12.

697) "文에 크게 세 번 뜨악했다…진중권, 與저격수 돌변한 이유" 〈중앙일보〉 2020.08.09.

698) "불출마 당헌 만든 文 또 뒤로 숨어, 부끄러움은 아는가" 〈조선일보〉 2020.11.03.

699) "文 감정 폭발 페북에…與도 너무 나가신 것 아닌가" 〈서울경제〉 2021.03.12.

700) "국민 분노엔 침묵, 자신 의혹엔 좀스럽다는 대통령" 〈조선일보〉 2021.03.15.

701) 김창균, "文이 체통과 맞바꾼 갑옷, 그래서 좀 안심되시나" 〈조선일보〉 2022.05.05.

702) 이현상, "위기의 대통령직" 〈중앙일보〉 2022.05.06.

703) 강원국, "눈치 보기에 능해선 진정한 리더가 될 수 없다" 〈피렌체의 식탁〉 2020.02.03.

704) 강준만, 〈부족국가 대한민국〉 인물과 사상사, 2021: 99.

705) 장기표, "최보식이 만난 사람" 〈조선일보〉 2019.06.03.

706) 문재인 대통령, 2020년 신년기자회견, 2020.01.14.

707) "울먹인 진중권…조국, 어떻게 그렇게 살고 사회주의자 자처하나" 〈중앙일보〉 2020.02.09.

708) 임철순, "문 대통령은 왜 말이 없나" 〈자유칼럼그룹〉 2020.02.12.

709) 강준만, 〈부족국가 대한민국〉 인물과 사상사, 2021: 227.

710) "文에 크게 세 번 뜨악했다…진중권, 與저격수 돌변한 이유" 〈중앙일보〉 2020.08.09.

711) "文, 尹 당선 아이러니…조국 수사 공교로워, 의도 있다 볼 수도" 〈연합뉴스〉 2022.04.26.

712) "문재인, 조국과 소주 한잔 하고파" 〈헤럴드경제〉 2023.05.09.

713) 고현곤, "문 전 대통령의 불편한 처신" 〈중앙일보〉 2023.05.23.

714) 이기홍, "민주주의 시계 거꾸로 돌린 文 정권…국민이 나설 때다" 〈동아일보〉 2022.04.29.

715) 진중권 "조국기 부대, 곧 태극기 부대 길 걸을 것" 〈서울경제〉 2020.01.25.

716) 유재일, "친문은 조폭 패밀리즘…비판하면 물어뜯는다" 〈중앙일보〉 2020.03.06.

717) 강양구·권경애·김경율·서민·진중권, 〈한 번도 경험해보지 못한 나라〉 천년의상상, 2020: 161.

718) 진중권 "이낙연, PK 친문 데릴사위…박지원이 보디가드 하려 해" 〈중앙일보〉 2020.02.13.

719) 윤석만, "하고픈 대로 해"…문빠 일탈 용인한 文, 광신적 팬덤 키웠다" 〈중앙일보〉 2020.02.18.

720) "현직 부장판사 文 대통령 지지 철회…하야하라 공개 글 파문" 〈중앙일보〉 2020.02.19.

721) 데이비드 오언, "데이비드 오언의 경고" 〈포브스코리아〉 2018.07.23.

722) 윤평중, "문재인 정권, 휴브리스가 네메시스를 부르다" 〈조선일보〉 2019.12.06.

723) 백기철, "이게 정말 독재인가" 〈한겨레〉 2020.01.22.

724) 2023년 2월 일본군 위안부 피해 할머니들을 위한 후원금을 빼돌린 혐의 등으로 기소되었던 윤미향 의원은 1심에서 벌금 1,500만 원을 선고받았다. "윤미향, 후원금 일부 횡령 외 모든 혐의 무죄… 벌금 1,500만 원" 〈한겨레〉 2023.02.11. 그러나 윤미향은 2심에서 징역 1년 6개월에 집

행유예 3년을 선고받았다. 업무상횡령인정액이 늘어나고 보조금관리법 위반, 기부금품법 위반 등도 일부 유죄로 인정되었다. "의원직상실형 윤미향에 법원 후원금 지출 공사 구분 못해" 〈한겨레〉 2023.09.20.

725) 이광재는 2011년과 2015년 불법 정치자금을 받은 혐의로 유죄가 인정돼 피선거권을 박탈당했다. 이후 잠행하던 이광재는 2019년 12월 특별사면됐다.

726) "친문, 이광재는 친노지 친문 아니야⋯정치적 사망 선고 받았는데 웬 감투?" 〈조선일보〉 2020.02.01.

727) 박상도, "낡은 가방과 강남 아파트" 〈자유칼럼그룹〉 2021.06.02.

728) 백기철, "이게 정말 독재인가" 〈한겨레〉 2020.01.22.

729) "부산시장 성추행 대응 모두 친문 울타리 內, 그래도 몰랐다" 〈조선일보〉 2020.04.28.

730) 최상연, "도덕 정부의 도덕 불감증" 〈중앙일보〉 2018.04.13.

731) 최상연, "최강욱 격려, 검찰 압박 아닌가" 〈중앙일보〉 2020.05.15.

732) 박성민, "이제 중도 진보가 묻는다, 왜 부끄러움이 우리 몫이어야 하는가?" 〈경향신문〉 2020.02.01.

733) 진중권, 진중권 페이스북, 2020.02.05.

734) 진중권, "文이 환생한 정조? 선조에 가깝지⋯무능을 남 탓하는데 탁월" 〈조선일보〉 2020.09.21.

735) 이용식, "문재인 하산 길, 박근혜보다 험난하다" 〈문화일보〉 2019.10.19.

736) 조윤제, "87년 체제와 한국의 경제구조, 권력구조의 변화" 〈철학과 현실〉 2014: 101.

737) 백기철, "이게 정말 독재인가" 〈한겨레〉 2020.01.22.

738) 정용석, "대통령다운 대통령 아직 배출 못한 나라" 〈일요서울〉 2019.11.11.

739) 제레드 다이아몬드, 〈대변동〉 2019, 김영사: 188

740) "文, 인간적으로는 선한데⋯대선 때 지지했던 김덕룡의 일침" 〈중앙일보〉 2020.11.26.

741) 유발 하라리, 〈호모데우스〉 김영사, 2017: 515

742) 윤여준, "내년 대선 시대적 가치는 복지와 환경, 보수의 어젠다는 무엇인가" 〈피렌체의 식탁〉 2021.03.10.

743) 김민환, "어느 당이 선거에서 이길까?" 〈중앙일보〉 2021.02.01.

744) 장경상, "대통령 취임사에 약속은 없었다" 〈피렌체의 식탁〉 2022.05.11.

745) 양상훈, "산업화, 민주화 다음이 저질화" 〈조선일보〉 2022.09.01.

746) 네이버 어학사전. www.naver.com 2022.12.2. 기준

747) 오연천, 〈국정리더의 길〉 울산대학교출판부, 2023: 176.

748) 네이버 어학사전. www.naver.com 2022.12.2. 기준

749) 김훈, "지난 대선, 시궁창을 봤다⋯젊음이 나서야 한다" 〈중앙일보〉 2022.09.16.

750) 이현상, "무능 프레임 탈출할 수 있을까" 〈중앙일보〉 2022.09.23.

751) "정치합시다" 〈KBS〉 2020.02.22.

752) 임동욱·함성득 (2018). "잊혀진 최규하 대통령의 행정 리더십" 〈행정논총〉 56(1): 71-91.

753) 문희상, "적폐 청산 1년 내 끝냈어야, 피로한 국민 보복으로 느껴" 〈조선일보〉 2021.04.12.

754) 김형철, "인생사는 것이 헷갈릴 때는 어떻게 해야 하는가?" 〈철학과 현실〉 2017. 여름: 113-118.

755) 김성희, "왕이나 대통령이 목숨을 바치기 전, 리더가 진짜 해야 할 일" 〈피렌체의 식탁〉 2020.10.10.

756) 김종혁, 〈두 번 다시, 경험하고 싶지 않은 나라〉 백년동안, 2021: 276.

757) 박성민, "친문의 시대가 끝을 향하고 있다" 〈조선일보〉 2021.04.23.

758) 송평인, "가짜 진보 몰아낼 3년의 시작일 뿐인데" 〈동아일보〉 2021.04.21.

759) 김도훈, "문재인 정부의 유산, 지킬 것과 청산해야 할 것" 〈피렌체의 식탁〉 2022.04.22.

760) 양승태 "한국의 보수, 무엇이 위기인가" 〈철학과 현실〉 114, 2017: 255.

761) 양승태 "한국의 보수, 무엇이 위기인가" 〈철학과 현실〉 114, 2017: 267.

762) 박제균, "정권의 오만이 재앙을 키운다" 〈동아일보〉 2020.02.24.

763) 송평인, "가짜 진보 몰아낼 3년의 시작일 뿐인데" 〈동아일보〉 2021.04.21.

764) 김누리, "민주당의 정체는 무엇인가" 〈한겨레〉 2020.02.18.

765) 엄정식, "시대정신과 계몽적 리더십" 〈철학과 현실〉 131, 2021 겨울호: 8.

766) 김대중, "문재인 5년을 지울 청소부를" 〈조선일보〉 2021.07.13.

767) 박제균, "野 대선 후보 이름은 네 글자다" 〈동아일보〉 2022.01.10.

768) 박은호, "탈 원전 앞잡이와 구경꾼의 밥그릇 다툼" 〈조선일보〉 2020.08.11.; 더 자세한 것은 "탈 원전 문미옥은 과기정책원장…한전공대법 신정훈, 양곡법 주도" 〈조선일보〉 2023.05.16.참조.

769) "文 정권 펀드 게이트도 얼마나 은폐했나, 검사들이 공범이다" 〈조선일보〉 2020.10.10.

770) 김형석, "정치인과 공직자는 애국적 양심 잃지 말라" 〈동아일보〉 2020.12.18.

771) 김대중, "어쩌다 대통령 된 윤석열, 잃을 게 없다" 〈조선일보〉 2022.03.22.

772) 이기홍, "본질은 문재인이다" 〈동아일보〉 2022.10.28.

773) 최재혁, "尹 정권, 전쟁 감당할 준비는 돼 있나" 〈조선일보〉 2022.09.03.

774) 이기홍, "윤핵관 수렁 벗어나 국가 정상화 플랜 내놓아야" 〈동아일보〉 2022.09.02.

775) 양승태 "한국의 보수, 무엇이 위기인가" 〈철학과 현실〉 114, 2017: 263.

776) 김대중, "어쩌다 대통령 된 윤석열, 잃을 게 없다" 〈조선일보〉 2022.03.22.

777) 함성득 (2007), "문헌 고찰을 통한 한국 대통령의 자질 연구: 전망적 자질 연구의 중요성" 〈정부학 연구〉 13(4): 41-62.

778) 한국대통령평가위원회·한국대통령학연구소, 〈한국의 역대 대통령 평가〉 조선일보사, 2002: 44.

779) 백기철, "인싸 윤석열, 아싸 이재명" 〈한겨레〉 2021.04.20.

780) 강원국, "리더십=동기부여 역량…경청, 칭찬, 보상을 아끼지 말라" 〈피렌체의 식탁〉 2020.04.07.

781) 함성득, 〈제왕적 대통령의 종언〉 섬앤섬, 2017: 91.

782) 강원국, "눈치 보기에 능해선 진정한 리더가 될 수 없다" 〈피렌체의 식탁〉 2020.02.03.

783) 병풍 사건은 이회창이 2002년 제16대 대통령 선거에서 낙선하는 데 매우 큰 변수가 되었다. 병역 비리에 관한 녹음테이프가 있다고 주장한 전직 부사관 김대업의 존재 때문이었다. 더욱이 당

시 공중파 3사 9시 뉴스에서 이를 대대적으로 보도하고 대선 과정에서 줄기차게 노무현 대선 후
보 측에서 문제 제기를 하면서 대중들에게 병역 면탈이 마치 사실인 것과 같은 인식을 심어주
었다. 이회창의 아들이 키가 179cm인데 45kg이 과연 가능한가라는 주장은 의혹을 계속 증폭시
켰다. 사실 대선 전에 벌써 어느 정도 의혹 해소가 되었지만 진보 쪽에서는 선거운동 시 이회창
씨의 아들은 군대를 안 갔다라는 범죄와 연관이 없는 팩트만으로도 주도권을 잡을 수 있었다.
2002년 대선이 끝나고 나서 이회창의 두 아들이 불법적으로 병역을 면탈했다는 의혹은 완전히
해소가 되었고 법적으로도 문제가 없음이 밝혀졌다. 분명히 허위공작이란 사실이 드러났음에도
불구하고 아직까지도 많은 사람들이 이회창의 두 아들이 불법적으로 병역을 면탈했다는 허위공
작을 사실이라고 알고 있다. 특히 이회창의 두 아들이 불법 병역 면탈을 저질렀다고 주장한 사
건의 핵심 증인 김대업은 수사관을 사칭했다는 것이 밝혀져서 구속 수감되었다. 당연히 대법원
에서 명예훼손과 무고 등으로 유죄 판결 받았다. 당시 의혹을 제기한 설훈 현 더불어민주당 국
회의원 또한 집행유예 판결을 받았고 병풍 사건으로 이득을 보아 당선된 노무현 대통령의 특별
사면으로 풀려났다. 그리고 해당 의혹을 제기한 김대업의 주장을 보도한 〈오마이뉴스〉, 〈일요시
사〉 등에 대해 대법원은 1억 원을 배상하라고 판결을 확정했다. "병풍사건" 〈나무위키〉.

784) 이기홍, "대선판 뒤흔들 사건, 애완견 檢·警에 맡겨둘 수 없는 이유" 〈동아일보〉 2021.10.01.

785) James Burns, 〈Leadership〉 New York: Harper & Row, 1978.

786) 한국대통령평가위원회·한국대통령학연구소, 〈한국의 역대 대통령 평가〉 조선일보사, 2002: 95.

787) 함성득·임동욱·곽승준(2004), "한국 대통령 평가방법의 과학적 설계과정: 다속성 효용이론과
    스윙기법을 중심으로" 〈한국정치학회보〉 38(2): 263-284.

788) 허석재·송선미, "제20대 대통령선거 결과분석" 국회입법조사처, 2022.08.26.

789) 권영빈, 〈나의 삶 나의 현대사〉 살림, 2019: 12; 46

790) 허석재·송선미, "제20대 대통령선거 결과분석" 국회입법조사처, 2022.08.26.

791) 반기문, 〈반기문 결단의 시간들〉 김영사, 2021: 657.

792) 윤희숙, "한 지속가능하지 않아, 586 이익공동체 책임 묻겠다" 〈중앙일보〉 2021.07.09.

793) 나종일, "위기의 연대기: 대한민국과 위기" 〈철학과 현실〉 115, 2017년 겨울호: 96-97.

794) 마이클 브린, 〈한국, 한국인〉 실레북스, 2018: 482

795) 홍준표, 〈시사저널〉 2022.09.03.

796) 한상준, "한 번 더가 없는 대통령과 한 번 더가 목표인 국회의원" 〈동아일보〉 2022.09.06.

797) 김훈, "지난 대선, 시궁창을 봤다…젊음이 나서야 한다" 〈중앙일보〉 2022.09.16.

798) 신중섭, "대통령에게 필요한 책임 윤리" 〈철학과 현실〉 134, 2022, 가을호: 162.

799) 자세한 것은 함성득, 〈제왕적 대통령의 종언〉 섬앤섬, 2017: 306-311 참조.

800) "尹 정부가 낸 법안 처리 0건…역대 정권 비교해보니" 〈노컷뉴스〉 2022.11.20.

801) 국회에 따르면 1가구 1주택자의 종합부동산세 부담을 완화하는 종부세법 개정안, 중소·중견 기
    업의 법인세 부담을 경감하는 법인세법 개정안 등 조세제도를 손보는 19개 법안은 민주당이
    '부자감세' 등을 이유로 반대하면서 상임위에 계류돼 있다. 이른바 '허수아비 위원회'를 정리하

려는 약 30개의 법안도 마찬가지다. 헌법재판소에서 위헌 결정이 난 성폭력처벌법 개정안, 재난의료지원비 개정안 등 민생법안도 잠자고 있다. "尹 정부 법안 처리 0건, 巨野의 발목잡기 이 정도였나"〈서울신문〉 2022.11.15.

802) "尹 정부가 낸 법안 처리 0건…역대 정권 비교해보니"〈노컷뉴스〉 2022.11.20.

803) 신중섭, "대통령에게 필요한 책임 윤리"〈철학과 현실〉 134, 2022, 가을호: 161.

804) 참담한 국정 운영 결과에 대해 보다 자세한 것은 함성득, 〈제왕적 대통령의 종언〉 섬앤섬, 2017을 참고.

805) 신중섭, "대통령에게 필요한 책임 윤리"〈철학과 현실〉 134, 2022, 가을호: 157.

806) 함성득, 〈제왕적 대통령의 종언〉 섬앤섬, 2017: 314.

807) 자세한 것은 함성득, "한국 대통령의 성격 분석: 중요한 5특성 판별법(Big Five Trait Taxonomy)의 발전과 적용"〈행정논총〉 56권 3호, 2018: 61 참조.

808) 정연욱, "윤석열당은 모두 친윤이라는 허상"〈동아일보〉 2022.10.08.

809) 성한용, "스스로 파묻은 윤 대통령, 제발 좀 정치하는 걸 보고 싶다"〈한겨레〉 2022.10.09.

810) 함성득, 〈제왕적 대통령의 종언〉 섬앤섬, 2017: 327.

함성득(咸成得)

천생 학인(學人)인 저자의 삶은 독특하고 파란만장하다. 태어난 경북 예천에서 유소년 시절을 보낸 탓에 회룡포의 정서가 몸에 배어 있다. 연세대를 졸업한 후 美텍사스대와 美카네기멜론대에서 공부했다. 美조지타운대와 고려대에서 교수를 하며 적지 않은 업적을 쌓았다. 美정책학회(APPAM) 최우수논문상, 美행정학회(ASPA) 연례 학술대회 준비위원장(1997), 『Korea Journal』 편집장, 고려대 석탑 강의상, SBS 문화재단과 LG 연암문화재단의 해외 연구 펠로우십 등 학문적 성취도 돋보인다.

1997년 고려대에서 한국 최초로 『대통령학』 강좌를 개설한 저자는 이 분야 국내 최고의 권위자로 명성을 쌓아 왔다. 책의 주요 테마인 검찰개혁에 대한 그의 인식은 양날의 칼이면서도 냉철하다. 책의 기조는 '조국 사태'와 관련 윤석열 전 검찰총장의 검찰을 옹호하고 있다. 하지만 2012년 대선 직후 특수부 검찰의 거칠고 사나운 힘을 직접 경험한 저자는 검찰개혁, 특히 수사·기소권 분리의 필요성을 몸으로 느꼈다. 책의 저변에는 이런 인식도 깔려 있다.

수감생활이라는 참담한 고통과 모멸의 시간을 버텨내면서 저자는 성공한 대통령을 더욱 정교하게 벼렸다. 인고의 시간이 만들어낸 『제왕적 대통령의 종언』(2017)은 성공한 대통령을 꿈꾸는 사람은 물론 일반인도 쉽게 읽어낼 수 있는 노작이다. 이 책에서도 저자는 '대통령이 처한 정치적 상황에 맞는 리더십을 발현하면서 시대정신(Zietgeist)을 구현하는 성공한 대통령'을 강조한다. 저자는 전두환, 노태우, 김영삼, 김대중, 노무현, 이명박, 박근혜, 문재인, 윤석열 등 역대 대통령을 직접 만나면서 관찰해온 귀한 경험을 축적하고 있다. 대한민국 대통령 역사의 살아있는 증인으로 현재 경기대 정치전문대학원 원장 겸 정치법학과 교수 그리고 (사)한국대통령학연구소 이사장으로 재직하고 있는 저자는 '성공한 대통령 만들기 연구와 실천'을 늘 고민하고 있다.